학교안전교육론

학교안전교육론

SCHOOL SAFETY EDUCATION THEORY

위국환 · 지상규 · 김선화 · 장소은
최현미 · 정찬효 · 고희윤 · 김희영
신미애 · 이경수 공저

dm 동문사

머리말

재난은 자연적 요인(Natural Factors), 인공구조물(Artificial Structure), 사람의 영향(Human Effects)이 상호 간에 결합하여 발생하는 산물이기 때문에 위험과 위해의 종류와 범위가 매우 다양해서 항상 위험 요소로부터 위협을 받고 있다. 재난이 발생하면 이는 단순히 인간의 실수 또는 기계적 오류 등 개별적 요인에 기인한다고 보는 경향이 강했다. 하지만, 이러한 개별적 요인들은 단지 재난 발생의 계기가 되었을 뿐, 실제 이유로는 결국 다양한 개별적 요소들의 결합체인 시스템의 문제라고 보고 있다. 이러한 시스템은 큰 시각으로 보면 결국 우리가 사는 사회 자체가 될 수도 있다. 이렇게 복잡한 대상에 대해 개별적인 요소만을 보는 것에서 벗어나 요소 간의 관계 등 전체적 시각으로 보아야 할 것이다. 그러기 위해서는 교육(Education), 습관(Habitual Practice), 배려(Consideration)가 들어가는 생활 즉 안전에도 철학이 들어가는 가치관을 가져야 할 것이다.

첫째는 교육(Education)을 통한 의식 함양이다. 의식은 살아가는 가장 대표적인 관념이며, 그중 안전의식은 우리 생활의 가장 기본적인 조건이라고 할 수 있으며, 어떤 관념으로 안전을 바라보냐는 문제이다. 안전은 교육을 통해 이루어지고 다듬어지고 완성된다고 생각한다.

둘째는 습관(Habitual Practice)이다. 습관만이 인간을 변화시킨다고 생각한다. 그리스 철학자 헤라클레이토스는 "습관"이 그 사람을 "천재"로 만든다고 하였다. 헬라어로 "습관"이라는 단어는 에토스(ethos)인데 "에토스"는 "매일 하고 자주 한다"라는 의미이다. 안전의식을 기르기 위해서는 "안전 습관"이 무엇보다 우선이 되어야 한다.

셋째는 배려(Consideration)이다. 인간은 교육과 습관을 통해 배려하는 마음을 가질 수 있다. 소크라테스는 인간에게 절대적인 기준이 있어야 한다고 이야기한다." ~을 능숙한 상태"로 하거나 "~유익하게 할 때" 德과 善을 가질 수 있다고 하였다. 안전에 대한 절대적인 기준을 충실하게 지킨다면 능숙한 상태가 되어 나와 다른 사람을 위험에서 벗어나게 할 수 있는데 이것이 바로 안전을 위한 “배려”라고 할 수 있다.

이 책의 목적도 교육, 습관, 배려를 통해 안전의식을 고취하는 데 있다. 안전보건교육에 기초적인 교재가 되기를 바라며, 공동으로 참여하신 저자분들과 함께 계속된 연구를 통해 보다 나은 교재가 될 수 있도록 노력을 다할 것이다.

2022년 8월

대표저자 위국환

제1장 안전교육

차 례

제2장 학교안전교육

제3장 강의 교수법

CHAPTER 01

안전교육

1. 안전교육 개념
2. 기업교육
3. 성인교육
4. 안전코칭
5. 다른 법률 상 안전교육

CHAPTER 01

안전교육

1. 안전교육 개념

1.1 안전교육의 개념

교육은 사회의 구성원들에게 삶을 살아가는 데 있어서 필요한 능력을 길러 주고 사회 속에서 인간 상호 간에 가져야 할 관계를 원만하게 유지하게 함으로써 바람직한 인간을 육성하고 능력을 개발할 수 있도록 다양한 기회를 제공하는 데 있다. 교육은 시대적·사회적으로 변화하는 환경에 따라 그 실천 방식과 형태가 다르게 나타나고 있다. 안전교육도 예외가 될 수 없다.

인간은 미완성의 존재로서 누구나 부족한 부분을 채우고자 하는 욕구를 가지고 있다. 건강하게 살고자 하는 욕구, 무엇인가 되고자 하는 욕구 등이다. 그리고 자신의 욕구를 충족시키기 위해 지속적인 행동을 하며 살아간다. 욕구가 충족되면 행복감을 느끼고 그렇지 않으면 불행하다고 생각하는데 안전도 예외 일 수 없다.

Maslow는 인간의 욕구를 5단계로 소개한다. 1단계는 생리적 욕구로 인간의 생명을 유지해가기 위한 기본적인 욕구이며, 의식주, 호흡, 배설, 성생활 등이 이에 속한다. 2단계는 안전의 욕구로 생리적 욕구가 충족되고서 나타나는 욕구이다. 신체적인 위험에 대한 공포로부터 벗어나 안전과 보호를 유지하려는 자기보존에 대한 욕구이다. 3단계는 사회적 욕구로 가족, 친척, 친구, 이웃 등과 친교를 맺고 원하는 집단에 귀속되고 싶어하는 욕구이다. 4단계는 존경의 욕구로 사람들과 친하게 지내고 싶은 인간의 기초가 되는 욕구이다. 자아존중, 자신감, 성취, 존중, 존경 등에 관한 욕구가 이에 속한다. 5단계는 자아실현 욕구로 자신의 재능과 잠재력을 충분히 발휘해서 자기가 이룰 수 있는 모든 것을 성취하려는 가장 높은 수준의 욕구이다. 다른 욕구와 달리 욕구가 충족될수록 더욱 증대되는 경향을 보여 성장 욕구라고도 한다.

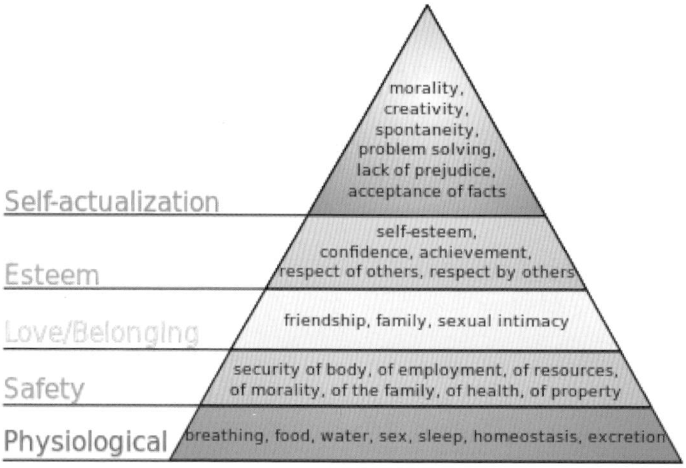

[그림 1-1] Maslow's hierarchy of needs

Maslow의 관점에서 보편적 교육이 가지고 있는 기능을 살펴보면 교육은 인간의 잠재적 능력을 성장·발달시켜 이상적인 인격의 형성과 자아실현을 돕는 기능을 수행하는데 이상적 삶이란 각 개인의 잠재적 능력이 신체적, 심리적, 정신적, 사회적, 지적으로 골고루 성장·발달하여 원만한 인격을 형성하고 자아를 실현하는 것이다. 또한 각 개인으로 하여금 그들이 지니고 있는 잠재적 가능성을 최대한으로 그리고 조화적으로 발달시켜 이상적인 삶을 살 수 있도록 돕는 부분이 안전의 기초적인 부분이라 할 수 있겠다. 그리고 개인이 안전한 생활의 경험을 습득하고 체험하도록 돕는 기능을 담당하려면 미래 생활만을 준비하기 위한 교육이나 피 교육생이 생활 속에서 경험할 수 없는 고정된 지식만을 주입하는 교육은 생명력을 가질 수 없다. 각 개인에게 안전한 생활 경험을 습득하도록 돕는 교육의 기능은 개인적인 성격과 사회적인 성격을 동시에 지니고 있다. 교육은 각 개인에게 개인적·

사회적 안전한 생활경험을 습득하도록 함으로써 더욱 풍부하고 의미 있는 삶을 영위할 수 있도록 돕는 기능을 수행한다. 교육은 인간의 성장 발달과 과정을 말하고 있으며, 인간의 성장 발달은 인간의 생리적 유기체와 환경과의 상호작용에 의하여 이루어진다. 또한 교육은 사회의 자기보존과 유지의 기능이며, 사회의 생식작용이다. 그러므로 교육은 인간 사회가 발생함과 동시에 시작되었다고 할 수 있다. 인간은 본래 사회적 동물로서 반드시 사회집단 속에서 태어나며 그 속에서 다른 사람들과의 사회적 접촉을 통하여 그 사회의 문화를 습득하며 살아간다. 안전문화는 일정한 사회집단이 공동으로 가지고 있는 생활방식 또는 행동양식이며 인간이 인간으로서의 생활을 지속발전 하려면 반드시 문화의 습득을 필요로 하고, 이를 위해서 사회적 과정으로서 교육을 받지 않으면 안 된다.

교육의 사회적 기능은 문화유산을 중요시하는 보수주의적 관점과 사회적응을 중요시하는 진보주의적 관점 그리고 사회개조를 강조하는 사회개조주의적 관점으로 나누어 볼 수 있다. 그리고 교육의 기능은 본질적 기능과 비본질적 기능으로 나눌 수 있는데 본질적 기능은 먼저 교육 그 자체가 가지고 있는 목적을 실현하기 위한 기능과 인격완성, 자아실현 등 보다 넓은 사회적, 개인적 목적을 실현하고자 하는 것이다. 또 다른 입장은 수단적 기능인 비본질적 기능이 있는데 교육이 또 다른 도구로써 활용되는 것으로 보는 기능과 발전론적 교육입장 마지막으로 교육을 국가·정치·경제 등의 발전을 위한 수단으로 보는 입장 등이 있다.[1)]

1.2 안전심리

1.2.1 안전문화

안전문화가 사고 및 재해를 감소시키는 효과가 있다면, 이러한 효과는 어떻게 생기는 것일까?

조직심리학자들이 생각하는 기본적인 가정은 다음과 같다. 첫째, 우리의

1) 갈원모 외(2018), 안전보건교육론, 동화기술;서울, 13~14면.

궁극적인 관심은 사고와 재해를 예방하는 것이지만, 조직심리학자들은 사고나 재해 발생 자체보다는 작업자들의 행동에 초점을 둔다. 그 이유 중 하나는 사고와 재해는 기본적으로 발생빈도가 낮다. 통계적으로는 발생빈도가 낮은 현상은 예측하기 어렵다. 또한, 안전사고의 원인 중 일부는 조직에서 통제하기 어려울 수 있다. 챌린저호 사고에서 기온이 내려가지만 않았어도 챌린저호 사고는 발생하지 않았을 것이다. NASA도 기온을 통제할 수는 없다. 하지만 O링의 특성을 고려하여 그날 발사를 연기하는 결정을 내릴 수는 있었으며, 만약 발사를 연기했다면 사고는 나지 않았을 것이다. 이처럼 사람의 행동은 사고와 재해에 직접적인 영향을 주며, 동시에 상대적으로 조직에서 통제 가능하므로 조직심리학자들은 사고 발생 자체보다는 그에 앞선 사람들의 행동을 연구한다.

둘째, 조직심리학자들이 사람의 행동에 초점을 둔다는 것은 사고의 원인을 사고를 낸 사람의 책임으로 본다는 의미는 아니다. 기본적으로 사람의 행동은 개인의 의지뿐만 아니라 다양한 환경적 영향을 받을 수 있다. 심리학에는 이러한 효과를 보여주는 수많은 연구들이 있다. 심리학 연구 중에서 가장 유명한 실험 중 하나인 Asch 실험도 그 하나이다. 이 연구에서는 8명의 대학생이 그룹으로 실험에 참가해서 그림 1-2에서처럼 오른쪽 선 중 왼쪽과 같은 길이의 선을 고르는 과제를 수행한다. 그런데 이때 8명 중 1명을 제외한 7명은 가짜 참가자였고, 진짜 참가자가 항상 맨 마지막으로 답하게 진행했다.

누구나 정답을 맞힐 수 있는 문제였지만, 가짜 참가자들이 모두 각본에 있는 대로 틀린 답(예를 들어 A)을 하면, 누구라도 당황스러워질 것이다. 실제로 이 연구에서 참여자의 응답 중 37%가 앞사람들이 고른 틀린 답을 선택했고, 전체 참여자의 약 75%가 적어도 한

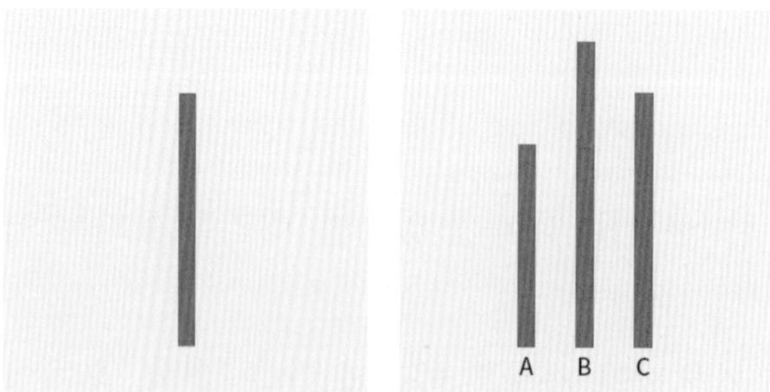

[그림 1-2] Asch의 동조 실험 자극

번은 틀린 답을 골랐다고 한다. 이런 현상을 심리학에서는 '동조'라고 한다.

앞 연구는 실험실에서 한 것이라서 그럴 수도 있겠다고 생각할 수 있다. 이번에는 현실 상황에서의 실험을 하나 소개한다. 한 연구자가 상황적 자극이 사람들의 행동에 미치는 효과를 알아보기 위해, 2주간 슈퍼마켓 와인 매장에서 하루씩 번갈아 가면서 프랑스 음악과 독일 음악을 틀었다.

그랬더니 프랑스 음악을 튼 날은 프랑스 와인이, 독일 음악을 튼 날은 독일 와인이 더 많이 팔린 것으로 나타났다. 따로 와인을 산 사람들에게 조사를 해봤더니 본인들은 음악의 영향을 받았다는 것을 전혀 몰랐다고 응답했다. 이처럼 외부 자극이 무의식적으로 행동에 영향을 주는 현상을 프라이밍(priming)이라고 하는데, 프라이밍은 환경적 자극이 사람들이 의식하지 않는 상황에서도 그들의 행동에 많은 영향을 줄 수 있다는 것을 보여주는 좋은 예이다. 정리해보면, 사람의 행동은 개인의 능력, 성격, 태도 등뿐만 아니라 상황적 요인의 영향을 받는다. 따라서 우리는 사고와 재해를 예방하기 위해 안전행동에 초점을 두지만, 안전한 행동을 하거나 하지 않는 것에는 개인의 특성뿐만 아니라 상황적 요인이 작용한다는 것을 알아야 한다.

셋째, 조직심리학자들은 안전행동은 '직무행동', 즉, 조직에서 직무를 수행하기 위해 하는 행동의 한 유형이라고 가정한다. 따라서 안전행동에도 일반적인 '직무행동 모형'을 적용할 수 있다. 직무행동 모형은 모든 직무행동이 지식, 기술, 동기에 의해 결정된다고 본다(그림 1-3). 즉, 이 세 가지만 알면 조직 내의 구성원들이 어떤 행동을 할지, 혹은 하지 않을지를 예측할 수 있다. 이 모형을 안전행동에 적용해 보면, 한 개인이 안전한 행동을 하려면, 1) 그 상황에서 어떻게 해야 안전하게 작업하는지 알고(지식), 2) 그 행동을 실제 할 수 있으며(기술), 3) 그렇게 행동하겠다는 마음이 있어야(동기) 한다. 만약 이 중 하나라도 없으면, 그러한 행동을 할 수 없을

[그림 1-3] Campbell의 직무행동 모형

것이다.

우리는 현장에서 안전절차를 알고 그것을 수행할 기술이 있는 작업자들이라고 해도 모두가 절차대로 작업하지는 않는다는 것을 잘 알고 있다. 반대로 안전하게 작업하겠다는 의지는 분명히 있는데, 안전절차를 잘 몰라 불안전하게 행동하는 경우도 존재한다.

조직심리학자들은 안전문화는 안전에 대한 지식, 기술, 동기를 결정하고, 이를 통해 안전행동, 그리고 궁극적으로 사고 및 재해발생에 영향을 미친다고 본다. 실제 연구결과들도 이러한 효과모형에 대한 경험적인 증거를 제시하고 있다. 안전문화는 어떻게 사람들의 안전행동에 대한 지식, 기술, 동기에 영향을 미칠 것인가와 관련해서도 여러 이론이 있다. 안전문화의 효과를 설명할 수 있는 대표적인 심리학적 이론 중의 하나인 '행동-결과에 대한 기대이론에 따르면, 안전문화는 조직의 구성원들에게 안전과 관련된 '행동'을 하는 것이 어떤 '결과'를 낳을 것인가에 대한 '기대'를 제공한다고 한다.

[그림 1-4] 행동 · 결과 기대이론의 예

예를 들어, 그림 1-4에서처럼 안전을 최우선으로 하는 문화를 가진 조직에 근무하는 근로자는 작업장의 위험요인에 대해 상사에게 보고하면(행동), 상사에게 칭찬을 받거나 더 나아가 회사에서 문제점을 개선할 것이라는 긍정적인 결과(결과)를 기대할 수 있다. 반대로 안전을 중시하지 않는 조직문화를 가진 조직에서 근무하는 근로자는 같은 행동이 부정적인 결과(예: 상사가 자신을 불평불만이 많은 직원으로 생각함)나 중립적인 결과(예: 듣고 아무런 조처를 하지 않음)를 가져올 것이라고 기대할 수 있을 것이다. 이처럼 조직의 안전문화에 따라 특정 행동에 특정 결과가 생길 것이라는 기대를 하게 되고, 이러한 기대는 근로자가 위험요인을 상사에게 보고할 동기를 일으키거나 혹은 그런 동기를 떨어뜨리기도 한다.

지식과 기술에도 비슷한 설명이 가능하다. 예를 들어, 안전을 중요시하는 문화에서는 안전에 대한 지식과 기술을 쌓는 것이 좋은 결과(예: 칭찬, 존경, 상점, 승진 등)를 낳을 것이라는 기대를 하게 만든다. 이러한 기대는 안전교육에 적극적으로 참여하게 하고, 결과적으로 안전한 행동을 할 수 있는 능력이 높아질 수 있다. 반대로 안전을 중요시하지 않는 조직문화를 가진 조직의 구성원은 안전교육을 시간이나 채우는 요식행위라고 생각하고, 결과적으로 필요한 안전 관련 능력을 기르지 못할 수 있다.

안전행동을 하나로 다루었지만, 사실은 사고를 예방하는 데 도움이 되는 안전행동은 다양한 종류가 있을 수 있다. 우선 일반적으로 안전행동이라고 하면, 필요한 보호장비를 착용하고 작업하는 행동, 작업장 안전을 유지하기 위해 정해진 작업 절차를 지키는 행동 등을 떠올릴 수 있다. 이처럼 안전을 위해 지켜야 하는 안전규정과 절차에 따르는 행동은 사고예방에 매우 중요한 요소가 된다. 학자들은 이러한 행동을 '안전준수 행동'이라고 부른다.

그런데 사고와 재해를 예방하기 위해서는 단순히 규정을 준수하는 행동 이상이 필요하다. 아무리 꼼꼼히 안전규정을 정해놓더라도 작업장에 존재하는 모든 위험요인에 관한 규정을 만든다는 것은 불가능하다.

따라서 안전한 작업장을 만들기 위해서는 보다 적극적인 안전행동이 필요하고, 이러한 행동들을 학자들은 '안전참여 행동'이라고 부른다. 아래는 안전참여 행동의 예를 보여준다. 이러한 행동은 대부분 조직에서 꼭 해야 한다고 요구하는 행동은 아니지만 사고를 예방하고 안전을 지키기 위해 매우 중요한 행동들이다.

- 신입 직원에게 안전절차를 알려주는 행동
- 동료들이 보호장구를 제대로 착용하지 않았을 때 이를 지적해주는 행동
- 자기가 맡은 일이 아니더라도 동료가 위험작업을 하면 지켜봐 주는 행동
- 작업장의 위험요소를 적극적으로 찾아 개선을 요청하는 행동
- 안전 위원회에 자발적으로 참여하는 행동
- 안전활동에 적극적으로 참여하는 행동
- 안전하지 않은 작업을 지시받았을 때 과감히 해당 작업을 거부하는 행동

정리하면, 안전문화는 구성원들에게 안전과 관련된 특정한 행동을 하는 것이 어떤 결과를 낳을 것인지에 대한 기대를 제공한다. 이러한 기대는 구성원의 안전 관련 지식, 기술, 그리고 동기에 영향을 미치고, 안전지식, 기술, 동기는 다시 안전준수 행동과 안전참여 행동을 하게(혹은 하지 않게) 하고, 이러한 행동이 결과적으로 재해와 사고 발생을 일으키기도 하고 예방하게도 하는 것이다. 따라서 현장에서 건강한 안전문화를 조성하여 사고와 재해를 예방하고자 한다면, 우리 조직문화 중 구성원의 안전에 대한 지식, 기술, 그리고 동기에 영향을 미칠만한 것이 무엇인지, 그리고 이러한 지식, 기술, 동기가 어떻게 사고를 예방할 수 있는 행동에 영향을 미치는지, 우리 작업장의 직원들은 어떤 안전행동은 잘하고 어떤 안전행동은 미진한지 등을 잘 살펴보는 것이 중요할 것이다[2].

1.2.2 불안전한 행동

불안전한 행동이란 사고를 초래하게 된 작업자 자신의 행동에 대한 불안전한 요소를 말한다.라고 언급하면서 일반적으로 불안전한 행동은 재해요인의 하나로 인적 요인을 뜻하는데 안전한 상태를 불안전한 상태로 변화시키는 습관적 행동이며, 사고발생의 직접 원인이 되는 행동이다.

리즌(J. Reason)은 불안전한 행동을 의도의 유무에 따라서 의도하지 않은 행동과 의도한 행동으로 나누었고, 의도하지 않은 행동에는 착오(slip), 망각(lapse)이 있고, 의도한 행동에는 착각(mistake)과 위반(violation)이 있다. 위 4개의 행위 중 착오(slip), 망각(lapse), 착각(mistake)은 휴먼 에러(Human Error)이고, 위반(violation)은 위반 행동에 속한다. 착오(slip)란, 의도하지 않은 잘못된 행위 중 아차 하는 사이에 부주의로 수행된 행위(의도와는 다른 행위)로 계획되지 않은 행위가 표면화된 것이고, 망각(lapse)이란, 의도하지 않는 잘못된 행위가 숨겨진 형태로 발생하는 것으로, 단시간의 기억력 부족으로 발생한다. 착각(mistake)이란, 계획과 행위가 정확하게 합치되지만, 부

2) 한국산업안전보건공단(2021), "안전문화 길잡이"

적절한 행위가 계획된 것이다. 즉 의도(계획)가 부적절한 것으로, 올바른 규칙을 잘못 적용한 것이다.

위반(violation)이란, 사용자가 의도적으로 부적절한 행동을 하는 것이다. 이것에는 일상적 위반, 낙관적 위반, 상황적 위반, 예외적 위반, 사보타주([프] sabotage, 겉으로는 일을 하지만 의도적으로 일을 게을리함으로써 사용자에게 손해를 주는 노동 쟁의 방법)가 있다.

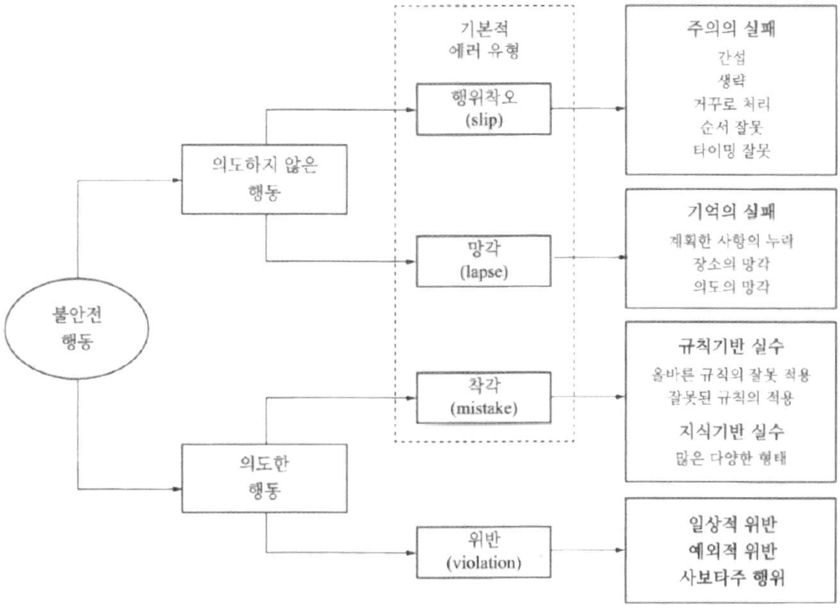

[그림 1-5] J. Reason-Classification of unstable behavior

그림 1-5 리즌(J. Reason)의 분류와 같이 불안전한 행동은 휴먼 에러(Human Error)와 위반행동으로 분류한다. 휴먼 에러(Human Error)는 자신이 의도하지 않은 행위가 나쁜 행위나 나쁜 결과를 발생시키는 것으로 착오(Slip), 망각(lapse), 착각(mistake) 등이 있으며, 의도와 결과가 어긋난 것이다. 즉 최적의 행위(행동)를 하려고 하였지만, 결과적으로 적절하지 않은 행위가 되어 버린 것을 말한다.

리즌(J. Reason)은 위반 행동이란 법률, 규칙, 규정, 지침 그리고 사회적인 관습에 반하는 행동 중 본인 또는 타인의 안전을 저해할 가능성이 있는 행동을 의도적으로 하는 것이라고 정의하고 있다. 이것은 위험을 알면서 굳이 위험한 행동을 하는 것을 의미한다. 위반(violation)이란, 사용자가 의도적으로 부적절한 행동을 하는 것이다[3].

1.2.3 안전 상담[4]

근로자 상담은 작업장 내에서 발생할 수 있는 위험요소를 사전에 인지하고 예방대책을 마련하는 데 중요하다. 상담 시 사업주가 숙지해야 할 주요 내용을 제시함으로써 상담의 효율성을 높이는 것을 목적을 두어야 한다.

안전보건에 관한 근로자 상담의 필요성은 근로자와 상담을 함으로써 근로자가 작업장 내에서 느끼는 위험요소를 확인하고 평가하여 그것을 통제 또는 제거하는 방법을 개발하는 데 매우 유용하며, 이것은 궁극적으로 보다 안전하고 쾌적한 작업장을 만드는 데 많은 도움이 된다. 또한 상담의 결과로 얻게 되는 근로자의 경험과 지식은 안전보건 정책 결정에 중요한 근거로 제공될 수 있고, 상담 시 사업주와 근로자의 대화는 상호 간 이해를 증진시키고, 신뢰와 협력을 보다 강화시킨다. 그리고 근로자 상담을 통하여 작업장의 안전보건상의 문제를 해결하는 데 있어서 근로자와의 협력 시스템을 구축할 수 있다.

1) 상담 내용

① 작업장과 작업과정에 잠재되어 있는 위험요소에 대한 정보
② 작업장 내의 잠재 위험요소에 대한 대응방안
③ 안전 보건에 관한 교육 계획과 안전보건관리조직
④ 새로운 기술 도입 시의 안전보건상의 영향

2) 상담 대상

① 상담자는 작업장 내의 모든 근로자를 대상으로 상담을 하여야 한다.
② 상담자는 근로자가 직접 상담을 원하는지의 여부를 확인해야 한다.

---

3) 김영권 외(2021), "건설안전교육이 불안전한 행동에 미치는 영향에 관한 연구", Journal of the Society of Disaster Information, Vol. 17, No. 1, pp. 154-164.
4) 한국산업안전보건공단(2011), 근로자 안전보건 상담에 관한 기술지침, KOSHA GUIDE.

3) 상담시기

① 근로자의 입사 시
② 근로자가 수행하고 있던 기존 작업을 마치고 새로운 작업 수행 시
③ 정기적 작업 회의 시
④ 근로자가 직접 또는 사업주 및 근로자 대표를 통하여 면담 신청 시

4) 상담방법(사업주는 다음의 방법 중 하나 또는 혼합으로 실행할 수 있다.)

① 각 근로자별로 심도 있는 스텝조사를 통해서 근로자의 역할과 작업내용에 적합하게 상담을 실시한다.
② 근로자가 작성하여 제출한 내용에 대해 해당 근로자에게 서면으로 답하는 방법으로 상담을 실시한다.
③ 특정 개인이 아닌 공동에 해당하는 상담내용에 대해서는 모든 근로자가 볼 수 있도록 질의 및 답신 내용을 게시판에 게시한다.

5) 상담 시 고려사항

① 사업주는 근로자에게 단순히 정보를 제공하는 것뿐만 아니라, 안전보건정책을 수립하고 심의하는 과정에서 근로자의 의견을 청취하고 최대한 반영하여야 한다.
② 근로자들로 하여금 자신이 상담하길 원하는 문제에 대해 충분히 시간을 갖고 숙고하도록 하여야 한다.

1.3 안전교육과 평생교육

1.3.1 평생교육 프로그램

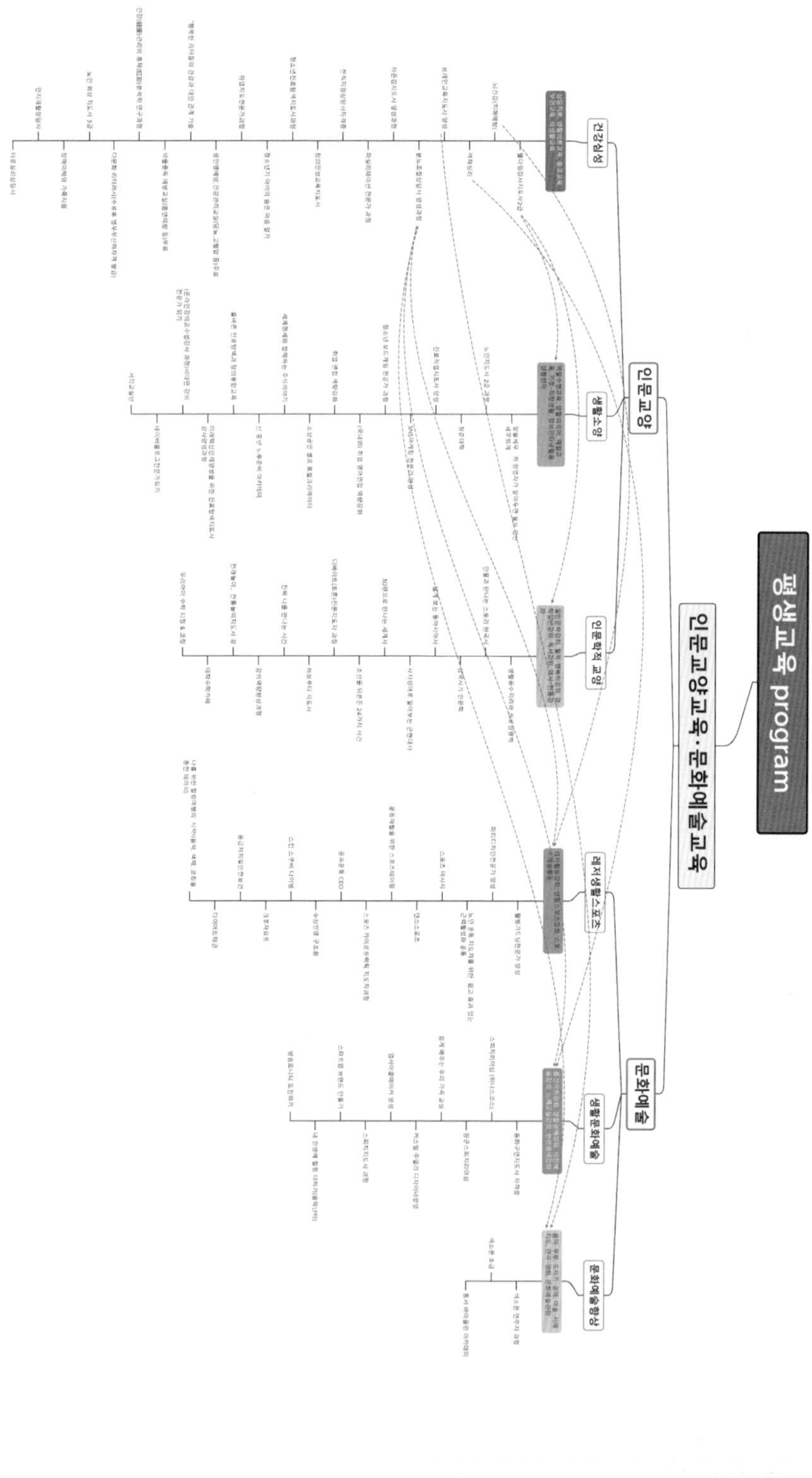

1.3.2 영역별 평생교육

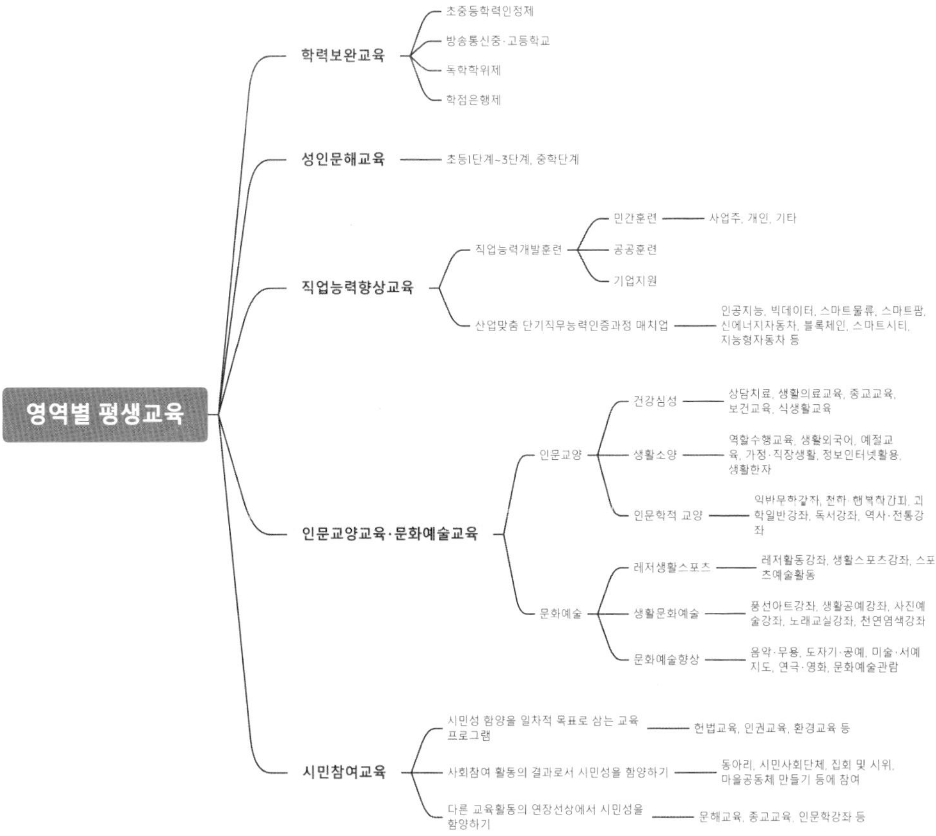
영역별 평생교육
학력보완교육
초중등학력인정제
방송통신중·고등학교
독학학위제
학점은행제
성인문해교육
초등1단계~3단계, 중학단계
직업능력향상교육
직업능력개발훈련
민간훈련
사업주, 개인, 기타
공공훈련
기업지원
산업맞춤 단기직무능력인증과정 매치업
인공지능, 빅데이터, 스마트물류, 스마트팜, 신에너지자동차, 블록체인, 스마트시티, 지능형자동차 등
인문교양교육·문화예술교육
인문교양
건강심성
상담치료, 생활의료교육, 종교교육, 보건교육, 식생활교육
생활소양
역할수행교육, 생활외국어, 예절교육, 가정·직장생활, 정보인터넷활용, 생활한자
인문학적 교양
일반문학강좌, 철학·행복학강좌, 과학일반강좌, 독서강좌, 역사·전통강좌
문화예술
레저생활스포츠
레저활동강좌, 생활스포츠강좌, 스포츠예술활동
생활문화예술
풍선아트강좌, 생활공예강좌, 사진예술강좌, 노래교실강좌, 천연염색강좌
문화예술향상
음악·무용, 도자기·공예, 미술·서예지도, 연극·영화, 문화예술관람
시민참여교육
시민성 함양을 일차적 목표로 삼는 교육 프로그램
헌법교육, 인권교육, 환경교육 등
사회참여 활동의 결과로서 시민성을 함양하기
동아리, 시민사회단체, 집회 및 시위, 마을공동체 만들기 등에 참여
다른 교육활동의 연장선상에서 시민성을 함양하기
문해교육, 종교교육, 인문학강좌 등

1.3.3 안전교육(직업평생교육) 프로그램

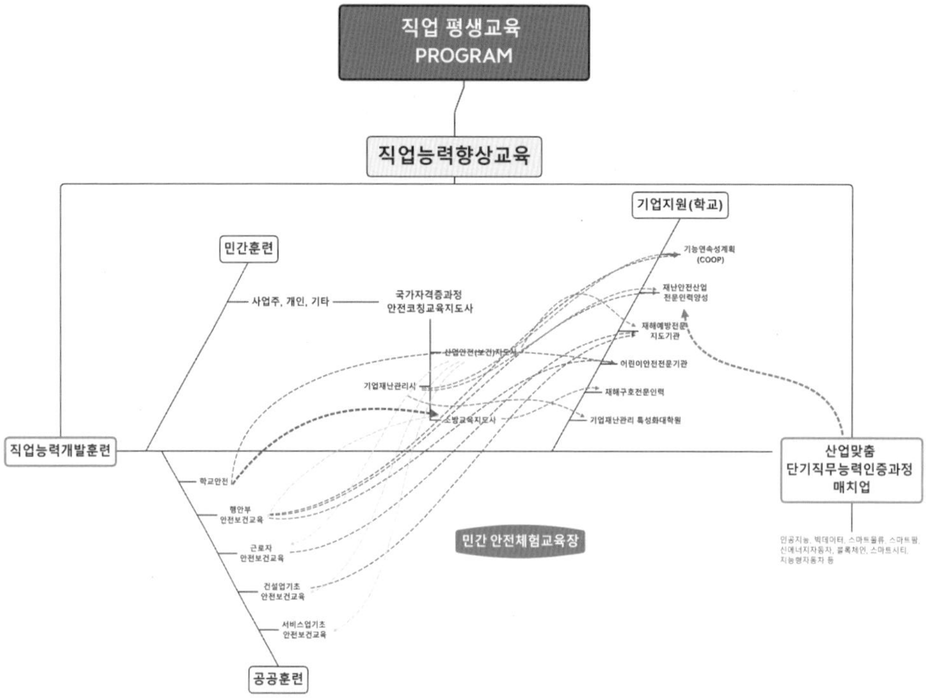

1.3.4 대상별 평생교육

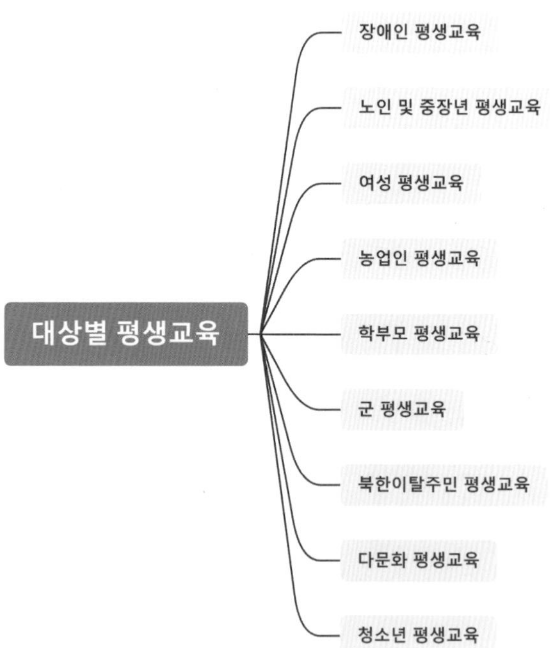

2. 기업교육

기업의 자원이라고 하면 보통 물적자원과 인적자원으로 나누어지는데 과거에는 물리자원이 중요한 자원으로서 인식되어 왔기 때문에 상대적으로 인적자원에 대한 인식과 그에 대한 노력은 소홀히 되어 온 것이 사실이다. 그러나 사회가 발전하고 환경이 변화되면서 특히 4차 산업화되어 인적자원은 그 중요성이 빠르고 급격하게 올라가고 있다.

사회가 발전하고 기업의 수준이 높아지면 결국 재정적인 부분이나 물리적인 자원은 그 한계에 다다를 수밖에 없으며 모든 것은 인적인 부분으로 귀결될 수밖에 없는 것이다. 따라서 인적자원과 그 개발이야말로 기업자원의 핵이라 할 수 있나.

또한 일반적으로 조직이나 국가의 생산성 및 경쟁력을 제고하는 데 필요한 자원으로 물적 자원, 재무자원, 정보자원 그리고 인적자원 등이 거론된다. 조직운영이나 국가 정책 집행의 성과는 자원의 수준과 규모, 적기 공급 여부, 체계적 운영 등에 따라 달라질 수 있다. 이 중 인적자원은 다른 물적 자원, 재무적 자원 그리고 정보자원 등을 효율적으로 활용하는 데 결정적인 역할을 할 수 있다는 점에서 정책적 중요성을 가지고 있다.

그러나 인적자원에서 오는 사고는 계속 발생하고 있어 안전교육의 중요성이 매우 커지고 있는 상황이다. 안전교육은 생명의 안전기능 향상과 신체적 적용능력을 적성화시키고 안전에 대한 포괄적 감수성과 위험인지 능력을 향상시킬 수 있어야 한다.

인적자원을 극대화하는 노력은 기업의 발전에 영향을 줄 수 있다. 그 중 기업의 안전과 위험에 대한 인식은 기업에서 가장 중요시해야 할 것이다. 기업에 있어서의 안전교육은 기업에 소속된 근로자에게 안전의 중요성을 인식시키고, 구체적으로 부여된 작업에 관하여 안전작업 방법에 대한 지식과 기능을 습득시킴으로써 작업에 관한 안전태도를 육성시키고 위험으로부터 물적, 인적손실을 줄이는 위한 체계적인 노력이다. 그러나 안전교육의 정의와는 다르게 실제적으로 기업인 인식하고 적용하고 있는 안전교육은 여러 가지 문제점을 갖고 있었으며 그 대표적인 문제점은 안전교육을 전공한 전문강사나 전문가의 부족이라 할 수 있다. 이로 인하여 체계적인 교육과 훈련은 기대하기가 힘들었던 것이 사실이며 이로 인해 기업의 관리자나 근로자들 사이에는 안전교육은 아무나 시켜도 된다는 의식이 팽배해 있었던 것이 최근까지의 일이다. 또한 법적 교육시간만 충족시키는 교육이 주류를 이루었으며 이는 법적 제재와 감독에 의한 타율적 교육이 될 수밖에 없는 이유이기도 했다. 현장에서 바로 써먹을 수 있는 실행위주의 교육으로 일관되어 왔고 안전 의식교육은 많이 부족하여 실효성 있는 교육이 되질 못했다.

안전은 아는 만큼 확보되는 특성이 있는데 이는 근로자들이나 관리자들의 안전에 대한 지식 교육의 정도나 내용에 따라 일어날 수 있는 위험이나 사고를 예지하고 불안전한 상태나 행동을 효과적으로 개선하고 억제할 수 있다. 기능교육은 안전을 확보하기 위한 기능적 이해와 요령을 필요로 하는데 주어진 도구나 안전시설, 설비 등은 사용하는 근로자에 의해 그 기능이 제대로 발휘될 때 비로소 안전을 확보할 수 있기 때문이다. 위험이나 사고에 가장 근접한 사람은 결국 근로자이므로 자기의 업무를 대하는 태도나 일상적인 안전의식은 안전지식이나 안전기능 수행 이전에 그 자체를 성실하게 수행하게 하는 원동력일 수밖에 없다. 근로자의 안전에 대한 태도는 결국 인식하고 기능화된 안전행동을 하게 하는 힘이 된다. 결국 기업의 안전교육은 점차 지식이나 기능교육에서 태도교육으로 그 중심이 이동할 수밖에 없다. 기업의 안전 교육에서 태도 교육은 기본 과정(순서)은 청취, 이해, 모범, 평가의 순으로 진행된다.

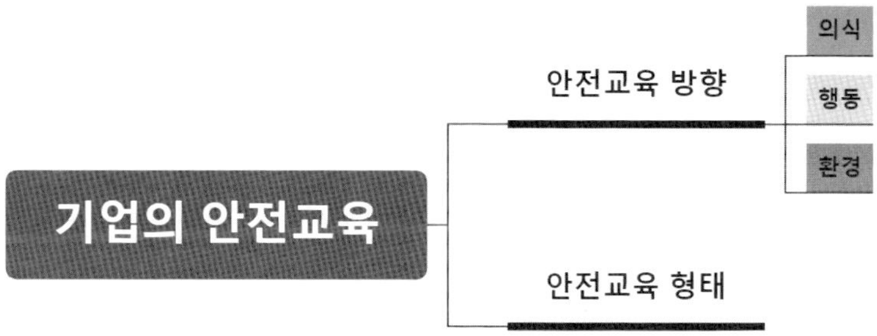

[그림 1-6] 기업의 안전교육

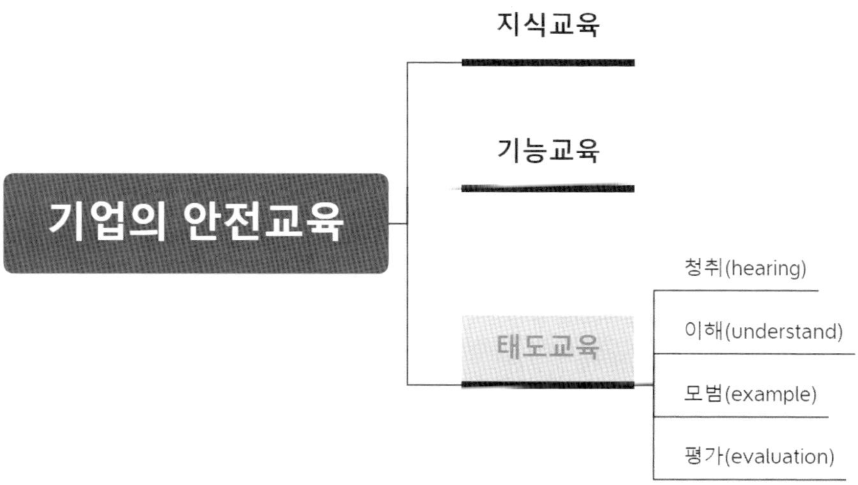

[그림 1-7] 기업의 안전교육 형태

3. 성인교육

학습은 연습이나 경험의 결과로 일어나는 행동의 지속적인 변화로 이해된다. 성인학습은 경험의 결과로 인하여 사회에서 성인으로 간주되는 사람들의 지식, 태도 그리고 행동이 비교적 지속적으로 변화되는 과정을 말한다. 즉 성인학습의 특징은 행동변화와 경험과 훈련을 활용하며 비교적 오래 지속되도록 한다는 것이다.

기존의 학습이론은 주로 페다고지(pedagogy)를 대상으로 발달한 것이 사실이다. 손다이크(Thorndike) 이래 성인 학습자에 대한 흥미가 증가되어 왔고 성인도 학습할 수 있으며 아동과는 다르게 학습하기 때문에 성인교육은 성인의 교육과 학습을 돕는 기술과 과학으로 성인학습의 통일된 이론이라는 개념을 지닌 안드라고지(andragogy) 교육의 실천과정에 적용되는 근본원리와 기술을 중심으로 하여 연구되어 왔다. 제도권의 학습을 끝내고 영리를 위해 노동을 제공하거나 강제되는 것이 없는 상태에서 자율적으로 학습해야 하는 성인의 경우에는 일반적으로 학습기간 중에 있는 학생들이나 특수한 조건 하에 있는 교육생과는 다른 차원에서 접근해야 한다. 평생학습 또는 직무와 관련한 학습이라는 관점에서 접근하여야 하며 이것은 일반적인 학교나 제도권에서의 학습과는 다른 방법과 각도에서 접근되어야 한다. 성인은 학습이 자신의 요구와 관심을 충족시키는 것이라고 실감했을 때 학습동기가 유발되고 경험은 성인학습에 있어서 가장 풍부한 자원이다. 성인교육에서 교수 원리의 중심은 경험의 분석이며 자기지시적 혹은 자기주도적 학습이 성인학습의 또 다른 일면이다. 성인은 연령과 함께 개인차가 커지고 자기 교육의 고유한 영역이 형성되어 있기 때문에 반감을 가지기 쉽다는 특성도 있다.

성인교육의 특징은 자각적 자발성에 기초한 자기 성취추구의 면과 동시에 자유로운 이성의지에 의한 자기교육이라는 점이다. 따라서 성인학습은 학습자 개인의 자발적 학습의지를 북돋아 주고 그 적용 -학습효과를 높이고 지속시키는 방법을 알려주고 조정해주는 데 중점을 두어야 한다. 이를 위해서는 학습자 자신의 자기 학습의지를 계속해서 유지할 수 있도록 하기 위한 동기부여가 절대적이라고 할 수 있다.5)6)

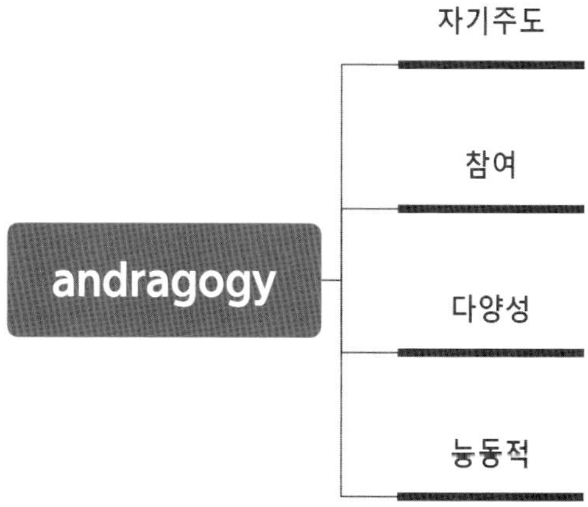

[그림 1-8] 성인교육 형태

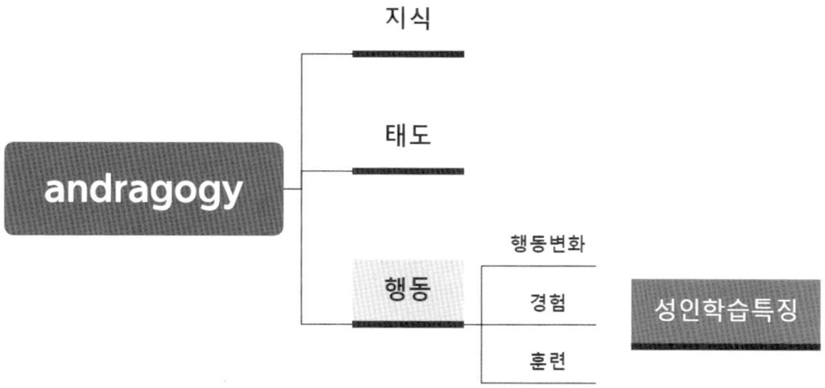

[그림 1-9] 성인교육 유형

5) 갈원모 외(2018), 안전보건교육론, 동화기술;서울, 43면.
6) 박경실 외(2013), 평생교육론, 학지사;서울, 87~88면.

3.1 Active Learning

3.1.1 Active Learning의 개념

자기 주도적(능동적인) 학습은 학습자가 목표를 세우는 일에서부터 시작하여 평가에 이르기까지 학습의 전 과정에 있어서 주도권을 갖는다는 것이다. 이렇게 볼 때, 자기 주도적 학습이라는 용어에는 학습자의 자유 의지가 강조되고 있으며, 자기 조절적 학습이라는 용어에는 학습자의 자율적인 통제권이 강조되고 있다.[7)]

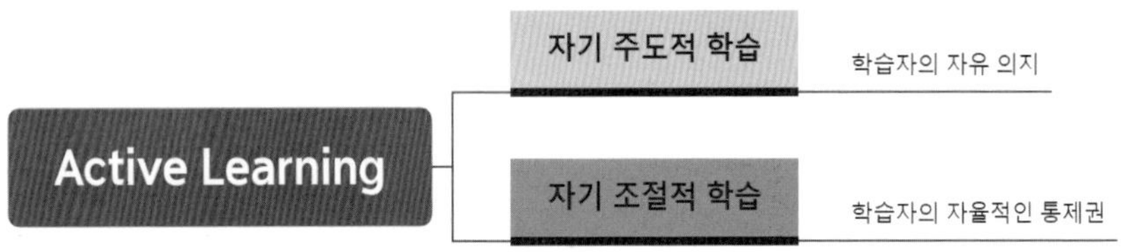

[그림 1-10] Active Learning의 개념

'인간과 자연과의 공생적 관점'을 찾기보다 제4차 산업혁명의 도구적 관점에서 교육을 보려는 시각의 위험성은 상존하지만, 최근 일본 교육계에서 주목받는 코칭기반 액티브 러닝은 기존의 교육-학습의 패러다임 변화를 추구하고 있다. 일반적으로 액티브 러닝은 1980년대 미국 대학에서 개발된 획기적인 교육·학습법으로 알려져 있다.

하지만 오가사와라 마사아키(小笠原正明)는 "액티브 러닝은 대학에서 전통적인 사고방식이나 학습습관을 부정하고 이를 리셋하는 것이 아니라, 오히려 예전의 전통적인 대학에 한정되어 있던 엘리트적 학습을 위한 방법을 대중화 단계의 대학에서도 기능할 수 있도록 하려는 것"[8)]이라 하였다. 즉 대학의 대중화·보편화로 인해 오늘날 대학에 들어오는 학생들의 학력 수준이 낮아졌기에, 그에 맞춰 단순히 지식 전달의 강의식 수업으로 진행하던

---

7) Kwon, Soon Chul, "The Effects Analysis of General Arts Class of Core Competencies based on Action Learning"(Korean Journal of General Education 7(6), 2013), 169.

8) 小笠原正明, "アクティブ・ラーニングの陥穽と構造的問題"(IDE現代の高等教育,582, 2016), 4-8.

수업방식을 새로운 시대변화에 맞춰 과거의 연구중심 대학에서 진행되던 학습환경으로 수업 방식을 바꾸려는 노력이라는 것이다.

일본에서는 active learning을 'アクティブ・ラーニング' 혹은 'アクティブラーニング'로 표기하고 있다. 가운데 방점 유무(有無)의 차이이지만, 아직 용어적 통일성은 이루어지지 않았다.[9] 일본에서 액티브 러닝의 전문가인 미조가미 신이치(溝上慎一)나 나카이 도시키(中井俊樹) 등은 자신의 책에서 방점을 찍지 않고 있지만, 문부과학성의 용어집에서는 방점을 찍고 있으며 '액티브 러닝(アクティブ・ラーニング)'을 다음과 같이 정의하고 있다.

"교원에 의한 일방적인 강의형식의 교육과는 달리 학수자(學修者)의 능동적인 학수(學修)에의 참여를 끌어내는 교수・학습법의 총칭하며 학수자가 능동적으로 학수함으로써 인지적, 논리적, 사회적 능력, 교양, 지식, 경험을 포함한 범용(汎用) 능력을 육성할 것을 의도한다. 발견학습, 문제해결학습, 체험학습, 조사학습 등이 포함되는데, 교실 내에서의 집단 토론(group discussion), 논쟁(debate), 집단 활동 등도 유효한 액티브 러닝의 방법이다."[10]

2016년부터 교육 현장에서는 기존의 수업 방식에서 교육자와 학습자가 개인의 특성과 고유의 강점으로 차별화된 잠재적 능력을 발산하여 입체적인 학습효과를 지향하고자 하는 플립드 러닝(Flipped Learning), 이른바 '거꾸로 학습'에 대한 다양한 시도가 시행되고 있다. 교육자가 학습자를 가르치고, 학습자에게 수동적으로 해당 교과 내용을 받아들여 그것을 피동적으로 저장하는 전통적 수업 방식을 벗어나 교육자의 새로운 수업 진행 방식을 다양하게 시도할 수 있는 기회를 제공하고, 학습자는 능동적 수업 참여와 입체적인 정보 습득 방식을 자기 주도적으로 해결함으로써 학습 효과의 극대화와 새로운 파생적 응용력을 기를 수 있다는 점에서 플립 러닝은 국내 학습 환경에 맞추어 '거꾸로 교실', '거꾸로 학습'이라는 슬로건으로 출발하여 꾸준히 시도되어 오고 있다.

'액티브 러닝'이란 일반적으로 학생주도, 또는 학생이 능동적으로 참여하

9) 溝上慎一, "アクティブ・ラーニングの背景と展開"(IDE現代の高等教育, 582, IDE大學協會, 2016), 9-13.
10) 文部科學省用語集アクティブ・ラーニング, 2012.

는 수업 정도로 이해되고 있는데, '액티브 러닝'의 개념을 명확히 하고 왜 그것이 미래 지향적인 학습법이 될 수 있는지 알아보기로 한다. 먼저, '액티브 러닝'의 개념을 명확히 하기 위해 액티브 러닝에 대한 다양한 의견들을 살펴보면 다음과 같다.

능동적인 학습, 즉 '액티브 러닝'은 쓰기·말하기·발표하기 등의 활동을 함으로써 발생하는 인지(認知) 프로세스의 외화(外化)를 동반한 학습이다. 즉, 단순히 말하기와 쓰기를 하면 액티브 러닝인 것이 아니라, 그러한 활동을 통하여 수용한 지식을 자신의 것으로 만드는 기능과, 그를 위해 필요한 태도와 능력을 키우는 결과를 낳는 것이 액티브 러닝이라고 할 수 있다.[11]

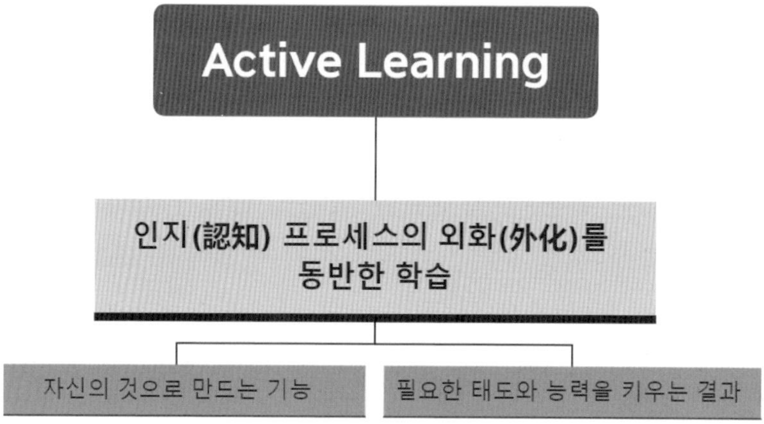

[그림 1-11] Active Learning의 의견

船橋(2016)에서는 溝上(2014)의 분류를 인용하여 '액티브 러닝'의 '전략성'의 정도에 따라 액티브 러닝형 수업이 4개의 타입으로 나뉜다고 소개하고 있는데, 이 분류에 의하면 '전략성'의 정도에 따라 차이는 있지만 보통 수업 시간에 학생이 행하는 모든 수업 활동, 즉 말하기, 프레젠테이션, 토론, 협동 학습, PBL형 수업 등이 모두 '액티브 러닝'인 셈이다. 그러나 溝上(2014)가 강조한 것은 단순히 활동의 주체가 학생이냐 아니냐가 아니라, 그런 활동을 통하여 수용한 지식을 자신의 것으로 만드는 능력 및 그에 필요한 태도와 능력의 함양이야 말로 '액티브 러닝'의 핵심이라고 할 수 있다. 그렇기

11) 溝上慎一"アクティブラーニングと教育学習パラダイムの変換"(東信堂, 2014).

때문에 세부적인 지식 이전에 타인과의 커뮤니케이션 능력과 통섭 능력이 요구되는 미래에 대비하기 위해 필요한 학습법이라 할 수 있다.

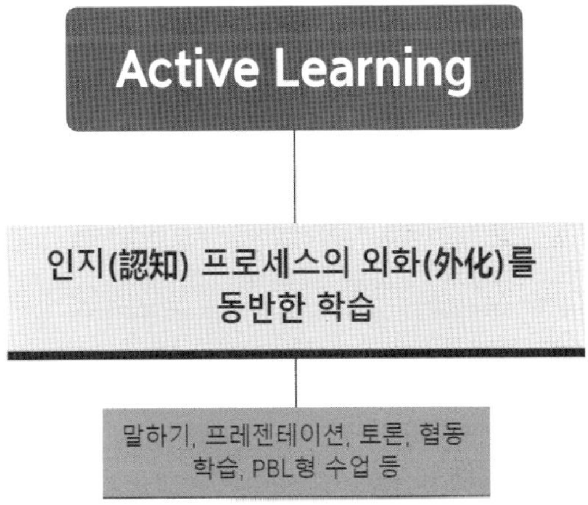

[그림 1-12] Active Learning의 분류

또한, 문부과학성이 중앙교육심의회에 '중장기적인 대학교육의 위상에 대해' 자문을 구한 결과, 심의회가 내놓은 답신에서도 앞으로 도래할 시대에 대비하는 교육방식으로 액티브 러닝을 제안하고 있다. 다가올 미래는 사회구조가 급변하면서 기존의 가치관이 흔들리는 가운데 사회에 공헌할 수 있는 인재를 양성하기 위해 '액티브 러닝(능동적학습)'이 대안적인 교육방식으로 제시되어 있다. 또한, 효과적인 '액티브 러닝'을 위한 구체적인 수업 방식, 즉 사전 준비, 토론 중심의 수업 수강, 이를 심화시키는 수업의 사후 전개 등 구체적인 '액티브 러닝'의 방법도 제시되어 있다.

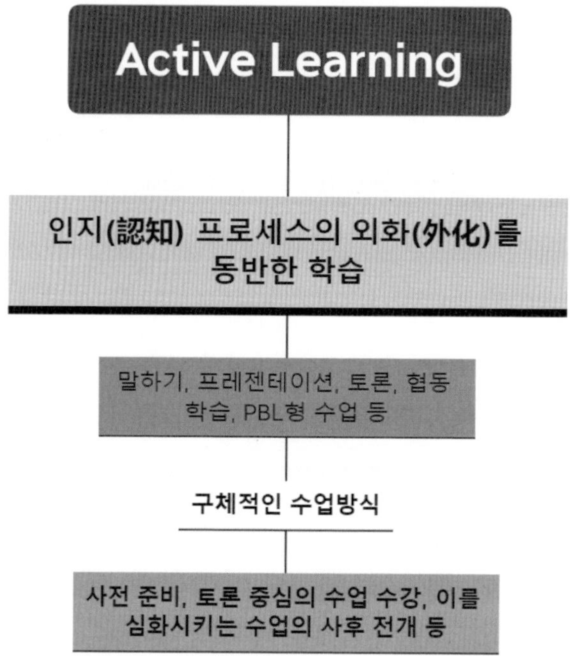

[그림 1-13] Active Learning의 수업방식

최근 대학사회에는 새로우면서도 다양한 교수학습법이 파급되고 있다. 다양한 교수학습법을 현장에서 시도하였던 교수자들이 겪었던 체험을 공유하고, 이를 성찰하여 좀 더 나은 교수학습법을 모색하고자 하는 노력의 하나이다.

새로운 교수학습법을‘ 액티브 러닝(Active Learning)’이라는 용어로 지칭하고 있다. 액티브 러닝이란 이름 그대로“ 학습자들이 교수학습 과정에 적극적이고도 능동적으로 참여하는 교수학습법”12)을 말한다. 액티브 러닝의 유형에는 사례 중심학습법(Case-Based Learning), 플립러닝(Flipped Learning), 액션러닝(Action Learning), 문제 중심학습법(Problem-Based Learning), 목표 중심학습법(Goal-Based Learning), 팀 중심학습법(Team-Based Learning), 프로젝트 중심학습법(Project-Based Learning) 등이 있다. 현재 액티브 러닝(Active Learning)과 액션 러닝(Action Learning)은 교육 현장에서 혼용해 사용되는 듯한데, 역사적으로 '액션 러닝'이 먼저 사용된 것으로 보인다. 일본

12) Weltman, D, "A Comparison of Traditional and Active Learning Methods: An Empirical Investigation Utilizing a Linear Mixed Model"(The University of Texas at Arlington, 2007).

에서는 2012년 문부과학성이 '액티브 러닝'을 교육정책 용어로 채택하였고, 이후 이 용어가 일본 교육계에 널리 알려지게 되었다.

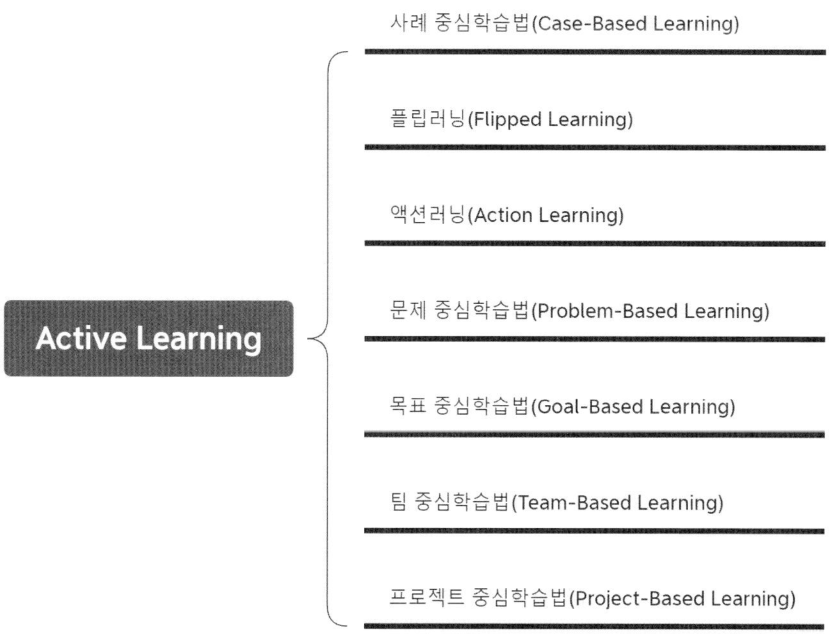

[그림 1-14] Active Learning의 유형

한국에서 AL(Action Learning 혹은 Active Learning)에 관한 연구는 2000년대 들어서면서부터 활성화되고 있는 양상이다. 다수의 학위논문과 연구논문이 발표되면서 프로그램 개발이나 운영 방법에 대한 정보 공유가 이루어지고 있다.[13] 장경은(2011),[14] 고은현(2013),[15] 권순철(2013),[16] 김미옥(2017).[17] 임영규 외(2017)[18] 등은 대학에서 AL 수업의 실태를 제시하면서 그 효과성을 입증하려 노력하였으며, 김윤민(2012), 김지운(2015), 이춘애

13) 장경원 외, "학교에서의 액션러닝에 대한 연구 동향 분석"(교육방법연구, 27(3), 2015), 429-455. 고은현, "대학교수의 액션러닝 수업개발 경험에 관한 연구"(교육방법연구, 25(1), 2013), 69-94.

14) 장경원 외, "학교에서의 액션러닝에 대한 연구 동향 분석", (교육방법연구, 27(3), 2015), 429-455.

15) 고은현, "대학교수의 액션러닝 수업개발 경험에 관한 연구". (교육방법연구, 25(1), 2013), 69-94.

16) 권순철, "액션러닝 기반 핵심역량 교양수업의 효과 분석", (교양교육연구, 7(6), 2013), 163-204.

17) 김미옥, "중소기업 액션러닝 프로그램의 핵심성공요인 탐색에 관한 연구", (전북대학교 석사학위 논문, 2013).

18) 임영규 외, "액티브러닝의 효용에 관한 실증적 연구", (교양교육연구, 11(1), 2017), 475-500.

(2016) 등은 간호대학이나 유아교육에서 활용되고 있는 AL의 운영에 관해 초점을 두어 논의를 전개하였다. 이 밖에도 공기업이나 산업체에서 활용되는 AL의 상황을 제시한 연구도 발표되었다.[19] 그런데 이들 연구는 AL을 하나의 바람직한 교수 방법 및 학습 방법으로 전제하고 그것의 효과성을 입증하는데, 혹은 그것의 긍정적 측면을 부각시키는 데 주목하고 있다.

한편, 2017년 10월 한국일본교육학회에서는 연차 학술대회에서 "제4차 산업혁명과 교수·학습 패러다임의 전환"이라는 주제로 일본의 '액티브 러닝'에 관한 내용을 논의한 바 있다. 여기서는 '액티브 러닝'에 대해 일본 정부가 관심을 갖게 된 배경이다. '액티브 러닝'의 의미 및 범위, 일본에서 실천된 '액티브 러닝'의 사례 및 연구동향 등에 관한 발표가 이루어졌다.[20]

3.1.2 Active Learning 종류

'액티브 러닝'은 학습자의 체험이나 활동을 중심으로 전개되는 교수·학습방법 전체를 의미한다. '액티브 러닝'의 의미와 지향점에 관한 논의가 각종 연구서를 통해 활발히 이루어졌는데 여기서 주목해야 할 것은 '액티브 러닝'의 의미를 어떤 수준에서 논의하느냐에 따라 그 방향이 다양하게 전개될 가능성을 내포하고 있다는 점이다.

'액티브 러닝'을 교수·학습방법으로 파악한 경우가 있는가 하면, 이를 번역해 '능동적 학습' 전체로 파악하는 경우도 있다. 예를 들면 '액티브 러닝'의 대표적 방법으로 제시되었던 토론이나 토의를 수업에 활용하는 것으로 '액티브 러닝'이 이루어지고 있다는 시각은 전자의 경우에 해당한다. 즉, 토론이나 토의를 통해 학생 스스로가 문제를 파악하고 해결해 나가는 방법을 터득함으로써 사회에서 필요로 하는 문제해결 능력을 함양할 수 있다는 것이다. 그러나 이런 방식의 해석은 학교현장에서 '액티브 러닝'을 교육의 목

19) 황성원, "공공부문에 효과적인 Action Learning 도입방안"(한국행정연구원, 2005). 김형숙, "액션러닝코치의 역량모델 개발에 관한 연구"(전북대학교 박사학위논문, 2010). 김미옥, "액션러닝 방식 대학 수업의 핵심성공요인에 관한 연구"(전북대학교 박사학위논문, 2017). 강재훈 "액션러닝 활용 소상공인 산학협력 모델 사례연구"(경남과학기술대학교 석사학위논문, 2013).

20) 이명실, "일본 액티브러닝 정책의 표와 리"(한국일본교육학연구, 22(3), 2018), 36.

적달성을 위한 수단, 즉 기능적 교수학습방법으로 활용하는 결과를 가져왔고, '딥 액티브 러닝'이라는 용어를 만들어내는 배경이 되기도 하였다.[21)]

한편, 후자의 시각으로 '액티브 러닝'을 파악할 경우 '액티브 러닝'의 영역은 시간적・공간적으로 광범위하게 확대될 수 있다. 즉, 학습자의 능동성과 주체성을 강조하는 교육방법이나 사상이 모두 여기에 포함될 수 있다는 것이다. 역사적으로 학습자 중심교육의 기원은 18세기 이후 루소나 페스탈로치에 의해 그 사상적 기반이 확립된 이후 19세기 말부터 20세기 초에 이르기까지 전 세계적으로 유행되었던 신교육운동 혹은 진보주의 운동으로까지 거슬러 올라간다.

일본의 경우에 국한해 보더라도, 넓은 의미의 액티브 러닝, 혹은 학습자 중심교육의 역사는 1910-20년대의 나이쇼(大正) 사유교육 운동에서 시작해 1945년 이후의 '전후 신교육운동', 그리고 1980년대 이후 전개된 대안학교 형태의 교육운동으로 이어진다고 볼 수 있다.[22)] 이러한 흐름에서 주목해야 할 것은 비제도권을 중심으로 전개되었던 학습자 중심교육이 1980년대 후반 이후에는 '학습지도요령 개정' 등을 통해 국가교육과정의 기본 방침으로 구체화 ・ 체계화되고 있다는 점이다. 이처럼 넓은 의미의 액티브 러닝은 긴 역사를 가지고 있으며, 현재는 비제도적 영역뿐 아니라 제도적 학교 교육의 영역에서까지 적극 도입되어 교육의 한 패러다임을 형성하는 의미로 파악될 수 있다.

'액티브 러닝'을 어떤 수준에서 파악하느냐에 따라 그에 대한 논의는 다양하게 확산될 여지를 가지고 있다. 이러한 혼란을 정리하기 위해 '액티브 러닝'을 '수단으로서의 액티브 러닝'과 '목적으로서의 액티브 러닝'으로 나누어 설명[23)]하기도 하고, '액티브 러닝'과 '딥 액티브 러닝'의 차이를 드러내기도 한다. 여기서 주목해야 할 것은 '액티브 러닝'을 내걸고 이루어지는 체험이나 활동 중심의 교수・학습 과정이 모두 똑같은 지향점을 가지고 있지 않다

21) 한국일본교육학회, "제4차 산업혁명과 교수・학습 패러다임의 전환-일본의 액티브 러닝을 중심으로"(한국일본교육학회 연차 학술대회 자료집, 2017).

22) 이명실, "일본은 공교육 개혁과 학습자 중심교육의 전개"(한국일본교육학연구,20(2), 2016), 91-113.

23) 西川純, アクティブ・ラニング入門. 明治図書, 2015.

는 것이며, 더 나아가 어떤 수준의 '액티브 러닝'을 지향하고 있는지를 분명히 파악해야 한다는 점이다.

액티브 러닝의 주요 7요소는 다음과 같다.

① 사례 중심 학습법(Case-Based Learning) - 실생활 중심의 지식들을 재구성한 사례들을 잘 함축하여 인지적, 사회적 문제 해결력을 증진시킴

② 플립드 러닝(Flipped Learning) - 융합형 강좌 방식에 적용되며 능동적 참여를 중심으로 학습자 기반의 자기주도 활동중심으로 교육 및 과업이 진행됨

③ 액션 러닝(Action Learning) - 교양교과 중심의 실생활과 연계성이 높은 학습 내용에 적합하며 학습자 역량강화 중심으로 적용되는 교육 대안

④ 문제 중심학습법(Problem-Based Learning) - 문제해결 지향 방식으로서 교수자의 부분적 의도가 융통적으로 반영될 수 있는 학습자 중심 교수학습법

⑤ 목표 중심학습법(Goal-Based Learning) - 문제해결에 요구되는 지식들을 습득하면서 지속적으로 과업을 해결하는 과정을 통해 우연함의 맥락 속에서 목표에 도달함

⑥ 프로젝트 중심 학습법(Project-Based Learning) - 실제 활동을 중심으로 장기간 프로젝트를 맡아 지속적으로 협업을 통해 과업을 수행함. 대개 공동 진행됨으로써 팀 중심 학습법과 병행

⑦ 팀 중심 학습법(Team-Based Learning) - 학습법과 병행되어 문제의 특성을 규명하고 자연스럽게 학습과정이 도출될 수 있는 계기가 생성된다.

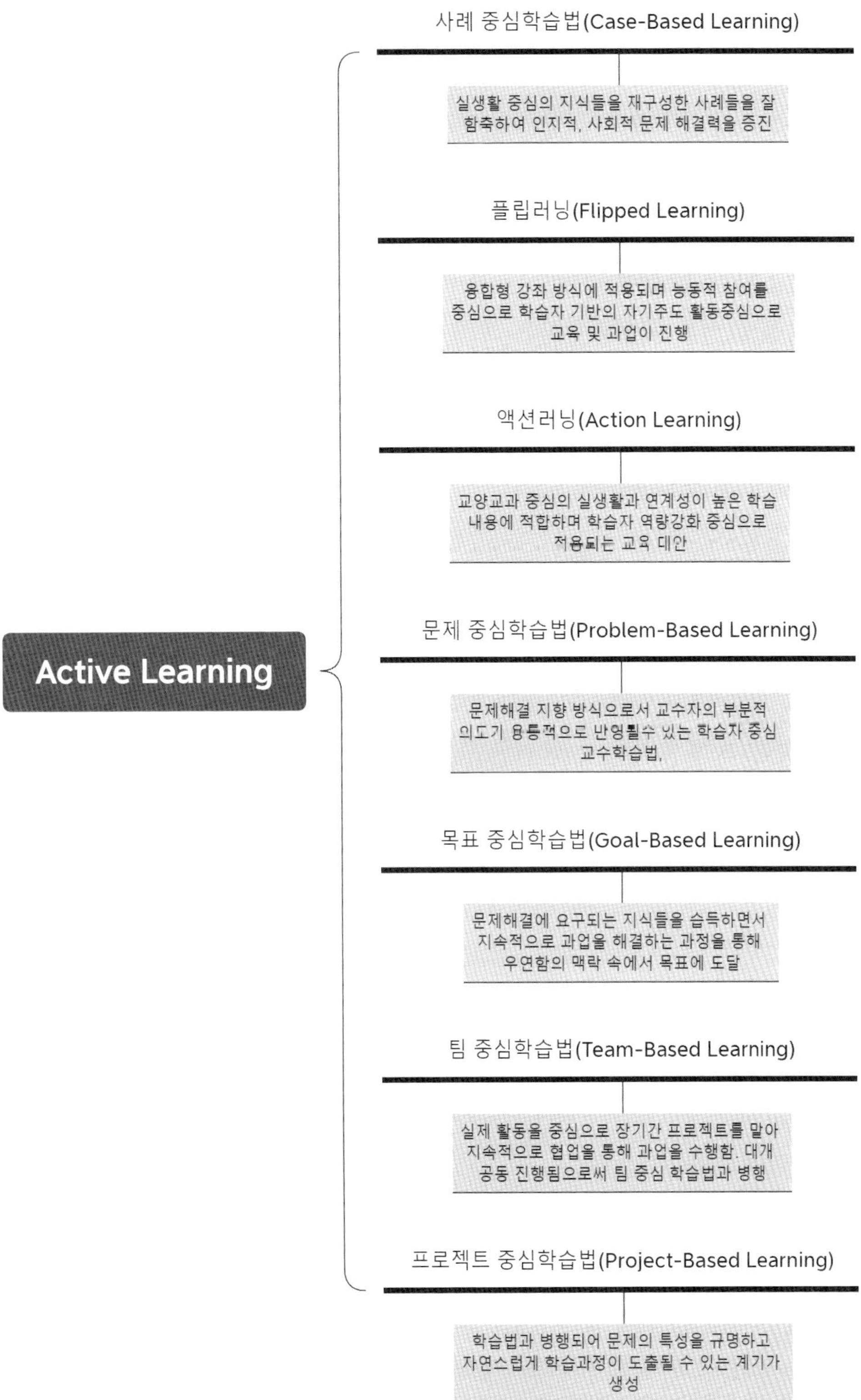

[그림 1-15] Active Learning의 유형1

액션러닝은 기존 지식전달형 교육패러다임의 강력한 대안으로 대두되고 있는 실천과 학습을 동시에 진행하는 실천학습(learning by doing)형의 교육방법으로 실무현장의 경험을 통해 학습자들이 자신의 학습을 장래의 삶과 일에 전환시킬 수 있도록 하는 학습전략이다. 액션러닝은 교수자 중심의 교육에서 벗어나 학습자들이 소집단을 구성하여 팀워크를 바탕으로 각자 또는 전체가 실패의 위험을 갖는 실제의 문제(real problem with real risk)를 정해진 시점까지 해결하는 동시에, 문제해결과정에 관한 성찰을 통해 학습하도록 지원하는 새로운 패러다임의 교육방식이다.24)

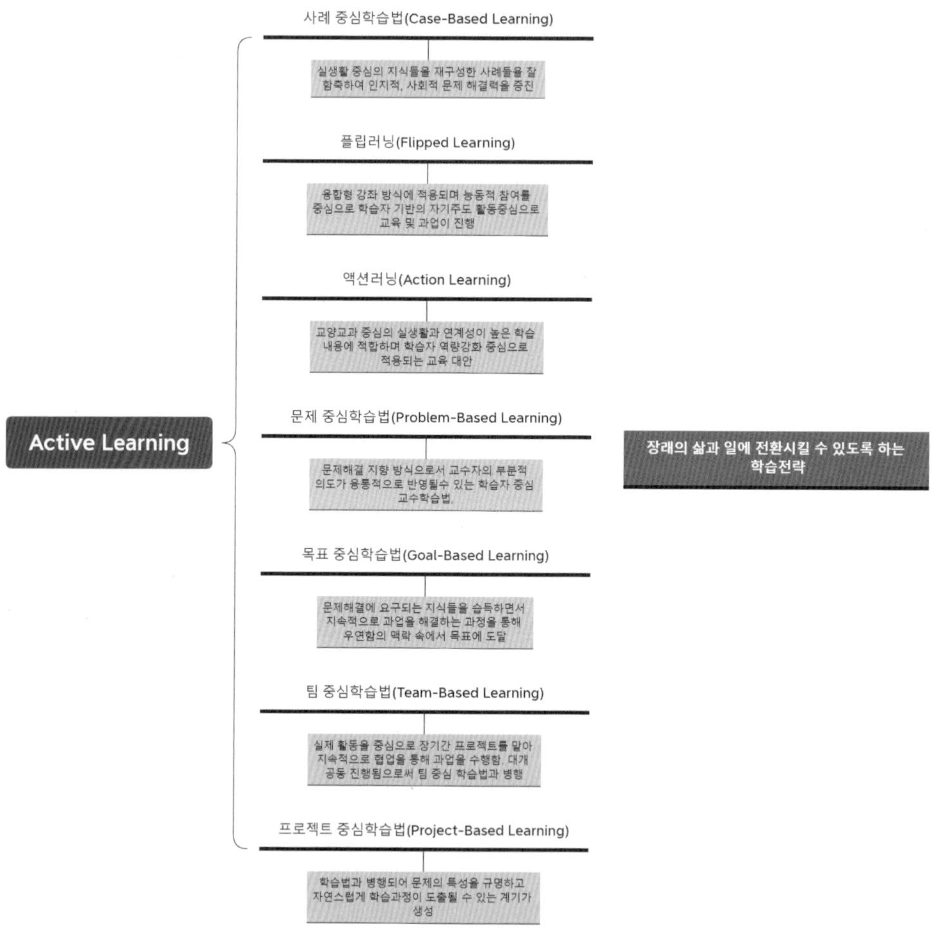

[그림 1-16] Active Learning의 미래교육 대안

24) Yun Min Kim, "Evaluation of Design and Operation of Action Learning based Nursing Professionalism Course for Nursing Students"(Department of Nursing Graduate School, Chonnam National University a doctoral dissertation, 2012), 3.

3.1.3 Flipped Learning의 종류

최근 고등교육에서 학생의 주체적인 학습을 촉진하는 액티브러닝 학습방법의 하나로 '반전 수업'이 최근 주목을 받고 있다. 반전 수업의 목적과 실천한 반전 수업에 대해 분석했다. 그 결과, 수업 보조 교재로 사용할 수 있는 오픈 교재(OER)로 인터넷에서 활성화 학생들에게 제공했다. 그러나 이를 위해서는 몇 가지 과제도 나타났다.

하나는 가정이나 학교에서 인터넷 환경이 정비되고, 또한 저렴한 정보 단말기가 보급되어 있는지 등 ICT 기술의 고급 발달을 전제로 필요하다, 또한 대학교육에 반전 수업을 도입・보급시켜 나가기 위한 유의점으로는 대학교원이 수업 전체를 설계하는 능력을 몸에 익힐 필요성이나 동영상 교재에 대한 인식 진환의 필요성 또한 동영상 교재 자체의 자료화의 필요성 등이 밝혀졌다.

반전 수업은 일반적으로 flip teaching 또는 flipped classroom으로 불리고. 혼합형 학습의 형태의 하나로, 학습자는 새로운 학습 내용을 자택 등에서 동영상에 의한 수업을 시청하고 예습을 하고 교실에서 수업은 강의 대신 문제 해결 학습 등의 협동 학습을 통해 배운 지식과 기술을 실생활에서 일어나는 다양한 문제 해결 결정에 활용하는 것을 학습한다. 반전 수업의 높은 성과는 액티브러닝에 의한 효과도 크게 포함되어 있다. 액티브러닝 수업의 질을 높이기 위해서는 학습 내용의 깊은 이해가 필요하다. 깊은 수업 이해를 위해서 예습은 매우 중요한 역할을 하는데 강의 전에 예습으로 동영상을 시청하는 경우가 많다. 반전 수업을 통해 깊은 이해를 목표 깊은 배움을 실현하는 것이 가능해진다고 생각된다. 반전 수업의 교육 효과를 높이기 위해서 교사는 강의식 수업과 동영상 학습과의 연계를 강화해야 한다. 또한 수업의 운영 또는 수업 설계, 교재 작성 등에 관해 많은 노력을 기울여야 한다.

1) 기본 플립 러닝

학생들은 숙제로 동영상 강의를 보고 다음 날 수업에 필요한 자료들을 읽어야 한다. 그리고 수업 시간에 학생들은 원래 학업 방식을 통해 배운 것을 연습해보는 시간을 가진다. 이때 선생님은 학생들과 1:1로 추가적으로 자유롭게 시간을 갖기도 한다.

2) 토론 중심의 플립 러닝

선생님은 그 날 배울 주제에 맞는 동영상 강의와 읽을 자료들을 숙제로 낸다. 예를 들어서 TED Talks, YouTube 비디오 등 여러 자료들이 있다. 수업 시간은 토론과 주제에 대한 탐구 위주로 이루어진다. 이러한 방법은 역사, 미술, 영어와 같이 내용 위주의 과목을 배우는 데 가장 유용한 수업 방식이다.

3) 설명 중심의 플립 러닝

화학이나 물리, 수학 같은 과목들은 외워야 할 내용도 많고 또 반복적인 학습도 필요한 주제들이다. 이러한 과목들에는 설명을 해주는 동영상 강의를 통해서 모르는 부분은 다시 되돌아가서 학습하는 방법이 유용하다. 이러한 학습방식 예시에서는 선생님이 화면을 녹화해서 학생들이 자신들의 속도에 맞게 따라 하면서 학습할 수 있도록 한다.

4) 가짜 플립 러닝

Education Drive에서 발견한 한 가지 좋은 방식은 실제로 숙제를 하기에는 아직 너무 어린 나이의 학생들에게 적합한 방식으로, 이 "가짜" 플립 러닝 예시는 수업에서 동영상 강의를 시청하게 하는 방법을 사용한다. 그래서 자신의 속도에 맞게 수업 자료를 다시 리뷰하는 기회를 준다. 또한, 선생님이 어린 학생들이 필요할 때 개인적인 도움을 줄 수 있다.

5) 그룹 활동 중심의 플립 러닝

이 방식은 학생들이 배우는 데 살짝 더 난이도가 있다. 다른 수업 방식과 마찬가지로, 수업은 동영상 강의와 다른 수업 자료를 통해 시작한다. 다른 점은 학생들이 수업에 왔을 때 그 날의 과제를 하기 위해 그룹을 형성하는 것이다. 이러한 수업 방식은 학생들이 서로에게 배울 수 있도록 유도하며, 학생들이 옳은 답을 찾는 것뿐만 아니라 그 과정을 설명할 수 있는 법을 배우는 것을 도와준다.

6) 가상 플립 러닝

플립 러닝은 나이가 많은 학생들에게 교실에서의 학습시간의 필요를 없애준다. 어떤 대학교수들은 학생들을 위한 동영상 강의를 공유하고, 온라인 시스템을 통해서 과제를 발표하고 검사한다. 학생들에게는 궁금한 것이 있거나 1:1로 상담이 필요할 때 개인 필요에 맞게 직접 사무실을 찾아 교수와 시간을 맞추도록 하고 있다.

7) 거꾸로 선생님

플립 러닝에 맞게 만들어진 모든 동영상의 시작과 끝에 꼭 선생님이 필요하지는 않다. 학생들도 자신에 실력을 향상시키기 위해 직접 동영상을 만드는 "선생님"이 될 수도 있다. 학생들에게 롤 플레이 활동을 녹화하는 숙제를 통해 실력을 기르고, 또 서로 배우는 내용을 발표하는 영상을 촬영하도록 만들 수도 있다. 다른 말로 "선생님을 가르치는" 방법이다.

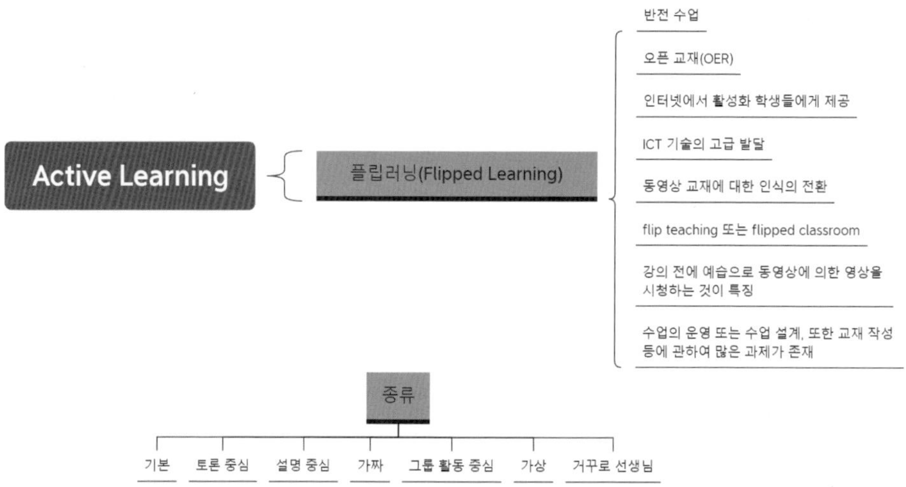

[그림 1-17] Flipped Learning

3.1.4 교수학습방법의 혁신 방향

1) 학습자 중심 교수학습 방법으로의 변화 필요

시대적 변화를 고등교육에 반영하면, 대학은 사회, 경제적 가치 등 미래 가치를 스스로 창출할 수 있는 인재를 양성하는 데 목표를 두는 방향으로 개편되어야 한다. 개인의 새로운 사회, 경제적 가치를 창출하는 지식의 융합은 물론이고, 상호 협력 능력을 갖춘 인재 양성을 위한 새로운 목표 설정이 필요하며 이를 위해서 대학의 교육과정 개편뿐만 아니라 적합한 교수-학습 활동이나 새로운 교수법 적용 등 교육 패러다임의 변화가 필요하다. 기존의 지식전달 위주의 교수자 중심의 교육에서 교수와 학생, 학생 상호 간의 협력이 활발한 학습자 중심의 교육 패러다임으로 전환이 필요하고 이를 통해 학생 개인 혹은 집단의 창의성을 유연하게 계발하여 21세기가 필요로 하는 인재를 양성할 수 있다. 뿐만, 아니라 정보화시대의 디지털 기술 발전으로 탄생한 밀레니엄 세대의 특징을 고려할 필요가 있으며 이들은 태어나면서부터 각종 디지털 테크놀로지에 친숙하고, 교육과 관련된 학습방법, 학습환경에 있어서도 선택권을 갖기를 원한다.[25]

---

25) 진성희 외, "공학전공 교수를 위한 플립러닝 교수설계 가이드북", (공학교육혁신센터 연구보고, 2016). 7.

2) 학습자 중심 교수학습 방법의 특징

구성주의 패러다임에 기반한 학습자 중심의 교수학습은 학습자가 가지고 있는 지식과 경험을 바탕으로 동료 학습자, 교수자, 학습환경 등과의 상호작용을 통해 새로운 지식과 경험을 재구성할 수 있는 기회를 제공하고 학습자 중심의 교수학습방법은 학습자가 실제 문제 상황에서 자신이 가진 지식과 경험을 활용하고, 다른 학습자와의 상호작용을 통해 문제를 해결하며, 이를 통해 문제해결력, 창의력 등 고차원적 역개발할 수 있다.[26] 또한, 학습자 중심의 학습환경은 다양성, 개별성, 상대성을 강조하며, 학습자가 스스로 필요성을 느끼며, 지식과 의미를 추구해가는 학습방식을 강조한다.[27]

창의력과 문제해결력과 같은 고차원적 능력을 키우기 위해서는 실무 현장에서 문제해결이 가능할 수 있도록 비구조화된 문제 해결에 필요한 지식을 습득할 수 있는 학습자 중심의 학습환경을 구축해야 한다. 비구조화된 문제 해결을 위해서는 사실 정보에 기반한 내용적 지식뿐만 아니라 상황적 지식, 전략적 지식에 대한 학습도 필요하다. 학습자 중심의 교수학습이란 학습자에게 수업의 초점을 맞춘 것으로 학습자는 교수자의 안내를 받아 자신의 학습에 책임을 지는 것을 의미한다(Eggen & Mauchak, 1999). 즉 학습자들의 요구와 흥미를 반영하여 학습 목표와 내용을 설정하고, 실행, 평가에 이르는 교수-학습의 전 과정에 학습자의 선택권과 참여 기회를 제공하는 교수-학습 방법이다.[28]

3) 플립러닝의 등장 배경

① 새로운 교수학습 방법의 필요

교육현장에서 주로 활용되어온 설명식 강의 교수법은 21세기를 살아가는데 필요한 역량을 갖춘 인재를 양성하기 위한 교수법으로써는 한계가 있다.

---

26) 이민경 외,"교실수업 혁신을 통한 미시적 교육개혁에 대한 시론적 고찰: 거꾸로 교실을 중심으로"(한국사회과학연구회, 95, 2015).

27) 김판수, 백현기, "공부의 절대시기:자기주도학습법", (서울:교육과학사, 2007).

28) 진성희 외, "공학전공 교수를 위한 플립러닝 교수설계 가이드북", (공학교육혁신센터 연구보고, 2016). 8.

비판적 논리적 사고능력, 창의력, 문제해결력 등과 같은 고차원적 사고력은 수동적인 설명식 강의법으로는 증진시키기 어렵기 때문이다. 전통적 교수학습 방법의 대안으로 협업을 통한 상호보완적 학습이 가능한 협력학습, 팀기반학습, 프로젝트기반학습, 문제기반학습 등이 이루어지고 있다. 하지만, 팀 내의 개별 학습자 간의 수준 차이 등의 문제로 완전학습에는 미치지 못하는 경우가 많다. 완전학습이 이루어지기 위해서는 강의실에서 이루어지는 학습자 개인 활동/수행시간을 확보할 필요가 있으며, 이를 위해서는 학습자들이 사전에 수업자료를 학습하고, 강의 시간에는 해결하지 못한 과제를 수행하는 방법의 새로운 교육방법이 필요하다.[29]

② 플립러닝의 시작

미국 콜로라도주 시골학교의 화학교사 Bergman과 Sams가 학습과 문제해결이 뒤바뀐 구조의 Flipped Learning을 처음으로 시도하였다. Bergman과 Sams는 플립러닝을 전달식 강의를 전체 교실 공간에서 개별 학습 공간으로 옮기고, 남겨진 전체 교실 공간을 상호작용적인 학습이 가능하고, 역동적인 환경으로 바꾸는 교육 실천이라고 정의한다.

그들의 시도 이후 미국 초등학교뿐만 아니라 대학에 이르기까지 다양한 교과목에 확대 적용되었고, 전 세계적으로 퍼져나가게 되었다. 플립러닝은 기존의 수업 과정과 활동내용을 뒤집는 '거꾸로(flipped)' 형태의 학습유형으로 교실에서 이루어지던 강의 수강 및 자료 읽기 활동을 학생들이 미리 가정에서 수행하도록 하고, 교실에서는 이미 습득한 지식을 적용하고 활용하는 토론, 문제해결, 프로젝트 수행 등을 하도록 한다.

전통적 수업은 교수자가 지식 전달자의 역할을 수행하며, 강의 중심으로 정해진 수업 시간 내에 전해야 할 지식을 학생들에게 학습하도록 하는 수업 방식이지만 플립러닝은 전통적인 수업의 패턴을 뒤집어 기존의 강의와 가정학습 과제 수행 요소를 뒤바꾼 교수 모형이다. 교실 수업에서 이루어지던 교수자의 강의 내용을 비디오나 오디오 자료를 통해 가정에서 사전

29) 최정빈, 김은경, "공과대학의 Flipped Learning 교수학습 모형 개발 및 교과운영사례", (Journal of Engineering Education Research, 18(2), 2015), 78.

학습하고, 교실에서는 교수자의 안내에 따라 사전 학습한 개념을 문제해결이나 프로젝트 수행에 적용, 실험, 토론 등의 과제를 수행하게 한다.[30)]

즉, 교수자 주도의 강의가 가정학습으로 이동하고, 수업 후 적용, 전이, 파지 활동의 의미를 가졌던 가정에서 해야 했던 '과제'가 교실로 이동한 형태라 할 수 있으며 이러한 형태의 교수학습 상황은 학습자에게 보다 많은 주도성과 책임감을 부과하고, 교수자는 지식 전달자의 역할 대신 수업 시간에 학습자들과 보다 많은 상호작용과 개별 학습을 지원하는 안내자의 역할을 수행하게 된다. 더 나아가 수업시간에 수동적 역할을 했던 학습자들에게 능동적 역할을 수행하게 함으로써 학습자가 고차원적 인지 활동을 하게 된다는 것이다.

플립러닝은 고차원적 학습목표를 달성하도록 하는데 적합한 교수학습 방법이다. Bloom(1956)의 교육목표 분류에 의하면, 지식 · 이해 · 적용 · 분석 · 종합 · 평가의 순으로 고차원적 목표였으며 이 분류를 수정하여 최근에는 기억 · 이해 · 적용 · 분석 · 평가 · 창안하기로 교육목표를 분류하고 있다(Anderson, Krathwohl, & Bloom, 2001). 플립러닝은 기억하기, 이해하기와 같은 단순한 학습 목표는 학습자가 가정에서 사전 학습을 통해 스스로 학습하도록 하고, 교실에서는 적용, 분석, 평가, 창안하기와 같은 고차원적 학습 목표에 관한 교수-학습 활동이 이루어지도록 하는 것이다.[31)]

플립러닝의 본질은 테크놀로지를 상호작용 수단으로 하여 교사중심의 수업 방식을 학습자 중심의 참여형 학습으로 전환함으로써 교실 수업의 혁신을 도모하는 것에 있다. 지식 전달 위주의 학습에서 실제 생활에서 학습이 이루어질 수 있는 환경으로 변화함에 따라 플립러닝은 시대가 요구하는 창의 · 융합형 인재를 양성하는 데 최적의 교수학습 방법이라 할 수 있으며 특히, 변해 가는 교육 패러다임에 부합하는 학습자 중심의 교수-학습방법으로 학습자의 학업성취도와 만족도 측면에서도 효과가 입증되어 공학교육에서

30) 이희숙, 강신천, 김창석, "플립러닝 학습이 학습동기 및 학업성취도에 미치는 효과에 관한 연구" (한국컴퓨터교육학회 논문지, 18(2), 2015), 48-49.

31) 진성희 외, "공학전공 교수를 위한 플립러닝 교수설계 가이드북", (공학교육혁신센터 연구보고, 2016). 10.

의 적용이 확대되고 있다 하겠다.

플립러닝의 장점으로는 학습자들의 학업 성취도 향상에 긍정적인 영향을 미친다는 것이다. 사전 학습으로 제공된 이러닝 자료를 기반으로 사전학습 후, 수업과 중간고사, 기말고사 학습을 위해 자료를 계속적으로 활용하여 학습자 개인의 학습 수준을 상승시키는 데 효과적이었고,[32] KAIST 미적분학 II 교과목에서 플립러닝을 적용한 분반의 경우 타 분반에 비해 중간고사 결과가 평균 10점 향상되었다.[33] 삼육대학교 해부병리학 교과목에서도 간호대 학생을 대상으로 플립러닝을 적용하여 그 효과를 포커스 그룹과 개별 면담을 통해 학습자들의 플립러닝에 대한 인식을 현상학적 분석방법으로 분석한 연구결과 '효율적인 수업 방향 도모', '미디어 매체를 활용한 효율적인 강의' 등의 연구결과가 나타났다. 플립러닝 수업을 받은 학생들은 전반적으로 학습효과에 대해 매우 긍정적인 태도를 보였다.[34] 신정숙(2014)에 의하며 조선대 교양교과목 수강생 199명을 대상으로 학생들의 발표・토론 영상을 활용하여 플립러닝 실시 이전과 이후의 조별 발표 점수를 비교한 연구결과 '전달내용/글쓰기 영역'이 9점에서 9.2점으로, '발표 및 토론 영역'의 점수가 8.9점에서 9.3점으로 향상되었다.

이들을 대상으로 수업 참여도, 흥미도에 대한 설문조사를 실시한 결과 52.3%의 학생들이 기존의 전통적인 수업방식보다 플립러닝 방식이 흥미롭다고 응답했으며, 42.7%의 학생들이 기존 수업과 비교해 더 적극적으로 참여했다고 응답하였다.[35]

그리고 임정훈(2016)은 인천대 창의인재개발학과에서 2개의 전공교과목 수강생 76명을 대상으로 A과목은 이러닝 콘텐츠를 활용하고, B 과목은 교

32) 임경화, 김태현, "공학전공수업에서 플립드러닝(Flipped Learning) 적용을 위한 설계모형 탐색"(실천공학교육논문지, 6(2), 2014), 82.

33) 진성희 외, "공학전공 교수를 위한 플립러닝 교수설계 가이드북", (공학교육혁신센터 연구보고, 2016). 14.

34) 한숙정, 정현철, "플립러닝 학습 효과와 경험에 대한 연구"(Asia-pacific Journal of Multimedia Services Convergent with Art, Humanities, and Sociology, 6(1), 2016), 105.

35) 진성희 외, "공학전공 교수를 위한 플립러닝 교수설계 가이드북", (공학교육혁신센터 연구보고, 2016). 14-15.

수자 강의 내용을 동영상으로 촬영한 콘텐츠를 활용하여 플립 러닝을 실시한 연구결과, 학생들은 학습자 중심의 학습 활동이 가능하고, 미리 예습해 오는 습관을 기를 수 있어서 전통적 교육 방법보다 플립러닝 방식에 대한 만족도가 높은 것으로 나타났다.[36)]

학습자 중심의 역동적인 학습문화를 형성하는데 기여했으며,[37)] 학습자가 직접 토론과 퀴즈 활동을 수행하기 때문에 수업참여도가 증가 되며 이로 인해 수업 집중 효과가 탁월하다. 교실 분위기가 긍정적으로 개선되며 궁극적으로 학습자의 학습역량이 증진되는 데 효과적이다.

플립러닝의 단점으로는 사적 학습 시 개별학습의 부담을 느낄 수 있다는 것이다. 플립러닝을 수행할 때 사전 학습을 수강하지 않고 강의에 참여하는 일부 학생들의 경우는 본 수업에 순조롭게 참여하지 못한 가능성이 있다. 학습자들이 일정을 준수하지 않는 것도 플립러닝을 꺼리는 요인이다. 사전 학습으로 제공된 동영상의 내용 수준이 난해할 경우 학습자가 교수자에게 즉각적인 도움을 받기가 어렵고 교수자는 난이도를 고려해야 함과 동시에 보충학습자료를 준비해야 한다. 교수자가 사전 학습자료, 수업 중 활동자료 등을 설계하고 제작해야 하므로 교수자의 많은 노력이 요구되고, 이로 인한 업무 가중의 우려가 있다.[38)]

이는 기존 개발된 타 이러닝 자료 활용으로 부담을 경감할 수 있으며. 플립러닝 운영 중, 후에 교수자가 지속적으로 학습자의 요구를 반영하여 학습자의 부담을 경감하는 노력이 필요하다. 또한, 학습자들에게 새로운 교수학습방법에 적응하려는 노력을 요구해야 하며 플립러닝에 유용한 교수학습 활동은 상호적 질문 및 토론 활동(본 학습에서 교수자-학습자 또는 학습자-학습자의 상호적 질문과 토론이 활성화될 수 있는 강의주제가 적합함), 동

---

36) 진성희 외, "공학전공 교수를 위한 플립러닝 교수설계 가이드북", (공학교육혁신센터 연구보고, 2016). 15.

37) J. Bergmann, and A. Sams, "Flip your classroom: Reach every student in every class every day"(Washington DC:International Society for Technology in Education, 2012).

38) 진성희 외, "공학전공 교수를 위한 플립러닝 교수설계 가이드북", (공학교육혁신센터 연구보고, 2016). 15-16.

료학습과 병행하는 문제 풀이(학습자 1인이 해결하기에는 난이도가 높지만, 팀 협동학습을 통해 해결할 수 있는 난이도의 문제가 유용함), 콘텐츠와 아이디어 탐구(학습자의 지적 호기심을 자극하고 인지적 도전감을 줄 수 있는 탐구과제는 보다 고차원적인 사고활동을 필요로 하기 때문에 유용함), 학생간 콘텐츠 제작(팀 활동으로 발표를 위한 콘텐츠를 제작하는 것은 프레젠테이션 역량과 더불어 발표과제의 구조화 능력, 내용탐색 등 다양한 학습 활동을 유도하기 때문에 플립러닝에 매우 유용하며 보편적으로 활용하는 방법임) 등이 있다.

플립러닝에 유용하지 않은 교수학습 활동들은 교사의 일방적인 강의(플립러닝 시 학습자들의 이해정도가 낮다고 판단하여 토론 활동을 중단하고 교사의 일방적인 강의가 진행될 경우 플립러닝은 실패한 것으로 볼 수 있음, 교사의 일방적인 설명식 강의가 필요하면, 사전 학습으로 제공하는 것이 바람직하고 강의 내용상 설명식 강의가 주류를 이룬다면, 부득이하게 플립러닝은 포기해야 함), 단순기억(지식전달)의 학습('A국가의 수도는 B이다.'라는 식의 단순명제를 암기하거나 보편적인 지식을 전달할 경우에는 설명식의 강의나 암기를 위한 인지 활동을 유도하는 교사 주도식의 강의가 필요함. 다만 단순기억학습 이후에 지식을 적용하거나 분석 활동 등을 수반하지 않으면 단순기억 활동도 학습효과가 감소할 수 있으므로 플립러닝 수업형태로 구성하여 사전 학습에서 단순 암기 위주의 영상을 제공하고, 본 학습에서 암기내용에 대한 고차원적인 학습 활동을 수반하기를 권장함), 장기적인 도제식 학습유형(장기간의 시간에 걸쳐 습득되는 기술도 플립러닝으로 분절하고, 체계화하면 학습이 가능하지만, 도제식 수업방식 중에서 직접적인 실습이 아닌 참관형태의 수업이 장기간 지속될 경우 부적절할 수 있다) 등이 있다.

③ 플립러닝의 교육적 효과

• 플립러닝의 일반적 교육 효과

플립러닝은 이러닝 학습자료를 최적화하여 활용함으로써 교육적 효과를 가져올 수 있으며 이러닝의 장점은 언제 어디서나 학습을 진행할 수 있는 장점이 가장 큰 특징이고 플립러닝에서 사전/사후로 제공되는 이러닝 자료는 본 수업을 지원하는 최고의 수업 자료로 볼 수 있다. 이론과 실습으로 구성된 수업의 경우 실습 후에도 반복적으로 이론 동영상 강의를 수강할 경우 반복 학습 활용으로 인해 지식의 체계화에 도움이 되며 밀레니얼 세대의 특징 중 하나인 정보화기기의 손쉬운 사용은 이러닝 자료의 활용도가 더욱 높아질 것으로 기대된다. OER(Open Education Resource), MOOC 등의 자료를 활용하면 교수자가 직접 제작하지 않아도 양질의 사전학습용 이러닝 자료를 대체할 수 있다. Youtube, TED 등의 강좌도 활용 가능하고 이러닝 교육자료 활용만이 아니라 이러닝을 탑재하고 있는 학사관리시스템(LMS)의 지원을 받을 수 있다. 공지 사항, 자료실, Q&A 등의 시스템을 활용하여 학습자와의 상호작용으로 학습자에게 다양한 지원이 가능하다.

플립러닝의 적용은 학습자 중심의 수준별 학습을 제공할 수 있고 학습 전/후 제공되는 이러닝 자료를 통해 다양한 수준의 학습자료를 제공할 수 있을 뿐만 아니라, 강의실 내 활동에서 교수자의 강의식 설명이 배제되어 있기 때문에 많은 시간을 할애하여 학습자의 수준에 맞게 퀴즈, 토론, 팀 활동 등을 수행할 수 있다. 교실 내 활동에서 팀 수준에 맞게 팀 과제를 부여한다거나, 개인 수준에 맞게 난이도별로 다양한 문제 풀이를 제공하여, 수준별 학습활용이 가능하다.

학습자들의 자기주도 학습능력을 향상시키고, 이러닝 수강 및 강의실 활동 위주 수업 방식은 학습자 중심의 수업 방식이므로 자연스럽게 학습자의 자기 주도성이 향상되는데, 이때 교수자는 학습자가 수행해야 할 책무의 범위를 규명해 주고, 목표한 바를 성취할 수 있도록 조력자의 역할을 수행해야 한다. 특히 본 수업에서는 학습자들이 다양한 학습활동에 능동적으로 참여하고, 타 학습자들과 상호작용을 수행하면서 학습 주체의 역할을 수행하게 된다. 실제 학교와 교실에서 실험을 통해 보여준 프로그램에서 학습자들은 학습 의욕이 자극되어 왕성한 활동력을 보여주었고 기대치를 넘는 변화를 보여주었다[39] 이러닝 수강 시 개인이 학습속도에 맞추어 학습을 수행하기 때문에 학습속도에서도 개인이 자기조절이 가능하고, 학습자들이 토론, 문답, 문제풀이 등의 학습 활동에 참여하면서 자신이 모르는 것을 스스로 인지하게 되는 등 다양한 메타인지(메타 인지: 앎에 대한 지각)를 향상시켜 자기주도력을 향상시킬 수 있다.[40]

플립러닝은 학습자 개별학습 후 강의실에서 팀 협동학습을 진행하는 것이 보편적이며 타인과의 협업을 통해 학습하는 협동학습 역량은 학습자가 가져야 할 핵심역량 중 하나이다. 협동학습 참여가 많을수록 협동학습역량은 향상된다. 기존 수업 방식과 달리 협업과 학습자 참여가 많아지게 되므로 지식 전달 위주가 아닌 소통중심의 학습이 이루어지며 이에 소통을 지향하는 학습문화 형성에도 이바지한다.

고차원적인 학습 목표를 달성할 수 있는 학습 활동을 제공하며 블룸의 지식의 체계의 분류에서는 지식, 이해, 적용, 분석, 종합, 평가의 단계를 거쳐 지식의 체계와 난이도가 상승하는 것으로 보고되고 있다. 이전 수업 방식의 경우 지식, 이해, 적용의 하위 차원의 강의 내용으로 강의의 비중이 높고, 분석, 종합, 평가의 경우 시간 제약으로 인해 다루는 비중이 적거나 사후과제로 대체하는 경우를 볼 수 있으며, 플립러닝의 경우 사전 학습으로 저차원의 학습 활동을 수행하고, 고차원의 학습활동을 강의실 내에서 수행하기 때문에 강의실 내

39) 정찬필, “저널리스트의 눈으로 본 교육, 거꾸로교실과 변명의 캬르텔”(서울:교육광장, 52, 2014), 48-50.

40) 이민경 외, “교실수업 혁신을 통한 미시적 교육개혁에 대한시론적 고찰: 거꾸로 교실을 중심으로” (한국사회과학연구회, 95, 2015), 223-251.

수업의 질 개선과 함께 고차원의 학습 내용 접근이 가능하다. 또한, 사후 과제의 경우보다 더 창의적인 과제를 요구하더라도 고차원 학습을 경험한 학습자들의 과제 성공률이 높다.

- 수준별 수업 교실

교수자들이 학습자들에게 사용하는 기술이나 가러치는 노하우, 동기부여 방법은 전부 다 다르다. 교수자는 무대의 주요한 배우가 되기보다는 옆에서 도움을 주는 사람이 되어야 한다.

accd.org에 따르면, 플립 러닝 수업 방식을 이용하는 453명의 교수자가 가르치는 학생의 67%가 시험 성적이 올라 고급 학습과정의 수업을 수강할 수 있게 되었으며, 80%는 학생들의 태도가 발전했다고 한다. 그리고 무려 99%가 다음 해에도 플립 러닝 수업 방식을 유지하고 싶다고 밝혔고, 이를 바탕으로 설계한 플립러닝 수업 과정은 다음과 같다.

첫째, 플립러닝 수업은 학습자가 지식 구성 과정에 주체가 되도록 설계해야 한다. 플립러닝 수업의 특성상 학습자는 사전에 동영상을 통해 개별적으로 학습하고 교실 수업에서는 이를 응용할 수 있는 다양한 활동에 참여한다.

둘째, 플립러닝 수업에서 학습은 교실 밖, 교실 안에서 시·공간에 제한받지 않고 일어나기 때문에 유연한 학습 환경으로 설계되어야 한다. 이에 본 연구는 학습자들이 학습 수행을 위한 충분한 시간을 부여하고 교실 밖 수업에서도 학습자와 동료 학습자, 학습자와 교수자 간의 원활한 의사소통을 유도하기 위해 LMS상의 온라인 팀플 공간을 제공하였다.

셋째, 플립러닝 수업은 의도된 교수·학습 내용을 지녀야 한다. 즉 학습자의 이해와 참여를 돕기 위한 교수학습 전략과 수업 활동, 교육자료 제작 등의 전반적인 교수학습 내용을 사전에 철저히 준비되어야 한다. 이에 본 연구는 E 대학교 내 교수학습지원시스템(Center for Teaching and Learning, CTL)의 녹음장치를 사용하여 사전 학습 영상을 제작하고 차시별 학습 활동지 등의 교육자료를 제작하였다.

넷째, 플립러닝 수업은 전문적인 교수자의 역할이 중요하다. 교수자는 효과적인 플립러닝 수업을 위해 적절한 수업 내용을 선정하고 재구성하기 위한 계획이 필요하다. 즉, 선행학습으로 학습할 내용과 이 중 교실 수업에서 심층적으로 다룰 내용을 선정해야 한다. 또한, 교수자는 선수학습을 통해 학습한 지식을 교실 수업에서 응용하기 위해 학습자의 학습 수준을 고려한 수업 활동을 통해 개별화된 학습과 심화 학습이 가능하도록 설계해야 한다.[41] 본 연구에서 교수자는 플립러닝 수업이 본격적으로 시작되기 전 학습자들에게 플립러닝 수업과 활동에 관해 명확히 정의되고 구조화된 안내를 제공했으며 전반적인 수업 과정에서 적절한 피드백이나 코칭을 제공하였다.

다섯째, 플립러닝 수업은 혁신적인 네트워크 활동으로 구성되어야 한다. 학습자는 교실이나 교과서와 같은 제한적인 학습 환경에서 벗어나 다양한 멀티미디어 자료를 활용하여 언제, 어디서든 원하는 정보를 수집하고 이를 활동에 적용할 수 있다.

여섯째, 플립러닝 수업은 학습자의 참여적이고 효과적인 경험을 유도해야 한다. 이에 본 연구는 플립러닝의 교실 내 수업을 도입-전개-정리의 세 단계로 구분하고 각 단계별 사전에 습득한 지식을 점검해 보는 활동, 본격적인 지식 응용 활동, 그리고 발표나 성찰 활동 등의 마무리 활동 순으로 구성하였다. 또한, 매 차시 수업의 진행 사항과 다음 차시를 위한 준비 및 예고사항을 미리 온라인 포털에 공유하여 구체적인 안내와 스캐폴딩을 제공하였다.

일곱째, 플립러닝 수업은 다양하고 매끄러운 학습 플랫폼을 가져야 한다. 플립러닝 수업에서 학습자는 수업 이전에 미리 학습 동영상을

---

41) 이동엽, “플립드 러닝(Flipped Learning) 교수학습 설계모형 탐구”(디지털융복합연구, 11(12), 2013). 83-92.

통해 선행학습을 실시하고, 수업 활동에서 이를 적극적으로 응용하는 활동을 수행해야 한다.

④ MOOC

무크(MOOC)는 'Massive Open Online Course'의 앞 글자를 딴 약자로 수강인원에 제한 없이(Massive), 모든 사람이 수강 가능하며(Open), 웹 기반으로(Online) 미리 정의된 학습목표를 위해 구성된 강좌(Course)이다. 대표적인 MOOC 사이트인 'Coursera', 'edx', 'Udacity' 등은 온라인으로 무료 강좌를 제공하고, 해당과목의 모든 프로젝트를 완료하면 수료증을 발급하고 있다.

일본은 2014년 4월부터 JMOOC가 공인하는 배달 플랫폼 'gatto' 가 시작되었다. 대학 교수진의 강의를 무료 온라인으로 수강할 수 있는데 강의 동영상 1편은 10분 정도로 제작되어 있다. 자율 학습과 게시판을 통해 다른 수강생들과 토론이 가능하며 일정의 수료 조건을 채우면 수료증을 받을 수 있다. 일부 강좌는 반전학습코스를 유료로 제공하고 있다.

⑤ 칸 아카데미

대학 등의 고등 교육 기관 이외에서는 칸아카데미가 무료 동영상을 제공하고 있다. 사르만 헤르만 칸이 수학, 수학이나 물리 등 다양한 같은 분야에 걸쳐 동영상을 만들어 공개하고 있다. 초・중・고교 수준의 수학, 화학, 물리학부터 컴퓨터공학, 금융, 역사, 예술까지 다양한 분야의 동영상 강의를 제공하고 있으며, 미국 내 2만여 개 학급에서 교육 자료로 쓰이고 있다.[42]

⑥ 교사 자신이 만드는 동영상

반전 수업이라고 하면 일반적으로 교사가 스스로 동영상를 만들고 그것을 이용하여 반전 수업을 실시한다고도 한다. 또한, 교사들이 만든 동영상을 공유하는 것도 가능하다. 학교 내외에서 연계를 할 수 있다면 동영상을

42) 三保紀裕, "反転授業における予習の仕方とアクティブラーニングの関連"(日本教育工学会論文誌, 40, 2016), 161-164.

공유할 수도 있다. 교사가 만든 동영상에는 자신만의 가르치는 노하우가 녹아 있다. 이러한 동영상을 공유하게 되면 효과적인 방법으로 통합할 수도 있다. 이렇게 함으로써 보다 질 높은 교육을 제공하게 된다.[43)]

[그림 1-18] 교수학습방법의 혁신방향

3.1.5 주요국가의 Active Learning

1) 미국의 Active Learning

① 미국의 Active Learning의 역사

미국고등교육학회(American Association for Higher Education, 이하, AAHE) 연구그룹이 작성한 "Involvement in Learning(1984)" 보고서에서 처음으로 사용되었다. 이후 Chickering & Gamson가[44)] 작성한 "Seven Principles For Good Practice in Undergraduate Education(1987)"에서도 언급되는데, 이를 계기로 미국 고등교육의 학습개념은 일대 변화의 전기를 맞이하게 된다. 특히, Chickering & Gamson(1987)가 지적한 "교육실천 7원칙"은 AAHE 보고서의 기본개념인 "학생을 학습에 참여시키는 것(=능동적 학습)"을 골자로 작성되었으며, 현재까지도 미국 고등교육뿐만 아니라 세계 여러 대학에서 활용[45)]될 만큼 고등교육 분야에 미친 영향력은 매우 크다고 볼 수 있다.

미국의 대학교육에 7원칙이 수용된 이유는 무엇인가? 1980년대 당시 교

43) 三保紀裕, "反転授業における予習の仕方とアクティブラーニングの関連"(日本教育工学会論文誌, 40, 2016), 161-164.

44) Chickering, W. & Gibbs, Zealda F, "Seven Principles for Good Practice in Undergraduate Education"(AAHE Bulletin, March 39, 1987), 1-7.

45) 中井俊樹・中島英博, "優れた授業実践のための7つの原則とその実践手法"(名古屋高等教育研究第5号. 2005), 283-299.

육현황에 대한 연방정부 보고서 “A Nation at Risk: The Imperative for Educational Reform”(National Commission on Excellence in Education, 1983)는 다음과 같이 설명하고 있다. ① 국내 17세 청소년의 13%가 기능적 문맹자로 간주된다. 특히, 소수민족 청소년의 경우 40%에 이른다. ② 17세 청소년의 상당수가 고차원의 지적능력이 없다. ③ 대학입시위원회 진학적성시험(SAT) 성적은 1963년부터 1980년에 걸쳐 사실상 저하되고 있다. 언어시험 및 수학 평균점은 각각 50점, 40점 저하 등 공교육의 투자대비 성과의 악화를 지적하였다(National Commission on Excellence in Education, 1983: 115-116).[46] 무엇보다 미국의 고등교육현장은 변함없이 “교수는 이야기하고 학생은 듣는” 전통적 교수법에 따라 진행되고, 교사와 학생 간의 의사소통의 부재와 협동학습의 부족으로 인한 학생의 수동적 학습태도에 대한 한계 극복 노력이 보이지 않았다는 점이다.[47] 다음은 Lyman & Foyle(1990)[48]가 묘사한 교육현장의 모습이다.

수많은 미국 학생들은 침묵 속에서 학습하고 그들의 동료들과 분리되어 있는 쓸쓸한 학교에 다닌다. 종종 학생 간 상호작용은 보상받기보다 처벌받는다. 그런 학습 환경은 사회경제적 배경, 학업준비, 학습방식, 그리고 어렵고 불가능한 환경 속에서 성취해내는 것을 배우는 학습동기 유발 가능한 학생들을 좌절시킨다. 〈중략〉 학생 간 상호작용과 협력은 문제해결 능력의 증진, 성적 향상, 기억 유지, 그리고 친구, 교사, 과목, 학교에 대한 보다 나은 태도에 대한 기반을 형성할 수 있다.[49]

46) National Commission on Excellence in Education (1983). A Nation at Risk: The Imperative for Educational Reform, The Elementary School Journal 84(2) 112-130.

47) Bonwell, C. C. & Eison, J. A, “Active Learning: Creating Excitement in the Classroom”(ASHE-ERIC Higher Education Report No.1, Washington, D.C. George Washington University, 1991).

48) Lawrence Lyman & Harvey C. Foyle, “Cooperative Grouping for Interactive Learning: Students, Teachers, and Administrators”(Washington, DC: National Education Association, 1990).

49) Lawrence Lyman & Harvey C. Foyle, “Cooperative Grouping for Interactive Learning: Students, Teachers, and Administrators”(Washington, DC: National Education Association, 1990).

② 미국 Active Learning의 학교현장

학생들 간 원활한 주체적 상호작용이 없는 학습환경에 대해 당시 고등교육분야의 수많은 지도자와 국가 보고서는 학습과정에 있어 학생들의 관심을 끌고 학습 참여를 독려할 능동적 학습방법을 지속적으로 권고하였다.[50] 그 결과, 추상적이거나 난해하지 않으며 이해하기 쉬울 뿐만 아니라 실천 가능한 교육방법, 이른바 7원칙이 제기되기에 이른다.

7원칙의 구체적 내용은 ① 학생과 교원의 접촉 촉진, ② 학생 간 호혜와 협력의 기회 늘림, ③ 능동적 학습 기법 사용, ④ 신속한 피드백, ⑤ 학습에 요구되는 시간의 중요성 강조, ⑥ 높은 기대의 전달, ⑦ 다양한 재능과 학습법 존중[51]이다. 여기에서도 엿볼 수 있듯이 학생의 학습실천 촉진은 교육주체의 상호작용에 기반을 두고 진행되는 능동적 학습에 대한 교수자의 적극적 협조를 중시하고 있음을 이해할 수 있다. 결국, 교수자가 실천하기 어려운 종래의 교수법에 대한 변화와 능동적 학습에 대한 기대를 함축하고 있다고 할 수 있다.

이에 AAHE 관련 연구자들은 7원칙을 어떻게 교원에게 소개하고 참여를 이끌어 낼 수 있는지에 대해 ① 모든 교원이 실천할 수 있는 행동으로 표현하기, ② 이해하기 쉬운 용어 사용하기, ③ 각 원칙에 대한 충실한 정보 제공하기, ④ 교원의 학문분야와 관계없이 실천 가능케 하기를 그 방법으로 제시하였다.[52]

액티브러닝은 "교육실천 7원칙"이라는 교수법과 이에 상응하는 4가지 실천수법이 이해하기 쉽게 교원들에게 보급됨으로써 미국의 고등교육에 등장·수용될 수 있었다고 볼 수 있다. 그러나 1990년대 이전까지 그 개념이 명확히 정의되지 않았다. 이후 Bonwell & Eison은[53] 1991년 발표한 "Active

50) Bonwell, C. C. & Eison, J. A, "Active Learning: Creating Excitement in the Classroom"(ASHE-ERIC Higher Education Report No.1, Washington, D.C. George Washington University, 1991).

51) Chickering, W. & Gibbs, Zealda F, "Seven Principles for Good Practice in Undergraduate Education"(AAHE Bulletin, March 39, 1987), 1-7.

52) Gamson, Z, "A Brief History of the Seven Principles for Good Practice in Undergraduate Education"(New Directions for Teaching and Learning, No.47, 1991), 5-12.

53) Bonwell, C. C. & Eison, J. A, "Active Learning: Creating Excitement in the Classroom. ASHE-ERIC

Learning: Creating excitement in the classroom"에서 액티브러닝에 대한 정의 도출을 통해 학습개념의 하나로 이론화하였다. 이어 Barr & Tagg(1995)[54]는 고등교육잡지 "CHANGE"27(6)에서 "교육(Teaching)에서 학습(Learning)으로", 즉 "교수패러다임"에서 "학습패러다임"으로의 전환을 지적함으로써 How to teach보다 How to learn에 중점을 둔 학습론적 성격을 포괄적으로 해석하고자 하였다.

미국의 고등교육 분야에 불어 닥친 액티브러닝에 대한 학계의 관심은 종래의 타율적 교수법에서 벗어나 학생의 능동적 학습법을 통한 대학교육 개혁의지를 담고 있었다. 그런데 왜 미국의 대학사회는 교수·학습 패러다임의 전환시대를 맞이하게 되었는가? 그 이유는 다양하겠지만 근본적으로 다음 2가지를 들 수 있을 것이다.[55]

첫째, 미국 대학의 대중화이다. 1960~70년대 초에 걸쳐 여성, 소수민족, 유학생 등 미국 대학의 학생은 다양화가 가속화된 반면, 변함없는 전통적 강의방식은 그들의 학습 만족도를 향상시킬 수 없었다. 둘째, 대학교원의 역할변화이다. 제1·2차 세계대전을 겪으며 대학교원의 연구자로서의 역할이 주목받게 되고, 대학교원은 전문가이자 연구자라는 이미지가 확립되었다. 이로 인해 다수의 대학교원은 교육활동을 부차적인 것으로 간주하게 되고 연구활동에 몰두하게 됨으로써 학생이 무엇을 어떻게 학습해나가야 하는지에 대한 교육적 역할에 대한 의문을 제기하기에 이른다.

이러한 교육적 환경 속에서 출발한 액티브러닝은 학자에 따라 그 개념에 차이를 보이며 명확하게 정립되어 있지 않다. 먼저, 액티브러닝의 개념화에 선도적 역할을 견인했던 Bonwell & Eison에 따르면, 액티브러닝이란 "학생들이 행하는 무언가에 관한 생각과 행동 속에 그들이 참여할 수 있도록 하는 모든 것"[56]이라고 정의하고 있다. 이와 관련하여 Bonwell & Eison(1991)

Higher Education Report No.1"(Washington, D.C. George Washington University, 1991).

54) Robert B. Barr & John Tagg "From teaching to learning: A new paradigm for undergraduate education"(Change, 27(6), 1995), 12-25.

55) 溝上慎一, "アクティブ・ラーニングの背景と展開"(IDE, 582, 2016), 9-13.

56) Bonwell, C. C. & Eison, J. A, "Active Learning: Creating Excitement in the Classroom"(ASHE-ERIC Higher Education Report No.1, Washington, D.C. George Washington University, 1991).

은 액티브러닝에 요구되는 5가지 특징을 다음과 같이 논한다. ① 학생들은 수업을 듣는 것 이상의 것에 관여한다. ② 정보전달이 강조되기보다 학생의 능력개발에 역점이 주어진다. ③ 학생들은 고차사고(분석, 종합, 평가)에 관여한다. ④ 학생들은 활동(읽기, 토론, 쓰기)에 종사한다. ⑤ 학생 자신의 태도와 가치에 대한 탐구를 가장 강조한다. 결국, Bonwell & Eison(1991)가 생각한 액티브러닝이란, 단순히 수동적으로 듣는 "지식전달형 수업"이 아닌 학생 스스로가 능동적 사고과정을 통해 읽기, 토론, 쓰기 등에 관여하는 참여형(체험형) 학수(学修)방법이라고 볼 수 있겠다.

AAHE 등에서 활동해온 심리학자 Mckeachie(1986)[57]에 따르면, 학생들의 메타인지적 학습방법과 비판적 사고능력의 획득은 협동학습과정의 동료 간 토론에 의해 이루어짐을 밝히고 있다. 특히, 학생들이 수동적이거나 생각없이 정보를 수용하는 문제에 대해 그들 스스로가 학습내용을 기억·활용할 수 있기 위해 학습에 능동적 사고를 가질 것을 주장해왔다는 점에서 Bonwell & Eison(1991)[58]와 일치한다. 즉, 학생들 주도 하의 상호작용을 통해 학습할 수 있는 교수학습환경을 지원함으로써 그들이 학습내용에 대해 명확하게 이해하고 장기간 기억할 수 있도록 할 것을 당부하였다. 또한, 그 과정에서 학생들이 어떠한 생각을 하고 있는지 파악하고 학생의 표정과 몸짓을 이해할 수 있다. 물론, 교수자 역시 그들로부터 피드백을 얻을 수 있음을 지적하였다. 결국, Mckeachie가 생각한 액티브러닝은 학생을 학습과정에 맞닥뜨리게 하여 그 과정에 적극적으로 참여하게 만들기 위한 교수학습 전략이며, 학생에게 질문하는 것과 그들로 하여금 질문하도록 장려함으로써 능동적 학습과 사고가 촉진되는 과정임을 이해할 수 있다.[59]

액티브러닝에 대한 Mckeachie(1998)의 생각은 그의 강의 철학에서도 드

57) Mckeachie, W. J. & Gibbs, Graham (1978). Mckeachie's teaching tips: A guidebook for the beginning college teacher 7th ed. Lexington, Mass: Heath.

58) Bonwell, C. C. & Eison, J. A. (1991). Active Learning: Creating Excitement in the Classroom. ASHE-ERIC Higher Education Report No.1, Washington, D.C. George Washington University.

59) Mckeachie, W. J. & Gibbs, Graham, "Mckeachie's teaching tips: A guidebook for the beginning college teacher 7th ed. Lexington"(Mass: Heath, 1978).

러난다. 교육은 가르치는 것이 아니라 협력·협동 등 상호작용에 의해 이루어지는 "협력기업"(cooperative enterprise)과 같은 성격을 지닌다. 또한, 강의목표는 다양하지만, 학생의 동기부여와 지속적 학습능력 향상에 유용해야 한다. 그리고 대다수 학생의 학습은 교실 밖에서 이루어진다.

이처럼 액티브러닝이란 학생이 전문적 지식을 이해·향상시킬 수 있도록 매개하는 중재자 역할에 머무르지 않고 학생 개인의 고유한 자질, 존엄성, 인간적 성장에 대한 책임, 이런 것들에 대한 역할 확대가 기대되는 학습자 참여 중심의 교수학습법인 것이다. 다시 말해, "교수자가 무엇을 실시하는 것에 중점을 두는 것이 아니라, 학습자가 어떤 생각을 하는 것"[60]에 중심을 두고 그들의 학습지원을 하는 것이다.

고등교육 수업컨설턴트 전문가 Fink(2003)[61]는 Bonwell & Eison(1991) 및 Mckeachie의 주장과 같이 지식전달방식의 수업을 수동적 학습으로 정의하였다. 그러나 "의미 있는 학습경험의 창출"을 위해서는 능동적 학습에 대해 주목해야 하며, 무엇보다 수동적 학습과 능동적 학습이라는 이분법적 논리에서 생각하기보다 양사를 전체론적(holistic) 관점에서 이해하고자 했다는 점에서 그 특색을 찾을 수 있다.

Fink(2003)[62]가 생각한 액티브러닝은 단순히 교수자의 강의를 듣고 책을 읽음으로써 획득하는 정보(information)·아이디어(ideas), 또한 그 과정에서 이루어지는 경험(experience)·성찰(reflecting)의 산술적 총합 이상의 의미를 내포한다. 이는 3요소 및 해당 실천과제 해결만으로 액티브러닝 그 자체를 이해할 수 없으며, 학습에 대한 학생의 적극적 참여와 높은 열의가 수반됨으로써 최종적으로 "의미 있는 학습경험"이 성립됨을 시사하고 있다.

그 구체적 방법으로 Fink(2010)[63]는 ① 기초적 지식, ② 응용, ③ 통합, ④

---

60) Mckeachie, W. J. & Gibbs, Graham, "Mckeachie's teaching tips: A guidebook for the beginning college teacher 7th ed."(Lexington, Mass: Heath, 1978).

61) Fink, L. D, "Creating significant learning experiences: An integrated approach to designing college courses"(San Francisco, CA: Jossey-Bass, 2003).

62) Fink, L. D, "Creating significant learning experiences: An integrated approach to designing college courses"(San Francisco, CA: Jossey-Bass, 2003).

63) Fink, L. D, "Designing our course for greater student engagement and better student learning."

인간의 차원, ⑤ 관심 전환, ⑥ 학습방법의 습득을 제언하였다.

Fink(2003, 2010)는 액티브러닝을 수동적 학습・능동적 학습의 전체론적 교수학습방식으로 이해하는 데 그치지 않고, "의미 있는 경험학습"의 창출과 접목시켜 파악함으로써 교육현장 속 액티브러닝 형 수업을 적용시키고자 하였다. 특히, 기초 지식 및 응용 등 지식 전달만이 아니라 인간성장 및 생애학습 등 기존 교수학습 패러다임을 바꾸는 새로운 도전을 제시하였다. 다시 말해, 학습경험 6요소 간 위계질서를 통한 계층적 관계성이 아닌, 각 요소 간 상호보완적 관계성 속에서 정의하고자 하였다는 점에서 학습 경험론의 구체화에 노력하였다고 할 수 있다.64)

[그림 1-19] 미국학교현장교육실천 7원칙

2) 일본의 Active Learning

① 일본 Active Learning의 역사

일본의 교육정책 속에서 액티브러닝이 대두되기 시작한 것은 2012년 12월 문부과학성 중앙교육심의회 답신, 이른바 "질적전환답신"이 발표된 시점이다. 그러나 1960~70년대 대학의 대중화를 계기로 액티브러닝이라는 용어가 체계화되지는 않았지만 교육계의 능동적 학습에 대한 관심은 날로 높아져 갔다. 일본의 교육정책의 기본은 1960년대 이후 미국의 경제이론에 근간을 둔 능력주의 교육관에서 점차 신자유주의 교육관으로 이행해 왔으며, 그 저류에는 경쟁주의에 의한 인간의 종별화(種別化)가 존재하고 있다.65) 이를

(Perspectives on Issues in Higher Education. 13(1), 2010), 3-12.

64) 오민석, 장지은, "일본 액티브러닝의 도입과 전개"(한국일본교육학회 연차학술대회, 2017), 14~17.

부추겨 글로벌화와 정보화의 진전 등 급격한 사회변화는 또한 인적관계성의 희박화, 사회 양극화의 고정화·재생산, 고용·취업의 유동화, 지식정보 유통의 급변 등 장래 예측 불가능한 시대의 도래를 촉발시켰다고 해도 과언이 아니다. 특히, 1990년대 불어 닥친 대학의 국제화, 수업 중 학생의 사적인 대화, 자율적·자립적 대학생의 타율적·의존적 고등학생화(化) 등의 문제로 인해 대학현장에서는 수업진행의 어려움이 가속화되었다.[66]

1991년 "대학설치기준의 대강화"라는 제도가 도입되면서 전통적인 교수학습법에서 벗어나 교원과 학생 간의 의사소통, 학생 간의 의사소통 등 쌍방향 수업을 통한 교수학습법에 대한 전환 요구가 제기되었다.

2000년대에 들어서면, 대학의 주체적 교육연구활동은 대학입학희망자 전원이 입학 가능한 대학전입(全入)시대의 도래, 정보통신(ICT)의 발전, 글로벌 인재육성의 필요성이 대두되는 가운데 실천적 학습이 구체화되었다. 그 정책적 역할을 담당했던 문부과학성 중앙교육심의회에서는 2008년「학사과정교육의 구축을 향하여」에서 액티브러닝에 대한 교육적 속성에 대해 처음으로 언급한다. 주요 내용은 "학생의 주체성·능동성을 이끌어낼 수 있는 교수법"에 의한 교육정책의 변환을 골자로 학생의 주체적 참여 학습을 강조하였다.

한편 예측곤란한 시대를 살아가기 위해 개인이 갖추어야 할 다양한 능력을 기르기 위한 방법을 평생교육적 관점에서 액티브러닝을 통해 찾고자 하였다. 생애에 걸쳐 지속적으로 배우는 힘, 주체적으로 생각하는 힘을 수동적인 교육의 장에서는 육성할 수 없다. 교원과 학생이 의사소통을 도모하고 서로 자극을 주며 학생이 주체적으로 문제를 발견하고 답을 찾아가는 능동적 학습이 필요하다.

액티브러닝은 학생 개개인의 "인지적·윤리적·사회적 능력"을 끌어낼 수 있는 쌍방향 수업으로의 전환을 통해 학생의 주체적 사고능력을 촉진할

65) 梅原利夫(2011). "学力と生きる力を育てる: 人間像の相克を通して."(和光大学現代人間学部紀要, 2011), 147.

66) 溝上慎一, "アクティブ・ラーニングの背景と展開."(IDE, 582, 2016), 10.

수 있음은 물론, 생애 지속 가능한 능력을 체득할 수 있게끔 고안된 평생교육학적 학습방법이다. 즉, 인식의 주체인 학생을 수동적 존재로 본 객관주의(objectivism)에서 벗어나 개인의 경험과 인지에 따라 지식 구성이 가능하다고 본구성주의(constructivism)로의 지향을 통해 주체적 배움을 구현화하고자 하였다.

2014년 문부과학성 중앙교육심의회는 대학교육뿐만 아니라, 중고등학교교육 및 고등학교교육에 액티브러닝을 도입함으로써 주체적·능동적 배움에 대한 사회적 공감대를 형성하고자 하였다. 또한, 2015년「향후 학교교육을 담당하는 교원의 자질 향상」(답신) 발표를 통해 액티브러닝에 대응 가능한 교원의 자질능력 향상을 위한 연수·양성·채용에 관한 교육개혁을 제언하였다.

이와 같이 일본사회에서 액티브러닝은 학생 스스로가 현사회·실생활 속에서 과제를 발견하고, 그 해결에 대해 주체적·협동적으로 탐구하며, 나아가 배움의 성과[67]등을 일생에 걸쳐 표현·실천할 수 있는 평생학습력 증진을 육성하고자 하였다는 점에서 그 의의를 찾을 수 있다.

액티브 러닝(Active Learning) 또는 액션 러닝(Action Learning)이란 학생을 중심으로 하는 학습방법의 하나로, 학생의 능동적으로 학습에 참가하는 학습방법을 총칭하는 말이다. 즉, 기존의 강의중심의 일방적 수업방식에서 벗어나 21세기에 필요한 범용적 능력을 스스로 키워간다는 의미가 내포되어 있다. 이처럼 광범위한 활동을 포괄하는 액티브 러닝 혹은 액션 러닝은 학습자 중심교육의 유형에 포함된 문제해결학습이나 문제기반 학습(PBL) 등과 달리, 실제 조직 및 경영상의 개선이라는 현안에 초점을 두어 개발되었다는 특징을 지닌다.[68]

일본 사회에서 액티브 러닝은 개개인이 현 사회·실생활 속에서 과제를 발견하고, 그 해결에 대해 주체적·대화적·깊이 있는 배움의 탐구·실천

67) 文部科学省, "初等中等教育における教育課程の基準等の在り方について: 資料1-2 (答申)."(文部科学省, 2015), 2.
68) 이명실, "일본'액티브 러닝' 정책의 표(表)와 리(裏)"(한국일본교육학연구, 22(3), 2018), 19-41.

하며, 나아가 배움의 성과 등을 일생에 걸쳐 표현·실천할 수 있는 평생학습력 증진을 육성하고자 하였다. 이러한 액티브 러닝의 평생교육 실천은 지식의 일방적 수혜자에서 의사소통적 공유자로의 변화를 기대하는 "집합적 참여경험학습"과, 사회적 지성 배양을 위한 "상호소통의 순환교육"을 통해 개인의 주체적 배움을 구현화함은 물론, 지역 정체성 및 공동체 육성을 촉진 시킨다는 점에서 지역평생교육의 의의를 지니고 있었다.69)

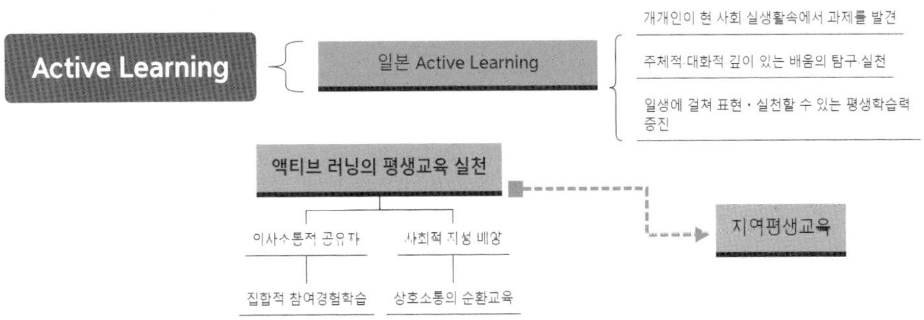

[그림 1-20] 일본의 Active Learning

② 일본 Active Learning의 학교현장

Bonwell & Eison의 능동적 학습이론에 영향을 받은 溝上慎一은 액티브러닝을 일방적인 지식전달형 강의가 아닌 모든 능동적인 학습이라고 정의하고 있다. 능동적인 학습에는 쓰기 말하기, 발표하기 등의 활동과 그 과정에서 발생하는 인지과정의 외화가 포함된다. 다시 말해, 읽기, 듣기 등을 통한 학생 개개인의 지식습득과 학습활동에 대한 이해를 중시하는 내화(internalization)보다 내부에서 발생하는 인지과정을 관찰 가능한 형태로 외계에 표현70)하는 일련의 활동·결과에 초점을 맞춘 외화(外化)를 중시하는 것이다.

山地 弘起가 생각한 액티브러닝이란 "사고를 활성화하는 학습형태"이며, 효과적 학습에 불가결한 요소로 학습자 간 혹은 학습자와 교수자 간의 상호작용, 이른바 상호 주체적 참여 학습이라고 할 수 있다.

종래 주요 학습형태인 강의형식은 정리된 지식정보를 전달하기에는 편리

69) 오민석, "일본 액티브러닝교육의 평생교육적 함의"(Korean Journal of the Japan Education, 2018).
70) 日本認知科学会編, "認知科学辞典."(東京: 共立出版, 2002), 105.

하지만, 수업을 듣는 사람은 어느 정도 이상의 시간은 집중 할 수 없고, 이미 습득한 지식과 기능을 통합해나갈 여유가 없기 때문에 기억에도 남기 어렵고 응용도 어려운 결점이 있다.71)

이에 반해 액티브러닝은 학생 자신의 의지로 다른 학생들과 협력하여 적극적으로 행동하는 학생 참여형 학습이자, 학생 주체형 학습인 동시에 대화적 배움의 학습이라고 할 수 있다.

교원에 의한 일방적 강의형식의 교육과 달리, 학습자의 능동적 학습 참여를 도입한 교수학습법인 액티브러닝은 학습자의 능동적 학습에 의한 인지적・윤리적・사회적 능력, 교양, 지식, 경험을 포함한 범용적 능력 육성을 도모한다. 발견학습, 문제해결학습, 체험학습, 조사학습 등이 포함되지만, 교실 내 그룹토의, 토론, 그룹워크 등도 유효한 액티브러닝의 방법이다.72)

액티브러닝에 대한 다양한 주장은 액티브러닝을 어떻게 인식을 하고 어떠한 교수방법을 활용하여 실시할 것인가? 또한, 이런 방법을 통해 학생들이 어떠한 힘, 이른바 주체성, 협동성, 능동성을 체득하기를 기대하는지에 따라 그 정의가 상이하다고 볼 수 있다. 그러나 종래의 타율적 학습방법에서 벗어나 협동학습, 토론학습, 발견학습, 문제해결학습 등과 같은 주체적 참여 학습방법을 지향했다는 유사성에는 주목할 필요가 있다.

또한 세계경제포럼에서 발표한 '직업의 미래(The future of the jobs, 2016)' 보고서에서는 앞으로 요구되는 직업 역량으로 다음의 열 가지를 들고 있다.

일본 정부는 '액티브 러닝의 관점'으로 학교 교육 과정을 계획했고, 개인・사회・국가의 변화 가능성을 기대하였다. 이를 위해 2017년 2월에 발표된 '학습지도요령 개정안'에서는 새로운 시대에 필요한 자질・능력을 함양토록 하기 위해 새로운 교과를 설치하고 외국어 교육을 실시한다는 방침을 분명히 하였다. 여기에는 학습자가 국가교육과정에 따라 학습을 충실해 행한다면 새로운 시대에 필요한 자질・능력을 가질 수 있게 될 것이라는 전제가 깔려있다.

---

71) 山地弘起, "アクティブラーニングとはなにか"(大学教育と情報, 1, 2-7. 2014), 2-2
72) 中央教育審議会, (2012), 37

그렇다면 액티브 러닝을 현재 일본 정부가 제시한 교육과정을 통해 평화롭고 민주적인 국가·사회가 형성될 수 있는가? 액티브 러닝을 통해 학생들이 주체적이고 대화 가능한 인간이 될 수 있는가? 그리고 자기답게 살 수 있는 삶의 구축이 가능해지는가?라는 의문을 갖게 된다.

이러한 의문은 비단 액티브 러닝에만 국한되는 것이 아니다. 다시 말하면, 지금까지 일본 정부가 추진해 왔던 표상으로서의 '학습자 중심교육' 전체에 대한 질문일 수 있다는 것이다. 그렇다면 이러한 일본 정부의 교육 방침을 어떻게 파악해야 할까?

먼저, 일본 정부의 논리가 많은 사람들에게 당연한 것으로 받아들여지는 이유가 무엇인지 살펴볼 필요가 있다. 일본 정부에서 추진하는 학습자 중심의 교육과정 및 교육정책에서 국가나 학교의 역할은 사회, 즉 기업에서 요구하는 인재를 공급해 주기 위한 하드웨어, 즉 교육환경이나 교육내용 및 방법을 제공하는 것이고, 그것을 작동시키는 소프트웨어는 철저하게 학습자의 자유로운 선택이나 학습자의 자기 계발 노력에 맡겨진다는 점에 주의를 기울일 필요가 있다.

이 과정에서 국가나 대학, 그리고 기업은 '액티브 러닝'의 필요성과 중요성을 강조하는 논리를 끊임없이 학습자에게 주입하는 역할을 담당한다. 이들은 현재 사회의 급속한 변화나 현재의 학습자들이 앞으로 살아가야 할 미래의 불투명성, 그리고 현재의 지식이 미래 사회에 활용되기 어렵다는 불안을 반복해 증폭해 간다. 그리고 이를 더욱 확대 재생산하며 이러한 사회를 살아가야 하는 현재 학습자들이 스스로의 미래를 스스로 책임질 수밖에 없음을 당연한 것으로 인식하게 하는 구조를 만들어간다.

그런데 이러한 예측은 정말 그대로 실현될까? 우리에게 미래의 불확실성을 확산시키는 이유는 무엇일까? 미래의 불확실성을 위기로 의식토록 하고, 이에 대비하도록 하는 이유는 무엇일까? 유발 하라리(2015)는 실체가 없는 상상의 질서가 확고하게 믿음으로 사람들에게 받아들여지는 구조를 다음과 같이 설명한다.[73)]

73) 유발 하라리, 조현욱 역, "사피엔스"(서울:김영사, 2015).

농업 생산력 확대를 위해 많은 노력이 이루어졌지만, 그 결과가 농부들 개인에게 돌아간 것은 아니라고 유발 하라리는 말한다. 제4차 산업혁명이라고 일컬어지는 시대에 과학·기술은 발달하고 새로운 정보가 넘쳐나고 있지만 이로 인한 혜택이 그 일에 관여한 모든 사람에게 고루 분배된다고 보기는 어렵다. 이러한 설명은 액티브 러닝의 과정을 통해 이루어진 성과가 과연 학습자에게 돌아갈 수 있는가에 대해 의문을 갖게 만든다.

두 번째로 일본 정부가 제시했던 액티브 러닝을 비롯한 학습자 중심 교육에서 학습의 결과가 자칫 학습자의 책임으로 귀결될 가능성이 있다는 점에도 주의할 필요가 있다. 일본 정부의 논리에 따르면 현재 우리에게 닥친 위기를 해결할 수 있는 방법은 개인의 주체적 판단과 결정이며, 이를 가능하게 해 줄 수 있는 교육 방법의 하나가 액티브 러닝이다. 국가나 학교가 개개인에게 일일이 학습내용을 제시해 주는 시대는 지나갔고, 스스로 체험하고 활동하는 학습의 과정을 통해 스스로 선택하고 판단해 자신의 삶을 주체적으로 개척해 나갈 수 있는 힘을 기르는 것이 필요하다는 것이다. 2012년 중앙교육심의회의 답신에서 학습을 강조한 것도 이러한 맥락으로 파악할 수 있다.

일본 문부성이 발표한 신학습지도요령에서 강조하는 액티브 러닝은 이러한 전반적 흐름에 따르는 것이며, 학생의 활동이나 주체성을 더욱 강조하는 방향으로 나아간다는 특징을 띠고 있다. 이는 과학·기술의 급속한 진보가 가져온 미래 사회에 대한 불투명한 전망에 기인하는 것이며 현재 예측하기 어려운 미래를 상정하고 교육정책을 구축해야 하는 정부의 고민과도 연계된 것이라 볼 수 있다.

4. 안전코칭

4.1 코칭의 역사

Collins(2004)[74]는 "코칭은 한 개인이나 그룹을 현재 있는 지점에서 그들이 바라는 더 유능하고 만족스러운 지점까지 나아가도록 인도하는 기술이자 행위이다." 즉 사람들을 격려하고 동기를 부여함으로써 그들의 잠재력을 끌어내고 목표를 달성하도록 도와준다는 개념이라고 정의하고 있다. 권수영(2010)은 내담자의 단계에 더욱 민감하게 대응하면서 변화에 대한 숙고를 하기 이전 단계의 내담자를 초기 상담에서 접하는 상담자가 가져야 할 임상적 태도와 질문에 대해 탐구하면서 특히 코칭 분야에서 사용하는 미래 지향적이고 해결 도모를 위한 학습지적인 질문들이 상담사의 임상 실문과는 대별되고 무의미한 것이 아니라 오히려 초기 상담에서 유용하게 통합될 수 있음을 제안하였다.[75]

코칭이 인석자원개발 분야를 비롯한 여러 부문에서 다양한 주제와 대상으로 실천되고 있다. 1990년대 이래로 코칭이 비약적으로 성장하여 1992년 국제 코칭연맹(International Coach Federation; IFC)이 설립되고 2000년 이후 미국, 영국, 호주에서는 대학과 대학원에서 코칭과목과 과정이 개설되기에 이르렀다.[76]

코칭은 새로운 환경에 적응할 수 있는 경영전략인 동시에 새로운 관리방식과 리더십의 패러다임 변화로 인식되기도 한다.[77]

따라서 코칭과 멘토링의 개발방식은 한때의 유행이 아닌 지속적인 실천과 연구가 활발히 추진될 것으로 전망되고 있다.[78]

---

74) Collins, G. R, Christian coaching. Colorado Spring, (CO: Nav Press, 2001).

75) Yeon Jeong Kang, Eun Kyeong Yang, "Christian Coaching Program for self-management and leadership development of adolescent"(Korean Journal of Christian Counseling 22, 2011). 18.

76) Palmer, S., & Whybrow, A, "Coaching psychology: An introduction. In S. Palmer & A, Whybrow (Eds.), Handbook of coaching psycholgogy: Aguide for practioners"(London: Routledge, 2007).

77) Evered, R. D., & Sclman, J. E, "Coaching and the art of management"(Organizational Dynamics, Autumn, 15, 1989).

코치라는 단어는 본래 네 마리의 말이 끄는 마차를 의미하는 것으로서 이 마차는 마차에 탑승한 손님을 목적지까지 모시고 가는 것이 중요한 목적이기 때문에 여기서 유래되어 코치는 누군가가 자신의 목적을 달성하도록 지원하는 사람으로 인식되었다. 1860년대에 옥스퍼드 대학교는 코치를 개인교사를 의미하는 것으로 명명하였다고 한다. 이때부터 코칭은 개인이나 집단이 목표나 목적을 달성하도록 지시하고 가르치고 훈련을 시키는 기법으로 인식되었으며, 1880년대부터 주로 스포츠 분야에서 선수들이 좋은 성적을 낼 수 있도록 코치들이 도움을 주는 데 응용되기 시작하였다. 하지만 스포츠 분야에서의 코칭은 다소 지시적인 부분을 강조하고 있다. 다음에서 언급할 현대적 의미의 코칭은 미국의 비즈니스 분야에서 관리자급 이상을 대상으로 코칭이 시작되면서 본격적으로 활성화되기 시작하였다. 이후 현재의 코칭 철학은 1950년대 미국에서 인본주의 심리학이 융성하면서 인간은 무궁무진한 잠재력을 가지고 있고 적절한 지원을 받으면 이러한 잠재력을 개발할 수 있다는 믿음에서 영향을 받은 것으로 볼 수 있다.[79)]

이 당시 대표적인 인본주의 심리학자들은 Maslow[80)]와 Rogers가 있는데, 모두 인간의 잠재력 개발을 중요시하고 있다. Maslow(1954)는 그의 욕구 위계 이론에서 자아실현 욕구를 가장 상위에 두고 있으며, 인간은 누구나 이러한 상위의 자아실현 욕구에 도달할 수 있다고 주장하였다. 자아실현 욕구는 다양하게 정의될 수 있으나 자신의 잠재력을 파악하고 이를 지속적으로 개발하려는 욕구로 해석할 수 있다.

Rogers(1951)의 경우에도 상담 분야에서 인간중심 상담 또는 내담자 중심 상담을 주장하면서 기존의 상담에서 중요시해 왔던 상담자의 역할에 있어서 중요한 변화를 촉구하였다. 기존에 상담자의 역할은 내담자에게 문제해결을 위한 방법을 제시해 주는 것이 중요하였다면 인간중심 상담에서는 내

78) Ju. seob. Kim, "Linkage of the Principle of Andragogy and Major Adults Learning Theories to Mentoring and Coaching Process"(Andragogy Today Interdisciplinary Journal of Adult & Continuing Education, 15(4), 2012), 56.

79) Jinko˚ k Tak, "Coaching Psychology"(Seoul:haki1sa, 2018), 17-18.

80) Maslow, A.H, "Motivatioη aη dpersoη ality"(New York: Harper & Row.1954).

담자가 스스로 자신의 문제를 해결할 수 있는 잠재력이 있다고 믿고 상담자는 내담자가 스스로 해결방법을 찾도록 격려하고 지원해 주는 역할을 하는 것이 중요함을 강조하였다.

코칭이 활성화된 배경에 대해 심리학적 관점에서 고찰해 보기로 하자. 심리학은 전통적으로 심리적인 어려움을 경험하는 사람들만을 대상으로 도움을 주는 데 초점을 두어 왔다. 임상 심리와 상담심리 분야가 대표적으로서 이 분야에 종사하는 전문가들은 심리적으로 건강하지 못한 사람들을 대상으로 심리치료를 통해 이들의 심리 건강을 증진시키는 데 목표를 두어 왔다. 이로 인해 심리적으로 별다른 문제가 없는 사람들은 심리치료를 제공할 사람들이 아니라고 가정하고 이들에게는 별다른 관심을 두지 않았다.

하지만 심리적으로 별다른 문제가 없는 사람들도 지금보다 더 나은 삶을 살려는 욕구가 있으며 특히 기업에서 많은 직원을 관리해야 하는 관리자 입장에서 보면 구성원들을 어떻게 관리하고 이끌어 가야 할지 늘 고민을 갖게 된다. 예를 들어, 관리자 입장에서 어떻게 하면 구성원들의 동기를 향상시켜 부서의 생산성을 높일 수 있을지, 또는 새로운 임원으로 발령받은 신임 임원이 어떤 리더십을 발휘하여 구성원들을 이끌고 나갈 수 있을지에 대해 고민이 있게 마련이다. 이 경우 해당 관리자나 임원 입장에서 이러한 어려움을 해결하기 위하여 임상심리학자나 상담심리학자를 방문한다는 생각을 하기 어려우며, 실제 찾아가서 도움을 청한다 하더라도 이러한 주제에 관한 심리치료 경험의 부족으로 인해 이들이 도움을 주기는 어려울 것이다. 코칭은 이러한 사각지대에 놓인 사람들을 대상으로 이들의 고민을 해결하기 위한 목표를 가지고 시작되었다.

코칭은 처음에 비즈니스 영역에서 시작되었다. 1960년대 들어오면서 인직자원 분야와 훈련과 관련된 논문집에서 코칭이 등장하기 시작했고 코칭과 관련된 책도 출판되기 시작했으며, 본격적으로 코치들도 비즈니스 코칭 시장에 진출하게 되었다. 1970년대 들어 미국에서 임원코칭(executive coaching) 이란 용어가 등장하기 시작하면서 코칭은 조직에서 관리자들의 수행 향상을 위해 도움을 주는 기법으로 인정받게 되었다. 이후 1980년대와 1990년대를 거쳐 비즈니스 영역에서 코칭은 급속도로 성장하기 시작하였다.

1986년에 Gallwey는 "테니스의 이너 게임 (The inner game of tennis)"이란 책을 출간하였는데, 이 책에서 테니스 게임 선수는 외부의 적과 내부의 적을 구분할 필요가 있다고 주장하면서 상대방의 실력과 같은 외부의 적보다 자신감 결여나 자신에 대한 비난과 같은 내부의 적이 더 중요함을 강조하였으며 이러한 내부의 적을 이기는 방법에 관해 기술하였다. Gallwey로부터 훈련을 받기도 한 영국인 Whitmore[81]는 1992년에 이 책을 토대로 비즈니스 분야에서의 코칭을 위한 교재로 "수행 향상을 위한 코칭 (Coaching for performance)"이란 책을 영국에서 출간하였고 이 책에서 코칭을 진행할 때 가장 많이 활용하는 GROW 모형을 제시하였다. 이를 계기로 영국에서도 비즈니스 분야에서 코칭이 성장하기 시작하였다.

이 과정에서 코치에 대한 교육이 중요해지기 시작하였고, 코치에 대한 교육과 훈련을 맡아서 코치를 양성하는 기관들이 생겨나기 시작하였으며 현재 세계에서 가장 많은 코치 회원이 있는 국제코치연맹(International Coach Federation: ICF)은 1995년에 미국에서 설립되었으며, 2017년 기준으로 140개 국가에 약 3만 명의 회원이 있는 것으로 알려져 있다.

비즈니스 영역에서 출발한 코칭은 점차 영역과 대상이 확대되면서 커리어코칭, 라이프코칭, 건강코칭, 부모코칭, 리더십코칭 등 다양한 분야로 확대되어 가고 있다.

국내에서는 대략적으로 2000년대 초반에 코칭이 들어와서 미국과 같이 비즈니스 영역에서 시작되었다. 2003년에는 코치들의 모임으로서 현재 규모가 가장 큰 한국코치협회가 발족하였다. 2004년부터 매년 한 차례 대한민국 코치대회를 개최하여 다양한 코칭 관련 주제를 발표 및 교육을 해 오고 있다. 또한, 코치들의 역량 향상과 자격에 대한 검증을 위해 현재 KAC(Korea Associate Coach), KPC(Korea Professional Coach), KSC(korea Supetvisor

81) Whitmore, J, Coaching for performance, 3rd Eds. London:Nicholas Brealey Publishment. (International Coach Federation, 2002).

Coach) 등 세 가지 종류의 자격증을 수여하고 있다.

코칭의 발달이 비즈니스 코칭에서 시작됨에 따라 마치 비즈니스 코칭이 코칭의 모든 것으로 오해하는 경우가 있다. 특히 코치에게 필요한 역량이나 코칭이 이루어지는 과정에 관한 설명을 할 때, 비즈니스 코칭과 다른 코칭이 요구되는 전문성이 다름에도 불구하고 비즈니스 코칭에 국한해서 기술하는 경우가 자주 나타나고 있다.

비즈니스 코칭은 주로 기업의 임원을 비롯한 관리자급 이상을 대상으로 이들이 피코치가 되어 코칭이 이루어진다. 임원들이 조직에서 업무가 매우 바쁘기 때문에 대부분의 비즈니스 코칭은 코치가 조직을 방문하여 이루어지며 코칭 비용도 임원 본인이 아니라 조직에서 지급하게 된다. 따라서 비즈니스 코칭은 개인 코치가 외부에 개설한 코칭 사무실에 피코치가 커리어나 라이프에 관한 코칭을 받으러 자신이 비용을 지불하고 사무실에 방문하는 일반 코칭과는 운영 체계가 다르다고 볼 수 있다. 이러한 차이점을 이해할 필요가 있다.

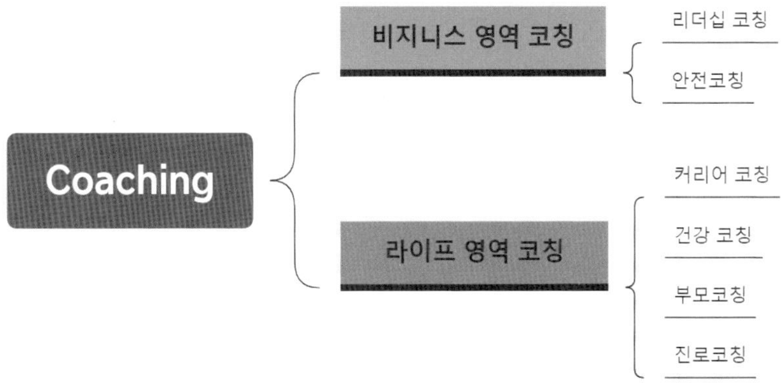

[그림 1-21] Coaching의 분류

4.2 코칭의 개념

Reinhard와 Ho Law(2010)는 코칭의 흐름을 크게 세 가지 '시대'(generation)로 구분한다. 첫째, 문제 혹은 목적의 관점을 가진 코칭을 1세대 접근법으로 본다. 여기에는 스포츠 코칭, GROW(그로우) 모델, NLP

(신경언어 프로그래밍), 그리고 CBT(인지행동적) 코칭 등이 포함된다. 이 모델들의 주된 목적은 코칭 받는 사람이 보여주는데 특정하고 구체적인 문제를 해결하는 것이고 코칭 세션은 문제를 다뤄 구체적인 목적을 달성하는데 집중한다. 이 과정에서 코치는 전문가나 현자의 역할로서 본인이 원치 않는 모습을 갖게 할 수도 있다. 둘째, 해결책 그리고 미래의 관점을 가진 코칭을 2세대 접근법이라고 한다. 체계적이고 해결책에 집중한 코칭, 긍정탐구(appreciative inquiry) 코칭, 그리고 긍정심리학 코칭 등이 여기에 포함된다. 이것의 주목적은 현존하는 자원과 장점을 이용해, 실현 가능한 새로운 미래를 만들어나가는 것이다. 따라서 세션은 과거의 어려움이 아닌 미래의 가능성에 더 많은 중점을 두게 된다. 셋째, 반성적 관점에서의 코칭을 3세대 접근법이라고 한다. 사회구조적, 이야기, 그리고 철학적 코칭이 여기에 포함된다. 이 접근의 목적은 2세대 접근법 모델을 계속 발전시키는 것에 있다. 더불어 공동의 창조와 협동 측면에 초점을 두게 된다. 따라서 코치와 피코치 모두 전문가이자 현자가 된다. 코칭 대화의 주된 주제는 가치와 의미, 즉 일상의 도전을 넘어선 반성적 공간에서 중요하게 여겨지는 문제들이 된다. 양측 모두 인생의 큰 문제를 탐구하는 철학자가 되는 것이다. 그러면 기존에 존재했던 관계적 불균형이 줄어들게 되며, 동등한 위치에서 인간의 기본적 이슈를 탐구하고 존재를 이해할 새 관점을 찾으려 하는 시도를 하게 된다.[82]

---

82) Kim, Seon−Young, "The Changes in Identity through Narrative Coaching:Based on the Stories of Esther and Mordecai"(Korean Journal of Christian Counseling 26(4), 2015), 12.

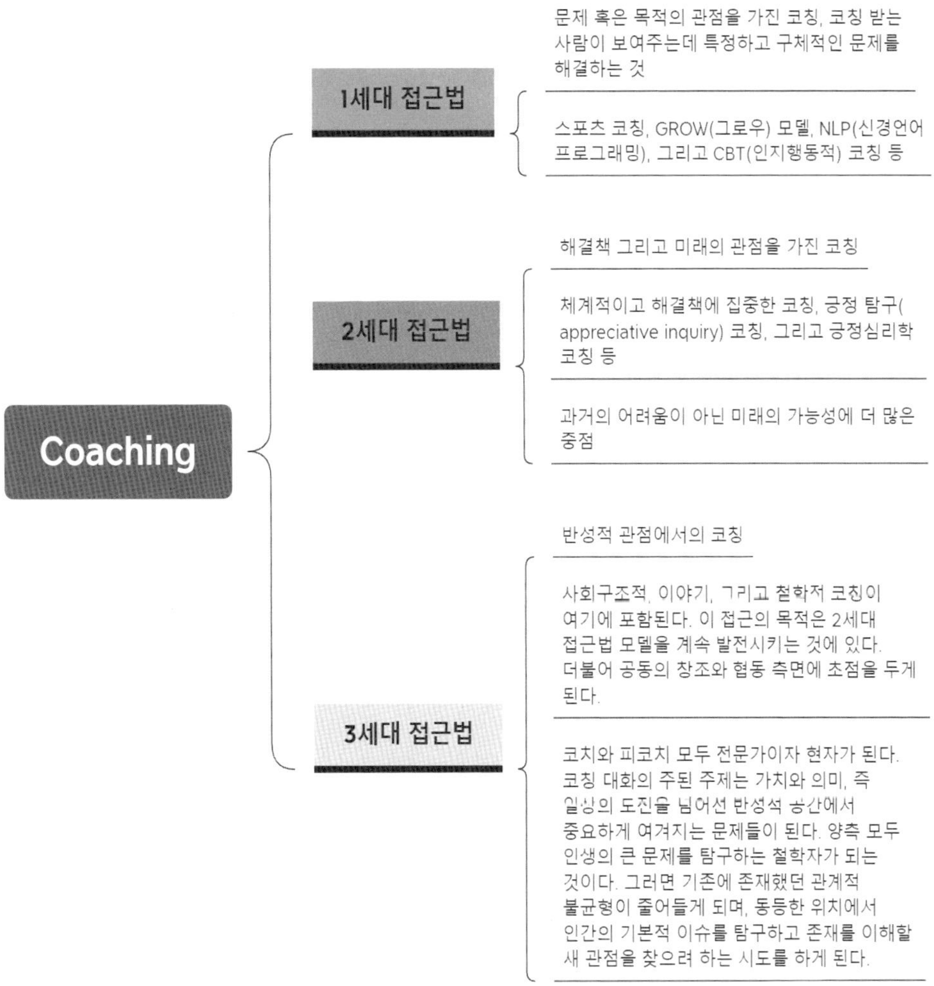

[그림 1-22] Coachinhg의 접근법

코칭 과정을 심리학의 관점으로 바라보고 이해한다는 특징이 있다. 첫째, 당면한 코칭 이슈 해결에서 벗어나 이슈를 가진 한 인간에 초점을 맞추고 관련된 다양한 개인의 독특성을 이해한다는 것이다. 예를 들어, 다른 사람이 아닌 왜 이 피코치가 이런 이슈에 자주 직면하는지, 동일한 이슈를 가진 다른 사람들과 달리 이슈와 관련 상황을 어떻게 독특하게 바라보고 있는지, 이슈해결을 넘어서 이슈를 통해 어떻게 하면 자신에 대한 이해를 더 높일 수 있는지 등이다. 둘째, 단순한 이슈 해결이나 목표 달성을 넘어 피코치의 지속적인 성장 토대를 구축하는 것을 목표로 한다. 인간의 발달 과정에 대한 이해는 코칭을 끊임없이 변화하고 성장하는 과정으로 그리고 피코치를 이러한 변화를 주도하는 주체로 바라보도록 이끈다. 코치가 코칭 과정에서 피코치 주도의 변화를 도움으로써 피코치는 변화에 대한 자신감을 갖고 성공 경험을 통해 지속적인 성장을 위한 자원을 확보할 수 있다. 이 과정에서는 피코치의 자기 성찰을 돕는 심리학 도구와 이론들이 활용된다. 셋째, 코칭의 성공 여부 확인은 주로 행동 변화에 초점을 두지만, 이에 선행되는 사고와 관점의 변화, 행동 유발을 위한 정서와 동기의 변화는 중요하게 다루어야 할 요소이다. 이처럼 행동 변화의 기저에는 다양한 심리 요소들이 존재하므로 정서, 인지 및 행동 간의 관계를 이해하고 이를 토대로 효과적인 변화를 이끌어 내는 전략을 수립한다는 것이다.[83)]

코칭의 형식은 전문코치로서 코칭 프로세스를 가지고 코칭을 하는 '코칭하기'와 자신의 전문영역에서 코칭의 방식을 활용하는 '코칭접근법 활용하기'의 두 가지로 구분된다.[84)] 코칭하기는 코칭철학과 윤리 및 역량에 근거하여 코칭 프로세스를 진행하는 것으로, COACH 모델의 경우, Call – Open – Aim – Choose - Hearten으로 코치이가 달성하고자 하는 분명한 목표(Aim)를 성취하기 위한 단계별 프로세스를 나타낸다. 반면에 '코칭접근법 활용하기'는 '코칭하기'처럼 뚜렷한 목표를 설정해서 정해진 기간 동안 진행하는 것이라기보다는 코칭의 응용된 영역으로서 코칭의 스킬을 부분적으로 일반 대화에 활용하는 것으로, 일상적인 자녀양육이나 교육·보육기관에서의 교수 상황에서 활용하는 데 더 효과적인 접근 방법이라고 보고 있다. 이러한 맥락에서 긍정심리학과 코칭이론 및 코칭철학에 근거하여 '코칭접근법 활용하기'의 관점으로 아동에게 의미 있는 성인이 아동과의 효과적인 상호작용을 하도록 돕기 위해 Treasure Talk 코칭모델을 개발하였다.[85)]

---

83) Eun Jeong Kim, "An Integrative Coaching Model of Development : The Implications for Research and Professional Training in Coaching Psychology"(THE KOREAN JOURNAL OF COACHING PSYCHOLOGY 1(1), 2017), 53.

84) Park, J. Y, "The study for the classification of coaching science-Focused on the forms of coaching practice."(Journal of Korean Coaching research, 2(1), 2009), 61-77.

85) Il-Bu Kim, "The Effects of the Interaction Training of Early Childhood Parents Using the Method of Mentor Coaching and the TREASURE Talk Coaching Model"(Korean Journal of Family Welfare, 21(3), 2016), 491.

코칭은 교육, 카운슬링, 치료심리학, 가족 치료학, 관리자 교육 및 훈련, 조직 심리학 등 다양한 분야에서 논의되어 왔고, 각 분야의 학문적 특징에 따라 조금씩 다른 개념으로 사용되어 왔다. 코칭은 멘토링/ 카운슬링/ 컨설팅과 유사한 점이 많아 혼용되어 사용되기도 한다. 학자들은 경영분야에서 사용되는 코칭은 용어의 차이는 있지만 크게 컨설팅과 카운슬링(심리치료)에서 찾아볼 수 있다고 밝히고 있다.[86)87)88)]

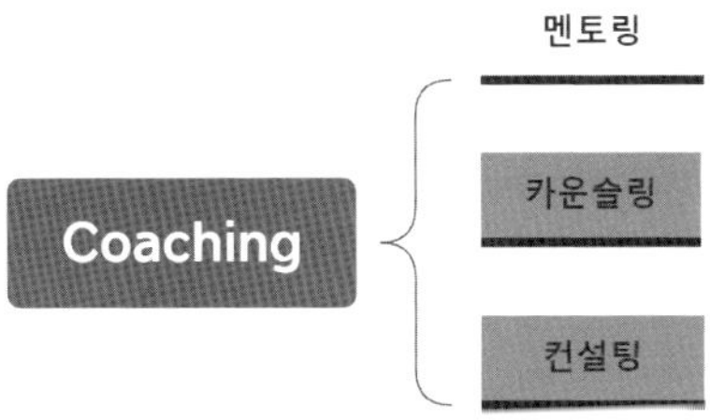

[그림 1-23] Coachinhg의 분야

Ellinger(1997)는 코칭의 구성을 동기부여(Facilitation)와 권한위임(Empowering)으로 제시하였으며, Hamlin et al.(2006)은 지도(Guidance), 촉진(Facilitation), 영감(Inspiration)의 세 가지 차원으로 정의하였다. 정태영(2011)[89)]은 Stowell(1986)[90)]의 네 가지 구성요인 중 동질성이 있다고 판단되는 요소를 통합하여 방향제시, 역량개발, 수행평가를 '직무기반 코칭리더십'으로, 관계 중심적인 요소인 관계는 '관계기반 코칭리더십'으로 명명하여 각각의 영향력을 검증하였다.[91)]

86) Bacon, T. R. & Spear, K. I, "Adaptive coaching; The art and practice of a client-centered approach to peformance improvement."(Palo Alto, CA: Davis-Black, 2003).
87) Joo, BK, "Executive Coaching: A Conceptual Framework From and Integrative Review of practice and Research."(Human Resource Development Review, 4(4),2005), 462-88.
88) Kets de Veris, M. F. R, "Leadership group coaching in action: The Zen of creating high performance team."(Academy of Management, 19(1), 005), 61-76.
89) Chung Tae youn, "The Structural Relationship between Corporate Managers' Life-Long Education Coaching Leadership and Its Member's Problem Solving Ability and Interpersonal Ability"(The Ajou University Graduate School, Department of Education a doctoral dissertation, 2011), 35.
90) Stowell, J. S, "Leadership and the Coaching in organization"(University of Utha, 1986).
91) Mi-Kyung Kwon, "A Study on Airlines Employee's Coaching Leadership, Service Attitude, and Innovation Behavior-Focusing on Moderation Effects from Job Autonomy-"(한국항공경영학회지, 13(1), 2015), 108-109.

Talrarico(2002).[92] Grant(2003)[93]은 과학적으로 검증된 코칭은 네 가지의 지식, 즉 행동과학, 경영 및 경제과학, 성인학습 그리고 철학을 토대로 하고 있다고 언급하고 있다. Kampa-Kokesch & Anderson(2001)은 경영학, 심리학, 교육 훈련 분야에서 코칭을 연구하고 있다고 밝히고 있다. 많은 학자들이 경영자 코칭을 카운슬링(심리치료) 또는 컨설팅 측면에서 접근하고 있는 것이 일반적이다(Bacon & Spear, 2003; Joo, 2005: Kets de Vries, 2005).[94]

상담과 심리치료의 과정에서 어떤 내담자에게는 과거에 초점을 맞추고 병리 중심적으로 문제의 원인을 주로 심리 내적인 요소들에 집중하고자 하는 부정적인 초점보다 현재와 미래에 초점을 맞추고 성장 중심적으로 변화 행동이 진행되도록 돕는 긍정적인 초점이 보다 중요할 수 있다. 인간 변화를 도모한다는 측면에서는 치료자들과 동일한 관심을 가지면서 이러한 보다 긍정적인 변화 과정에 초점을 집중하는 방식으로 코칭이라는 신개념이 등장하기 시작하였다.[95] Erik de Haan(2008)은 코칭의 주제를 무엇(what), 어떻게(how), 그리고 누구(who)와 관련된 것으로 나누고 있다. 그리고 무엇(what)은 전문적 지식이나 기술의 문제로 인접 전문가에게서 얻을 수 있는 차원이고, 어떻게(how)는 소통과 관계형성의 과정에 관한 것으로 전문 코치에게서 얻을 수 있는 차원으로 보았다. 그러나 누구(who)의 주제는 한 개인의 특성과 근본적인 욕구를 파악해야 하는 주제로 치료자에게서 얻을 수 있는 심도 있는 차원이라고 보고, 이러한 주제를 다루는 것이 가장 발전된 코칭의 단계라고 지적하고 있다(de Haan, 2008).[96]

---

92) Talarico, M, "Manager as coach in a pharmacy benefit management organization: A critical incidents analysis. Doctoral dissertation"(University of Minnesota, 2002).

93) Grant, A. M, "Keeping up with cheese Research as a foundation for professional coaching of the future. International Coach Federation Conference Symposium."(Denver, Colorado, 2003).

94) Bacon, T. R., & Spear, K. I, "Adaptive coaching: The art and practice of a client-centered approach to performance improvement."(Palo Alto, CA: Davis- Black, 2003).

95) Soo Young Kwon, "The Integration of Coaching and Counseling in Early Sessions: Based on Short-Term Question-Centered Therapy"(Korean Journal of Christian Counseling 20, 2010), 30.

96) Soo Young Kwon, "Interface between Counseling and Coaching for Couple`s Interpersonal Desires: On the Clinical Use of the FIRO-B Instrument"(Korean Journal of Christian Counseling 24(1), 2013), 28.

코칭(coaching)의 개념은 스포츠 분야에서 주로 활용되었다. 이후 1970년대를 전후하여 경영학 분야에 적용되고 있다[97]. 경영분야에서 코칭은 경영자 코칭과 관리자 코칭으로 구분한다. 경영자 코칭은 1980년대 성과가 낮은 경영자의 성과향상[98]과 저성과로 이직을 해야 하는 경영자의 개인 경력을 유지하기 위해 외부전문가를 활용하는 학습과정이다. 관리적 코칭은 조직 내에서 상사와 부하가 한 팀이 되어 팀 성과를 향상시키기 위한 과정이다.[99]

코칭은 비단 스포츠나 경영학에서뿐만 아니라 조직심리학이나, 청소년 교육 등 다양한 분야에서 폭넓게 논의되어온 개념이다. 연구자들마다 코칭에 대하여 다양하게 정의하는데 크게 역량개발의 관점과 성과달성의 관점으로 분류해 볼 수 있다.[100] 코칭이 비즈니스계에 본격적으로 등장한 것은 미국 경제가 불황의 늪에서 허덕이던 1980년대 후반으로 거슬러간다. 컨설팅개념과 더불어 컨설팅의 하위개념으로 인식되었으나, 이후 다양한 연구와 검증을 거쳐 일본에서도 개인변화와 조직변혁을 위한 리더십 육성에 필수적인 직무요건처럼 급속히 성장했다. 특히, 리더십 코칭은 코칭의 대상(리너)의 개인적인 요구와 상황에 맞추어 시행되는 맞춤형 역량 개발기법이라는 점에서 이전에 전통적으로 행하여온 집단적 훈련(training)의 일방성을 극복할 수 있는 대안으로 제시되고 있는 것이다.[101][102][103] 그리고 판매관

97) Kilburg, R. R, "Toward a conceptual understanding and definition of executive coaching" (Consulting Psychology Journal:Practice and Research, 48(2), 1996), 134-144.

98) Tobias, L. L, "Coaching executive"(Consulting Psychology Journal: Practice & Research, 48(2), 1996), 87-95.

99) Peterson, D. B. & B. Little, "Invited reaction: Development and initial validation of an instrument measuring managerial coaching skill"(Human Resource Development Quarterly, 16(2), 2005), 179-183.

100) J. J. Park, "An analysis on the trend of theses regarding coaching leadership and the performance variables of organizational members"(The Journal of Lifelong Education and HRD, Vol. 8, Issue 1, 2012), 107 -132.

101) Boyatzis, R. E., Smith, M. L., & Blaize, N, "Developing sustainable leaders through coaching and compassion"(The Academy of Management Learning and Education, 5, 2006), 8-24.

102) Bacon, T. R., & Spear, K. I. (2003). "Adaptive Coaching: The art and practice of a clientcentered approach to performance improvement"(Palo Alto, CA: Davis-Black, 2003).

103) Blattner, J, "Coaching: the Successful adventure of a downwardly mobile executive"(Consulting Psychology Journal: Practice and Research, 57, 2005), 3-13.

리자의 코칭행동은 조직몰입, 역할지각과 같은 판매원의 태도에 영향을 미친다. 이는 최근 기업들이 도입하고 있는 코칭 프로그램이나 판매관리자들의 코칭스킬 향상은 단순한 코칭 스킬이나 프로세스로서뿐만 아니라, 판매관리자가 긍정적 피드백을 통해 판매원들을 동기부여 시키고 바람직한 역할 모델을 제시함으로써 신뢰와 존경의 대상이 될 수 있도록 노력하는 것이 선행되어야 하며, 조직운영 구조에 있어서도 판매원들에 대한 코칭 환경 조성에 힘써야 한다는 것을 시사해 주고 있다라고 하며, 판매원의 조직몰입과 역할지각은 성과에 영향을 미친다. 판매원의 조직몰입과 역할지각은 이미 Allen과 Meyer(1984)[104], Angle과 Perry(1983)[105], Bagozzi(1978)[106]와 Kohli(1985)[107] 등의 선행연구자들을 통해 성과에 영향을 미치는 것으로 확인된 바 있으며 본 연구 결과를 통해서도 고성과 조직의 판매원들의 조직몰입도가 저성과 조직의 판매원들보다 높게 나타났으며, 판매원의 역할지각 또한 고성과 조직의 판매원들이 더 명확한 것으로 나타났다. 따라서 판매원의 조직몰입과 역할지각은 판매성과에 영향을 미치는 중요한 요인이 될 수 있다는 것을 확인하였다.[108]

다문화가족센타장이 코칭리더십의 구성요인인 구성원들에게 방향을 제시하고, 구성원들의 역량을 개발하고, 합리적이고 공정한 수행평가를 진행하며, 구성원들과의 신뢰관계를 통하여 구성원들의 직무자율성에 영향을 미친다고 설명할 수 있다. 리더의 코칭 활동 자체가 조직시민행동을 증가시

---

104) Allen, N. and J. Meyer, "Testing the 'Side-Bet theory' of Organizational Commitment: Some Methodological Considerations,"(Journal of Applied Psychology, 69, 1984), 372-378.

105) Angle, H. and J. Perry, "Organizational Commitment," Work and Occupation, 10, 1983), 123-146.

106) Bagozzi, Richard P, "Salesforce Performance and Satisfaction as a Function of Individual Difference, Interpersonal and Satisfactional Factors,"(Journal of Marketing Research, 15, 1978), 517-531.

107) Kohli, Ajay K, "Some Unexplored Supervisory Behaviors and Their Influence on Salespeople's Role Clarity, Specific Self-Esteem, Job Satisfaction, and Motivation,"(Journal of Marketing Research, 22, 1985), 424-33.

108) Kim, Sang bum, "A Case Study on Differences between High- and Low-Sales Organizations -With a focus on the Coaching behavioral of sales managers at K-"(CRM Research, 3(1), 2010), 67.

키는 것이 아니며, 코칭 활동을 통해 구성원들의 직무에 대한 인식이 긍정적으로 형성될 때, 자발적인 행동을 하게 된다는 권기창(2016)의 연구와 같은 결과가 나타났다. 구성원들의 직무에 자율성이 부여되면 구성원들이 조직생활에 책임의식을 가지고 솔선수범하는 시민의식, 조직과 동료들에게 신사행동을 하는 스포츠맨십, 타인과의 관계에서 배려하는 예의성, 조직의 규칙과 규정 등을 잘 따르는 성실성을 가진 양심성, 그리고 동료를 돕거나 자발적인 행동을 하는 이타주의 등 조직시민행동에 영향을 미친다고 설명할 수 있다.

코칭리더십과 조직시민행동의 하위요인인 시민의식, 스포츠맨십, 양심성에도 유의미한 영향을 미침을 알 수 있다. 이는 구성원의 직무자율성을 통하여 구성원들이 보다 조직생활에 책임의식을 가지고 업무에 임하게 되고, 조직과 동료들과의 관계향상이 되는 것과 더불어 조직의 규칙과 규정 등을 잘 따르는 성실성을 증가시켜주는 역할을 하는 중요한 변인임을 알 수 있다.[109)]

또한, 코징은 다양하게 정의되고 있다. 다양한 배경을 가진 학자나 코치들이 코칭을 정의하고 있으며 배경이나 코칭분야에 따라 코칭에 대한 정의는 다소 차이가 있다. 특히, 코칭 이슈를 해결하기 위한 방법을 찾는 과정에서 차이가 있다. 현재 많은 학자 및 코치들이 코칭과정을 비지시적인 과정으로 강조하고 있지만 모든 코칭의 정의가 이러한 관점에 동의하는 것은 아니다. 예를 들어, Peterson과 Hicks(1996)는 코칭을 코치(coach)가 피코치(coachee)들에게 이들이 자신을 개발할 수 있는 도구, 지식, 기회를 제공하는 과정으로 정의하면서 코치의 지시적인 역할을 주장하고 있다. Parsloe(1995)도 코칭을 개인교습 또는 가르침을 통해 개인의 즉각적인 수행 향상과 발달을 돕는 것으로 정의한 바 있다.[110)]

---

109) Kim, Il · Park, "A Study of Coaching Leadership Influence on the Job Autonomy and Organizational Citizenship Behavior - Multicultural Family Support Center -"(Human Resource Management Study, 24(5), 2017), 140-141.

110) Ives, Y. "What is coachmg? An exploration of conflictmg paradigms"(International journal of Evidence Based Coachiη g and Mentoriη g, 6(2), 2008), 100-113.

한편, 코칭과정에서 코치의 비지시적인 역할을 강조하는 정의도 많이 있다. 세계 최대의 코치협회로 볼 수 있는 국제코치연맹(International Coach Federation: ICF)은 코칭을 "고객과 파트너 관계를 맺고 고객이 성찰과 창의적인 과정을 통해 개인 및 전문적인 잠재력을 극대화할 수 있도록 돕는 것"(partnering with clients in a thought-provoking and creative process that inspires them to maximize their personal and professional potential)으로 정의하고 있다. 한국코치협회는 "코칭은 개인과 조직의 잠재력을 극대화하여 최상의 가치를 실현할 수 있도록 돕는 수평적인 파트너십"으로 정의하고 있다.[111]

코칭 과정에서 GROW 모형을 제시하여 유명한 Whitmore는 코칭은 "개인의 잠재력을 개발하여 수행을 극대화하기 위한 것으로서 가르치는 것이 아니라 학습하도록 돕는 것"으로 정의한 바 있다.[112]

코칭심리 분야를 개척한 Grant는 Stober와 함께 코칭을 "코치와 고객이 상호협력적이고 평등한 관계를 유지하면서 함께 목표를 설정하고 해결방법을 찾고 이를 실행하는 과정을 의미하며 이를 통해 고객의 지속적인 자기주도적 학습과 성장을 함양하는 것을 목표로 하는 것"으로 정의하였다.[113] 또한, Grant와 Stober는 이들은 이 과정에서 코치는 반드시 특정 분야의 전문가일 필요는 없음을 강조하였다.[114] Cox, Bachkirova와 Clutterbuck은 코칭을 구조화되고 집중적인 상호작용을 포함하며 적절한 전략, 도구 및 기법을 활용하여 피코치 및 다른 관련된 사람들의 바람직하고 지속적인 변화를 촉진하는 개발과정으로 보았다.[115] 심리학자인 Passmore와 Fillery-Travis는 코칭을 코치와 피코치 또는 참여자 간의 소크라테스식 문답법을 기반으로

---

111) 탁진국, "코칭심리학"(서울:학지사, 2018), 14.

112) Whitmore, J, "Coaching for peformance: A practical guide to growing your own skills"(London, UK: Nicholas Brealey Publishing, 1992), 10.

113) (Grant & Stober)

114) Grant, A. M., & Stober, D. "Introduction. In D. Stober & A. Grant (Eds.)" (New Jersey: Wiley and Sons. Evidence based coaching: Puttiŋ g best practices to work for your clients, 2006), 2.

115) Cox, E., Bachkirova, T., & Clutterbuck, D. "Tbe complete handbook of coaching"(London: Sage, 2010).

한 미래 지향적 대화법으로서, 코치는 개방 질문, 요약과 성찰을 활용하여 피코치의 자기인식과 책임감을 촉진하는 데 목표를 둔 과정으로 정의하였다.[116] 한편 임원 코칭을 전문으로 하는 Peltier(2001)는 코칭을 조직의 외부에서 온 사람이 심리 스킬을 활용하여 관리자가 더 효율적인 리더로 성장할 수 있도록 돕는 것이라고 정의하였다.[117]

앞에서 기술한 다양한 정의에서 공통점을 찾아보면, 코치는 목표달성을 위해 피코치를 돕다는 것이며 이 과정에서 코치는 피코치와 수평적인 관계를 유지하면서 지시적인 방법이 아닌 피코치의 자발적인 학습을 강조한다는 점이다. 즉, 피코치의 학습을 통해 해결방법을 스스로 찾는 것을 중요시한다. 또한 피코치의 자기인식과 성찰을 언급하며, 피코치의 성장을 목적으로 한다는 점도 강조하고 있다. 코칭에 대한 정의에서 중요한 것은 대상, 목적 그리고 방법 등 세 가지 요인을 포함해야 한다는 것이다. 앞서 기술한 코칭에 대한 다양한 정의를 고려하고 Cox 등이 강조한 세 가지 요인을 포함하면서 다양한 대상이나 코칭 분야에 대한 적용을 높이기 위해 필자는 코칭을 "코치가 피코치와 동반자적 관계를 유지하면서 피코치의 자기인식을 바탕으로 자신이 설정한 목표를 달성하기 위한 방법을 찾고 이를 지속적으로 실행해 나가도록 도우며 궁극적으로 피코치의 성장을 돕는 것을 목적으로 하는 과정"으로 정의하고자 한다.

코치와 피코치가 동반자적 관계를 유지한다는 것의 의미는 코치는 피코치와 수직적인 관계에서 피코치에게 어떻게 할 것을 지시하면서 진행하는 것이 아니라 수평적인 관계에서 문제를 해결하는 방법을 같이 찾아 나간다는 의미를 강조하는 것이다. 예를 들어, 의사와 비교해서 설명하면 의사의 경우 찾아온 환자가 무엇이 문제인지 잘 모르기 때문에 치료 과정에서 몇 가지 간단한 질문과 진단을 토대로 자신이 판단하여 적절한 처방을 내리게 된다.

116) Passmore, j. & Fillery-Travis, A. "A critical review of executive coaching research:A decade of progress and what's to come"(Coaching: An International journal of Tbeory, Practice, and Research, 4(2), 2011), 70-88.

117) Peltier, B. "Tbe psychology of executive coaching: Theory and application"(New York: Brunner-Routledge, 2001).

이 과정에서 환자와 수평이 아닌 수직적 관계가 형성되어 환자는 별다른 질문도 하지 못하고 수동적인 위치에서 의사가 처방한 내용을 그대로 수용하게 된다. 피코치의 자기인식(self-awareness)은 자기성찰(self-reflection)과 통찰(insight)을 포함하는 개념이다. 자기성찰은 피코치가 평소 시간이 부족하다거나 귀찮아서 깊게 생각하지 않았던 자신에 대해 다시 한번 돌아보는 것을 의미하며 통찰은 이를 토대로 관점 변화를 통해 새로운 사실을 깨닫는 것을 의미한다. 예를 들어, 자기성찰은 자신이 중요시하는 가치는 무엇인지 자신의 강점은 무엇인지와 같은 자신의 특성에 대한 이해부터 시작해서 자신의 평소 생각, 감정 및 행동은 어떠한지에 대해 생각하는 것을 의미한다. 반면, 통찰은 왜 그런 생각을 하고 감청을 느끼고 행동을 하는지에 대한 분석을 통해 그 이유를 깨닫는 것을 의미한다.

많은 사람이 일상생활에서 시간적 여유가 부족하여 자기성찰을 할 기회를 갖지 못하고 있다. 하지만 자기성찰을 한다고 해도 성찰에 그치고 통찰로 이어지지 않는 경우도 많다. 예를 들어, 아침에 배우자와 말다툼한 것에 대해 자기 전에 오늘 하루 자신이 했던 일들을 생각해 보면서 떠올렸다고 하자. 그때 자신이 순간적으로 화가 났었고 그럴 필요가 없었다고 정리를 하지만 거기서 그쳤다면 통찰이 이루어진 것이 아니다. 한편, 추가 분석을 통해 화가 난 원인을 별것 아닌 배우자의 말에 자신이 필요 이상으로 흥분해서 발생한 것으로 이해하고 향후 유사한 상황에서 심호흡을 통해 흥분을 가라앉히겠다는 다짐을 했다면 이는 통찰이 이루어진 것으로 해석할 수 있다.

코칭 과정에서 코치는 적절한 질문을 통해 피코치가 혼자서는 하기 힘든 다양한 관점에서 자신을 돌아볼 수 있도록 유도할 필요가 있다. 자신과 주변 환경을 다시 돌아봄으로써 현재의 문제를 다른 관점에서 바라볼 수 있는 기회가 생기며, 이를 통해 문제를 해결할 수 있는 방법을 도출할 수 있게 된다. 피코치 스스로 자신이 설정한 목표를 달성하기 위한 방법을 찾는다는 것의 의미는 코칭 과정에서 피코치 자신이 원하는 목표(코칭이슈)를 설정하는 것이 중요하며 이러한 목표를 달성하기 위한 방법을 찾는 과정에서 코치는 가능한 해결방법을 제시하지 않고 피코치 스스로 방법을 찾도록 유도하고 격려하는 것이 중요함을 강조하는 것이다. 하지만 실제로 코칭을 진행하다 보면 피코치가 스스로 해결방법을 도출하지 못하는 경우가 생기게 된다. 이러한 경우 코치는 피코치가 해결안을 제시할 때까지 계속 기다리는 것은 바람직하지 못하다. 코치와 피코치 간에 오랜 시간 동안 침묵이 흐르게 되면 서로 어색함을 느끼게 되고 이는 코칭 진행에 부정적인 영향을 끼치게 된다. 이러한 상황에 직면하게 되면 코치는 가능한 한 자신이 알고 있는 범위 내에서 해결방안을 제안할 수 있다. 즉, 특정 방법을 제시하면서 이렇게 하라고 하는 것이 아니라 이러한 방법도 있을 수 있는데, 이 방법에 대해 피코치는 어떻게 생각하는지 물어보고 최종적으로는 피코치가 선택하도록 하는 것이 좋다. 또한, 코칭 과정에서 피코치가 해결방안을 제시하였지만 코치의 경험과 지식에 따라 고려해 볼 때 피코치가 제시하는 방안이 효과가 낮다고 판단되는 경우도 발생한다. 코치는 이러한 해결방안에 대해 가능한 판단을 유보하는 것이 좋다. 엄밀히 말해 피코치가 해결하려는 코칭 이슈는 모두 삶에 관련된 것이라서 어떤 하나의 해결방안이 최선이라고 하기 어렵다. 특히 코치가 경험하였고 코치에게 효과가 있었다고 해서 피코치에게도 효과가 있으리라는 보장은 할 수 없다. 개인 특성에 따라 효과가 달라지기 때문이다. 하지만 코치가 판단할 때 객관적인 관점에서 좀 더 효과가 있을 수 있는 방안을 알고 있다면 이를 피코치에게 고려해 볼 것을 제안할 수는 있을 것이다. 물론 최종 선택은 피코치의 몫이다.

지속적으로 실행해 나가도록 돕는다는 의미는 코칭 과정에서 피코치가 문제의 해결방법을 스스로 찾고 이를 실행하겠다는 의지를 보인다 하더라도 코칭이 끝난 후 이를 실행하지 않으면 코칭의 효과는 없게 된다. 따라서 코칭 과정에서 코치는 피코치가 제시한 해결방법을 코칭이 종료된 이후에도 이를 실행할 수 있도록 동기부여를 하고 실행 의지를 높이는 지속적인 노력을 기울일 필요가 있음을 강조하기 위한 것이다.

최근의 조직 환경은 고객 최우선 접점에 있는 실무자의 역할이 강조되면서 직무자율성이 강조되고 있다. 직무를 수행하는 과정에서 자율적 의사

결정에 따라 얻게 되는 성취감은 효능감 생성에 긍정적 영향을 미치게 된다.[118)]

마지막으로 피코치의 성장을 목적으로 한다는 것의 의미는 코칭의 목적은 단순히 피코치가 자신의 문제를 해결하는 방법을 찾고 이를 실행하여 목표를 달성하는 선에서 끝나는 것이 아니라 이러한 과정을 통해 피코치 스스로 자신의 문제를 해결할 수 있다는 자기효능감을 증진시킴으로써 향후 유사한 문제에 직면할 때 스스로 해결할 수 있는 역량을 향상시키는 데 있다는 점을 강조하기 위한 것이다. 즉, 코칭의 궁극적인 목적은 코칭을 통해 피코치가 지금보다 한 단계 더 성장할 수 있도록 돕기 위한 것이다.[119)]

Ives(2008)는 다양한 코칭에 대한 접근방법에서의 차이를 세 가지 관점에서 정리하고 이를 토대로 다양한 코칭 유형들을 세 가지 관점에서 요약하였다.

첫 번째 관점은 지시적(directive)이냐 비 지시적(non-directive)이냐에 관한 것이다. 이 두 접근방법에서의 차이는 코칭 과정에서 코치의 역할에 관한 것이다. 코치가 피코치에게 문제 해결을 위해 어떻게 하라고 제시하는 것이 지시적 관점이며 반면에 피코치가 스스로 해결안을 도출하도록 돕는 역할을 하는 것이 비지시적 관점에 해당한다. 구체적인 통계를 내기는 어렵지만 일반적으로 코칭에서는 코치의 비지시적인 역할을 강조한다. 하지만 앞서 코칭 정의에서도 기술하였듯이 코치의 지시적 역할을 강조하는 전문가들도 있어서 코칭과정에 대한 접근방법에서의 차이가 여전히 존재한다.

두 번째 관점은 발달중심(development-focused)이냐 아니면 해결중심(soultionfocused)이냐에서의 차이이다. 발달중심은 코칭 과정에서 피코치의 학습과 발달을 통해 현재의 수행을 향상시키는 것을 중시하는 데 반해서 해결중심은 피코치가 가지고 있는 이슈를 해결하는 것을 중시한다는 점에서 차이가 있다. 발달중심에서는 코칭을 통한 피코치의 학습과 발달이 중요

118) 김해룡, "직무자율성과 조직구성원 태도 간의 관계에 대한 자기효능감의 매개효과에 관한 연구"(조직과 인사관리연구, 30(3), 한국인사관리학회, 2006), 193-226.

119) 탁진국, "코칭심리학"(서울:학지사, 2018), 15-17.

하기 때문에 코칭 시간도 다소 장기적으로 가져가면서 피코치의 특성을 파악하고 이해하는 부분을 중요시한다. 반면, 해결 중심상담에서 파생된 해결중심 코칭 접근법[120]에서는 해결중심을 중요시하며 코칭 시간에서도 단기적인 접근방법을 선호하는 편이다.

세 번째 관점은 치료중심(therapeutic)이냐 또는 수행중심(performance-driven)이냐에 관한 것이다. 치료중심은 코칭 과정에서 코치와 피코치 간의 관계를 중요시하며 수행중심은 이러한 관계보다는 해결중심에서 기술하였듯이 해결안을 도출하여 수행이 증진되는 것을 중시한다. 또한, 치료중심에서는 피코치의 감정과 같은 내면의 상태를 이해하는 데 좀 더 초점을 두고 있으며 이를 위해 Stober(2006)는 피코치에 대한 공감과 무조건적인 수용을 중시하고 있다. 반면, 수행중심에서는 피코치의 이적 행동에 중신을 두며 피코치의 감정상태에 대한 인식보다는 주변 상황을 객관적으로 이해하고 이를 토대로 현 상황에서 적절한 행동을 유도하는 수단으로 자기인식을 활용하는 편이다.[121]

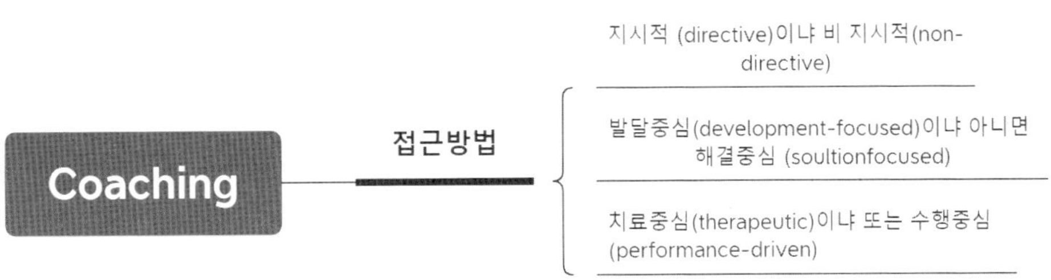

[그림 1-24] Coaching의 접근방법

Ives(2008)는 이러한 세 가지 관점을 토대로 코칭 접근방법에서의 차이를 기술하였다. 이러한 접근방법에서 차이가 존재하고 코치나 학자마다 자신이 주장하는 코칭 접근방법에 따라 코칭을 진행하는 것은 인정할 수 있다. 하지만 코치로서 반드시 각 접근방법에서 주장하는 특정 방법을 선택하여 그 방법으로만 코칭을 진행할 필요는 없을 것으로 판단된다. 피코치의 심리

---

120) de Shazer, 1985

121) Ives, Y. "What is coaching? An exploration of conflictmg paradigms"(International journal of Evidence Based Coaching and Mentoring, 6(2), 2008) 100-113.

적 상태, 코칭이슈, 코칭 계약기간 등 여러 가지 요인이 영향을 줄 수 있다. 또한, 반드시 어떤 접근방법이 바람직하다고 주장하는 것도 적절하지 않을 수 있다. 예를 들어, 비지시적 방법을 중시하면서 상황에 따라 피코치가 해결안을 찾지 못하는 경우 지시적인 방법으로 코치가 해결방법을 제시할 수도 있을 것이다. 코칭의 궁극적인 목적을 피코치의 성장에 두면서 코칭 과정에서 얼마든지 피코치가 해결방법을 찾고 이를 실행하는 데 주의를 기울일 수 있을 것이다. 즉, 각 접근방법의 강점을 살리는 포괄적인 방법도 가능할 것으로 판단된다.122)

아동기 부모의 진로지도 요구에 맞춰 프로그램을 구성하고 실시하면서 부모 요구에 충실한 프로그램의 내용과 진행을 통해 부모는 아동기는 진로지도가 진로선택이나 결정의 단계가 아니라는 인식을 갖게 되었다. 초등기 진로지도를 위해 의사소통 기술을 습득하고 자녀의 강점을 파악하면서 자녀가 스스로 자신이 원하는 것을 찾을 수 있는 기초과정임을 인식하는 효과를 가지고 왔고 다양한 직업을 탐색하는 과정에서 아버지의 직업을 중심으로 탐색하면서 부모에 대한 존경의 마음과 가족에 대한 마음을 가질 수 있도록 함으로써 자녀의 진로지도에 있어서 근본적으로 어떤 부분을 부모가 해야 하는지에 대한 인식이 생겼음을 알 수 있었다. 또한, 자녀의 성격, 강점, 꿈 찾기 과정을 통해 자녀에 집중하면서 자녀에 대해 더욱 관심과 이해할 수 있게 되면서 부모로서 자신을 내려놓는 과정을 경험하고, 아이와 작업하면서 어머니 자신의 성격과 강점, 꿈에 대해 생각하게 되면서 본 프로그램의 필요성을 강하게 느끼게 되었다.123)

전통적인 부모교육에도 강사 주도의 지시적・강의식 교수 방법에 한계를 개선한 부모 코칭 접근을 시도하고 있으며, 부모와 자녀 개개인에 대한 인간발달 지식과 전문적인 코칭 기술을 기반으로 사회환경변화와 부모・자녀 간의 관계 변화에 유연히 대처하고 있다.124)

---

122) Jinko° k Tak, "Coaching Psychology"(Seoul:haki1sa, 2018), 17-18. 21-23.

123) Eung-Ja Kim, "The Construction and Effect of Parents Coaching Program for Childhood Career Guidance"(Korean Journal of Family Welfare, 19,(4), 2014), 992-993.

124) Kang Ki Jung, "A Study on Parent Coaching Experiences for Strengthening Parent Skills of

코칭은 코칭 대상자에 따라, 혹은 코칭이 행해지는 목적과 형태에 따라 다양하게 분류할 수 있다. Cavanagh & Grant(2004)는 경영 전반에서 일어나는 코칭은 크게 경영자 코칭(executive coaching)과 직장 코칭(workplace coaching) 그리고 라이프 코칭(life coaching) 세 가지가 있다고 언급하였다.

그에 의하면 경영자 코칭이란 경영자를 대상으로 한 코칭으로 리더십과 경영(관리)에 관한 코칭을 주로 다루며 조직 성과와 개인의 경력 개발을 목적으로 한다고 하였다. 직장 내 코칭에서 코칭 대상은 경영자가 아닌 조직 구성원이며, 이들이 상사로부터 받는 코칭과 외부에서 코치를 고용하여 받는 코칭을 모두 포함하는 개념이다. 직장 내 코칭은 직무성과에 초점을 맞춘 코칭이다. 이와 달리 라이프 코칭에서 코치 받는 고객은 삶의 만족을 추구하는 개인이다.

최근 일부 기업들이 조직의 구성원들에게 라이프 코칭을 제공하고 있는데 이는 일과 삶의 균형적인 발전이 개인과 기업에 도움이 될 수 있다고 보기 때문이다. 분류를 정리하면 〈표 1-1〉과 같이 정리할 수 있다.

〈표 1-1〉 경영자 코칭, 직장 코칭 그리고 라이프 코칭의 차이점[125)]

구분	경영자 코칭	직장코칭	라이프코칭
코칭내용	리더십/경영	고용/업무	삶의 절반
코칭상황	코치 받는 사람의 경력과 성과 중심 -경영자와 조직의 아젠다에 따라	직무와 성과에 초점을 둠 -조직의 아젠다에 따라	고객의 아젠다에 따라
중요결과	조직 성과와 개인의 경력 개발	개인과 팀의 성과	개인적 만족
고객	경영자(임원)와 조직	종업원과 조직	개인

한편 이외에도 코칭은 분류 기준을 설정함에 따라 보다 세부적으로도 나눌 수 있다. 코칭의 형태에 따른 분류, 코칭 방식에 따른 분류, 고객 즉 코칭료를 지불하는 주체에 따른 분류나 코칭 대상자에 따른 분류도 할 수 있다. 분류 기준에 따른 코칭의 종류를 예시하면 〈표 1-2〉와 같다. 이것 외에도

Muticuitural Family Women"(Korea Journal of Family Welfare, 14(3), 2009), 112.

125) Cavanagh, M. J. & Grant, A. M, "Executive Coaching in Organizations: The Personal is the Professonnal"(International Journal of Coaching in Organisations, 2(1). 2004), 6-15.

분류기준을 추가하여 또 다른 분류도 가능할 것이다. 코칭은 코칭 대상자에 따라, 혹은 코칭이 행해지는 목적과 형태에 따라 다양하게 분류할 이러한 다양한 분류에 따른 코칭이 있음에도 불구하고 코칭이라는 공통적인 접근법은 다양한 코칭에 있어 보편적으로 적용된다.[126]

〈표 1-2〉 분류 기준에 따른 코칭의 종류 예시

분류 기준	코칭의 종류		
코칭의 형태에 따라	일대일 코칭	그룹 코칭, 팀 코칭	블랜디드 코칭(일대일 코칭과 그룹 코칭을 포함)
코칭의 방식에 따라	면대면 코칭	원격 코칭 (전화, 화상회의, 인터넷 등 통신 이용)	
코칭의 대상에 따라	임원 코칭, 경영자 코칭, 팀 코칭, 여성 리더 코칭, 해외주재 인력(expat) 코칭, 청소년 코칭, 부모 코칭, 교육자 코칭, 전문가 코칭 등 다양하게 분류 가능		
코칭계약의 주체와 맥락에 따라	기업 코칭 (조직에 의해 코칭계약이 이루어짐	개인 코칭 (코칭받는 사람이 계약의 주체임)	
코치의 존재 형태에 따라	외부 코치에 의한 코칭	조직 내부 코치 혹은 상사에 의한 직장 코칭	
코칭의 주제에 따라	리더십 코칭, 비즈니스 코칭, 학습 코칭, 대인관계 코칭, 진로 코칭, 커리어 코칭 등 다양하게 분류 가능		

조직의 커리어관리와 기업체 팀장의 커리어코칭에서 지식정보화, 국제화, 다양·다변화 사회에서 개인의 주관적 가치와 인식이 중시되면서 기업의 커리어 개발과 관리 방향이 바뀌고 있다.[127][128][129][130] 개인 차원의 커리어 개발은 커리어 목표를 구체화하고 달성하기 위한 계획을 수립하고 실천하며 점검하는 활동과정이고, 조직 차원은 조직의 성장과 경쟁력 제고를 위해 인재를 선발, 평가, 배치, 개발하는 과정과 조직 및 개인의 요구가 일치될

126) Ko, Hyonsook, "Comparison of coaching models and process"(Leadership research, 5(2), 2014), 44-45.

127) Kim Heung-guk, "The Theory and Practice of Career Development" (Seoul: Dasan Publishing Co., 2000).

128) Park Yun Hee, "The Theory and Practice of Career Coaching" (Seoul: Sigma Press, 2015).

129) Hall, D. T, "Human resource development and organizational effectiveness. In C"(Fombrun, N. M. Tichy, & M. A. Devanna (Eds.), Strategic human resource management, New York: John Wiley & Sons, 1984).

130) Yates, J, "The Career Coaching Handbook.)"London & NewYork, Routledge, 2014).

수 있도록 개인의 커리어개발을 지원하고 관리하는 활동이다.[131] 이러한 고찰을 볼 때 조직에서 커리어관리는 개인과 조직의 요구를 통합적으로 반영할 수 있는 커리어개발지원을 의미한다.[132][133][134]

기업은 형식학습(formal learning), 무형식(informal learning), 비형식학습(nonformal learning)을 활용하여 교육훈련 및 현장실습을 진행하고 실질적인 직무순환을 통해 구성원의 커리어 개발을 지원한다.[135] 그리고 기업의 이러한 활동 및 제도는 구성원의 커리어 개발 및 인재양성의 역할을 수행하는 팀장의 승인으로부터 시작되므로 이와 관련된 팀장의 역할을 강조하고 있다.[136][137] 개인의 커리어 경험 중 팀장의 지원이 부하의 커리어개발에 가장 중요한 요소이며, 부하의 커리어 성과와 관계가 높음을 주장하면서 연구자들은 구성원의 커리어개발지원을 위한 팀장의 역할을 교육훈련 지원자, 코치, 멘토로 구체화 하였다.[138][139] 그러나 잦은 구조조정으로 인해 개인의 직무 불안정성이 높아지고 국내기업의 성과지상주의가 커리어

131) Cho Young-ah, "Structural relationship between career management behavior and core self-assessment, perceived norms, outcome expectations and will to execute of office workers in large enterprises"(Seoul National University Graduate School doctoral dissertation, 2015).

132) Nam Joong-soo, "The Hierarchical Relationship between Subjective Career Success and Individual and Organizational Characteristics of Office Workers in Large Companies"(Seoul National University Graduate School doctoral dissertation, 2014).

133) Shim Mi-young, "Frontian Career Orientation and Career Success: Role of Career Development"(Korea University Graduate School doctoral dissertation, 2012).

134) Clark, S, "Work cultures and work/family balance"(Journal of Vocational Behavior, 59, 2001), 348-365.

135) Jarvis, P, "Toward a comprehensive theory of human learning"(London: Routledge, 2006).

136) Jeong Dong-ryeol, "The Hierarchical Relationship between the career immersion of early graduates of specialized high schools in small and medium enterprises and their personal and organizational characteristics,"(Seoul National University Graduate School doctoral dissertation, 2014).

137) Gregory, J. M, "Employee coaching: The important of the supervisor/subordinate relationship and related constructs (Doctorial dissertation)"(Akron University, 2010).

138) Kim Guk-gun, "The Influence of Transformational Leader and Human Resource Promotion Behavior in the Intermediate Executive of Naval Ships on the Organizational Immersion of Underlings"(Korea University Graduate School doctoral dissertation, 2012).

139) Ellinger, A. D., Ellinger, A. E., & Keller, S. B, "Supervisory coaching behavior, employee satisfaction, and warehouse employee performance: a dynamic perspective in the distribution industry"(Human Resources Development Quarterly, 14(4), 2003), 435-458.

개발제도를 활용하는 장애요소로 부각되면서 변화에 유연하게 대처하고 구성원의 자발적인 행동을 유발하여 학습을 촉진하는 리더의 코칭이 주목받고 있다.[140)141)142)]

4.3 안전코칭과 리더십

4.3.1 리더십

리더십은 공동의 목표를 달성하기 위해 개인이 조직의 구성원들에게 영향을 끼치는 과정으로 정의하고 있다.[143)] 오늘날 조직의 관리자 리더십은 구성원을 움직이기 위한 핵심 요소로 인식되고 매우 중요시되고 있다. 조직목표 달성을 위한 매우 중요한 원동력 중 하나로 인식된다. 이러한 리더십은 접근 방법 또는 해석하는 시대별 관점에 따라 이론이 다양하게 발전하여 왔다.

리더십 발전은 특성이론에서 행동이론과 상황이론으로 발전되었으며, 변혁적 리더십과 거래적 리더십 등으로 최근 발전하였다. 특히 변혁적 리더십과 거래적 리더십의 경우 안전리더십이 발전하는 근간이며 밀접한 관계가 있다. 1980년대 이후 거래적-변혁적 리더십론은 대중적으로 호평을 받아온 리더십의 하나로 새로운 리더십패턴의 일부이기도 하다.

리더십은 조직구성원에 대하여 강압적인 권력행사가 아니라 조직구성원 스스로 리더를 따를 수 있는 영향력이며, 조직의 구성원과 목표달성을 위해 협력적인 분위기를 조성하고 개인의 역량이 잘 발휘될 수 있도록 지원하고 격려하는 것으로 정의할 수 있다. 또한, 조직구성원의 팀워크를 향상하는

---

140) Han Huh-jung, "A Study on the Coaching Skills of the Organization's Intermediate Managers" (Seoul National University Graduate School master's thesis, 2007).

141) Whitmore, J, Coaching for performance. Boston, MA: Nicholas Brealey Publishing.

142) Kim, So-Yoon, "Development of a Measurement Scale for the Career Coaching Competencies of Team Leaders in Corporations"(Interdisciplinary Journal of Adult & Continuing Education, 20(3), 2017), 30-31.

143) Peter G. Northouse, "Book Review, Leadership : Theory and Practice" *Journal of education for business* 83(2) (2007) : 116-117.

과정을 통해 갈등을 해소하는 관계 지향적 리더십으로 인간관계 및 참여를 중시한다는 것이다.[144] 리더가 가진 자질과 능력 등으로 영향력 행사, 의미 부여, 변화 유도 등의 행동양식에 관련이 있고, 특정 목적이나 목표를 달성하기 위해 리더와 추종자가 상호작용하는 가운데 형성되는 것임을 알 수 있다.[145] 이상과 같이 다양한 리더십에 대한 정의들을 종합하여 리더십에 대한 정의를 내리면, 특정한 조직이나 집단이 목적 혹은 목표를 달성하기 위해서 리더가 구성원들에게 영향력을 행사하는 과정이라고 할 수 있다. 영향력을 행사하는 과정에 대해선 좀 더 언급이 이루어져야 하지만, 단지 조직의 유효성만 강압적으로 강요하는 것이 아니라 도덕적인 가치와 윤리에 기반하여 영향력이 행사되어야 한다.

4.3.2 안전리더십

안전을 넓은 의미에서 삶의 전부로 본 Horne(안전교육의 창시자)은 좁게는 사고를 방지하는 것을 포함한 신체적 삶으로 보았다. 사람의 사망사고, 상해나 설비나 재산손실 등 상실의 원인이 없는 상태를 사전적으로 안전이라고 의미한다고 말한다.[146] 물적인 위험과 정신적 괴로움을 일으키는 것으로부터 자유로워지는 것을 말한다.

안전이란 위험으로부터 오는 사망, 상해 및 질환 또는 재산상의 손실과 같은 손해를 방지 또는 극소화시키려고 시도하는 상태'라고 정의할 수 있다.[147] 하지만 사람의 일상생활에서 안전은 어느 누구라도 먹는 음식, 마시는 물, 공기, 살고 있는 땅, 사용하는 에너지를 두려워하지 않을 수 없을 정도로 건강한 삶에 대한 안전이 위협받고 있다. 이런 사회에 속해 있는 조직

---

144) 홍승활, “기초자치단체장의 경쟁가치리더십이 조직문화와 조직효과성에 미치는 영향” (행정학 박사학위 논문, 계명대학교 대학원 행정학과, 2014), 8-23.

145) 박승열, “조직공정성과 조직의 비전이 직무만족과 조직몰입에 미치는 영향: 정보통신 및 IT 서비스업 종사자 중심으로” (겨영학 박사학위 논문, 서울벤처대학원대학교: 정보경영학과 정보경영, 2013), 111-117.

146) 최상복, “산업안전대사전 = Industrial safety great dictionary” (서울: 골드, 2004).

147) 유혜경, “유아교육기관의 안전교육 실태조사 및 개선방안에 관한 연구” (교육학 석사학위 논문, 경기대학교 교육대학원, 2000), 1-3.

구성원의 안전은 위험에 직면하고 있으며, 강도는 강해지고 있는 상황이다. 식품 속의 독소, 핵무기의 위협, 방사능, 대기 및 수질 오염 등 비가시적이고 사람이 인지하기 어려운 상태에서 위해한 요소로 우리 생활에 가까이 존재하고 있으며, 이는 현대화가 만들어낸 위험요소일 것이다.[148] 구체적으로, 안전한 상태에 있다는 것은 위험한 것으로 간주되는 어떤 행동이나 사건 직후, 더 이후의 결과로서 한 개인에게 고통을 가하게 되는 사건으로부터 벗어난 것을 의미한다.

이와 같이 안전이란 위험의 가능성 혹은 사고를 제거하거나 회피하는 것을 목적으로 하는 인간의 행동에서 발생하는 다양한 형태의 행위[149], 의도하지 않거나 뜻하지 않은 사고로부터 정신적, 신체적 손상을 입지 않고 신체를 편안하게 하는 상태[150]를 말하는 것으로 인간의 편안한 생활을 구축한다는 점에서 안전의 의미는 대단히 중요하다.

리더십은 학자들마다 사회적 현상과 연구관점에 따라 매우 다양한 개념이 생겨났다. 학자들의 연구에 따르면 리더십이 가지는 성질이 구성원에 대한 영향력을 행사한다는 것에는 이견이 없었다. 어떤 환경에서 사용 활용하느냐에 따라 그 의미가 다르게 나타나고, 다르게 받아들여진다는 것이다. 안전리더십은 이러한 리더십에 안전이라는 개념이 더해진 경우이다.[151]

안전리더십은 구성원의 생명과 재산을 보호하고 조직이 설정한 목표 달성을 위하여 규정, 규범, 절차 등을 체계적으로 시행하여 구성원들로부터 의식, 신념, 가치관 등에 안전 가치를 반영하여 안전태도와 안전행동을 실행하도록 하는 것이다. 이런 안전행동을 실천하도록 하여 조직의 안전문화를 형성하는 과정에서 구성원에게 영향력을 주도록 하는 것이다.[152] 리더

148) 김영치, 윤영삼 "기술, 직무구조와 노동소외," 지역산업연구 경남대학교 산업경영연구소 13(1) (1990), 191-208.

149) 박진선, "재난대응능력 향상 방안에 관한 연구: -재난안전교육을 중심으로-" (행정학 석사학위 논문, 전북대학교 행정대학원, 2006), 6-7.

150) 조범상, "2005 초등학교 안전사고 예방을 위한 개선방안" (경영학 석사학위 논문, 공주대학교 경영행정대학원, 2005), 1-4.

151) 이수언, "안전리더십과 조직안전문화의 안전행동에 대한 영향 연구" (행정학 박사학위 논문, 계명대학교 대학원, 2018), 9-15.

152) 이경훈, 박해천, "사업장 관리자의 안전리더십이 작업장 안전문화에 미치는 영향 연구," 대한안

십과 안전문화에 대한 개념이 어느 정도 정착된 20세기 후반부터 안전리더십에 대한 정의는 리더십의 개념과 모형을 근간으로 정의되고 발전되었다. O'Dea & Flin[153]은 안전리더십을 부하직원이 안전에 대한 성과 향상을 시키기 위하여 효율적으로 매진하도록 활동하는 것이며, 안전성에 대한 책임감을 가지도록 동기를 부여하는 것이라고 하였다.

안전리더십은 안전 목표 달성을 위해 조직과 개인요인에 대하여 영향력을 주려는 리더와 구성원 간의 상호작용이다.[154] 안전문화에 있어서 안전리더십의 중요성이 더욱 부각되면서 새로운 개념의 조직 안전문화, 안전풍토나 조직구성원들로 하여금 안전태도, 안전가치관, 안전행동 등에 대한 영향을 미치는 주요한 요소로 자리 잡게 되었다. Thomas[155]는 안전리더십을 리더의 성격, 가치관 및 감정적 몰입 단계, 다음으로 안전리더십 유형의 단계, 훌륭한 안전리더십의 단계, 마지막으로 안전문화의 단계 모형으로 제시하였다.

즉 리더들의 기본 성격과 가치관, 감정적 몰입 등을 통해 안전리더십이 결정된다고 보았다. 또한 훌륭한 안전리더십이 형성되어야 안전문화에 도달되도록 한다고 설명하였다. 다음 2단계에서는 리더십 유형인 거래적 리더십과 변혁적 리더십으로 구분하여 리더의 유형별 행동 양식을 제시하였다. 다음 3단계 훌륭한 안전리더십에는 비전 제시, 협력, 신뢰 구축, 행동지향, 피드백 및 인정, 소통, 책임감 등의 요소를 제시하였다.

박홍준[156]은 안전리더십의 하위변수를 구성하는 요소를 안전의사소통, 안전관심 및 참여유도, 안전의지 및 태도, 안전행동 및 활동으로 구성하였다. 안전 리더십의 하위 변수에 대한 조작적 정의를 살펴보면, 안전의사소

전경영과학회 학술대회논문집 2011(2) (2011): 299-313.

153) Flin R, O Dea A, Yule S, "HSE Horizons: Leadership Behaviors for Maximizing Safety," *Journal of Petroleum Technology Society of Petroleum Engineers of AIME* 54(11) (2002): 28-32.

154) J. B. Wu, "The dual processes of team leadership: A multilevel perspective," *Conference proceedings-Academy of management* 1(1) (2007): 190.

155) Peters, Thomas J, Dorling Kindersley, "Leadership" (London; New York: Dorling Kindersley, 2005).

156) 박홍준, "국내 철도 안전문화 증진을 위한 안전 리더십 요인에 관한 연구" (산업공학박사학위논문, 경희대학교 대학원, 2014), 15.

통은 안전에 대한 생각, 의사, 감정, 정보 등에 대한 상호 교환을 안전이라는 관점에서 구성원 간에 얼마나 행해지는지, 또한 상호 간에 얼마나 영향을 주는지 등에 관한 종합적인 요소를 말한다. 안전관심 및 참여유도는 구성원으로 하여금 관심을 가지게 하고 참여하도록 유도하는 일련의 모든 행위나 영향을 주는 요소이다. 안전의지 및 태도는 안전행동이나 활동의 전단계로 행위를 유발하기 위해 나타나는 의식적, 무의식적 준비된 상태나 태도 등을 말하는 것이다. 이러한 것들이 구성원의 공통된 요소로 봤다면 신뢰관계는 관리자의 관점에서 안전을 구성하는 전체 요소에 대한 믿음을 가지고 있는 것이다. 안전행동 및 활동은 기존의 의식적인 부분, 가치관이나 신념 등과 같은 피상적인 요소가 행동이나 활동을 통해서 표출되는 것으로 구성원이 안전과 관련된 어떠한 행동이나 활동을 하는지에 대한 것이다.

안전리더십은 조직의 목표를 안전하게 달성하기 위하여 리더의 영향력을 구성원에게 강력하게 발휘할 때 형성되는 리더와 구성원간의 상호 동조의 과정이라고 하였다. 안전리더십의 운용상 정의는 안전 코칭, 안전보호, 안전통제에서 경영진이 가지게 되는 리더십으로 정의된다.[157] 그동안 많은 연구 중 산업현장에서 안전관리의 효과적인 방법을 위해 리더십의 중요성이 강조되었다. 산업현장에서 고도의 위험을 내포한 작업을 안전하게 수행하기 위한 최우선 고려사항으로 리더십을 꼽았고 과업수행에 있어서 상하간, 동료 간 신뢰와 인간적 유대관계가 중요한 요소로 작용하였다. 또한 조직구성원은 한 집단의 목적을 달성하기 위해서 신뢰를 바탕으로 리더의 안전리더십이 강조되었다. 일반적으로 안전리더십은 2000년대 이전까지는 안전을 관리하는 경영진이나 최상위의 관리자가 필요로 하는 리더십의 한 축으로 인식되었다. Barling, Loughlin, & Kelloway[158]에 의하면 안전을 강조한 변혁적 리더십이 작업안전에 연계된다는 것을 논증하였으며 이는 조직

157) T.-C. Wu, C.-H. Lin, S.-Y. Shiau, "Predicting safety culture: The roles of employer, operations manager and safety professional," *JOURNAL OF SAFETY RESEARCH* 41(5) (2010): 423-431.

158) J. Barling, C. Loughlin, E. K. Kelloway, "Development and Test of a Model Linking Safety-Specific Transformational Leadership and Occupational Safety," *Journal of applied psychology* 87(3) (2002): 488-496.

구성원의 교육을 통해서 체득할 수 있다.[159] 이경훈・박해천[160]은 안전리더십을 조직을 구성하는 구성원의 생명과 재산을 보호하고자 조직의 목표를 안전이라는 것으로 정하고 이를 이루고자 하는 비전을 제시하고 규범, 규정, 절차 등을 마련하여 구성원으로 하여금 인식하도록 하고 활동을 하도록 영향을 주는 것이라고 하였다. 이러한 관점에서, 박홍준[161]은 안전리더십에 대하여 구성원의 태도, 행동, 습관을 안전한 작업장과 조직문화가 형성되도록 바꾸는 것으로 구성원으로 하여금 안전에 대한 믿음과 가치를 심어주고 변화시키는 것이라고 하였다.

안전리더십의 관심은 안전문화가 가지는 중요성에 대한 의미에 관심을 갖게 되면서 기업의 안전에 대한 풍토나 구성원들의 안전가치관, 조직의 안전문화, 안전행동, 안전대도 등에 영향을 주는 중요한 요소로 인식되었다.[162]

다른 선행연구들에 따르면, 안전리더십은 안전행동과 조직 내 안전 분위기에 영향을 주는 것으로 나타났다. 특히 문광수・이재희・오세진[163]은 관리자의 안전리더십이 근로자의 안전행동으로서 순응행동과 참여행동에 영향을 미치며, 안전리더십이 안전 분위기에도 영향을 미치는 것으로 주장하였다. 따라서 관리자들이 근로자와 근거리에서 작업을 하며 지시 및 감독을 하는 과정에서 안전리더십을 효과적으로 발휘할 수 있으며, 사고 예방에 대한 관심을 높일 수 있다는 것이다.

---

159) 오정일, "안전리더십과 안전교육이 안전성과에 미치는 영향: 안전풍토의 매개역할" (박사학위논문, 광운대학교, 2016), 54.

160) 이경훈, 박해천, "사업장 관리자의 안전리더십이 작업장 안전문화에 미치는 영향 연구," *대한안전경영과학회 학술대회논문집* 2011(11) (2011): 299-313.

161) 박홍준, "국내 철도 안전문화 증진을 위한 안전 리더십 요인에 관한 연구" (산업공학 박사학위논문, 경희대학교 대학원, 2014), 17.

162) O&apos, Dea A, Flin R, "Site managers and safety leadership in the offshore oil and gas industry," *Safety Science* 37(1) (2001): 39-57.

163) 문광수, 이재희, 오세진, "관리자의 안전 리더십과 조직 내 안전 분위기가 근로자의 안전행동에 미치는 효과," *한국안전학회지* 28(2) (2013): 66-72.

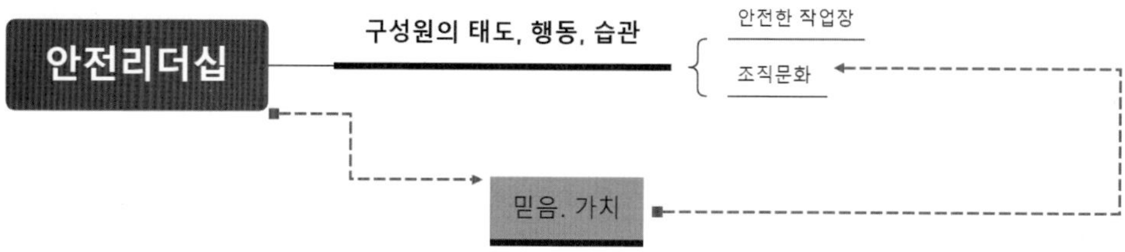

[그림 1-25] 안전리더십의 목표

4.3.3 안전코칭 리더십

이 시대의 조직의 리더들에게는 조직의 성패를 좌우하는 요소인 인재양성은 조직 구성원의 가능성을 발견하도록 개발함으로써 조직의 성과를 위해 코칭은 필수요소가 되었다. 코칭은 리더십과 결합하여 급변하는 기업경영에 반드시 필요한 능력이라는 개념에서 코칭리더십이 탄생하게 되었다.[164)]

리더십에는 5가지 요인이 포함되어야 한다고 Lussier와 Acua[165)]의 연구에서 주장하였다. 첫째, 리더는 리더십 대상과 영향력 행사 능력이 필요하며, 리더와 부하 간에 쌍방이 영향을 주고받는다. 둘째, 환경변화에 따라 대응하는 조직의 변화가 요구된다. 셋째, 조직 목표를 달성하기 위해 부하 직원들의 동기를 부여하고 목표를 달성한다. 넷째, 리더와 조직 구성원과의 인간관계가 중요하다. 다섯째, 리더가 제시하는 내용을 부하직원이 수용하도록 동기를 부여한다. 코칭 과정에서 리더는 리더의 경험과 축적된 역량을 조직원에게 제공하여 학습 및 성장에 동기를 부여한다. 즉 코칭은 부하직원들을 리딩하는 리더에게 필요 역량이라는 측면에서 리더십과 직접적인 관련이 있다 할 수 있다.

164) M. M. Grant, "Performance Management: Use quality principles to manage people," *Leadership Excellence* 24(3) (2007): 9.

165) Lussier, Robert N, Achua, Christopher F, "Leadership: theory, application, skill development (Mason: Thomson/South-Western, 2004).

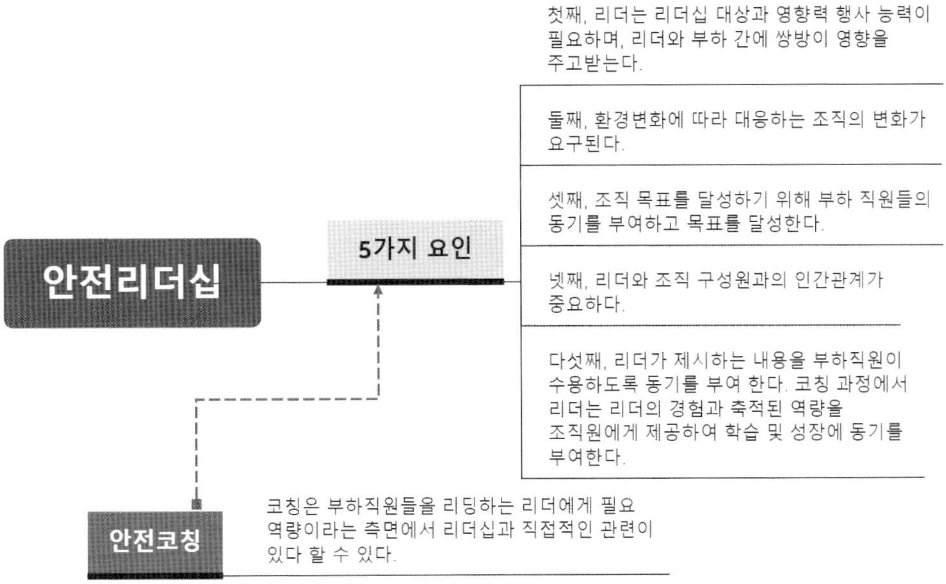

[그림 1-26] 안전리더십의 5가지 요인

Quinn79F166)은 리더의 역할 중에서 대인관계 기술을 갖춘 리더를 "코치"형 리더로 제시하였고, 리더의 역할을 대인관계뿐만 아니라 조직 차원의 구조와 문화의 관리까지로 확장될 수 있다.167) 상황리더십을 주장한 Hersey와 Blenchard 는 리더가 부하의 성숙도에 따라, 특정 상황에서는 코칭기술을 사용하여야 한다고 주장하였다.168)

Robinson169)도 최근에 리더의 역할과 관련하여 문제해결사, 외부 인물들과의 연락책, 갈등조정자, 코치의 4가지 역할이 강조되고 있다고 하였다. 이 가운데 코치의 역할은 부하 직원들에게 기대와 역할을 분명하게 하고, 지원을 제안하고, 가르치며, 응원하며, 팀원을 도와 성과를 개선하는 측면에서

---

166) J. B. Quinn, "Team Innovation: Innovative teams share some common patterns of behavior in the workplace," *EXECUTIVE EXCELLENCE* 13(7) (1996): 13-14.

167) 정국현, "임파워링 리더십이 직무만족과 조직몰입에 미치는 영향: 내재적 동기부여와 직무스트레스의 매개역할을 중심으로" (경영학 박사학위 논문, 성균관대학교 일반대학원 경영학과, 2011), 59-64.

168) P. Hersey, "Get Beyond Fear: Practice the lessons of situational leadership," *LEADERSHIP EXCELLENCE* 26(4) (2009): 12.

169) P. S. Robinson, "Organization behavior (11th Ed)" (New Jersey: Pearson Education: Pretice Hall, 2011)

그 중요성이 증대되고 있다. 리더는 의지는 있지만 능력이 부족한 부하 직원에게 코칭스킬을 사용하여 부하직원들이 업무를 잘 수행토록 하기 위한 리더십을 발휘할 것을 권장하고 있다. 이와 같이 리더들에게 점점 더 코치로서의 역할이 많이 대두되고 있다.[170] 일정 규모 이상의 큰 조직에서는 리더에게 코치로서의 역할에 대한 중요성이 증가하고 있다. 이와 같은 코칭형 리더십은 리더십의 일환으로써 대세가 되어가고 있다.

Kets de Vries[171]는 리더가 코칭 스킬을 잘 사용하여 조직 전체에 영향을 미치게 되면, 이것은 조직 내에 코칭문화를 형성하게 되고, 이런 조직은 21세기의 경쟁력 있는 조직이 된다고 하였다. 즉, 코칭이라는 것이 코치라는 직업을 가진 사람들이 구사하는 기술일 뿐만 아니라, 리더들도 개발해야 하는 덕목 중 하나라는 것이다. 학자들마다 코칭리더십을 다양하게 정의하고 있는데, Whitmore[172]는 리더와 구성원 간에 수평적인 관계 속에서 리더가 구성원의 잠재역량을 개발하도록 돕고 그들의 능력을 극대화하도록 동기부여하고 지원하는 리더십이라 하였다.

이동우[173]는 리더가 조직의 목표를 달성하기 위해 구성원들에게 방향을 제시하고 업무 수행과정을 지도하며 개발시키고, 지속해서 동기부여를 함으로써 자신감을 심어주고 열정을 고취하는 우호적인 영향력의 행사과정이라고 정의하였고, 박재진[174]은 리더와 구성원 간의 관계를 바탕으로 리더가 조직구성원들에 대해 영향력을 발휘할 수 있는 리더십의 개념이라고 하였다. 조은현[175]은 조직구성원이 업무를 수행하는 과정 속에서 자신의 강

---

170) 조대연, 박용호, "관리자의 코칭행동과 부하직원이 인식한 직무성과의 관계 HRD연구 13(4) (2011): 89-109.

171) M. F. Kets de Vries, "Star Performers," *Organizational dynamics* 41(3) (2012): 173-182.

172) Whitmore, John, "Coaching for performance: GROWing human potential and purpose: the principles and practice of coaching and leadership" (Boston: Nicholas Brealey, 2009).

173) 이동우, 김정식, 유호상, 윤태식, "리더의 코칭이 조직구성원들의 직무만족과 직무몰입에 미치는 영향: 자기효능감의 매개효과를 중심으로" *한국콘텐츠학회논문지* 11(7) (2011): 374-386.

174) 박재진, "기업체 중간관리자의 코칭리더십, 학습조직, 구성원의 문제해결능력 및 조직유효성 변인 간의 구조적 관계"(교육학 박사학위 논문, 숭실대학교, 2013), 19.

175) 조은현, "코칭리더십 척도 개발 및 타당화와 코칭리더십이 조직태도에 미치는 영향" (심리학 박사학위 논문, 광운대학교, 2011), 126-128.

점을 발견하고 개발할 수 있고, 이를 통해 조직과 자신의 성과를 성취할 수 있도록 조직 구성원의 성장과 발전을 지원하고 촉진하는 리더십이라고 정의하였다.

학계에서는 학자들이 조직의 리더들에 의해서 실행되고 있는 다양한 코칭의 용어들을 하나로 통일하여 사용하자고 제안하고 있지만 아직까지는 통일되지 못하고 있는 게 현실이다.

코칭리더십은 일반 관리기법과는 달리 리더와 구성원이 수평적인 관계에서 개방적으로 의사소통을 하며, 조직구성원 중심의 의사결정을 하는 등 차별화된 특성을 가지고 있다. 이동우[176]는 리더가 조직의 목표를 달성하기 위해 구성원들에게 방향을 제시하고 업무 수행과정을 지도하며 개발시키고, 지속해서 동기부여를 함으로써 자신감을 심어주고 열정을 고취하는 상호적인 영향력의 행사과정이라 보았다. 박재진[177]은 리더와 구성원 간의 관계를 바탕으로 리더가 조직구성원들에 대해 영향력을 발휘할 수 있는 리더십의 개념, 조은현[178]은 조직구성원이 업무를 수행하는 과정 속에서 자신의 강점을 발견하고 개발할 수 있고, 이를 통해 자신과 조직의 목표를 성취할 수 있도록 성장과 발전을 지원하고 촉진하는 것이라 하였다. Greene와 Grant[179]는 구성원 스스로가 수행능력을 향상시켜 성과를 내며, 문제를 해결하도록 하는 결과 지향적 리더의 체계적인 동기부여방식으로 보았다. Whitmore[180]는 리더와 구성원 간에 수평적인 관계 속에서 리더가 구성원의 잠재역량을 개발하도록 돕고 그들의 능력을 극대화하도록 동기를 부여한다고 하였다. 지원하는 리더십은 피드백을 제공하여 직무를 효과적으로 수행할 수 있게하며, 성과향상과 역량개발로 이어질 수 있다. 또한 이러한

176) 이동우, 김정식, 유호상, 윤태식, "리더의 코칭이 조직구성원들의 직무만족과 직무몰입에 미치는 영향: 자기효능감의 매개효과를 중심으로," *한국콘텐츠학회논문지* 11(7) (2011): 374-386.

177) 박재진, "기업체 중간관리자의 코칭리더십, 학습조직, 구성원의 문제해결능력 및 조직유효성 변인 간의 구조적 관계" 교육학 박사학위 논문, 숭실대학교, 2013, 19.

178) 조은현, "코칭리더십 척도 개발 및 타당화와 코칭리더십이 조직태도에 미치는 영향" (심리학 박사학위 논문, 광운대학교, 2011), 126-128.

179) M. Grant, "smart leadership in tough times" *SUPERVISION* 64(6) (2003): 3-6.

180) Whitmore, John, "Coaching for performance: GROWing human potential and purpose: the principles and practice of coaching and leadership" (Boston: Nicholas Brealey, 2009).

조직구성원 중심의 접근은 업무에 대한 권한위임을 수반하여 조직구성원들이 업무에 몰입하여 실패에 대한 두려움 없이 혁신적인 아이디어를 창출할 수 있는 환경을 조성할 수 있게 한다.[181)]

코칭 시 리더는 부하의 성장 가능성을 믿고 신뢰해야 하는 것이 매우 중요하다. 인간은 어느 누구나 성장 가능성과 잠재능력을 지닌 전인적인 존재이며 본인 스스로 문제를 해결할 능력을 가지고 있다고 믿는 데서 코칭은 시작된다고 할 수 있다. 이런 인간에 대한 신뢰를 기반으로 리더의 코칭, 관리자의 코칭, 상사의 코칭행동도 코칭리더십과 그 개념이 같다고 할 수 있겠다. 이것은 코칭의 기본 바탕이 되는 철학, 인간관, 가치관에 가까운 코칭 마인드와도 일치한다. 또한 리더의 코칭리더십은 지시와 통제, 감독자가 아닌 코치로서 역할을 할 때 촉진자라는 인식이 필요하다.

일터에서의 리더십은 다른 사람들로 하여금 일을 해 내게 하는 기술이다. 결국 리더십은 다른 사람들과 함께 목표를 이루는 영향력이라고 표현할 수 있으며, 사업의 규모나 성격에 관계없이 모든 종류의 비즈니스 조직에서 리더십은 매우 중요한 역할을 하고 있다.[182)] 리더십에 대한 연구는 1970년부터 본격적으로 행해졌는데, 국내에서는 변혁적 및 거래적 리더십, 전략적 리더십, 카리스마 리더십, 셀프 리더십, 서번트 리더십, 진성 리더십, 공유 리더십, 긍정 리더십, 코칭 리더십 등이 자주 연구되고 있으며, 그 중 코칭리더십은 가장 최근에 등장한 리더십 이론 중의 하나라고 볼 수 있다.[183)]

코칭은 가장 자주 논의되는 리더십 스킬 중의 하나로서 경영 분야에서 활발히 연구되고 있는 주제다. Grant[184)]는 기업관리자에게 필요한 중요한 역

181) 박재진, "기업체 중간관리자의 코칭리더십, 학습조직, 구성원의 문제해결능력 및 조직유효성 변인 간의 구조적 관계" (교육학 박사학위 논문, 숭실대학교, 2013), 80-90.

182) Muhammad Owais Munir, Rabia Furqan, Saba Shahzad and Abdul Basit., "EXAMINING THE ROLE OF LEADERSHIP OF PORTFOLIO MANAGERS IN PROJECT PERFORMANCE," *Journal of Strategy and Performance Management*, 5(1) (2017): 23-41.

183) 탁진국, 손주영, "리더십: 이론과 실제" (서울: 학지사, 2017), 제 8장 황미영 "리더십에 대한 국내 연구동향," *부산교육학연구* 22 (2009): 125-154.

184) A. M. Grant, "Enhancing Coaching Skills and Emotional Intelligence Through Training," *Industrial and Commercial Training* 39(5) (2007): 257-266.

량으로 코칭 능력을 강조했으며, Hunt, & Weintraub[185]는 기업의 리더는 그들의 조직 내에서 내부 코치로서의 역량을 개발하고, 코칭에 더 많은 시간을 사용해야 한다고 역설했다. 조직에서의 코칭과 관련하여 대다수 조직에서 조직의 관리자들이 직원들을 코칭하고, 조직은 관리자가 코치의 역할을 하도록 조직에서 성과를 높이고 조직구성원의 역량을 강화하기 위해 기업의 관리자가 행하는 코칭을 코칭리더십이라고 하며, 국내 연구에서는 이를 코칭, 코칭 행동 또는 관리자 코칭 등으로 표현하기도 한다.

코칭리더십에 대한 정의는 다양하다. Greene, & Grant[186]는 조직구성원이 스스로 문제를 해결할 수 있도록 구성원의 수행능력을 향상시켜 성과를 얻어내는 결과 지향적이며 체계적인 리더의 행동 방식이라고 정의하였으며, Davis[187]는 코칭 역량을 가진 관리자가 자신의 업무를 수행하면서 조직구성원의 성장을 돕는 코칭 행동이라고 정의하였다. Heslin, Latham, & Vande101F[188]는 관리자가 코치이에게 직무수행 방법을 제시하고, 조직의 기대를 전달하며, 피드백을 주고 스스로 문제를 해결할 수 있도록 격려하고, 자신의 가능성을 깨닫도록 돕는 과정이라고 정의하였다. Ellinger, Ellinger, Hamlin, & Beattie[189]는 관리자의 코칭을 조직구성원의 학습과 효과성을 증진시키는 효과적인 관리 및 리더십 행위라고 정의하였다. 관리자의 코칭 행동은 주로 일대일 대화를 통해 일어나며, 적극적 경청과 질문 및 조직 관련 이슈와 구성원의 업무 향상을 위한 건설적인 피드백을 포함한

185) Hunt, James M, Weintraub, Joseph R, "The coaching organization: a strategy for developing leaders" (Thousand Oaks: Sage Publications, 2007).

186) J. Greene, & A. M. Grant, "Solution-focused Coaching: A Manager's Guide to Getting the Best from People" (London: Peason Education Limited, 2003).

187) P. Davis, "Coaching performance: What sort of job are you dong?" *Sprts Coach* 27(1) (2004): 6-8.

188) P. A. Heslin, G. P. Latham & D. VandeWalle, "The effect of implicit person theory on performance appraisals," *Journal of Applied Psychology* 90(5) (2005): 842-856.

189) A. D. Ellinger, A. E. Ellinger, R. G. Hanmlin, & R. S. Beattie, "Achieving improved performance through managerial coaching. In R. Watkins and D. Leigh(Eds.), Handbook of improving performance in the workplace Volume 2: Selecting and implementing performance interventions," (San Francisco, CA: Co-published by The International Society for Performace Improvement and Pfeiffer, 2010), 275-296.

다.[190] Heslin et al.[191]은 관리자의 피드백은 하나의 이벤트가 아니라 조직 구성원의 성장을 위한 지속적인 과정이며, 적절한 질문과 경청 기술을 활용함으로써 조직 구성원이 스스로 생각하고 해결책을 찾게 하는 과정을 통해 조직의 성과를 높일 수 있다고 강조하였다.

국내에서는 조은현[192]이 리더의 코칭 행동을 측정하는 코칭리더십 척도를 개발하고 타당화를 검증하여 코칭리더십의 이론화에 기여하였는데, 일반 직장인 600명을 대상으로 한 조사를 통해 부하의 성장 가능성에 대한 믿음, 심리적 지지와 존중, 목표제시와 피드백, 그리고 관점 변화 촉진이라는 4개 요인으로 구성된 24개 문항이 도출되었다.

이민호[193]는 코칭리더십이란 조직 구성원과의 신뢰 속에서 구성원들의 숨은 잠재력을 개발, 향상시키고 자신의 임무를 스스로 완수 해결할 수 있도록 구성원의 학습 능력을 키워주는 프로세스라고 규정하였다. 이지현[194]은 리더가 집단이 처한 상황과 집단구성원의 특성이나 기대를 고려하여 구성원들로 하여금 집단 목표를 달성하도록 구성원들에게 조직의 기대를 전달하고, 피드백을 주고, 문제를 해결할 수 있도록 격려하고, 가능성을 믿고, 경청하고 질문함으로써 구성원 스스로 역량을 개발하고 발휘할 수 있도록 영향력을 행사하는 것으로 정의하였다. 김수정[195]은 코칭리더십을 리더가 구성원과 수평적인 신뢰 관계를 바탕으로 구성원의 강점 역량을 개발하고 목표를 달성할 수 있도록 업무 수행 과정을 평가하고 경청과 질문을 통해

190) G. N. McLean, B. Yang, M. C. Kuo, A. S. Tolbert & C. Larkin, "Development and initial validation of an instrument Measuring managerial coaching skill," *Human Resource Development Quarterly* 12(2) (2005): 157-178.

191) P. A. Heslin, G. P. Latham & D. VandeWalle, "The effect of implicit person theory on performance appraisals," *Journal of Applied Psychology* 90(5) (2005): 842-856.

192) 조은현, "코칭리더십 척도 개발 및 타당화와 코칭리더십이 조직태도에 미치는 영향," (박사학위 논문, 광운대학교 대학원 산업심리학과, 2010), 95-113.

193) 이민호, "코칭 리더십의 공공부문 도입에 관한 연구," (석사학위 논문, 단국대학교 대학원 행정학과, 2007), 97-99.

194) 이지현, "관리자의 코칭리더십이 부하직원의 경력계획과 태도에 미치는 영향," (박사학위 논문, 한국기술교육대학교 테크노인력개발전문대학원 인력개발학과, 2010), 35-37.

195) 김수정, "관리자의 코칭리더십과 조직유효성의 관계: 개별성, 관계성 및 직무자율성의 매개효과를 중심으로" (교육학 박사학위 논문, 한국기술교육대학교 테크노인력개발전문대학원, 2015), 6-8.

피드백해주며 자기 주도적 업무태도로 조직의 성과에 영향력을 미치는 리더의 행동 양식으로 정의하였다. 조은현[196]은 코칭리더십의 측정 척도를 개발하는 과정에서 기존의 리더십과 상관 분석을 실시한 결과, 변혁적 리더십, 배려적 리더십, 서번트 리더십, 수퍼 리더십과 상관이 높게 나와 코칭리더십을 비롯한 다른 연구 대상 리더십들이 서로 변별되지 않는다는 결과를 보고하였다. 이는 상기의 다른 리더십 유형들과 코칭리더십이 모두 인간 존중의 인본주의 심리학과 긍정심리학에 바탕을 두었다는 점에서 본질적으로 유사한 형태임을 의미한다고 할 수 있다. 그러나 코칭리더십과 다른 리더십의 차별점은 현대의 코칭이 학문을 뛰어넘는 방법론으로 개인과 조직의 변화를 주도한다는 것이다.[197] Grant, & Zackon[198]이 2,529명의 전문 코치를 상대로 한 연구에 의하면, 코치들은 과거에 컨설턴트 40.8%, 관리자 30.8%, 경영자 30.2%, 교사 15.7%, 세일즈 담당 13.8%로 매우 다양한 배경을 가지고 있었으며, 심리학 배경 출신은 4.8%에 불과했다. 이러한 코치 배경의 다양성은 강점인 동시에 약점이다.[199] 전문 코치의 배경이 다양하다는 것은 누구나 일정의 훈련을 거쳐 코치가 될 수 있다는 것을 보여주며, 이는 조직의 리더들도 적절한 교육과 훈련을 받으면 효과적으로 코칭리더십을 발휘할 수 있음을 의미한다. 다른 유형의 리더십들이 대체로 이론적이고 개념적인 것에 비하여, 코칭리더십은 비교적 짧은 시간에도 코칭 스킬을 익힘으로써 유의미한 리더십의 향상을 일으킬 수 있는 효과적인 방법론을 제공할 수 있다.[200] 이상의 연구를 종합하여 보면, 코칭리더십이란 구성원과 수평적인

196) 조은현, "코칭리더십 척도 개발 및 타당화와 코칭리더십이 조직태도에 미치는 영향" (심리학 박사학위 논문, 광운대학교 대학원 산업심리학과, 2010), 95-113.

197) A. M. Grant, "A personal perspective on professional coaching and the development of coaching psychology," *International Coaching Psychology Review* 1(1) (2006): 12-22.

198) Anthony M Grant, Richard Zackon MS, "Executive, Workplace and Life Coaching: Findings from a Large-Scale Survey of International Coach Federation Members," *International Journal of Evidence Based Coaching and Mentoring* 2(2) (2004): 1-15.

199) A. M. Grant, "A personal perspective on professional coaching and the development of coaching psychology," *International Coaching P sychology Review* 1(1) (2006): 12-22.

200) A. M. Grant, "Enhancing Coaching Skills and Emotional Intelligence Through Training," *Industrial and Commercial Training* 39(5) (2007): 257-266.

파트너십 관계를 형성하고 경청, 인정, 질문, 피드백을 통해 구성원의 잠재력을 개발하고 스스로 자각하도록 도와 목표를 달성할 수 있도록 지원하는 것이라고 정의할 수 있다.

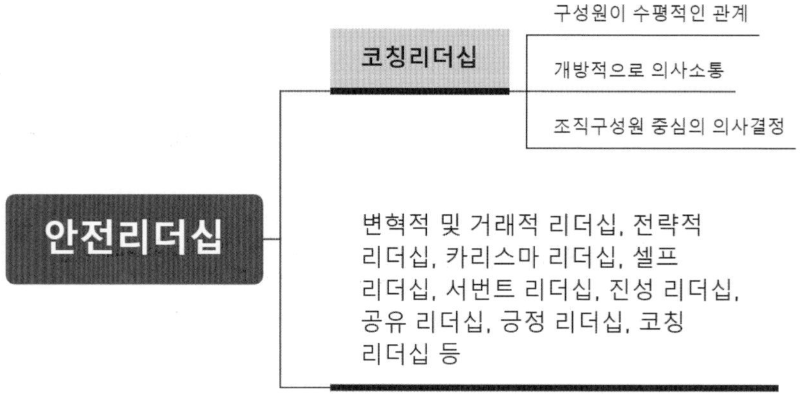

[그림 1-27] 코칭리더십

4.3.4 안전코칭 리더십 구성요인

1) 신뢰감

신뢰는 사회적 관계의 근간을 이루는 기반으로서 사람들 사이에 관계가 형성된 곳이라면 어디서든 관심을 갖고 다루어져 온 주제이다.

신뢰에 대한 학문적 연구 분야는 심리학, 경제학, 사회과학 등의 범주에서 사회현상과 연결하여 개인과 개인, 기업과 소비자. 기업과 기업의 긍정적 관계지속의 영향관계에 대해 연구되어 왔다. 신뢰에 관한 연구는 최근 조직 행동과 조직이론 분야에서 많이 이루어지고 있다. 특히 대인 간, 부문 간, 조직 간, 사회 간에 네트워크에서의 신뢰에 대한 연구는 신뢰가 개인 유효성과 조직 유효성을 유지하는 데 중요한 요인임을 말해주고 있다.

신뢰관계는 인간이나 사물의 특성 혹은 진실에 관한 확신 내지는 의존하는 것으로 학술적으로는 사회적 관계를 지속하도록 하는 데 있어서 필수적인 것이며 당사자 간의 거래가 원활하게 이루어지도록 하는 가장 효율적인 메커니즘으로 역할을 하는 것이고 다른 사람이나 사물은 잘 믿는 개인의 성향 또는 지향성을 말한다.

신뢰의 개념은 크게 두 가지의 관점으로 나눠볼 수 있다. 첫째, 기대와 관련된 개념이다. 둘째, 신뢰는 위험(Risk) 관련된 개념이다. McKnight et al.[201]은 신뢰의 형성요인으로 다음과 같이 5가지 측면을 제시하고 있다. 첫째, 이해타산기반의 신뢰 측면으로 개인은 합리적으로 유추한 비용과 이익을 바탕으로 신뢰적 선택을 한다. 둘째, 제도기반의 신뢰 측면으로 신뢰는 보증, 안전망이나 다른 구조 때문에 어떤 상황에 관하여 느끼는 안정성을 반영한다. 셋째, 지식기반의 신뢰 측면으로 다른 사람과의 경험을 통해 신뢰와 관련된 지식을 축적함으로써 시간을 경과 할수록 신뢰는 발전한다. 넷째, 개성기반의 신뢰 측면으로 유아가 자신을 돌보는 사람에게 도움을 받거나 원하면서 동시에 나른 사람들을 신뢰하는 일반적인 경향을 보이는 유아기 동안 신뢰는 형성된다. 다섯째, 인지기반 관점의 신뢰 측면의 신뢰는 개인의 상호작용에 반대되는 신속하고 인지적인 암시나 첫인상에 의존한다.

McKnight et al.은 신뢰에 대한 다섯 가지 측면 중 지식기반의 신뢰를 제외시킨 네 가지 관점에서 초기 신뢰형성에 영향을 미치는 요인을 연구하였다. 개성기반의 관점에서 인간에 대한 믿음 변수, 이해타산 관점에서 신뢰하는 태도변수, 제도 기반 신뢰 관점에서 구조적 보장과 상황적 규범변수, 인지기반의 신뢰 관점에서 범주화 프로세스 및 통제 프로세스에 대한 환상 변수들을 통하여 신뢰에 영향을 미치는 요인에 관하여 설명하고 있다.

2) 안전의식

의식은 다음과 같은 특성을 보인다. 첫째, 안전의식은 실제 안전행동의 선행변수이다. 둘째, 안전의식은 안전행동에 대한 태도, 지각된 행동 통제력, 주관적 규범에 의해 결정된다. 셋째, 이들 결정변수들은 행동적, 규범적, 통제적 신념의 기능과 역할을 결정하거나 개별적으로 그 역할을 수행한다. 넷째, 행동적, 통제적, 규범적 신념은 여러 가지 배경 요소들에 의해 수행된

201) H. McKnight, V. Choudhury & C. Kacmar, "Developing and validating trust measures for e-commerce: An intergrative typology," Information Systems Research, 2002) 13(1): 334-359.

다. 즉 이러한 안전의식은 안전을 위한 행위적 차원에서 가장 근간이 된다는 점에서 안전을 추구하려는 자가 추구해야 할 중요한 요소가 된다.

① 의식과 인식에 대한 개념

의식과 인식은 그 개념을 명확하게 쉽게 구분하기 어렵다. 안전 관련 논문에서 의식과 인식의 명확한 개념적 정의 없이 혼용 사용하는 경우가 대부분이다. 기존의 논문을 통해서도 의식과 인식을 명확하게 구분되는 개념적 정의를 내리기가 어려웠다. 의식과 인식을 영문으로는 각각 Consciousness와 awareness로 나타낸다.[202] 의식은 지식, 감정, 의지의 세 형식으로 구성되며 서로 통합적으로 상호작용하는 정신활동이며[203] 의식은 머릿속에 저장된 무엇 또는 머릿속에서 일어나나 추적할 수 없는 무엇의 의미가 강하다면 인식은 그간 몰랐던 것을 새롭게 발견하는 행위의 의미가 강하다고 했으며[204], 정지현은 인식은 이전에는 의식의 대상이 아니던 외부대상이나 사건에 대하여 의식하는 상태를 말하기도 한다고 하였다.[205] 철학자 헤겔은 인식이란 의식의 경험을 변증법적인 방식으로 조직하는 연속적인 과정이며, 인식의 내용으로서의 진리는 이 과정의 각 단계에서 산출되는 내용들의 총합이라고 정의한 바 있다.[206] 인식의 형성은 사물을 알지 못한 상태에서 그것을 아는 것으로 이행하는 과정이며 대상에 대한 인식은 대상의 현상이 아닌 본질을 파악하는 것이다. 이상의 논의를 살펴보면 안전의식은 안전이라는 개념을 기본적으로 가지고 있는 상태라고 말할 수 있고, 안전인식이란 의식된 안전의 개념을 바탕으로 불안전상태나 안전한 상태 등을 확인하고 인지하여 그것을 지식으로서 받아들이게 되는 단계라고 할 수 있다.[207]

---

202) 정지현, "국어 의식과 '국어 인식'의 교육적 개념화를 위한 방향 탐색," *문법 교육(Grammar education)* 19 (2013): 389-419.

203) 이병승, "사회적 지성에 기초한 존 듀이의 사회개혁론 비판과 그 교육적 시사," *교육사상연구* 23(1) (2009): 141-165.

204) 김은성, "비판적 언어인식에 대한 연구," *서울대학교 국어교육연구소* 15 (2005): 323-355.

205) 정지현, "국어 의식과 '국어 인식'의 교육적 개념화를 위한 방향 탐색," *문법 교육(Grammar education)* 19 (2013): 389-419.

206) 강순진, "정신으로서의 이성: 정신현상학에 나타난 이성에서 정신으로의 이행의 분석을 통한 헤겔의 이성 개념의 계보학적 해명," *철학사상* 38 (2010. 11): 69-98.

② 안전의식과 태도의 관계

안전의식이나 인식과 함께 실제 행동 변화를 논의할 때 거론되는 것이 태도이다. 태도와 행동의 관계는 많은 연구가 진행되어 왔지만 최근에는 안전 관련 태도에 대한 많은 연구가 이루어지고 있다.

태도는 관련 지식, 생각과 신념, 학습, 직접적인 경험의 반복, 강력한 체험 등이 바탕이 되어 후천적으로 형성된다. 태도는 동기적, 감정적, 지각적, 인식적 과정의 지속적 조직으로 정의하기도 하며, 어떤 목적물 또는 아이디어에 대하여 사람들이 호의적이거나 혹은 비호의적으로 행하게 되는 지속적인 인지적 평가, 느낌, 행동경향으로 정의하기도 한다.[208] 또한 주어진 대상에 대하여 일관성 있게 반응하려는 학습된 선입관으로 해석하기도 한다. 이와 같이 태도는 인지된 지식과 생각, 신념에 따라 지속적으로 행동이 반복되어 얻게 되는 몸의 행동변화일 것이다. 안전태도도 끊임없이 반복적인 교육과 훈련, 홍보 등이 지속되고 인식이 바뀌어야 안전에 대한 태도에도 변화가 올 것이다.

③ 안전의식과 행동과의 관계

안전의식은 안전하고자 하는 본능적인 마음의 자세로, 위험으로부터 안전을 유지하거나 사고를 예방하기 위해 가지는 적극적인 인지도이며, 안전한 환경을 위하여 대처하는 자세이며[209], 위험요인에 대한 인식과 발생할 수 있는 위험상황을 효과적으로 다룰 수 있는 능력을 강조하는 가치, 태도, 믿음이라고 정의할 수 있다.[210] 따라서 안전의식은 안전 하고자 하는 가장

---

207) 임대성, "산업위생분야 종사자들의 사회안전의식 변화에 관한 조사연구: 국가 대형안전사고 발생 전후 비교중심으로," (공학박사학위 논문, 한성대학교 대학원, 2016), 7-8.

208) 여운승, 한상린, 고혁주, "산업재 유통과정에서 관계결속과 수직적 통합의 선행변수 및 성과에 관한 연구," *마케팅관리연구 = Journal of marketing management research* 15(1) (2010): 107-138.

209) 이경재, "조직의 안전풍토에 대한 종업원의 인식과 개인의 안전의식이 직무만족·조직몰입에 미치는 영향 연구: 조직신뢰를 매개로," (경영학 박사학위 논문, 순천향대학교 대학원, 2014), 9-11.

210) Bradford H. Forcier, Amy E. Walters, Eric E. Brasher & John W. Jones, "Creating a safer working environment through psychological assessment: A review of a measure of safety consciousness," *Journal of Prevention & Intervention in the Community* 22(1) (2001): 53-65.

기본적인 마음가짐이라 할 수 있다. 의식이 실제 행동으로 이어지는지에 대한 연구에서는 의식이 곧바로 실제 행동으로 이어진다는 주장도 있고 반대로 의식이 직접적인 행동으로 반드시 이어지는 것은 아니라고 주장하기도 한다.

또한, 구매 행동단계에서의 소비자의 안전행동에서도 안전의식과 태도와 구매행동이 관계가 있다는 주장도 있고, 반대로 관계가 없다는 주장도 있다. 이처럼 의식과 행동은 서로의 상관관계에 대해서 많은 연구들이 진행되고 있다.

심리학에서 발전한 의식과 행동과의 관계를 보면, 의식은 때로는 직접적인 행동으로 어떤 때는 행동으로 나타나지 않는다. 복잡한 문제는 개인별로 의식정도의 차이가 행동에 있어서의 차이도 가져올 수 있을지에 대한 사항이다. 동일한 사물이나 사건에 대한 의식은 사람마다 차이가 있다. 이 경우, 동일한 자극이 동일한 행동(반응)을 이끌어내기 어렵다. 아울러 행동과 의식 간 관계에서 주목해야 할 중요 사항은 의식과 행동이 일 방향적이지 않다는 점이다. 인간은 과거에 했던 행동과 그로 인해 나타난 결과를 기억하게 되고, 이는 의식에 영향을 미친다. 행동으로 인해 변화된 수정된 의식은 또다시 행동에 영향을 미친다. 이전 행동이 부정적 결과라면, 유사한 환경에 다시 처한 사람은 수정된 행동을 하거나 똑같은 행동을 하지 않을 수 있다. 의식과 행동과의 관계는 서로 양과 음의 관계인지 명확하지 않지만 여러 연구를 통해 의식과 행동이 밀접한 관계가 있다는 사실이다. 앞서 살펴본 연구들을 종합해 볼 때 안전행동에 대한 가장 기본적인 시작은 안전의식이며, 안전의식이 갖추어져 있어야 위험을 인지하게 되고, 그로 인해 안전태도가 바뀌어 결국 안전한 행동으로 이어진다는 개념이다.

3) 의지와 태도

안전의식이나 인식과 함께 실제 행동 변화를 논의할 때 거론되는 것이 태도이다. 태도와 행동의 개념도 많은 연구가 진행되어 왔고, 최근에는 안전과 관련된 태도에 대한 연구도 많이 이루어지고 있다. 태도는 직접적인 경험의 반복, 학습, 강력한 체험 등이 바탕이 되어 후천적으로 형성된다. 태도는 개인세계의 어떤 측면에 대한 동기적, 감정적, 지각적, 인식적 과정의 지속적 조직으로 정의하기도 하며[211], 어떤 목적물 또는 아이디어에 대하여 사람들이 호의적이거나 혹은 비호의적으로 행하게 되는 지속적인 인지적 평가, 느낌, 행동경향으로 정의하기도 한다.[212] 또한 주어진 대상에 대하여 일관성 있게 반응하려는 학습된 선입관으로 해석하기도 한다. 이와 같이 태도는 무엇인가를 지속적으로 반복되어 학습 되어질 때 얻게 되는 몸의 변화이다.

확장된 계획행동이론을 통한 관람스포츠 소비자의 소비행동 예측 연구에서 태도는 관람의도에 통계적으로 유의한 정(+)의 영향을 미치고, 관람의도는 관람행동지속성에 통계적으로 유의한 정(+)의 영향을 미치는 것으로 나타났다.[213]

이와 같이 태도의 변화가 행동의 변화를 가져오기 위한 중요 단계라고 할 수 있다. 사람마다의 개인 차이가 있을 수 있고 주변 환경에 따라 달라질 수 있지만, 일반적으로 태도의 변화가 행동의 변화로 이어지게 되는 경우가 많다.

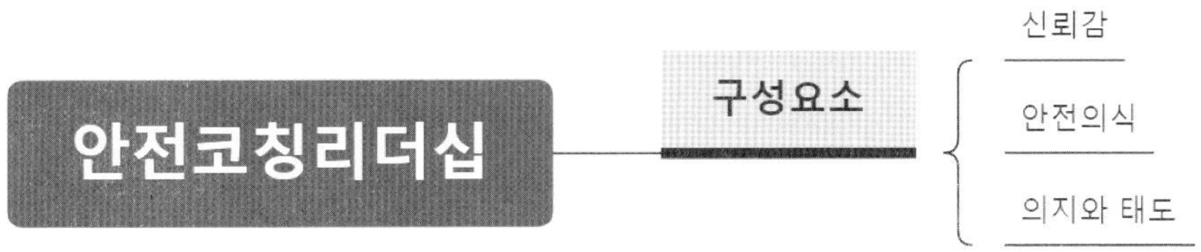

[그림 1-28] 코칭리더십 구성요소

4) 안전코칭 리더십의 연구

안전리더십 코칭에 대한 연구는 안전리더십 코칭의 개념과, 모형, 하위

211) 윤훈현, "소비자행동의 이해" (서울: 청목출판사, 2008), 19-12.

212) 여운승, 한상린, 고혁주, "산업재 유통과정에서 관계결속과 수직적 통합의 선행변수 및 성과에 관한 연구," *마케팅관리연구* 15(1) (2010): 107-138.

213) 김동규, "확장된 계획행동이론을 통한 관람스포츠 소비자의 소비행동 예측: 프로야구를 중심으로," (스포츠산업경영학 박사학위 논문, 경희대학교 체육대학원, 2017), 56.

구성 개념에 대한 연구로 나눌 수 있다.

먼저 개념에 대한 연구를 살펴보면, 미국의 산업안전보건청은 경영진의 안전문제의 가장 큰 요인으로 제시하였다. 즉 안전리더십을 리더십에 의한 영향을 인정하였다. 영국의 보건안전청은 사업장은 효과적인 리더십이 있어야지만 우수한 안전성과를 달성할 수 있다고 하였다. 또한, 미국의 연방안전위원회는 안전문화를 정착시키기 위해서는 회사 임원진의 안전리더십이 매우 중요하다고 하였다. O'Dea& Flin[214)]은 안전리더십을 '부하직원들이 효율적으로 작업하며, 안전실적 향상을 위해 더욱 열심히 노력하고, 안전성과에 대한 책임감을 갖도록 동기 부여하는 것'이라고 정의하였고, Wu[215)]는 안전리더십을 '개인과 조직 안전요인에서 부하직원과 기업의 안전목표 달성을 위해 영향력을 발휘하려는 리더간의 상호작용'이라고 주장하였다.

여기서 개인요인은 조직 구성원 개개인이 안전보건을 중요하게 인정하며 이러한 가치관이 업무 중에 반영되고 있는지 여부와 사업장에 잠재된 유해위험요인을 인식하고 이를 개선하고자 노력하는지에 대한 여부 등을 의미한다. 조직요인은 경영진의 안전보건에 대한 의지, 안전보건에 대한 업무우선순위, 조직의 상사와 부하 간의 의사소통 체계 및 분위기, 회사의 안전업무절차서의 적합 및 이행 여부, 회사 내의 안전보건 확보를 위한 비용, 설비, 인력 등의 자원의 적절한 지원, 계층별 안전보건 활동 참여, 현장의 유해위험 요인에 대한 개선 여부 등을 의미한다.

호주의 NSWMC[216)]는 안전리더십을 근로자의 행동과 태도, 습관을 변화하고 현장의 안전문화가 향상되도록 작업자의 가치와 믿음에 영향을 주어 변화시키는 것으로 정의하고 작업자가 안전 가치관과 믿음을 중요시하며, 안전을 모든 활동에서 고려하는 근본적인 것으로 인식하는 것과 동시에 안

214) O'Dea A, Flin R, "Site managers and safety leadership in the offshore oil and gas industry," *Safety Science* 37(1) (2001): 39-57.

215) J.B. Wu, "THE DUAL PROCESSES OF TEAM LEADERSHIP: A MULTILEVEL PERSPECTIVE," *CONFERENCE PROCEEDINGS- ACADEMY OF MANAGEMENT* 1(1) (2007): 190.

216) NSWMC, Submission to the 2005 NSW Mines Safety Review (NSW Minerals Council, 2005).

전을 중요시하면서 업무를 추진하면 회사의 경영층, 동료나 상사도 이를 인정해 줄 것이라고 믿는 것을 의미한다고 한다.

다음은, 모형이나 하위 구성요인에 대한 연구이다. 안전리더십과 관련된 연구모형은 연구자의 관점에 따라 다양한 형태로 제시되었다. Julian[217]은 변혁적 리더십이 업무상 상해에 미치는 영향관계 모형을 제시하였는데 변혁적 리더십이 안전성과에 영향을 미치는 과정에 관리자의 의지, 신뢰, 공정함과 같은 근로자의 의욕과 관련된 요인들이 매개요인으로 작용하고 있으며 이는 안전의식, 인지된 안전풍토와 밀접한 관련이 있음을 나타내었다. 또한 호주의 NSWMC[218]은 안전리더십에 의한 지속가능한 안전문화 모형과 사업장의 계층별 안전리더십 행동을 제시하였다. 안전리더십 요인으로 변화추구 및 비전개발, 전략 및 사업계획 수립, 시스템 개발 및 유지관리, 지식, 스킬, 믿음, 가치를 제시하였다. 이 요인들이 복합적으로 작용하여 조직의 안전문화를 성공적으로 달성할 수 있다고 하였다.

그리고 영국 보건안전청(HSE)은 안전성과에 대한 리더십 통합모델을 제시하고 안전성과를 달성하기 위한 계층별 리더십 요인을 제시하였고, 계층별 관계를 나타내었다.

외부 영향요인으로는 국가문화, 정부규제, 경제요건, 경쟁 환경, 업종, 대중, 주주, 노동조합을 들고 있으며, 계층별로는 임원진은 안전경영방침, 안전프로그램, 안전업무 절차에 대한 의지, 안전분야 자원할당, 안전에 대한 경쟁력, 이익창출, 변혁적 리더십 유형, 법규 준수에 대한 중요성 인식, 부하직원과 신뢰관계를 제시하였다. 안전관리자는 안전의지, 안전 우선순위, 안전참여, 권한위임, 의사소통, 상호작용, 인본주의적 관리를 제시하였다. 그리고 감독자는 지원과 참여, 참여유도, 자율 권한을 제시하고, 근로자는 참여, 위험인식, 소속감, 자율권한, 동기를 제시하였다.

---

217) Julian, Turner, Nick, Barling, Epitropaki, Olga, Butcher, Vicki, and Milner, Caroline, "Transfromational Leadership and Moral Reasoning," *Journal of Applied Psychology* 87 (2002): 11-304.

218) NSWMC, "Submission: Safety Works: a Proposal for a Coal Mine Health and Safety Act" (NSW Minerals Council, 2002).

이 밖에 Yule, Flin & Murdy[219)]는 지적인 자극을 주고, 안전보건 비전을 제시하고, 성과에 대하여 적절한 보상을 제공하는 것을 임원진의 리더십이 안전성과에 긍정적인 영향을 미치는 요인으로 제시하였다.

Kelloway[220)]는 안전보건 비전을 제시하는 것, 영감을 주면서 동기를 부여하는 것, 지적인 자극을 제공하는 것, 개개인에 대한 사려 깊은 태도를 갖는 것을 변혁적 리더십의 4가지 요소로 제시하면서 사고 감소 및 안전행동 증가 등의 안전성과에 긍정적인 영향을 미치는 요인으로 꼽았다.

① 지각된 통제감의 개념

지각된 행동통제는 계획된 행동이론에서 중요한 부분이다. 사실상, 계획된 행동에서 지각된 행동 통제를 제외한 이론은 합리적 행동 이론과 다르다. 실제 행동 통제의 중요성은 너무 자명해서 특별히 설명할 필요가 없다.[221)] 개인에게 유효한 자원과 기회들은 행동의 성취 가능성에 어느 정도 영향을 준다. 그러나 실제 통제보다 더 큰 심리학적 관심은 행동 통제의 인식과 목적 및 행동의 강력한 영향이다.

지각된 통제는 성공적인 행동 수행을 제한하거나 가능케 할 수 있는 통제 신념에 의해서 결정된다. 이 요소들은 정보, 기술, 능력, 감정, 개인 차이와 같은 내부 통제와 의존성, 기회, 장벽 등의 외부적인 요소가 될 수 있다. 행동을 수행하기 위한 장애물의 부족 또는 기회들이 있다고 인식하는 사람들은 아마도 높은 통제력의 인식을 가지고 있다고 할 수 있을 것이다.[222)]

지각된 행동통제는 특정 행동과 직접적 연결 요소들에 중점을 둔 것과 같

---

219) S. Yule Flin R. & A. Murdy "The role of management & safety climate in preventing risk-taking at work," *International Journal of Risk Assessment and Management* 7 (2007): 137-151.

220) J. Barling, C. Loughlin, E. K. Kelloway, "Development and Test of a Model Linking Safety-Specific Transformational Leadership and Occupational Safety," *Journal of applied psychology* 87(3) (2002) : 488-496.

221) 홍승표, "항공 정비사의 안전 행동에 영향을 미치는 요인에 대한 실증연구,"(경영학 석사학위, 한국항공대학교 대학원, 2015), 20-22.

222) I. Ajzen., "The Theory of planned behavior," *Organizational Behavior and Human Descision Processes* 50 (1991): 179-211.

이 관심된 행동을 수행하는 데 어려움이나 용이함을 가지는 사람들의 인식을 나타낸다. 지각된 행동통제는 통제의 소재가 행동과 상황의 종류 사이의 일반화된 기대와 다르게 행동과 상황을 다르게 할 수 있다. 보통 상황과 행동은 다르다.

지각된 통제의 다른 접근은 Atkinson의 성취동기 이론에서 발견되어 진다. 그의 이론에서 중요한 요소는 주어진 업무 성공의 지각된 가능성으로 정의된 성공의 기대이다. 이 관점은 특정 행동 상황과 일반화된 성향이 아닌 점에서 지각된 행동통제와 꽤 비슷하다. 이 일반적인 성취동기는 성공의 추가 보상과 같은 다른 상황 상세요소와 마찬가지로, 상황의 성공 기대와 함께 상승하는 조합으로 가정된다.

그러나 지각된 행동통제의 관점은, Bandura가 "다가오는 행동을 다루기 위해서 필요한 행동의 과정을 얼마나 적절히 실행할 수 있는지에 대한 판단"으로 정의된 지각된 자기 옹호의 개념과 가장 비교할 만하다. 사람들의 행동이 그것을 수행하기 위한 그들의 능력에 대한 자신감에 의해서 강하게 영향을 받는다는 것을 보여주었다. 자기 옹호 믿음들은 활동의 선택, 활동을 위한 준비, 수행하는 동안 추가된 노력 그리고 사고방식과 마찬가지로 감정적 반응에 영향을 미칠 수 있다. 계획 행동이론은 믿음, 태도, 목적 그리고 행동 사이의 더 일반적인 틀 사이에 자기 옹호 믿음의 구조 또는 지각된 행동 통제를 위치시킨다.

Trafimow et al.136F[223]은 지각된 행동통제가 일차원적인 구성보다 다차원적이라는 관점을 뒷받침하기 위한 증거를 제시했다. 그들 연구의 지각된 행동통제는 지각된 통제와 지각된 어려움을 포함하였다.

지각된 통제란 수행할 행동이 자신의 자발적인 통제 아래 있는 정도를 나타내고 수행한 행동이 어려운 것으로 인식되는 지각된 어려움의 정도를 포함한다.

---

223) D. Trafimow, P. Sheeran, M. Conner & K. A. Finlay, "Evidence that perceived behaviorsal control is a multidimensional construct: perceived control and perceived difficulty," *British Journal of Social Psychology* 41 (2002): 21-101.

Kraft et al.[224]은 또한 지각된 통제와 지각된 위험은 경험적으로 명확한 효과들을 가진다는 것을 발견하였고, 지각이 다른 행동과 연관되어 있다고 생각했다. 이러한 연구들 중 일부는 자기 옹호를 지각된 행동 통제의 제 3 요소로 제안했다.

English & Branaghan[225]은 위반 그 자체는 상황에 따른 환경 때문에 규정에 맞게 따르는 것이 불가능하게 하는 상황에 따른 위반과, 무료함을 덜어주는 등과 같은 목표와 연관된 비업무적인 것을 제공하는 것과 같이 다른 형태로 나타난다고 주장했다. 따라서 지각된 행동 통제의 다른 하부 요인들이 발견되는지 아닌지, 그리고 위반하는 요인들이 다른 목적을 가지고 있는지를 생각하는 것은 흥미로울 것이다.[226]

② 지각된 통제감의 특징

계획된 행동이론을 살펴보면 합리적 행동이론의 가정을 전제하며 임의적 조절·통제에 대해 의문을 제기함으로써 등장하게 되었다. 사람의 행동에 있어 환경으로 인한 제약적 판단이 많다는 것을 전제로 합리적 행동이론에 지각된 행동통제 변인을 추가하였다. 계획된 행동이론에 의하면 어떠한 행동을 실행하기 위한 행동 의도는 행위자의 의지와 동기의 수준을 나타내기 때문에 그 행동에 대해 가장 핵심적 결정요인으로 작용되고 행동의도는 하고자 하는 행동을 이행하기 위해 행위자를 반영하는 일종의 동기요인으로 태도 변수, 주관적 규범 변수, 지각된 행동통제 변수에 의해 영향을 받는다고 하였다.[227]

---

224) P. Kraft, J. Rise, S. Sutton and E. Rosamb, "Perceived difficulty in the theory of planned behaviour: perceived behavioural control or affective attitude?," *British Journal of Social Psychology 44* (2005): 96-479.

225) D. English & R.j. Branaghan, "An empirically derived taxonomy of pilot violation behavior," *Safety Science* 50 (2012): 199-209.

226) M. Phipps Ozanne, L. Luchs, M. Subrahmanyan, S. et al., "Understanding the inherent complexity of sustainable consumption: A social cognitive framework," *Journal of Business Research* 66(3) (2013): 1227−1234.

227) Heather A. Hausenblas, Albert C. Carron, Diane E. Mack, "Application of the Theories of Reasoned Action and Planned Behavior to Exercise Behavior: A MetaAnalysis", *Journal of Sport & Exercise Psychology* 19, (1997): 36-51.

지각된 행동통제는 체계적인 조사연구에 의하여 발전되었으며 선행연구에 따르면 인간의 개개인 행동은 개인의 행동조절에 영향을 받으며 개인에게 호의적인 신념은 행동선택, 행동에 대한 준비, 행동을 수행하고자 하는 노력, 사고의 형태, 감정적인 반응에 영향을 미친다. 계획된 행동이론은 개인의 신념, 지각된 행동통제에 대한 신념, 태도, 행동 의도, 행동 간의 상호 작용으로 이루어진다. 지각된 행동통제는 인간들이 행동을 수행함에 있어서 그 행동이 얼마나 쉬운가 혹은 어려운가에 관하여 개인이 인지하는 믿음의 정도이다. 또한 지각된 행동통제는 행동을 수행하는 결정에 직접적인 요인인 통제신념과 통제신념에 관한 인지력에 따라 자각의 영향에 의해 결정된다.[228)]

Ajzen[229)]은 장애물이나 방해요인이 없으면서 시간, 돈, 기술 등의 지원이나 기회가 많다고 지각할 때 행동 의도가 높다고 하였다. 즉, 지각된 행동통제력은 행동을 하는 데 방해가 되는 요소를 해소시켜줌으로써 행동 의도로 이어질 수 있다는 것이다. 행동에서 기회, 자원, 기술이 필요하다고 지각하면 지각할수록 지각된 행동통제가 행동 의도와 행동에 미치는 영향이 커진다.[230)] 지각된 행동통제는 자신이 처한 환경에 대한 신념이며 환경에 대한 지각된 행동통제는 목표행동을 수행하는 개인의 능력, 자신감, 효능감 등과 관련이 있다. 행동 의도가 강하다고 하여 반드시 행동을 수행하는 것이 아니다.[231)] 왜냐하면 행동 의도에서 실제 행동수행으로 나아가는 과정에 장벽이 존재하기 때문이다. 이때 개인의 실질적 통제정도에 따라 행동수행이 달라진다. 그러나 실질적 통제를 측정하는 것은 거의 불가능하기 때문에 계획된 행동이론은 지각된 행동통제 측정에 실질적 통제정도를 반영할

228) I. Ajzen, & B. L. Driver, "Application of the Theory of planned behavior to lesisure choice," *Journal of Leisure Research* 24 (1992): 24-207.

229) I. Ajzen, "The Theory of planned behavior," *Organizational Behavior and Human Descision Processes* 50 (1991): 179-211.

230) 한덕웅, 한인순, "An Application of Theory of Planned Behavior to Passenger Car Drivers Speed - limit Violation", *한국심리학회지: 건강* 6(2) (2001): 39-62.

231) I. Ajzen, Residual effects of past on later behavior: Habituation and reasoned action perspectives. Personality and Social Psychology Review, 6, (2002): 22-107.

수 있도록 하여 행동수행의 예측률을 향상시키고자 하였다.[232] 일반적으로 행동을 수행할 시 긍정적이고 행동 수행에 압력을 느낄 때, 그리고 자신이 목표행동을 수행할 능력이 있다고 믿을 때 행동 의도가 강해진다. 계획된 행동이론의 메타분석 결과에 의하면 태도, 주관적 규범, 지각된 행동통제는 인간행동 의도 39%, 의도와 행동은 42%의 상관성을 가지는 것으로 분석되었다.[233] 이와 같은 이론적 논의에도 불구하고 인간 개인의 신념은 다양한 인구사회학적 요인과 과거경험, 사회적인지, 성별, 연령, 인종 등과 같은 다양한 요인의 영향을 받는다. 인간행동 결정에 있어 영향요인을 명확히 밝히기 위해서는 구체적으로 어떠한 배경요인이 어떠한 신념과 관련이 있는지에 관한 이론적 뒷받침이 필요하다.[234]

지각된 통제란 개인이 특정행동을 하는 경우에 있어서 해당 행동을 수행하는 것이 행위자의 자발적인 통제의 범위를 벗어나 그 행동을 하기가 매우 어렵거나 방해가 되거나 쉽게 촉진하는 요소로 작용되는 요인들에 대한 개인의 지각을 말하며148F[235], 과거의 행동경험에 의하여 영향을 받기도 하지만 주로 행동의 어려움을 증가 또는 감소시키는 요인에 의한 이차적 정보에 의하여 주로 영향을 받기도 하고 많은 자원과 기회가 제공되는 사람들일수록 행동 수행에 장애가 적으며 행동을 통제할 수 있다는 지각이 높다고 할 수 있다.

③ 지각된 통제감의 구성요인

Ajzen과 Madden[236]은 지각된 행동통제의 요소를 내부적 요소와 외부적

232) 김낭희, "약물사용자의 치료서비스 이용 의도에 관한 연구: 건강서비스이용행동모형과 계획행동이론의 적용" (사회복지학 박사학위 논문, 서울대학교 대학원 사회복지학과, 2015), 53-81.

233) C. J. Armitage, & M. Conner, "Efficacy of the theory of planned behaviour: A meta-analytic review," *British Journal of Social Psychology* 40(4) (2001): 471-499.

234) J. Petraitis, B. R. Flay & T. Q. Miller, "Reviewing theories of adolescent substance use: Organizing pieces in the puzzle," *Psychological Bulletin* 117(1) (1995): 67-86.

235) 임혜미, "계획행동이론을 적용한 로하스제품 구매의도에 영향을 미치는 요인들에 관한 연구" (경영학 박사학위 논문, 제주대학교 대학원 경영학과, 2015), 34-35.

236) I. Ajzen, T. J. Madden, "Prediction of goal-directed behavior: Attitudes, intentions, and perceived behavioral control", *Journal of Experimental Social Psychology* 22 (1986): 74-453.

요소 두 가지로 구분하였다. 우선 지각된 행동통제의 내부적 요소는 개인적 성향과 관련된 요인을 의미하고, 개인의 특수한 기술, 능력 혹은 정보의 양 등을 합의한다. 그러나 외적 요인은 시간, 기회, 경제 또는 타인의 협조 등의 지원 환경으로 요약할 수 있다.[237)]

이재신 & 김한나[238)]는 지각된 행동통제는 개인에게 주어진 과제를 스스로 수행할 수 있으므로 정의되는 자기 효율성의 자신감과 연관되어 있고, 이러한 자신감이 높을 경우 어떤 기술을 받아들이는 데 더욱 적극적인 태도를 취한다고 주장했다.

지각된 행동통제의 외부적 요소는 기술 및 인적152F[239)] 그리고 시간 및 경제적 자원들이 얼마나 충분하게 존재하는지의 여부, 가용 자원들이 충분하고 풍부하다고 인식될 때 기술을 수용하고자 하는 의도가 높을 것으로 나타났다.[240)]

이동수[241)]는 지각된 통제가 행동예측에 있어서 다음과 같이 세 가지 역할을 한다고 하였다. 첫째 지각된 통제는 의도에 대해 동기적 의미를 지닌다. 즉 어떤 행동을 수행할 자원과 기회가 부족하다고 생각하는 사람은 설사 그 행동에 대해 긍정적이거나 호의적인 태도를 지니고 있고 타인들이 그 행동의 수행을 지지해 준다고 인식할지라도 그 행동에 대한 의도를 형성하지 않을 수 있다. 이 경우 지각된 통제는 행동의도를 통하여 실제 행동에 대해 간접적인 영향을 주게 된다.[242)] 둘째 지각된 통제는 행동에 대해 직접적인 영향을 준다. 즉 지각된 통제가 어느 정도 정확성으로 실제 통제

237) 홍승표, "항공 정비사의 안전 행동에 영향을 미치는 요인에 대한 실증연구"(경영학 석사학위, 한국항공대학교 대학원, 2015), 23.

238) 이재신, 김한나, "고등학생과 대학생들의 동영상 UCC 제작의도에 영향을 주는 요인에 관한 연구", *한국언론학보* 52(5) (2008): 399-419.

239) R.D. Arvey, Z. Zhang, B.J. Avolio & R. Kruger, "Understanding the developmental and genetic determinants of leadership among females", *Journal of Applied Psychology* 92 (2007): 693-706.

240) 이봉규, 이성준, 서현식, 김준호, "사회문화적 요인과 플로우 경험 및 지각된 행위통제가 IPTV 서비스 수용에 미치는 영향 분석" *한국인터넷정보학회* 11(3) (2010): 105-119.

241) 이동수, "경찰공무원의 행정지도행태에 영향을 미치는 요인에 관한 연구: 계획행태이론(TPB)의 적용을 중심으로" (행정학 박사학위 논문, 조선대학교, 2005)

242) 임혜미, "계획행동이론을 적용한 로하스제품 구매의도에 영향을 미치는 요인들에 관한 연구" (경영학 박사학위 논문, 제주대학교 대학원 경영학과, 2015), 34-35.

력을 반영해 준다면 의도와는 독립적으로 행동 수행을 예측하는 데 도움을 줄 수 있다. 셋째 지각된 통제는 의도와 상호작용하며 매개적인 역할을 한다. 즉 행동이 발생하기 위해 선 행동을 수행하고자 하는 의도와 그 행동의 수행이 자신의 통제하에 있다는 신념 모두가 필요하다. 지각된 통제는 행동유발에 직간접적인 영향을 준다. 지각된통제는 통제신념체계에 의해 결정되는데 이는 통제신념과 통제요인의 영향력Power of Control Factors)에 비례한다.[243]

④ 지각된 통제감의 연구

지각된 행동통제에 대한 연구보다 주로 행동통제에 대한 개념이나, 구성요인, 다른 변인과의 인과관계에 대한 연구가 주를 이룬다. 이에 대한 선행연구를 살펴보면 다음과 같다.

지은미[244]는 행동에 대한 행동의 통제(지각된 통제)란, 자신이 행동을 실행할 수 있다고 지각하는 수준, 행동을 시행하는 데 쉽거나 어려움에 대해 지각하는 수준을 의미한다고 보았다. 반면 Ajzen은 개인이 특정한 행동을 수행하는 데 얼마나 성공적으로 수행할 수 있는지 행동 수행의 용이성 또는 어려움에 대해 개인이 지각하는 믿음의 정도로서 정의된다고 하였다. 지각된 행동통제는 특정한 행동의 지속 여부를 결정하는 중요 요인으로 작용한다. 이는 특정 행동을 수행하는 데 시간, 돈, 자원, 물질 요소, 장애요인에 대한 개인이 인식하는 통제신념과 행동을 촉진하거나 억제하는 자원이나 기회, 장애요인을 자신이 통제할 수 있다고 지각하는 통제력에 의해 결정된다.[245]

따라서 자신의 행동을 실행하기 위해서는 내부 요인인 개인 신념, 태도 등과 외부 요인인 조직의 안전 분위기와 안전 문화가 장애물로서 작용하지

243) 김소영, "소비자와 공급자 관점에서 본 지속가능한 급식 연구" (생활과학 박사학위 논문, 서울대학교, 2012).

244) 지은미, "계획된 행위이론을 기반으로 한 미혼여성의 생식건강증진행위 구조모형" (간호학 박사학위논문, 경상대학교 대학원, 2016), 8.

245) I. Ajzen, "Attitudes, personality, and behavior (2nd. Edition)" (Milton-Keynes, England: Open University Press/McGraw-Hill, 2005).

않으면 지각된 행동의 통제신념이 높아지게 된다. 개인의 지각된 통제신념으로서 내・외부 요인들이 안전행동 방해물로써 인식되지 않는다면 안전한 행동으로 이어질 수 있으며, 불안전한 행동에 따른 사고위험을 감소시킬 수 있다.

인간이 의도된 행동의 실행에 필요한 자원을 적게 보유하고 자신감이 결핍되어 행동에 대한 통제력이 부족하다면 실제 행동의도는 낮아진다. 행동을 실행하기 위해서는 개인 의도와 더불어 개인이 행동 수행을 위한 기술이나 능력을 가지고 있는가? 그리고 본인들의 행동 의도를 실천하는 데 장애가 되는 환경적인 제약이 있는가? 등의 여부를 고려하는 것이 중요하다.

Ajzen[246)]은 지각된 행동통제는 행동의도를 경유하여 간접적으로 행동에 영향을 줄 뿐만 아니라 행동의도처럼 직접적으로 행동에 영향을 줄 수 있다고 보았다. 지각된 행동통제의 기본 신념인 통제 신념은 개인의 장애물, 자원, 기회를 지니고 있어서 행동을 할 수 있다고 보는 확률에 한 신념이다. 그러므로 장애물이나 방해요인이 없으며, 기회나 자원이 많다고 생각할 때 지각된 행동통제감은 커진다. 즉, 학생들이 안전 수칙을 많이 안다고 생각할수록, 안전수칙을 지키는 것이 어렵지 않다고 생각할수록, 지각된 행동통제감은 커진다. 따라서 안전수칙에 대한 교육이 필요한데 안전수칙을 알면 안전행동을 할 것이고, 안전행동을 하면 사고가 발생하지 않는다는 신념에 의해 안전행동에 대한 자신감이 붙고 자신감이 있으면 불안전한 행동으로 인한 사고의 위험을 줄일 수 있다.[247)] 김동규[248)]는 확장된 계획행동이론을 통한 관람스포츠 소비자의 소비행동 예측 연구에서 지각된 행동통제는 관람행동에 영향을 미치지 않았으나 관람의도에는 통계적으로 유의한 정(+)의 영향을 미친다고 검증하였다.

---

246) I. Ajzen., "The Theory of planned behavior", *Organizational Behavior and Human Descision Processes* 50 (1991): 179-211.

247) 박종희, "계획된행동이론을 적용한 사고예방프로그램이 안전행동에 미치는 영향: 치기공과 학생을 대상으로"(보건교육학 박사학위 논문, 이화여자대학교, 2007), 14.

248) 김동규, "확장된 계획행동이론을 통한 관람스포츠 소비자의 소비행동 예측: 프로야구를 중심으로" (스포츠산업경영학 박사학위논문, 경희대학교 체육대학원, 2017), 56.

4.3.5 행위에 대한 태도

1) 태도의 개념

태도의 어원은 라틴어 'aptus'로 준비된 혹은 적응의 상태라는 점을 고려한다면 태도 형성이나 변화는 사람에게 행동을 준비하는 주관적 혹은 심리적 상태로 해석할 수 있으며[249] 기본적으로 새롭게 형성되거나 새로운 태도로 변화 가능한 속성을 가지고 있다.[250] 이처럼 태도의 기본 의미에도 불구하고 태도에 대한 연구를 진행하는 학자들은 자신의 관점에 따라 다소 상이한 정의를 내리고 있다.

태도구조에 대한 논의는 태도를 크게 감정 또는 평가적 반응의 한 요인으로 설명할 것인가? 또는 감정, 인지, 행동요소의 다중요인으로 설명할 것인가의 두 입장으로 대변된다.

태도의 인지적 요소에 영향을 주고 싶다면 인지적 자극을 태도의 감정적 요소에 영향을 주고 싶다면 기분이나 감정의 자극을 주어야 한다. 그리고 태도의 행동적 요소에 영향을 주고 싶다면 특정 행동을 요구하는 자극을 주어야 한다. 이들 세 성분은 높은 상관관계를 유지하면서 서로 긴밀한 영향을 주고받기 때문에 세 성분 중 어떤 하나의 자극을 주더라도 사람의 태도를 형성 또는 변화시킬 수 있게 된다.

홍영일[251]은 태도의 구조에 대해 단일차원과 중, 다차원으로 분류하였다. 태도의 단일 차원설은 태도가 평가차원 또는 감정차원으로 대표된다는 이론으로 정적에서 부적까지의 양극으로 이루어지는 차원이며, 태도의 중, 다차원 설은 태도의 차원이 감정, 인지 및 행동의 3차원으로 이루어져 있다는 주장이다.

세부적으로 분류하면 태도를 태도 대상에 대한 잠재반응[252] 또는 반응

---

249) P. Erwin, "Attitude and persuasion", *Contemporary PsyChology* 49(1) (2004): 73.

250) 홍영일, "태도의 형성 및 변화를 위한 교수 원리 탐색 및 전략 개발 연구"(교육학 박사학위 논문, 서울대학교 대학원, 2014), 15.

251) 홍영일, "태도의 형성 및 변화를 위한 교수 원리 탐색 및 전략 개발 연구"(교육학 박사학위, 서울대학교 대학원, 2014), 23.

252) 윤훈현, "소비자행동의 이해" (서울: 청목출판사, 2008), 219.

성향[253)]으로 규정하고 태도의 세 성분 즉, 감정, 인지, 및 행동을 태도를 구성하는 세 가지 요소로 이해하는 것이다. 태도란 감정적 성분, 정성적 성분, 행동적 성분 세 가지 성분이 복합되어있는 구성체라고 할 수 있다. 전통적 관점에서 태도는 어떤 자극에 대해 반응할 준비가 되어 있는 통합되어 있으며 변함없는 지속적 상태를 의미한다. 최근 연구들이 누적되면서 태도가 맥락에 의존적이며 따라서 쉽게 변화될 수 있다는 인식이 증대되고 있다.

태도에 대한 학자들의 시각은 다양하다. 태도는 세 가지 하위 요소, 인지, 감정, 행동 요소로 구성되어 있으며, 이들 하위 요소들은 각각 지식, 가치, 행동에 의해 영향을 받아 형성되거나 변화되고, 변화된 태도의 결과는 다시 지식, 가치, 행동으로 표출된다[254)]고 보았다. 또한 태도를 개인세계의 어떤 측면에 대한 동기적, 감정적, 지각적, 인식적 과정의 지속적 조직으로 정의하기도 하였으며[255)], 어떤 목적물 또는 아이디어에 대하여 사람들이 호의적이거나 혹은 비호의적으로 행하게 되는 지속적인 인지적 평가, 느낌, 행동성향으로 정의하기도 하였다.[256)] 이것은 태도가 어떠한 요인의 영향을 받아 변화될 수 있으며 이는 다시 행동적 측면으로 영향을 줄 수 있음을 설명하는 것이다. 그러므로 태도를 형성 또는 변화시키기 위한 인지적, 정의적, 행동적 개입전략이 요구된다는 점을 확인할 수 있다.[257)] 태도는 전통적으로 어떤 이슈, 사물 또는 사람 등과 같은 특정 대상에 대하여 갖는 일관된 행동을 하려는 경향성으로 정의되어 왔으며, 인지적, 정의적, 행동적 요인으로 구조가 결정된다.[258)] 개인은 직접적인 경험이나 경험대상의 정보를 받아 그 대상에 노출됨으로써 태도를 학습하게 되며, 학습된 태도는 지속적

253) 여운승, "뉴밀레니엄 마케팅 관리" (서울: 시그마프레스, 2001).

254) 홍영일, "태도의 형성 및 변화를 위한 교수 원리 탐색 및 전략 개발연구" (교육학 박사학위, 서울대학교 대학원, 2014), 23.

255) 윤훈현, "소비자행동의 이해" (서울: 청목출판사, 2008), 219.

256) 여운승, "뉴밀레니엄 마케팅 관리" (서울: 시그마프레스, 2001).

257) 홍영일, "태도의 형성 및 변화를 위한 교수 원리 탐색 및 전략 개발 연구"(교육학 박사학위 논문, 서울대학교 대학원, 2014), 23.

258) J. B. Cohen, A. Reed II, "A multiple pathway anchoring and adjustment(MPAA) model of attitude generation and recruitment," *Journal of Consumer Research* 33(1) (2006): 1-15.

으로 호의적 또는 비호의적 반응형태를 일으키면서 태도 대상과 관련되는 내재적 행동으로 이끌어진다고 하였다.[259] 그러므로 특정 대상에 대해 호의적 또는 비호의적으로 반응하려는 학습된 성향이라 할 수 있다.[260] 그러나 태도에 대한 메타 인지적 모델에 의하면 특정 대상에 대한 태도 자체를 성찰함으로써 자각되는 메타 인지적 태도가 존재하며, 이것은 대상에 대한 태도 변화에 영향을 미친다고 주장되었다.[261]

종합해본다면, 태도는 기본적으로 항상 무엇인가에 대한 태도로서 그 대상이 전제되어 있으며 태도와 행동의 관계는 다른 개념들 간의 관계보다도 긴밀[262]하다는 것을 알 수 있다. 태도는 직접적인 경험의 반복, 학습, 강력한 체험 등이 바탕이 되어 후천적으로 형성되며[263], 결국 사람들에게 행동을 준비하는 일련의 과정으로 요약해 볼 수 있다. 태도는 무엇인가를 지속적으로 반복되어 학습되어 질 때 얻게 되는 몸의 변화로서, 안전에 대한 태도도 마찬가지로 끊임없이 반복적인 교육과 시스템개선, 홍보 등이 지속되어야 안전에 대한 태도에도 변화가 올 것이다.[264] 그런 의미에서 인식 함양을 위한 교육이 병행된다면 태도에 대한 효율성은 높아지는 것으로 이해할 수 있다.[265]

---

259) R. J. Lutz, "Affective and cognitive antecedents of attitude twoard the Ad," Information Processing Research in Ad, 46 (1983): 1-16.

260) 이봉철, "골프연습장 시설디자인이 소비자 태도와 구매 후 행동에 미치는 영향" (체육학 박사학위 논문, 목포대학교, 2014), 35.

261) Cohen, J. B., Reed II, A., "A multiple pathway anchoring and adjustment(MPAA) model of attitude generation and recruitment." Journal of Consumer Research 33(1) (2006): 1-15.

262) 홍영일, "태도의 형성 및 변화를 위한 교수 원리 탐색 및 전략 개발 연구"(교육학 박사학위, 서울대학교 대학원, 2014), 52.

263) M. Fishbein, I. Ajzen, Belief, attitude, intention and behavior (An introduction to theory and research, MA: Addison-Weseley, 1975), *Richard J. Hill Contemporary Sociology* 6(2) (1977): 244-245.

264) 임대성, "산업위생분야 종사자들의 사회 안전의식 변화에 관한 조사 연구: 국가 대형 안전사고 발생 전・후 비교 중심으로" (공학박사학위 논문, 한성대학교 대학원, 2016), 9.

265) 홍승표, "항공 정비사의 안전 행동에 영향을 미치는 요인에 대한 실증연구"(경영학 석사학위논문, 한국항공대학교 대학원, 2015), 17-19.

2) 안전태도의 정의

안전태도는 호의적이거나 비호의적인 행동으로 구성된다.[266] 또한 작업자들의 안전태도는 개인의 믿음, 회의적인 태도와 개인 잘못에 대한 면책 같은 파괴적인 믿음 그리고 작업장에 대한 안전에 대한 평가와 관련된다. 좀 더 호의적인 안전신념 만들기를 위해서 긍정적인 효과와 관련된 믿음은 강화되어야 하고 부정적인 효과와 믿음은 감소되어야 한다.[267]

Zohar181F[268]는 안전에 대한 태도는 종업원의 인식과 관리자 태도, 안전 분위기가 가장 중요한 예측변수임을 발견했다. 작업자의 불완전한 행동을 제거하기 위해서, 필요시 작업자들의 안전태도를 엄격하게 관리 수정하는 것이 필요하다. 작업자에게 안전태도는 정신적으로 중요한 역할을 하고, 사고는 작업자의 안전대도에 매우 큰 영향을 미치는 중요한 요소이다. 작업지휘자와 작업자의 의사소통은 안전태도와 안전사고 사이의 매우 중요한 영향 요소이다. 만약 작업자들이 안전에 대하여 효과적으로 의사소통을 한다면 안전사고에 대해서 인식하게 되고 더 주의 깊게 행동하게 될 것이다. 안전사고 사례는 작업자들을 안전사고와 위험에 민감하게 만든다. 안전사고 사례 교육들은 안전사고에 대한 의사 소통수준을 높여 작업자들을 안전하게 행동토록 유도하기 위한 효과적인 방법이 될 수 있다.

〈표 1-3〉 안전태도의 정의

안 전 태 도 정 의	저 자
안전태도는 작업자와 관련된 모든 사물이나 상태에 대한 그의 반응에 직접적 또는 역동적인 영향을 미치는 경험을 통하여 형성된 정신적 신경적인 준비상태이다.	Allport(1955, 1961)
안전 태도는 특정한 사건, 인물, 사건에 대한 개인적 행위의 선택에 영향을 주는 학습된 내재적 상태이다.	Gagne(1984)

266) I. Ajzen, "The theory of planned behavior," Organizational Behavior and Human Decision Process. 50(2) (1991): 179-211.

267) C.S. Fugas, S.A. Silva, J.L. Melia, "Another look at safety climate and safety behavior: Deepening the cognitive and social mediator mechanisms," *Accident Analysis Prevention* 45 (2012): 77-468.

268) D. Zohar, "Safety climate in industrial or ganizations. Theoretical and applied implications," *Journal of Applied Psychology* 65(1) (1980): 96-102.

사고와 관련된 사람들은 사고 의도가 없지만, 사고로 이끄는 그 들의 행동이 무엇을 하고 있는지 인지하고 있다고 가정한다. 이것은 집중이 순간적으로 흐트러지거나 실수 때문에 사고가 일어난다는 것과 반대된다.	Donald & Canter(1993)
안전 태도는 그룹과 조직의 안전 분위기 수준 또는 생산성보다 안전을 우선시 하는 조직의 안전정책, 절차 그리고 종업원의 안전행동인식과 꽤 연관되어 있지만 분명히 다르다.	Diaz & Cabrera(1997)
안전 태도는 주위의 다른 사람의 안전행동에 의해서 정의된 조직의 역할이다.	Rosa Grau et al.(2002)
안전태도는 안전 정책, 절차 그리고 관례들에 대한 믿음과 감정들의 개인 수준을 반영하고 안전에 대한 구성원의 헌신과 책임감을 포함한다.	Neal & Griffin(2004)
안전 태도는 잠재적인 안전행동체제이다.	최상복(2004)

Hayes et al.[269]은 조직의 과거 사고율, 사고에 대한 걱정 그리고 종업원 안전태도와 관련된 안전행동을 조사하고 연구하면, 그 결과를 통해 향후 미래의 사고율 예상을 하는 것이 가능하다고 하였다. 그리고 안전사고율의 통계를 이용하면 안전사고를 예방할 수 있는 능동적인 안전행동을 하도록 하는 것이 가능하다고 하였다. 안전 학자들의 선행연구를 중심으로 정의된 안전태도들에 대한 견해들을 〈표 1-3〉과 같이 요약할 수 있다.

3) 안전 행동태도

안전에 대한 인간의 욕구는 가장 기본적인 욕구이며, 안전에 대한 행동태도란 긴장을 발생시킬 수 있는 특수한 상황에서 효과적으로 자신을 보호하기 위한 반응에 준비된 상태로서 개인의 안전에 대한 이념과 가치가 반영되어 안전행동을 하기 전 준비된 자세를 의미하는데[270], 특별히 긴장을 야기하는 상황에서 효과적이고 안전하게 반응하려는 준비상태라고 할 수 있다.[271] 다시 말하면 현재의 위험요인 및 잠재 위험요인이 사고로 이어지지 않도록 규정과 절차를 지키고 안전 활동에 자발적으로 참여하여 안전을 확

269) Bob E. Hayes, Jill Perander, Tara Smecko, and Jennifer Trask, "Measuring Perceptions of Workplace Safety: Development and Validation of the Work Safety Scale," *Journal of Safety Research* 29(3) (1998): 145-161.

270) 이경훈, "사업장 관리자의 안전리더십이 작업장 안전문화에 미치는 영향 연구" (산업안전공학 박사학위 논문, 조선대학교 대학원, 2012), 32-36.

271) E. Hannaford, "Supervisors Guide to Human Relations" National Safety Council Chicago (1976).

보하는 행동이다.[272] 모든 인간의 안전은 위험에 노출된 상태에서 위험을 예방, 관리, 대처하는 안전행동을 어떻게 자각하고 행동하느냐에 따라 달라진다. 안전행동이 잠재적인 위험요인과 부상에 대한 노출을 감소하기 위한 절차의 실현이지만, 개인이 안전을 확보하기 위해 취하는 일련의 행동으로 위험을 방지하기 위해 안전절차를 따르거나 안전 활동에 참여하는 등 위험요인으로부터 위해를 받지 않으려는 행동이다. 김규형[273]은 안전행동의 구성요소를 〈표 1-4〉와 같이 제시하였다.

〈표 1-4〉 안전행동의 구성요소

연구자	구 성 요 소	비 고
Griffin & Neal	순응행동(안전준수), 참여행동(안전참여)	
김기식, 박영석	준수, 습관	
강인원	안전참여, 안전준수, 안전절차	
문기섭	안전준수, 안전통제, 재해빈도	
우상천	안전참여행동, 안전순응행동	
유상영	규정준수행동, 소극적 행동	
홍승표	능동적 안전행동, 순응적 안전행동	

위 〈표 1-4〉을 보면, Griffin & Neal은 안전을 준수하고 안전에 참여하여야 하는 것으로 구성하였고, 김기식, 박영석은 안전 행동 준수와 습관으로 구성하였다. 강인원은 안전참여와 안전준수 그리고 안전절차로, 문기섭은 안전통제, 재해빈도를 추가로 구성하였다. 우상천은 안전참여행동, 안전순응행동을 그리고 유상영은 규정준수행동, 소극적 행동으로 구성하였고, 홍승표는 능동적 안전 행동, 순응적 안전행동으로 구성하여 안전행동 구성요소가 점차 현실화되고 있음을 알 수 있다. 여기에서 준수는 업무와 관련된 제반 규정을 지키는 것이며, 습관은 무의식중에도 몸에 밴 습관으로 인해 자동적으로 안전규칙을 지키는 것을 가리키고, 순응행동은 수동적 혹은 소

272) 우상천, "공군 조종사의 안전동기 결정요인 및 안전행동과의 관계" (경영학 박사학위 논문, 상지대학교 일반대학원, 2014), 8.

273) 김규형, "항공사 안전관리시스템이 안전의식과 안전행동에 미치는 영향"(경영학 박사학위 논문, 경기대학교 일반대학원, 2016), 44.

극적 안전 행동으로, 참여행동은 능동적 또는 적극적 안전행동으로 설명하기도 한다.[274]

이와 같이 안전행동태도에 대한 정의는 다양하지만 안전행동태도는 안전관리에 초점이 맞추어져 있다. 안전행동태도는 현재의 위험요인과 잠재 위험요인이 사고로 이어지지 않도록 규정과 절차를 준수하고 안전 활동에 자발적으로 참여하여 안전을 확보하는 행동이라고 말할 수 있다. 안전하지 않은 행동은 본인뿐만 아니라 타인, 조직까지 위험에 빠트릴 수 있기 때문에 작업자 스스로 안전절차를 따르고 업무를 수행해야 한다.

① 행위에 대한 태도의 특징

태도와 행동통제는 사회적 영향 외에도 개인과 관련된 안전태도의 요소 역시 포함된다. 사회에서 통용되는 인지 수준에서, 태도는 개인의 안전행동과 다르게 연관될 것으로 기대된다. 태도들은 좋음－나쁨, 이익－해로움, 기쁨－불쾌 그리고 선호－불호와 같은 속성 차원에서 개념화된다.[275] 학자들의 현재 연구는 행동 태도는 경험의 측면과 도구를 포함하고, 태도 측정은 이러한 두 가지 하위 요소 항목 들을 포함할 수 있다고 인식한다. 그러나 일반적인 태도는 목적과 연관된 특정한 행동을 예상하고 설명하기 위한 좋은 기반이 아니다. 태도는 안전 이슈에 가능한 한 구체적이어야 한다.

그룹의 행동은 구성원들의 태도와 행동에 영향을 미쳐 개인 구성원들에게 참고 사항들을 제공한다. 긍정적인 그룹 표준은 더욱 긍정적인 태도와 지각된 행동통제를 높은 수준으로 이끌어 종업원의 안전행동을 유도하는 결과를 가져올 것이다.

안전규범이 구성원의 안전을 강제적으로 도울 때, 안전에 대한 작업자의 태도는 더 긍정적이 될 것이다. 이론적으로 더 긍정적인 안전태도는 안전행동을 수행하는 더 큰 동기부여를 이끌어 낸다. 사실상 작업자들이 안전 이

274) 김규형, "항공사 안전관리시스템이 안전의식과 안전행동에 미치는 영향"(경영학 박사학위 논문, 경기대학교 일반대학원, 2016), 43.

275) C. S. Fugas, J. L. Melia & S. A. Silva, "The 'is' and The 'Ought' : How do perceived social norms influence safety behaviors at work?," *Journal of Occupational Health Psychology* 16(1) (2011): 67-79.

슈에 적극적으로 참여하게 될 때 그들이 안전에 관한 강한 태도를 가질 것으로 기대된다. 안전에 대한 긍정적인 태도를 가진 작업자는 개인 안전 장비를 사용하는 등의 긍정적인 성향을 소유하게 될 개연성이 높다. 반면에 안전에 대하여 비우호적인 작업자들은 개인 안전장비 착용과 사용을 불편하게 느끼는 등의 부정적인 행동방향으로 연결될 것이다.

② 행위에 대한 태도의 선행연구

안전행동과 관련된 연구는 개념에 대한 연구와 구성요인에 대한 연구, 안전행동과 리더십, 안전문화, 안전분위기, 안전시스템, 스트레스, 조직몰입 등 다양한 변수와의 관계에 대해 몇 가지 구획으로 구분이 가능하다.

첫 번째, 개념에 대한 연구로는 Griffin과 Neal[276], Cooper와 Phillips[277] 등이 안전성과 측정, 안전 분위기와 안전성과의 관계, 안전 분위기의 선행요인 분석과 같은 연구에서 언급하였다. 한국 내 선행연구에서는 아래와 같이 안전행동을 정의하고 있다. 우상천[278]은 안전분위기가 공군 조종사의 안선 동기에 미지는 영향, 안전 농기가 안전행동에 미치는 영향을 분석하는 연구를 수행함에 있어 Neal 등[279]과 Garavan 등[280]의 안전행동에 대한 관점과 추창엽[281]의 행동과학적 측면에서 불안전행동의 정의 및 Reason[282]의 불안전행동 구분 등에 근거하여 안전행동과 불안전행동의 정의를 제시하였다. 김규형[283]은 안전행동을 업무수행이 안전하게 이루어질 수 있

276) A. Neal, M. A. Griffin & P. M. Hart, "The impact of organizational climate on safety climate and individualbehavior," *Safety Science* 34 (2000): 99–109.

277) M.D. Cooper and R.A. Phillips, "Exploratory Analysis of the Safety Climate and Safety Behavior Relationship," *Journal of Safety Research* 35 (2002): 497-512.

278) 우상천, "공군 조종사의 안전동기 결정요인 및 안전행동과의 관계" (경영학 박사학위 논문, 상지대학교 일반대학원, 2014), 78-83.

279) A. Neal, M. A. Griffin & P. M. Hart, "The impactoforganizational climate on safety climate and individualbehavior," *Safety Science* 34 (2000): 99–109.

280) T. N. Garavan, F. O Brien, "An Investigation into the Relationship between Safety Climate and Safety Behaviours in Irish Organisations," *The Irish journal of management: the journal of the Irish Academy of Management* 22(1) (2001): 141 - 170.

281) 추창엽, "행동기반접근법을 이용한 PCB제조공정의 불안전 행동 예방" (생산공학 석사학위 논문, 충북대학교 산업대학원 생산공학과, 2008), 3-6.

282) J. Reason, "Human Error" (New York: Cambridge University Press, 1190).

도록 하기 위한 행동이며 조직의 종사자들이 스스로 안전문화, 안전 분위기, 안전절차를 따르고 더 나아가 자발적으로 조직의 안전에 기여하려는 행동이라고 정의하였다. 류효지[284]는 산업재해를 감소시키기 위해 행동적 측면에서 안전행동을 향상시키고 유지할 필요가 있으며 안전행동이란 불안전 행동을 인지하고 안전하게 행동하는 것이라고 하였다. 윤호동[285]은 안전행동을 개인이 어떤 행동을 함에 있어 그 행동이 안전하게 수행되도록 하는 것이라고 정의하고, 사고 발생 여부에 따라 안전행동과 불안전행동이라 나눌 수 있다고 하였다. 김지선[286]은 안전행동은 잠재적인 위험요인과 부상에 대한 노출을 감소하기 위해 적합한 방법으로 작업을 수행하며 안전 정책과 절차를 따르는 것이라고 하였다. 따라서 안전행동은 불안전행동과 반대되는 행동으로서 인간의 건강과 안전을 위하여 수행하는 일련의 행동을 말한다고 볼 수 있는데, 단순히 자신의 안전을 위해 직접 수행하는 행동뿐만 아니라 조직의 규정과 절차를 준수하는 소극적 행동에서부터 스스로 안전 활동이나 회의에 참여하고 더 나은 방안을 제안하여 본인 및 타인의 안전에 기여하는 적극적인 행동 모두를 통칭하는 것이라 정의할 수 있다.

두 번째, 구성요인에 대해 Griffin과 Neal[287]은 안전성과를 측정하기 위한 도구 개발을 목적으로 한 연구에서 Borman과 Motowidlo의 선행연구로부터 발전시킨 안전행동의 개념에 대하여 제시하였다. Borman과 Motowidlo[288]

---

283) 김규형, “항공사 안전관리시스템이 안전의식과 안전행동에 미치는 영향” (경영학 박사학위 논문, 경기대학교 일반대학원, 2016), 41-42.

284) 류효지, “건설현장의 안전분위기와 안전의식 수준이 근로자 안전행동에 미치는 영향에 관한 연구” (안전전공학 석사학위 논문, 서울과학기술대학교 일반대학원 안전공학과, 2017): 16-37.

285) 윤호동, “서울도시철도 근로자의 직무스트레스와 안전의식 및 행동에 관한 연구” (정책학 석사학위논문, 경희대학교 공공대학원, 2017), 11.

286) 김지선, “석유화학산업의 안전분위기와 안전행동의 상관관계 실증분석” (안전공학 석사학위 논문, 한국교통대학교 일반대학원, 2014), 4-8.

287) A. Neal, M. A. Griffin & P. M. Hart, “The impactoforganizational climate on safety climate and individualbehavior,” *Safety Science* 34 (2000): 99－109.

288) W. C. Borman & S. M. Motowidlo, Expanding the criterion domain to include elements of contextual performance (San Francisco: Personnel Selection in Organizations, Jossey-Bass, 1993).

에 따르면 안전성과의 구성요소는 안전 과업 수행, 안전 맥락 수행으로 구분되는데, Griffin과 Neal[289]은 이 두 가지 요소의 정의로부터 도출된 안전 준수와 안전 참여의 두 가지 행동으로 안전행동을 구분하였다. 안전 준수행동은 업무현장의 안전을 유지하기 위해 개인이 수행하는 핵심적인 안전 활동으로 규정 준수, 안전보호구 착용 등의 행동을 말하고, 안전참여행동은 안전에 직접적인 영향을 주진 않지만 자발적인 안전활동참여, 안전회의 참석 등을 통해 안전 환경 조성에 도움을 주는 행동을 말한다. Griffin, Neal, Hart[290]에 의하면 안전준수행동은 안전절차를 준수하고 안전한 방식으로 작업을 수행하는 것을 말하고 안전참여행동은 동료를 돕고, 작업장 내에서 안전 프로그램을 증진시키고, 작업장의 안전을 개선하기 위한 노력을 기울이는 작업을 포함하는 것을 의미하는 것이다.

국내외 선행연구들은 안전행동을 준수/참여, 순응/참여, 또는 능동적/ 수동적 등의 두 가지 요소로 구분하는 것이 일반적이다. 그 외에도 문고리[291]는 4가지 요소로 분류하는 경우도 있다. 문고리는 인간의 행동은 의도한 행동과 의도하지 않은 행동으로 구분된다고 하였고, 안전행동 역시 안전/불안전과 의도/비의도의 2×2 구조로 구성될 수 있다고 가정하고 분석한 결과 안전행동은 의도하지 않은 불안전한 행동(실수), 의도한 불안전행동(위반), 의도하지 않은 안전행동(안전습관), 의도한 안전행동(준수)의 4가지로 구성될 수 있음을 검증하였다.

세 번째, 다양한 변수와의 관계에 대한 연구들을 보면 다음과 같다. 김기식, 박영석[292]은 Griffin과 Neal[293]의 안전분위기, 안전행동 모델을 국내 근

289) A. Neal, M. A. Griffin & P. M. Hart, "The impact of organizational climate on safety climate and individual behavior," *Safety Science* 34 (2000): 99－109.

290) A. Neal, M. A. Griffin & P. M. Hart, "The impact of organizational climate on safety climate and individualbehavior," *Safety Science* Vol. (2000): 99－109.

291) 문고리, "안전행동의 차원에 관한 연구" (심리학 석사학위 논문, 부천 가톨릭대학교 대학원 심리학과, 2009), 1-12.

292) 김기식, 박영석, "안전 분위기가 안전 행동 및 사고에 미치는 효과" *한국심리학회지: 산업 및 조직* 15(1) (2002): 19-39.

293) A. Neal, M. A. Griffin & P. M. Hart, "The impact of organizational climate on safety climate and individualbehavior," *Safety Science* 34 (2000): 99－109.

로 작업자를 대상으로 재검증 확장하여 국내 여건에 적합한 모델을 제시하였다. 연구 결과 직접적으로 안전행동에 영향을 미치는 것은 안전 동기와 안전지식이고 개인의 안전 동기와 안전 지식의 수준은 조직의 안전 분위기에 따라 좌우된다고 하였다.

Neal과 Griffin[294]은 안전분위기, 안전동기, 안전행동 및 사고 간에 유의한 관계가 있는데 안전분위기는 안전동기에 영향을 미치고, 안전동기는 안전행동에 영향을 미친다고 하였다. 류효지[295]는 안전행동을 순응행동과 참여행동으로 구분하고, 건설현장 4곳에서 설문조사를 시행하여 안전분위기, 안전의식 수준이 근로자의 안전행동에 미치는 영향을 살펴보았다. 그 결과 안전의식은 순응행동과 참여행동 모두에 영향을 미치는 데 반해 안전분위기는 참여행동에만 영향을 미치는 것을 확인하였고, 안전분위기보다 안전의식이 안전행동에 더욱 영향을 미친다고 하였다.

조승수[296]는 조선업계에서 반장과 반원의 관계가 안전행동 및 안전 분위기에 미치는 영향을 알아보았는데, 안전행동을 준수와 참여로 구분하고 리더와 구성원 간의 관계가 안전행동에 영향을 미치며 그 관계의 질은 안전분위기와 유의미한 관계가 있음을 확인하였다. 이요한[297]은 소규모 사업장의 현장에서 관리감독자의 역할이 매우 중요하다고 보고 관리감독자의 리더십 유형이 안전행동에 미치는 영향에 대하여 연구하였는데 안전리더십과 과업중심형 리더십, 인화 중심형 리더십은 공통적으로 안전행동에 긍정적인 영향을 미친다고 하였다. 이수원[298]은 도시철도 조직을 고객 분야와 기술 분

294) A. Neal, M. A. Griffin & P. M. Hart "The impact of organizational climate on safety climate and individual behavior," *Safety Science* 34 (2000): 99−109.

295) 류효지, "건설현장의 안전분위기와 안전의식 수준이 근로자 안전행동에 미치는 영향에 관한 연구" (안전공학 석사학위 논문, 서울과학기술대학교 일반대학원, 2017): 16-37.

296) 조승수, "리더와 구성원의 관계가 안전분위기와 안전행동에 미치는 영향" (석사학위논문, 부산대학교 대학원 2003): 17-23.

297) 이요한, "관리감독자의 안전리더십과 리더십 유형이 근로자의 안전행동 관계에 미치는 영향: 경남 김해 지역 소규모 제조업 사업장 중심으로" (이학석사학위 논문, 인제대학교 보건안전공학과, 2016), 21-22.

298) 이수원, "안전리더십과 조직안전문화의 안전행동에 대한 영향 연구" (행정학 박사학위 논문, 계명대학교 대학원 행정학과, 2018).

야로 구분하고 안전리더십, 조직안전문화, 안전행동 간의 관계에 대하여 연구한 결과, 각 변수 간의 관계는 분야 간의 차이가 없는 것으로 나타났고 안전리더십은 조직안전문화에 영향을 미치고 조직 안전문화는 안전리더십과 안전행동에 영향을 미쳤으며 안전리더십과 안전행동 간의 관계에서 조직안전문화가 매개역할을 한다고 하였다. 안창규[299]는 기관사의 인적오류 및 사고를 줄이기 위한 제도적 방안 제안을 위한 연구에서 직무스트레스가 안전행동에 영향을 미친다는 것을 확인하였고, 이때 자기효능감의 조절효과에 대해 검증하였다.

김동규[300], 확장된 계획행동이론을 통한 관람스포츠 소비자의 소비행동 예측 연구에서 태도는 관람의도에 통계적으로 유의한 정(+)의 영향을 미친다는 것을 확인시켜주었다.

③ 안전행동의 개념과 특징

안전행동이란 산업안전을 위해서는 기술적 접근이 필수적이지만 근로자들의 행동적인 측면에도 반드시 초점을 맞출 필요성이 있음을 인식하고, 사고의 예방은 물리적인 작업환경을 보다 안전하게 만드는 것뿐만 아니라 근로자들이 안전행동에 개입하도록 유도할 수 있을 때에 비로소 가능하다는 주장[301]이 설득력을 얻으면서 시작되었다.[302] 안전행동이란 개인이 안전을 확보하기 위해 취하는 일련의 행동이다.[303] Burke and Dunlap[304]은 안전

299) 안창규, "기관사 직무스트레스가 자기효능감에 따라 안전행동에 미치는 영향," *한국철도학회논문집* 20(6) (2017): 866-878.

300) 김동규, "확장된 계획행동이론을 통한 관람스포츠 소비자의 소비행동 예측: 프로야구를 중심으로" (스포츠산업경영학 박사학위논문, 경희대학교 체육대학원, 2017), 56.

301) H. G. Fitch & J. Hermann & B. L. Hopkins, "Safe and unsafe behavior and its modification," *Journal of Occupational Medicine* 18 (1976): 618-622.

302) 최진우, "단계적 반응모델을 적용한 건설업 종사자 안전의식 분석" (건축학 박사학위 논문, 중앙대학교 대학원, 2014), 1-6.

303) T. N. Garavan, F. O Brien, "An Investigation into the Relationship between Safety Climate and Safety Behaviours in Irish Organisations," *The Irish journal of management: the journal of the Irish Academy of Management* 22(1) (2001): 141-170.

304) Michael J. Burke, William P. Dunlap, "Estimating Interrater Agreement with the Average Deviation Index: A User's Guide," *Organizational Research* 5(2) (2002): 159-172.

행동을 안전성과로 보고 위험한 작업환경 내에서 근로자 개인, 조직, 환경 또는 사회적 안녕(wellbeing)을 증진하기 위한 근로자의 행동으로 정의하였다. Burke and Dunlap[305], Mearns 등[306]은 안전활동을 핵심적인 안전규정을 따르는 것으로 정의하였다. 또한 개인이 안전을 확보하기 위해 취하는 일련의 행동을 안전행동이라고 정의한 연구들도 있다.[307] 안전행동을 과업수행과 맥락수행으로 구분하여 안전준수 행동과 안전참여 행동으로 구분하였다.[308] 과업수행의 안전준수 행동이란 조직의 안전을 유지하기 위해 필요한 행동으로 직접적인 안전활동이라고 할 수 있으며, 안전준수 행동은 관련된 안전수칙 준수나 안전장비 착용 등을 포함한다. 맥락수행의 안전참여 행동은 안전활동 및 미팅 등에 자원해서 참여하는 것으로 작업장 안전에 간접적인 안전향상 활동으로 정의하였다. 그리고 안전행동은 안전사고와 밀접한 관계가 있는 것으로 사고예방을 위한 근로자의 직・간접적인 활동이라 할 수 있다.[309] 안전행동은 개인이 안전을 확보하기 위해 취하는 일련의 행동으로 업무수행과 관련하여 위험을 예방하기 위해 안전절차를 준수하거나 안전활동에 참여하는 등 위험요인으로부터 해를 받지 않으려는 행동을 뜻한다. 또한 안전행동은 업무수행이 안전하게 이루어질 수 있도록 하기 위한 행동이며, 조직의 종사자들이 스스로 안전절차를 따르고, 수행하여야 한다. Neal & Griffin은 안전문화와 안전행동 간의 관계가 깊으므로, 사고를 줄이는 데에 영향을 줄 수 있다고 하였다. 조직 내에서 수행되는 종사자들 개개인의 안전행동은 안전한 행동을 하고자 하는 개인의 가치관과 그들이 속한 조직의 문화 및 분위기에 영향을 받는다는 것을 알 수 있다.[310] 안전

305) Michael J. Burke, William P. Dunlap, "Estimating Interrater Agreement with the Average Deviation Index: A User's Guide," *Organizational Research* 5(2) (2002): 159-172.

306) A. Neal, M. A. Griffin & P. M. Hart, "The impact of organizational climate on safety climate and individualbehavior," *Safety Science* 34 (2000): 99－109.

307) A. Neal, M. A. Griffin & P. M. Hart, "The impact of organizational climate on safety climate and individual behavior," *Safety Science* 34 (2000): 99－109.

308) 주찬희, "노인요양시설의 리스크매니지먼트 시스템 및 안전문화가 안전행동에 미치는 영향" (사회복지학 박사학위 논문, 서울시립대학교 사회복지학과, 2015), 23-24.

309) 주찬희, "노인요양시설의 리스크매니지먼트 시스템 및 안전문화가 안전행동에 미치는 영향" (사회복지학 박사학위 논문, 서울시립대학교 사회복지학과, 2015), 23-24.

행동의 구성요소에 대해 Garavan 등[311]은 위험상황에서의 정확한 반응, 불안전한 작업 상태에서의 의사소통, 장비의 적합한 사용, 안전규정준수, 예방적 안전행동에 관여, 안전행동의 수행여부, 절차와 규정에 대한 관심, 위험행동의 관여 여부, 좋은 관리습관 등을 들었다.[312] Griffin & Neal은 안전행동을 순응행동(안전준수)과 참여행동(안전참여)으로 구성한다. 순응행동은 안전을 유지하기 위하여 개인에게 요구되는 핵심 안전행동이며, 참여행동은 안전에 직접적인 영향을 미치지는 않으나 작업환경의 안전을 위해 도움이 되는 행동을 말한다.[313] 순응, 또는 준수행동은 작업과 관련된 안전규정과 절차를 따르는 소극적인 행동이며, 참여는 사람의 안전보다는 환경을 발전시키는 행동으로, 안전활동에 자발적으로 참여하거나 안전관련 이슈로 동료들을 돕거나 안전회의에 참여하는 활동들을 말한다. 행동특성들로 인해 순응행동은 수동, 혹은 소극적 안전행동으로, 참여행동은 능동적, 또는 적극적 안전행동으로 설명되기도 한다. 이처럼 안전행동은 크게 두 가지 범주로 다루는 것이 일반적이다. 이후 Fugas 등의 연구를 비롯하여, 국내・외 다수의 연구에서 용어의 차이가 있을 뿐, 준수와 참여의 두 범주로 안전행동을 구성 및 측정하였다. 국내 연구에서도 김기식과 박영석은 안전행동을 준수와 습관으로 구성하였다. 준수는 업무와 관련된 제반 규정을 지키는 것이며, 습관은 무의식중에도 몸에 밴 습관으로 인해 자동적으로 안전규칙을 지키는 것을 가리킨다.[314]

우상천 또한 안전행동을 안전 참여행동과 안전 순응행동으로 구성하여,

310) 김규형, "항공사 안전관리시스템이 안전의식과 안전행동에 미치는 영향"(경영학 박사학위 논문, 경기대학교 일반대학원, 2016), 41-42.

311) T. N. Garavan, F. O Brien, "An Investigation into the Relationship between Safety Climate and Safety Behaviours in Irish Organisations," *The Irish journal of management* 22(1) (2001): 141-170.

312) 우상천, "공군 조종사의 안전동기 결정요인 및 안전행동과의 관계" (경영학 박사학위 논문, 상지대학교 일반대학원, 2014), 6-20.

313) 김규형, "항공사 안전관리시스템이 안전의식과 안전행동에 미치는 영향"(경영학 박사학위 논문, 경기대학교 일반대학원, 2016), 42-44.

314) 김규형, "항공사 안전관리시스템이 안전의식과 안전행동에 미치는 영향" (경영학 박사학위 논문, 경기대학교 일반대학원, 2016), 42-44.

참여행동은 안전과 직접 연관되지 않았으나, 교육 등에 적극적으로 참여하는 행동으로, 순응행동은 법규와 절차, 안전규정 등을 준수하여 안전을 수행하는 활동으로 정의하였다. 연구결과인 안전행동과 안전참여를 정리하면 다음과 같다.

안전행동(Safety Behavior or Activities)에 대해서는 Burke와 동료들은 "안전성과를 위험한 작업환경 내에서 이해관계자, 즉 근로자 개인, 조직, 환경 또는 사회적인 안녕(wellbeing)을 증진하기 위한 근로자의 행동"을 말한다고 한다.[315] 안전행동은 "조직 내 근로자가 행동측면에서 정형적인 안전관례를 지키는 것"이라고 정의될 수 있다. 예를 들면 보호구의 정확한 사용, 위험기계 방호장치의 적절한 작동, 유해·위험 물질에의 노출 가능성 저감 등의 공식적인 작업절차 등의 안전활동으로 구성된다.[316] 기업의 위험관리 체계가 아무리 잘되어 있어도 그 취지대로 잘 작동하거나 시행되지 않으면 재해감소라는 목표를 달성할 수 없으며, Mearns와 동료들에 의하면 안전준수활동이란 "핵심적인 안전활동에 있어서 규정을 따르는 것"이라고 정의되며 이것이 안전분위기와 관련되어 나타난다고 한다. 즉, 경영진이 안전에 대해 애착을 가지고 근로자를 챙겨주면 근로자들은 상호적 교환에 의해 더욱 안전보건활동에 열심히 임하게 되고 안전규정과 절차 준수에 몰입하는 바, 이것이 가장 높은 수준의 안전준수활동이 된다는 것이다.[317] Smith-Crowe 등[318]은 안전교육을 통해 인지된 안전지식은 안전보호구, 위험감소, 작업관행, 안전보건소통 등의 측면에서 안전분위기를 매개하여 긍정적인 안전성과를 거두게 한다는 인과관계를 밝힌 바 있다.

안전참여(Safety Participation)에 대해서는 Griffin과 Neal은 종전의 연구가 일

315) M.J. Burke, S.A. Sapry, P.K. Tesluk, K. Smith-Crowe, "General safety performance: a test of a grounded theoretical model," *Pers. Pstchol* 55 (2002): 429-457.

316) Carla S. Fugas Silvia, A. Silva Jose, L. Melia, "Another look at safety climate and safety behavior: Deepening the cognitive and social mediator mechanisms," *Accident Analysis and Prevention* 45 (2012): 468-477.

317) 문기섭, 장영철, "안전문화와 안전리더십 연구," *한국경영사학회* 55 (2013) : 25-44.

318) M.J. Burke, S.A. Sapry, P.K. Tesluk, K. Smith-Crowe, "General safety performance: a test of a grounded theoretical model," *Pers. Pstchol* 55 (2002): 429-457.

차원적 모형에 집중되어 있음을 지적하면서 안전행동 이외에 참여는 변인을 추가하여 이차원적인 연구를 진전시켰다.[319] 이들은 Borman과 Motowidlo[320]의 직무수행 모형 중 과업성과와 맥락성과란 개념과 Campbell 등[321]의 개별적 성과 차이의 결정요인인 지식, 기술, 동기부여의 개념을 안전영역에 적용하여 안전성과의 결정요인으로서 업무지식과 동기부여를, 그 구성요인으로 안전준수 활동과 안전 활동참여를 제시하면서 이들 간의 관계를 분석하였다.[322] 이때 안전준수활동은 과업성과에 관련된 것으로 작업장 안전을 위해 필수적으로 수행할 핵심행동(안전기준 준수, 보호구 착용 등)과 안전 활동참여는 안전한 작업환경 조성을 위해 필요한 행동을 말한다. 그 결과, 안전분위기는 경영자 가치, 안전소통, 안전업무 관행, 안전교육 및 안전장비 등으로 구성되어 지식과 동기를 통해 매개되어 안전준수활동에 직접적인 영향을 미침을 확인하였다.

안전행동의 영향요인 분석은 초기 안전행동 관련연구의 필요성을 제시한 연구는 점차 안전행동에 영향을 주는 요인을 분석·검증하는 연구로 발전하였다. 이경용[323]은 설문조사 결과의 통계분석을 실시하여 안전교육훈련 및 안전조직 체계, 안전 중요성 인식, 최고경영자의 안전에 대한 가치부여 인식, 안전지식, 안전관련 의사소통 등 5가지의 요인이 안전행동에 영향을 미치는 주요 요인임을 도출하였다.[324] 특히 안전의 중요성에 대한 인식수

319) A. Neal, M. A. Griffin & P. M. Hart, "The impact of organizational climate on safety climate and individual behavior," *Safety Science* 34 (2000): 99-109.

320) W. C. Borman & S. M. Motowidlo, "Expanding the criterion domain to include elements of contextual performance" (San Francisco: Personnel Selection in Organizations, Jossey-Bass, 1993).

321) K. Gautam, C. Campbell, B. Arrington, "Financial performance of safety-net hospitals in a changing health care environment.," *Health services management research: an official journal of the Association of University Programs in Health Administration* 9(3) (1996): 156-171.

322) 문기섭, "안전분위기의 선행요인과 성과에 관한 연구" (경영학 박사학위 논문, 경희대학교 대학원, 2014), 19-22.

323) 이경용, "안전행동 실천에 영향을 미치는 하위 안전문화," 직업환경의학회 학술대회 논문집 1 (2002): 188.

324) 최진우, "단계적 반응모델을 적용한 건설업 종사자 안전의식 분석" (건축학 박사학위 논문, 중앙대학교 대학원 건축학과, 2014), 107-108.

준이 안전행동에 가장 큰 영향을 미치는 것으로 나타났다. 안관영[325]은 지금까지 불안전한 행동이나 상태 등에 대한 분석이 현재까지의 산재예방을 위한 중요한 기초자료로 활용되었으나 이러한 접근방식에 한계가 있음을 지적하고 안전분위기에 해당하는 안전지식, 안전태도, 업무부담, 경영층 몰입, 안전예방 수준 등의 요인이 안전참여와 사고 횟수에 미치는 효과를 분석하였다.[326] 분석결과 안전지식이 안전참여에는 정(+)의 영향을 사고횟수에는 부(-)의 영향이 있음을 증명하였고[327], 역시 유사한 방법론을 이용하여 화학공장을 대상으로 안전문화에 대한 평가와 영향변수를 도출하였다.[328] 이러한 연구가 진행된 이후, 안전행동에 영향을 주는 영향요인을 조직 내 경영자의 리더십과 의사소통[329], 업무에 대한 스트레스 반응과 조직몰입[330] 등 다양한 요소로 구분하여 안전행동의 영향요인에 해당하는 안전분위기에 미치는 영향을 측정하였다. 이상과 같은 연구들은 초기의 안전행동 관련 연구도입의 필요성을 제시한 것에서 한 걸음 더 나아가 안전행동에 영향을 주는 요인을 파악하는 데 초점을 맞추고 있으며, 특히, 안전행동이 안전분위기와 인식에 큰 영향을 받는다는 것을 증명하는 데 노력하였고 이를 통해 안전행동을 유발하기 위해서는 적절한 안전분위기를 조성하여 안전인식이 정립될 수 있는 노력이 필요함을 제시하였다.

안전행동의 개념[331]을 이해하는 데 있어서 안전행동과 불안전행동과 개

---

325) 안관영, "안전분위기와 안전성과의 관계 및 연령의 조절효과," 한국안전학회지 20(4) (2005) : 122-129.

326) 최진우, "단계적 반응모델을 적용한 건설업 종사자 안전의식 분석" (건축학 박사학위 논문, 중앙대학교 대학원 건축학과, 2014), 107-108.

327) 백종배, "화학공정산업에서 안전문화 이행과 영향 변수," *한국안전학회지 = Journal of the Korean Society of Safety* 21(4) (2006): 127-133.

328) 최진우, "단계적 반응모델을 적용한 건설업 종사자 안전의식 분석" (건축학 박사학위 논문, 중앙대학교 대학원 건축학과, 2014), 107-108.

329) 서남규, 이용갑, 김왕배, 이경용, "사업장 내 의사소통이 안전의식과 행위에 미치는 영향," *대한안전경영과학회지* 12(2) (2010): 9-16.

330) 문광수, 이재희, 오세진, "조직몰입이 안전행동에 미치는 효과: 안전 분위기의 조절효과," *한국심리학회지: 산업 및 조직* (2011): 51-73.

331) 이수언, "안전리더십과 조직안전문화의 안전행동에 대한 영향 연구" (행정학 박사학위논문, 계명대학교 대학원, 2018), 25-28.

념적 차이를 살펴보는 것이 도움이 될 수 있다. 불안전행동이란 외부자극에 대한 습관적 행동으로 안전 상태를 불안전한 상태로 전환시키는 행동을 의미한다.[332] 이러한 점에서 볼 때, 반대로 안전행동은 불안전행동의 반대 뜻으로 업무수행이 안전하도록 하려는 행동이라고 할 수 있다.[333] 또한 Neal, Griffin, & Hart는 안전을 확보하기 위해 인간이 취하는 일련의 행동을 안전행동이며, 윤호동[334]은 개인이 어떠한 행동을 할 때 그 행동이 안전하게 수행되도록 하는 것을 의미한다고 하였다.

안전관리 분야에서 불안전행동에 초점을 맞추던 전통적 관점인 Heinrich, Peterson & Roos 등의 연구에서 산업재해의 88%가 불안전한 행동으로 인해 발생한 것으로 밝혀졌다. 미국에서 발생한 10년간의 산업재해 원인을 조사한 McSween[335]의 연구에 따르면 사고가 일어나는 것 중 행동에 의한 것이 76%가 되며, 간접적인 부분인 환경 및 행동에 의한 부분까지 포함할 경우 96%에 이르는 사고의 원인이 행동에 의해서 발생하는 것으로 나타났다. 전통적 관점에서는 안전사고의 원인을 불안전행동에 초점을 두고 이를 줄이기 위한 방안을 안전사고의 대책으로 수립하였다. 그러나 이러한 불안전 행동은 결국 사고의 책임을 개인에게 묻고자 하는 사업주의 입장을 대변하는 측면이 있었다. 즉, 개인적 특성이 사고에 영향을 주는 것은 분명하지만 개인에게 사고의 책임을 모두 돌리는 것은 사고에 작용하는 조직적 요인을 고려하지 못한 것이다. 또한 단순한 사람의 판단착오와 오류, 부주의 같은 불안전 행동을 사고의 원인으로 보고 이를 줄이는 것만으로는 사고와 재해율을 감소시키는 데 있어 한계가 있다.[336] 이에 따라 안전사고를

332) 서희창, "구조방정식모형을 이용한 비정규직 건설 근로자의 개인적 요인과 조직적 요인이 안전행동에 미치는 영향" (건축환경공학 박사학위 논문, 한양대학교 대학원 건축공학과, 2015), 16-18.

333) 김규형, "항공사 안전관리시스템이 안전의식과 안전행동에 미치는 영향" (경영학 박사학위 논문, 경기대학교 일반대학원, 2016), 41-45.

334) 윤호동, "서울도시철도 근로자의 직무스트레스와 안전의식 및 행동에 관한 연구" (정책학 석사학위논문, 경희대학교 공공대학원, 2017), 9-12.

335) T. E. McSween, "The Value-based Safety process: Improving your safety culture with a behavioral approach," (Hoboken, NJ : Wiley, 2003).

336) 정지희, 박영석, "성취 목표 지향성과 안전 분위기가 안전 및 불안전 행동에 미치는 영향," *한국*

예방하기 위해 불안전 행동을 줄이는 것에서 나아가 안전행동에 관심을 두게 되었다.

산업재해에 있어서 안전행동의 개념이 중요해진 또 하나의 이유는 안전의 성과를 측정하기 위해서이다. 일반적으로 안전사고나 재해율의 분포가 정규분포가 아니며, 변량이 매우 적어서 종속변수로 분석하기 어려운 면이 있다. 따라서 최근 안전분야의 연구에서 안전행동은 조직의 안전성과를 측정하는 변수로 선호되고 있다.[337)]

이는 안전성과를 측정할 때 근무와 관련된 사고와 질병의 유무나 빈도로서 측정하여야 할 것이지만 그 발생확률이 희박하고, 자료의 수집 자체가 매우 어려워 안전행동이 측정도구로 사용되고 있는 것이다.251F[338)] 대표적으로 Griffin & Neal[339)]은 안전성과의 측면에서 근무자의 안전행동을 안전순응행동과 안전참여활동 두 가지 차원으로 측정하였다.

안전행동을 위험과 직접적으로 관련하여 정의를 내리는 견해는 직무수행과 관련하여 위험을 방지하기 위해 안전절차를 준수하거나 안전 활동에 참여하여 위험으로부터 피해를 받지 않으려는 행동으로 정의하기도 한다.[340)] 우상천[341)]은 안전행동을 현재에 가지고 있는 위험요인과 잠재적으로 가지고 있는 위험요인이 사고로 실현되지 않도록 모든 안전규정 및 절차를 준수하고, 구성원이 안전활동에 자발적으로 참여하는 등 안전 확보에 기여하는 활동으로 정의하였다.

이상과 같은 안전과 관련된 정의를 정리하면 두 가지로 정리가 가능하다.

심리학회지: 산업 및 조직 27(2) (2014): 367-399.

337) M.D. Cooper and R.A. Phillips, "Exploratory Analysis of the Safety Climate and Safety Behavior Relationship," *Journal of Safety Research* 35 (2004): 497-512.

338) 오지은, 박종승, "직무스트레스가 경찰 안전행동에 미치는 영향에 관한 연구," *한국경찰학회보* 19(5) (2017): 173-198.

339) A. Neal, M. A. Griffin & P. M. Hart, "The impact of organizational climate on safety climate and individual behavior," *Safety Science* 34 (2000): 99－109.

340) 김규형, "항공사 안전관리시스템이 안전의식과 안전행동에 미치는 영향," (경영학 박사학위 논문, 경기대학교 일반대학원, 2016), 41-42.

341) 우상천, "공군 조종사의 안전 동기 결정요인 및 안전행동과의 관계," (경영학박사학위 논문, 상지대학교 일반대학원, 2014), 6-20.

첫 번째는 안전을 침해하는 현상을 말하는 현재의 위험요인, 잠재적인 위험요인 또는 위험한 근무환경 등을 통하여 '위험'이라는 개념을 직접적으로 사용하기도 하는 견해이다. 두 번째는 이러한 위험이 사고로 이어지지 않도록 하는 행동에서 정해진 절차 혹은 규정을 지키는 차원과 조직의 안전과 관련한 활동에 참여하는 두 가지 차원의 안전을 지키기 위한 행동에 초점을 맞추어 설명한 견해 등이다. 우상천의 연구를 바탕으로 안전행동을 현재에 가지고 있는 위험요인과 잠재적으로 가지고 있는 위험요인이 사고로 실현되지 않도록 모든 안전규정 및 절차를 준수하고, 구성원이 안전활동에 자발적으로 참여하는 등 안전 확보에 기여하는 활동의 개념 중심으로 정의한 〈표 1-5〉와 같다.

〈표 1-5〉 안전행동의 정의

정 의	저 자
개인이 어떤 행동을 함에 있어 그 행동이 안전하게 수행되도록 하는 것	윤호동(2017)
불안전한 행동을 인지하고 안전하게 행동하는 것	류효지(2017)
일반적으로 안전행동은 불안전행동의 반대 뜻으로 인식	안창규(2017)
업무수행이 안전하게 이루어질 수 있도록 하기 위한 행동이며 조직의 종사자들이 스스로 안전문화, 안전분위기, 안전절차를 따르고 더 나아가 자발적으로 조직의 안전에 기여하려는 행동	김규형(2016)
잠재적인 위험요인과 부상에 대한 노출을 감소하기 위해 적합한 방법으로 작업을 수행하며 안전 정책과 절차를 따르는 것	김지선(2014)
현재의 위험요인 및 잠재적인 위험요인이 사고로 연계되지 않도록 제반 안전규정과 절차를 준수하며, 조직 내 안전활동에 자발적으로 참여하여 안전확보에 기여하는 행동	우상천(2014)
안전 준수행동 : 규정 준수, 안전보호구 착용 등 안전을 위하여 개인이 수행하는 행동	Neal & Griffin(2000)
안전 활동 참여, 안전회의 참석 등을 통해 안전 환경 조성에 도움을 주는 행동	안전 참여행동
근로자, 고객, 대중 및 환경의 안전과 건강을 증진하기 위해 거의 모든 직무에서 개인이 수행하는 행동	Burke 등(2002)

④ 안전행동의 구성요인과 변인

Griffin과 Neal[342]은 안전성과를 측정하기 위한 도구 개발을 목적으로 한 연구에서 Borman과 Motowidlo[343]의 선행연구로부터 발전시킨 안전행동의 개념에 대하여 제시하였다. Borman과 Motowidlo에 따르면 안전성과의 구성요소는 안전과업 수행, 안전맥락 수행으로 구분되는데, Griffin과 Neal, Hart[344]은 이 두 가지 요소의 정의로부터 도출된 안전준수와 안전참여의 두 가지 행동으로 안전행동을 구분하였다. Griffin과 Neal에 의하면 안전준수행동은 업무현장의 안전을 유지하기 위해 개인이 수행하는 핵심적인 안전활동으로 규정 준수, 안전보호구 착용 등의 행동을 말하고, 안전 참여행동은 안전에 직접적인 영향을 주진 않지만 자발적인 안전 활동 참여, 안전회의 참석 등을 통해 안전 환경 조성에 도움을 주는 행동을 말한다. Griffin, Neal, Hart에 의하면 안전 준수행동은 안전절차를 준수하고 안전한 방식으로 작업을 수행하는 것을 말하고 안전 참여행동은 동료를 돕고, 작업장 내에서 안전 프로그램을 증진시키고, 작업장의 안전을 개선하기 위한 노력을 기울이는 작업을 포함하는 것을 말한다.

국내외 선행연구들은 안전행동을 준수/참여, 순응/참여, 또는 능동적/수동적 등의 두 가지 요소로 구분하는 것이 일반적이다. 그 외에도 문고리[345], 노주희[346]의 연구와 같이 4가지 요소로 분류하는 경우도 있다. 문고리는 인간의 행동은 의도한 행동과 의도하지 않은 행동으로 구분된다고 하였고, 안전행동 역시 안전/불안전과 의도/비의도의 구조로 구성될 수 있다

342) A. Neal, M. A. Griffin & P. M. Hart, "The impact of organizational climate on safety climate and individual behavior," *Safety Science* 34 (2000): 99－109.

343) W. C. Borman & S. M. Motowidlo, "Expanding the criterion domain to include elements of contextual performance," (San Francisco: Personnel Selection in Organizations, Jossey-Bass, 1993).

344) A. Neal, M. A. Griffin & P. M. Hart, "The impact of organizational climate on safety climate and individual behavior," *Safety Science* 34 (2000): 99－109.

345) 문고리, "안전행동의 차원에 관한 연구 = A study of safety bahavior dimension" (심리학 석사학위 논문, 부천 카톨릭대학교 대학원 심리학과, 2009), 1-12.

346) 노주희, "조직문화와 안전풍토가 안전행동에 미치는 영향" (경영정책학 석사학위 논문, 서울과학기술대학교 철도경영정책학과, 2015), 20-24.

고 가정하고 분석한 결과 안전행동은 의도하지 않은 불안전행동(실수), 의도한 불안전행동(위반), 의도하지 않은 안전행동(안전습관), 의도한 안전행동(준수)의 4가지로 구성될 수 있음을 검증하였다.

안전행동의 구성요소[347]에 대해서는 대표적으로 Griffin & Neal이 안전행동의 구성요소를 참여활동(안전참여), 순응행동(안전준수)의 두 가지로 제시하였다. 이동연・이재희・문광수・오세진도 안전행동을 수동적, 능동적 측정치로 나타낼 수 있도록 순응행동과 참여행동으로 구분하였다. 여기서 안전 참여활동이란 안전에는 직접적으로 영향을 미치지 않지만 근무환경의 안전 유지에 있어서 긍정적인 행동을 의미한다.[348] 순응행동이란 안전을 유지하기 위해 개인에게 요구되는 핵심적인 안전행동을 말한다. 학자에 따라 순응행동은 수동적・소극적 안전행동으로, 참여활동은 능동적・적극적 안전행동으로 설명하기도 한다.[349] 한편, 안전 참여활동은 안전과 직접적인 관계가 있는 것은 아니지만 안전교육 등에 적극적으로 참여하는 행동을 말하며, 안전 순응행동은 주어진 절차와 규정을 준수하여 안전을 지키는 활동이라고 하였다.[350] 이러한 견해를 종합하면, 안전 참여활동은 안전 환경을 발전시키는 행동으로 근무자가 안전 활동에 자발적으로 참여하거나 안전관련 이슈를 자신의 동료들에게 전달하거나 안전회의에 참여하는 활동 등을 말하며 안전 순응행동(안전준수)은 근무자가 안전규정과 절차를 따르는 소극적인 행동을 의미한다[351].

강근식・신택현[352]은 Park[353]이 제시한 안전행동의 개념을 구성하는 요

347) 이수언, "안전리더십과 조직안전문화의 안전행동에 대한 영향 연구" (행정학 박사학위 논문, 계명대학교 대학원, 2018), 9-28.

348) 우상천, "공군 조종사의 안전동기 결정요인 및 안전행동과의 관계" (경영학 박사학위 논문, 상지대학교 일반대학원, 2014), 6-20.

349) 김규형, "항공사 안전관리시스템이 안전의식과 안전행동에 미치는 영향" (경영학 박사학위 논문, 경기대학교 일반대학원, 2016), 41-45.

350) 김규형, "항공사 안전관리시스템이 안전의식과 안전행동에 미치는 영향" (경영학 박사학위 논문, 경기대학교 일반대학원, 2016), 41-45.

351) 우상천, "공군 조종사의 안전동기 결정요인 및 안전행동과의 관계" (경영학 박사학위 논문, 상지대학교 일반대학원, 2014), 6-15.

352) 강근식, 신택현, "도시철도 기관사조직의 안전리더십과 관련요인 간의 인과관계 구조분석," *대한안전경영과학회지* 19(4) (2017): 105-113.

소로 준수, 습관, 실수, 위반의 4가지 내용을 포함하여 안전리더십과의 관계를 분석하였다. 이들은 도시철도 기관사조직을 대상으로 상사의 안전리더십이 안전행동에 가장 직접적인 영향을 미치는 것으로 주장하였다. 또한 상사의 리더십 확립을 위한 승진 및 평가 제도를 합리적으로 운영하고 리더십 교육을 실시해야 한다고 주장하였다.

⑤ 안전행동의 선행연구

국내외에서는 안전행동과 리더십, 안전문화, 안전분위기, 안전시스템, 스트레스, 조직몰입 등 다양한 변수와의 관계에 대해 많은 연구가 수행되어 왔다. 김기식, 박영석[354]은 Griffin 과 Neal의 안전 분위기-안전행동(안전순응, 안전참여행동) 모델을 국내 근로자를 대상으로 재검증하고 확장하여 국내 상황에 적합한 모델을 제시하였다. 연구 결과 안전행동(순응행동과 참여행동)에 직접적으로 영향을 미치는 것은 안전지식과 안전동기이고 개인의 안전지식과 안전동기의 수준은 조직의 안전분위기에 의해 좌우된다고 하였다.

Neal과 Griffin[355]은 안전분위기, 안전동기, 안전행동 및 사고 간에 유의한 관계가 있는데 안전분위기는 안전동기에 영향을 미치고, 안전동기는 안전행동에 영향을 미친다고 하였다.

조승수[356]는 조선업계에서 반장과 반원의 관계가 안전행동 및 안전분위기에 미치는 영향을 알아보았는데, 안전행동을 준수와 참여로 구분하고 리더와 구성원 간의 관계가 안전행동에 영향을 미치며 그 관계의 질은 안전분위기와 유의미한 관계가 있음을 확인하였다.

---

353) Y-S. Park, "Development of Safety Psychology Coaching Program." Research Report, KOSHA. (2017).

354) 김기식, 박영석, "안전 분위기가 안전 행동 및 사고에 미치는 효과," *한국심리학회지: 산업 및 조직* 15(1) (2002): 19-39.

355) A. Neal, M. A. Griffin & P. M. Hart, "The impact of organizational climate on safety climate and individualbehavior," *Safety Science* 34 (2000): 99-109.

356) 조승수, "리더와 구성원의 관계가 안전분위기와 안전행동에 미치는 영향" (심리학 석사학위 논문, 부산대학교 대학원, 2003), 17-26.

이요한[357)]은 소규모 사업장의 현장에서 관리감독자의 역할이 매우 중요하다고 보고 관리감독자의 리더십 유형이 안전행동에 미치는 영향에 대하여 연구하였는데 안전리더십과 과업중심형 리더십, 인화중심형 리더십은 공통적으로 안전행동에 긍정적인 영향을 미친다고 하였다.

최동원[358)]은 안전행동을 준수행동과 참여행동으로 구분하고 변환적 리더십이 구성원의 안전행동에 미치는 영향에 대해 연구하였는데 변환적 리더십은 안전행동 이행에 영향력을 미치고 리더의 안전관련 역할행동을 촉진시켜 구성원의 안전분위기를 높이며 따라서 안전행동에 긍정적인 영향을 미친다고 주장하였다. 이수원[359)]은 도시철도 조직을 고객분야와 기술분야로 구분하고 안전리더십, 조직안전문화, 안전행동 간의 관계에 대하여 연구한 결과, 각 변수 간의 관계는 분야 간의 차이가 없는 것으로 나타났고 안전리더십은 조직안전문화에 영향을 미치고 조직안전문화는 안전리더십과 안전행동에 영향을 미쳤으며 안전리더십과 안전행동 간의 관계에서 조직안전문화가 매개역할을 한다고 하였다. 안창규[360)]는 기관사의 인적오류 및 사고를 줄이기 위한 제도적 방안 제안을 위한 연구에서 직무스트레스가 안전행동에 영향을 미친다는 것을 확인하였고, 이때 자기효능감의 조절효과에 대해 검증하였다.

이소영[361)]은 안전행동을 위반행위와 준수행위로 구분하고 항공종사자 양성 전문교육기관에서 안전문화가 안전행동에 미치는 영향에 대해 연구하였다.

---

357) 이요한, “관리감독자의 안전리더십과 리더십 유형이 근로자의 안전행동 관계에 미치는 영향: 경남 김해 지역 소규모 제조업 사업장 중심으로” (안전공학 석사학위 논문, 인제대학교, 2016), 21-22.

358) 최동원, “안전분위기와 안전행동에 미치는 변환적 리더십의 효과” (심리학 석사학위 논문, 부산대학교 대학원, 2003), 16-22.

359) 이수원, “안전리더십과 조직안전문화의 안전행동에 대한 영향 연구” (행정학 박사학위 논문, 계명대학교 대학원, 2018), 1-4.

360) 안창규, “기관사 직무스트레스가 자기효능감에 따라 안전행동에 미치는 영향,” 한국철도학회논문집 20(6) (2017): 866-878.

361) 이소영, “안전문화가 조직구성원의 안전행동에 영향을 미치는 요인에 대한 연구” (항공운항관리학 석사학위논문, 한서대학교 일반대학원, 2017), 70-72.

4.2.5 행위에 대한 태도

1) 행동지속의도의 이론

① 행동지속의도의 개념과 특징

행동의도의 개념은 계획된 행동이론에 따르면 행동의 주된 결정요인은 행동의도이며, 각각의 행동에 대한 태도, 주관적 규범, 지각된 행동통제에 영향을 받으며 이들 변인들은 각각 매개한다.[362] 계획된 행동이론의 핵심 요인은 특정 행동을 수행하려고 하는 개인의 의도이다. 의도는 사람이 행동을 하려는 의지가 얼마나 있는가, 행동을 하려고 얼마나 노력할 계획인가, 즉 의도를 행동에 영향을 미치는 동기적 요인으로 가정한다.[363]

행동지속의도는 개인행동을 지속적으로 하고자하는 것으로 개인의 태도-행동의 이론으로 계획행동이론을 보면 신념(인지적 요소)과 태도(감정적 요소)의 상호관계, 신념과 태도의 행동의도(행동적 요소)에 미치는 영향관계로 구성되어 있다는 Fishbein과 Ajzen의 3대요소 태도 모델에 초점을 두었다.[364] 하지만 3요소 태도 모델은 사람의 역동적 심리구조를 파악하는 데 어려움이 발견되는 문제점을 노출하면서 비판을 받았다. Fishbein과 Ajzen[365]은 합리적 행동이론(TRA: Theory of Reasoned Action)을 제시하면서, 개인의 행동은 행동의도에 의해 결정되고, 행동의도는 개인의 태도와 주관적 규범에 의하여 결정된다고 제시하였다.[366] 합리적 행동이론의 기본 가정은 사람들은 의식적 의도와 일치하는 방향으로 행동하고, 행동을 위한 행동의도는 행동에 대한 잠재적 결과와 다른 사람들이 그 행동에 대해 느끼는 정도에 대한 합리적

362) 오세진, 이재희, 문광수, "조직몰입이 안전행동에 미치는 효과 -안전 분위기의 조절효과-," *한국심리학회지* 제24권 제1호 (2011): 51-73.

363) I. Ajzen, "The theory of planned behavior," *Organizational Behavior and Human Decision Processes* 50 (1991): 179-211.

364) 김은희, "환경친화적 행동의 영향요인 분석 -합리적 행동이론(TRA)의 관점에서" 19(2) (2007): 97-119.

365) M. Fishbein, & I. Ajzen, "Belief, attitude, intention and behaviour: An introduction to theory and research," *Reading, MA: Addison-Wesley* (1975): 277-280.

366) 김은희, "환경친화적 행동의 영향요인 분석 - 합리적 행동이론(TRA)의 관점에서," 「한국지방자치학회보」 19(2) (2007): 97-119.

계산에 기초한다는 것이다.[367] 합리적 행동이론에 따르면 인간의 행동은 그 행동을 수행하고자 하는 의도에서 출발하고, 행동의도는 태도와 주관적 규범에 의해 영향을 받는다는 것이다.[368] 즉, 제시된 행동에 대해 개인이 긍정적으로 판단(태도)하고 주변 사람들이 그 행동을 내가 하는 것에 대해서 원한다고 생각(주관적 규범)하면 행동의도는 높아지고, 결국 그 행동을 할 가능성이 높아진다는 것이 합리적 행동이론이다.[369]

윤금화[370]는 행동의도란 경험 후 개인의 만족에 따라 취하는 후속 해동이라고 정의하고 공강[371]은 축제를 대상으로 한 연구에서, 축제에 대한 태도를 형성한 후 특정 미래의 행동으로 나타내려는 의도를 행동의도로 정의하였다. Fishibein & Ajen은 "행동의도는 신념과 태도가 행동화 될 주관적 기능으로써 의도는 개인의 태도와 행동에 있어서 숭간변수로 인식되는 섯이며 개인의 주관적 상태를 의미하는 것이다"라고 정의하였다.

이주형 외[372]는 호텔 가격 공정성이 브랜드 자산 및 구매의도에 미치는 영향연구에서 행동의도란 신념과 태도가 행동화될 주관적인 가능성이며, 의도는 개인의 행동과 태도 사이의 변수이고 개인이 주관적으로 인지한 상태라고 정의하였다.

이제곤 외[373]는 관광객 행동의도 비교연구에서 관광객 행동의도를 관광지 재방문 욕구와 방문을 유도하는 추천의도로 구분하였고, 긍정적인 행위요소만을 행동의도라고 정의하였다.

---

367) 차동필, "폭음행위 이해: 계획행동 이론의 적용과 확장," *한국언론학보* 49(3) (2005): 346-372.

368) D. Trafimow & K. A. Finlay, "An investigation of three models of multitrait representations," *Personality and Social Psychology Bulletin* 27(2) (2001): 226－241.

369) 이재신, 김한나, "고등학생과 대학생들의 동영상 UCC 제작의도에 영향을 주는 요인에 관한 연구," *한국언론학보* 52(5) (2008): 399-419.

370) 윤금화, "박람회 참여 동기가 만족도와 행동의도에 미치는 영향에 관한 연구: 대한민국농업박람회를 중심으로," (관광학 석사학위 논문, 호남대학교 대학원 관광학과, 2012), 24-25.

371) 공강, "축제 서비스품질이 만족과 행동의도에 미치는 영향 연구: 제남 대명호 연꽃축제 중심으로," (국제회의학 석사학위 논문, 경기대학교 국제회의학과, 2012), 18-21.

372) 이주형, "호텔 가격공정성이 브랜드 자산 및 구매의도에 미치는 영향 연구," 관광경영연구 16(2) (2012): 1-25.

373) 이재곤, 한금희, 김정아, "관광자의 방문경험에 따른 관광동기 및 관광자행동의도 비교연구 - 최초방문자와 재방문자의 비교를 중심으로," *관광연구* 28(3) (2013): 269-289.

② 행동지속의도의 선행연구

행동지속의도의 선행연구를 살펴보면 행동지속의도와 밀접한 관계를 가지고 있는 태도는 어떤 대상이나 사태에 반응하는 행동을 말하는 것으로 보편적으로 일관성 있는 행동을 하게 되고 또한 이후의 반응을 예측할 수 있기 때문이다.

심선애, 임천혁, 정형원[374]의 모바일게임 이용자의 게임 태도가 지속사용의도에 미치는 영향연구에서 모바일게임 이용자의 게임 태도가 지속사용의도에 미치는 영향을 알아본 결과 인지적 태도, 행동적 태도는 모두 유의한 정(+)의 상관관계를 나타내는 것으로 확인되었다.

윤설민[375]의 계획행동이론의 확장을 통한 모험적 여가활동 추구 관광객의 행동지속성에 관한 연구에서 주관적규범(신뢰관계)는 행동지속의도에 직접적 정(+)의 영향관계를 가지고 있다. 그리고 간접적으로 주관적 규범(신뢰관계)은 내재변인인 행동지속성에 정(+)의 영향을 준다고 보고되었다.

이종민[376]은 골프연습장 이용자의 지도자 이미지와 지도자신뢰 · 골프몰입 · 참여만족, 참여지속의도 간의 관계연구에서 지도자 신뢰는 참여지속의도에 정(+)적 영향을 주는 것을 확인하였다.

김미경[377]의 계획행동이론의 확장을 통한 모험적 여가활동 추구 관광객의 행동지속성에 관한 연구에서도 신뢰는 관계지속의도에 정(+)적 유의한 영향을 주는 것으로 보았다.

양정석[378]의 외식 프랜차이즈 가맹점의 지각된 관계 혜택, 환경 요인, 거

374) 심선애, 임천혁, 정형원, "모바일게임 이용자의 게임 태도가 지속사용 의도에 미치는 영향," *한국융합학회논문지* 제8권 제7호 (2017. 7): 141-149.

375) 윤설민, "계획행동이론의 확장을 통한 모험적 여가활동 추구 관광객의 행동지속성에 관한 연구: 플로우(Flow), 애착도, 과거행동의 역할 탐색을중심으로" (호텔관광학 박사학위논문, 경희대학교 대학원, 2010), 100.

376) 이종민, "골프연습장 이용자의 지도자 이미지와 지도자신뢰 · 골프몰입 · 참여만족, 참여지속의도간의 관계" (스포츠심리학 박사학위논문, 한신대학교 대학원, 2017), 46.

377) 김미경, "외식 프랜차이즈 본부의 커뮤니케이션 유형이 가맹점과의 관계품질과 가맹점의 관계지속의도에 미치는 영향: 관계품질의 매개효과와 다중집단분석을 중심으로" (경영학 박사학위논문, 세종대학교 대학원, 2015), 62.

378) 양정석, "외식 프랜차이즈 가맹점의 지각된 관계 혜택, 환경 요인, 거래 특유 자산, 영향력 지위가 재계약 의도에 미치는 영향: 신뢰, 의존, 그리고 몰입의 매개 효과" (경영학 박사학위논문,

래 특유 자산, 영향력 지위가 재계약 의도에 미치는 영향을 연구하였다. 이 연구에서도 "가맹점과의 신뢰는 가맹점의 관계지속의도에 정(+)의 유의한 영향을 미칠 것이다."라는 가설을 검증한 결과 신뢰는 가맹점의 재계약의도에 통계적으로 유의한 영향을 미친다는 것을 확인하였다.

박해룡[379)]은 자율주행 자동차의 지각된 위험이 이용의도에 미치는 영향에 관한 연구에서 "신뢰는 이용의도에 유의한 영향을 미칠 것이다."라는 가설은 신뢰가 관계지속의도에 정(+)영향을 준다고 보고하였다.

문태영, 최미영[380)]은 119구급대원의 행위태도 등이 안전행동에 미치는 영향 모형 연구에서 구급대원의 행위 태도는 안전 의도에 정적(+)효과가 있었다. 행위 태도는 안전 행동에 간접적 영향요인으로 작용함으로써 안전 행위 태도는 안전 의도를 통하여 안전 행동으로 이어짐을 확인할 수 있다.

최미영[381)]은 계획행동이론을 적용한 119구급대원 안전행동 영향요인 분석에서 행위태도는 안전의도에 유의미한 직접효과가 있다는 것을 확인하였다.

윤설민[382)]의 계획행동이론의 확장을 통한 모험적 여가활동 추구 관광객의 행동지속성에 관한 연구에서 행동에 대한 태도는 행동지속의도에 직접적 정(+)의 영향관계를 가지고 있고, 간접적으로 행동에 대한 태도는 내재변인인 행동지속성에 정(+)의 영향을 미치는 것으로 나타난 것과도 일치한다.

문회권[383)]의 화물차 운전자 특성이 안전행동에 미치는 영향에 관한 실증

세종대학교 대학원, 2012), 63.

379) 박해룡, "자율주행 자동차의 지각된 위험이 이용의도에 미치는 영향에 관한 연구: 가치, 신뢰의 매개 효과" (벤처경영학 박사학위논문, 호서대학교 벤처대학원, 2019), 62

380) 문태영, 최미영, "119구급대원의 행위태도, 주관적 규범," *Journal of the Korea Academia-Industrial cooperation Society* 19(9) (2018): 215-224.

381) 최미영, "계획행동이론을 적용한 119구급대원의 안전행동 영향요인 간의 구조적 관계분석" (응급구조학 박사학위논문, 강원대학교대학원, 2017), 47.

382) 윤설민, "계획행동이론의 확장을 통한 모험적 여가활동 추구 관광객의 행동지속성에 관한 연구: 플로우(Flow), 애착도, 과거행동의 역할 탐색을 중심으로" (호텔관광학 박사학위논문, 경희대학교 대학원, 2010), 100.

383) 문회권, "화물차 운전자 특성이 안전행동에 미치는 영향에 관한 실증적 연구" (산업경영공학 박사학위논문, 명지대학교 대학원, 2019), 80.

적 연구에서는 '운전 심리 요인 중 행위태도가 안전의도에 정(+)의 영향을 미칠 것이다'를 검증한 결과 통계적으로 유의하지 않아 기각되었다. 또한, '운전 심리 요인 중 지각된 행동통제가 안전의도에 정(+)의 영향을 미칠 것이다'를 검증한 결과 통계적으로 유의성이 없었으나, 운전자의 안전 의도는 안전행동에 정(+)의 효과가 있음을 확인하였다.

정민수 등[384)]은 사회경제적 요인, 건강행태, 행동계기, 자기통제감이 남녀의 금주 의도에 미치는 영향에 대하여 연구하였는데, 금주에 대한 자기통제감이 금주 의도에 유의한 영향을 준다는 것을 검증하였다.

이현미298F[385)]는 어머니의 양육행동 및 유아의 자기 의도적 통제가 유아의 행동문제에 확률적으로 유의한 영향을 미친다는 것을 보고하였다.

정대용 등[386)]은 주관적 규범이 창업태도와 지각된 행동통제를 매개로 창업의도에 미치는 영향에 대하여 연구하였는데, 연구 결과 창업의도에 지각된 행동통제의 매개효과가 있는 것을 연구하였다.

신명진 등[387)]은 계획된 행동이론에서 자기통제와 사후결정의도가 의도행동 불일치에 미치는 영향에 대하여 연구하였는데, 자기통제가 사후결정의도에 확률적으로 유의한 영향을 미친다는 것을 검증하였다.

문태영, 최미영[388)]은 119구급대원의 행위태도 등이 안전행동에 미치는 영향 모형 연구에서 구급대원의 주관적 규범은 안전 의도에 정적효과가 있었으며, 안전 의도를 통하여 안전 행동에 영향을 매개하는 것으로 확인하고 있다. 또한 119구급대원의 지각된 행위 통제는 안전 의도에 정(+)적 효과

384) 정민수, 이태로, "사회경제적 요인, 건강행태, 행동계기, 자기통제감이 남녀의 금주 의도에 미치는 영향," *알코올과 건강행동학회* 13(1) (2012): 45-58.

385) 이현미, "어머니의 양육행동 및 유아의 자기 의도적 통제가 유아의 행동문제에 미치는 영향," *동국대 교육연구* 1(1) (2016): 139-158.

386) 정대용, 김영수, 김지혜, "주관적 규범이 창업태도와 지각된 행동통제를 매개로 창업의도에 미치는 영향: Linan and Chen(2009)'s EIM을 중심으로," *한국경영교육학회* 33(1) (2018): 183-204.

387) 신명진, 김인우, 안효연, "계획된 행동이론에서 자기통제와 사후결정의도가 의도행동 불일치에 미치는 영향," *한국체육학회지* 57(3) (2018): 53-64.

388) 문태영, 최미영, "119구급대원의 행위태도, 주관적 규범 및 지각된 행위 통제가 안전의도, 안전행동에 미치는 영향에 관한 구조적 관계 모형," *Journal of the Korea Academia -Industrial cooperation Society* 19(9) (2018): 215-224.

가 있었고, 안전 의도를 통하여 안전 행동을 매개하였다.

또한, 김동규, 한진욱[389]의 연구에서 소비행동 예측 연구에서 계획행동이론의 기본 변수인 태도, 주관적 규범, 지각된 행동통제는 주관적 규범을 제외한 태도와 지각된 행동통제가 관람의도에 정(+)의 영향을 미치는 것으로 나타났다.

한경미, 정혜선[390]의 연구에서 종합병원 간호사의 출산의도연구에서도 지각된 행위통제가 출산의도에 영향을 주는 것으로 보고하고 있다.

최미영[391]의 연구 계획행동이론을 적용한 119구급대원의 안전행동 영향 요인간의 구조적 관계분석에서 지각된 행동통제는 안전의도에 유의미한 직접효과가 있었고, 안전의도는 안전행동에 유의미한 정(+)의 직접효과가 있 있다.

4.4 안전코칭 방향

안전리더십코칭이 개인의 안전태도변화 및 개인안전행동변화에 미치는 효과를 실증적으로 규명함으로써 기업 산업현장에서 안전리더십 코칭의 중요성이 확인 되었다. 안전 리더십코칭 시 신뢰관계에 의존한 안전태도변화 및 안전행동변화는 기대하지 말아야 한다는 점도 확인할 수 있었다. 또한 산업현장에서 상명하달식의 경직된 문화보다는 수평적 문화로 패러다임의 변화를 가져와야 한다는 것을 보여주고 있다.

오늘날의 기업조직은 안전에 대한 관심과 정책이 매우 중요하고, 이런 정책에 구성원들을 참여시켜 성과를 창출해야만 하는 변화가 요구되고 있다. 또한 직원들의 안전에 대한 동기유발과 몰입을 높여 안전사고를 줄여나가야 하는 공통적인 과제를 가지고 있다. 이는 궁극적으로 조직구성원들에게

389) 김동규, 한진욱, "확장된 계획행동이론을 통한 프로야구 관람소비자의 소비행동 예측" *한국체육학회지* 인문사회과학, 56권 2호(2017): 321-338.

390) 한경미, 정혜선, "계획적 행위이론을 적용한 종합병원 간호사의 출산의도 관련요인" *Korean Journal of Occupational Health Nursing* 19(1) (2010): 41-49.

391) 최미영, "계획행동이론을 적용한 119구급대원의 안전행동 영향요인 간의 구조적 관계분석" (박사학위논문, 강원대학교대학원, 2017), 47.

동기부여와 소통 그리고 참여를 극대화해야만 성과로 이어질 수 있다는 점을 알 수 있다.

또한 근로자의 행동과 태도를 지속적으로 변화시키는 방법에 대하여 검증하게 되었다는 점이다. 일반적으로 안전에 대한 근로자의 태도와 행동은 책임자보다 낮으며, 책임자의 강요나 회사의 관심도에 따라 일시적으로 변화를 보이지만 지속되지 못하는 경우가 많이 발생한다. 그러다 보니 근로자의 안전행동은 동기요인 없이 방향성만 강요되기 마련이다. 이런 점에서 근로자 스스로 문제를 해결하고 이끌어 나갈 수 있도록 셀프코칭 리더십은 산업 현장에 적극적으로 활용이 가능하다는 점을 둘 수 있다.

그리고 지각된 행동통제의 안전규칙과 안전수칙 등을 반드시 지킬 수 있도록 회사 내에서 제도화해야 안전사고를 줄일 수 있다 할 수 있다. 즉 개인의 안전사고를 줄이기 위해서는 지각된 통제감을 유도할 수 있는 원스트라이크 아웃제도 같은 강력한 안전제도의 도입이 필요하다는 것을 시사해 준다.

안전사고 예방을 위해서는 소속직원들에 대한 지속적인 안전 코칭 리더십을 향상시켜야 한다. 이를 위해 상사로부터 지시받는 지시형 안전조치보다 자기자신의 안전조치를 스스로 할 수 있는 셀프안전코칭 제도의 도입과 안전코칭 전문 인력양성과 교육에 대한 투자와 지원이 필요할 것이다.

행동지속의도가 안전사고 예방에 원인인 불안전한 안전행동과 태도를 안전한 행동과 태도로 변화시키므로 기업들은 이러한 행동지속의도가 제고될 수 있도록 많은 노력이 필요하다는 것을 알 수 있다. 또한 이런 안전 행동지속의도를 키우기 위한 교육에 더 많은 투자와 지원이 필요하다는 점도 확인할 수 있다. 현재 많은 기업들이 안전사고로 인해 사회적으로 이슈가 될 뿐만 아니라 기업 이미지에 큰 타격을 주어 기업 경영에 큰 경향과 손실을 주는 등 안전사고에 의한 여러 문제점이 야기되고 있다. 이를 해결하기 위해서는 안전사고의 원인이 되는 구성원들의 안전에 대한 태도와 행동이 변화될 수 있도록 기업의 중장기적인 안목과 노력과 지원이 필요하다고 할 수 있을 것이다.

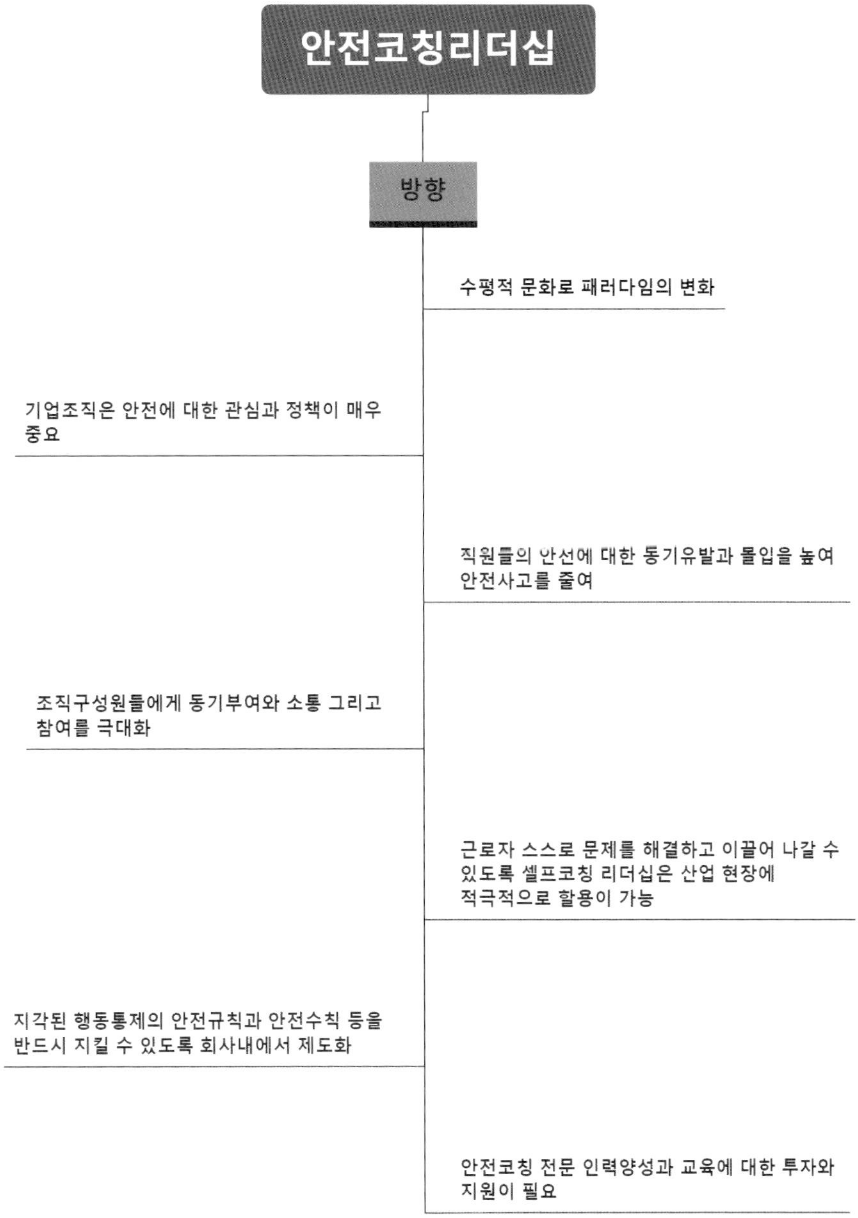

[그림 1-29] 코칭리더십 방향

5. 다른 법률 상 안전교육

5.1. 재난 및 안전관리 기본법에 의한 안전교육

제정이유는 각종 재난으로부터 국민의 생명·신체 및 재산을 보호하기 위하여 재해 및 재난 등으로 다원화되어 있는 재난관련 법령의 주요 내용을 통합함으로써 국가 및 지방단체의 재난에 대한 대응관리체계를 확립하고, 각 부처에 분산되어 있는 안전관리업무에 대한 총괄조정 기능을 보강하는 등 현행 제도의 문제점을 개선·보완하여 재난의 예방·수습·복구 및 긴급구조 등에 관하여 필요한 사항을 제정하였다. 이 법령에서 안전문화 활동에 의한 교육, 훈련, 홍보 등이 포함되며 재난안전분야 책임기관의 종사자 및 전문가 양성 교육이 있다.

5.1.1 재난안전분야 종사자 전문교육

- 재난안전분야 종사자 전문교육은 2014년부터 「재난안전법」 제29조의2에 따라 재난안전업무종사자들은 전문교육을 이수해야 하고, 전문교육은 대행하여 실시할 수 있으며, 동법 시행령 제37조의2에 따라 전문교육기관은 공무원·재난관리책임기관 소속, 민간 교육기관을 지정하고, 동법 시행규칙 제6조의2에서 교육대상, 기간, 종류 등에 대한 내용을 명시하고 있다.
- 교육대상은 재난관리책임기관(중앙행정기관 및 지방자치단체, 지방행정기관, 공공기관·공공단체(지부 포함)에서 재난 및 안전관리 업무 담당 부서의 장·공무원·직원과 시·군·구의 부단체장이다.
- 전문교육 기간은 3일 이내로 하고, 대상자는 해당 재난업무를 맡은 후 1년 이내에 신규교육을 받아야 하며, 2년마다 정기교육을 받도록 규정한다.
- 전문교육기관은 행정안전부, 관계 중앙행정기관 또는 시·도 소속의 공무원교육기관, 재난관리책임기관(행정기관 이외) 소속의 교육기관, 행

정안전부 장관이 지정하는 민간교육기관이 있다.

- 재난안전 교육과정 설계 시 신규자, 실무자, 관리자 공통으로 국가재난 관리체계의 이해, 재난 및 안전관리 기본법, 재난안전 종사자의 임무와 역할, 재난관리 협업기능, 재난발생 시 중(지)대본의 운영, 위기관리 매뉴얼, 자연재난의 이해, 사회재난의 이해, 재난과 언론 등을 계층별 공통교과목으로 구성하고, 선택과목으로 재난관리의 이해, 정책기획과 예산, 재난관리 리더십 등을 지정할 수 있다.

5.1.2 재난관리 분야 전문인력 양성사업

- 「자연재해대책법」 제65조의2에 따라 국가는 방재 분야 전문인력을 양성및 전문인력 양성기관을 지정할 수 있고, 「재해경감을 위한 기업의 자율활동 지원에 관한 법률」(이하 기업재해경감법) 제10조에 근거하여 행정안전부장관은 재해경감활동 전문인력을 육성 및 전문교육과정을 위탁하여 운영한다.
- 전문인력 교육과정 위탁은 대학(재난관리, 지진분야)으로, 매년 2억 원의 국비가 2년에 걸쳐 지원되며 교육이수 요건은 필수 교과목 중 12학점 이상을 포함한 24학점 이상 이수 및 학위논문 1편 이상을 제출해야 한다.
- 필수 교과목은 방재안전분야와 기업재난관리 분야로 나눌 수 있다.
  - 방재안전분야: 재난관리론, 안전관리론, 방재법규, 도시방재학
  - 기업재난관리: 재해경감 이해, 재해경감활동 절차 및 계획수립실행, 업무연속성 계획, 업무영향분석 및 위험평가

5.1.3 재해구호 전문인력 양성사업

- 「재해구호법」 제16조의3에 따라 행정안전부장관 및 시・도지사는 이재민 구호를 위해 재해구호 전문인력을 양성하고, 학교・전문기관 등을 재해구호 양성기관으로 지정할 수 있으며, 동법 시행령 제9조의3에서 전문인력 양성기관의 교육훈련 내용으로 재해구호 절차 및 체계, 구호

물자 및 장비 사용법 등을 규정하고 있다.

- 전문인력 양성 교육기관은 3개 기관으로 나눌 수 있다.
  - 「고등교육법」 제2조에 따른 학교
  - 「재해구호법」 제16조의2에 따른 전문기관(재해구호협회 등)
  - 그 밖에 구호활동을 목적으로 설립된 기관 또는 단체
  - 교육기관 지정유효기간은 4년을 넘지 않아야 한다.
- 교육대상자는 실무자급은 구호담당 공무원, 자원봉사자(지역자율방재단, 대학생)등, 관리자급은 5급 이상 공무원, 재해구호관련 기관 임원, 자원봉사자 리더 등이며 재해구호분야 강사들로 구성 할 수 있다.
- 교육과정은 기본과정, 전문과정, 보수교육과정으로 구성하고, 보수교육과정은 기본 또는 전문교육을 이수한 지 2년이 경과 시 1년 이내에 이수해야 한다.

5.1.4 방재분야 특수전문교육

- 「자연재해대책법」 제65조 제3항에 따라 국가는 방재분야 전문인력을 양성하기 위하여 전문교육과정을 운영하고, 동법시행령 제58조에 의하여 외부 전문기관 또는 단체에 위탁을 통해 방재교육 대상자 중 전문교육과정이 필요한 종사자를 대상으로 특수전문교육과정을 개설할 수 있다.
- 교육대상자는 중앙 및 지자체의 재해 관련 업무 담당공무원, 재난관리책임기관에 근무하는 재해 관련 업무 종사자, 재해 관련 업종에 종사하는 기술인, 자원봉사단체, 구호단체, 협의회, 학교와 민간 분야의 특수한 기술과 지식을 필요로 하는 종사자를 대상으로 한다.
- 교육과정은 지진 및 풍수해 2개 분야에 대해 기본, 전문, 보수과정을 운영하고, 재해 업무에 종사한 경력이 2년 미만인 사람은 업무 담당 후 1년 이내에 1회 이상 방재교육을 받아야 하며, 방재전문인력의 보수교육은 인증서를 발급받은 날부터 3년마다 행정안전부장관이 정하는 바에 따라 이수해야 한다.

5.2 국민안전교육진흥기본법에 의한 안전교육

제정이유는 경주리조트 붕괴 사건 및 세월호 침몰사고, 장성 요양병원 사태 등 각종 안전사고 발생 이후 안전에 대한 국민의 요구가 증가하고 있어 국민 스스로 재난에 대비할 수 있는 역량을 제고할 수 있도록 생애주기별 안전교육의 필요성이 강조되고 있다.

그런데 현행법에서는 안전교육에 관한 사항을 개별법령에서 정하고 있어 국민에 대하여 생애주기별 안전교육을 체계적으로 실시하기에 한계가 있는 실정이므로 이에 각종 재난 및 안전사고 발생 시 국민을 안전하게 보호할 수 있도록 종합적이고 체계적인 안전교육의 실시 및 지원에 필요한 사항을 종합하여 하나의 단일 법안으로 규정함으로써 각종 재난 및 안전사고에 대한 국민의 대처능력을 제고하고 안전한 사회를 만드는 데 이바지하려는 것이다.

주요내용으로는

가. 이 법은 국민의 안전교육 진흥에 필요한 사항을 정함으로써 재난으로부터 안전한 사회를 만드는 데 이바지함을 목적으로 함(제1조).

나. 국민안전처장관은 5년마다 안전교육 기본목표, 추진 내용, 전문인력 양성 등의 내용을 포함한 안전교육기본계획을 「재난 및 안전관리 기본법」 제9조에 따른 중앙안전관리위원회의 심의를 거쳐 확정·시행하여야 함(제5조).

다. 국가 및 지방자치단체는 안전교육의 원활한 시행을 위하여 안전교육 교재 및 프로그램 개발·보급, 안전교육 전문인력의 양성·활용 등 시책을 추진하여야 함(제9조).

라. 학교·다중이용시설 및 사회복지시설 등에서 안전교육을 실시하도록 함(제10조부터 제13조까지).

마. 국가 및 지방자치단체는 안전교육 전문인력의 양성을 위하여 전문인력 육성 등에 관한 시책을 수립·추진하여야 함(제20조).

5.3 기타 법령에 의한 안전교육

국내 대형 재난사고를 원인은 어떤 원인보다 의식에 있다는 것에 공감대가 형성되어 안전교육 향상에 대한 사회적 필요성이 강화되고 있다. 기타 법령에 의한 교육을 정리하면 다음과 같다.

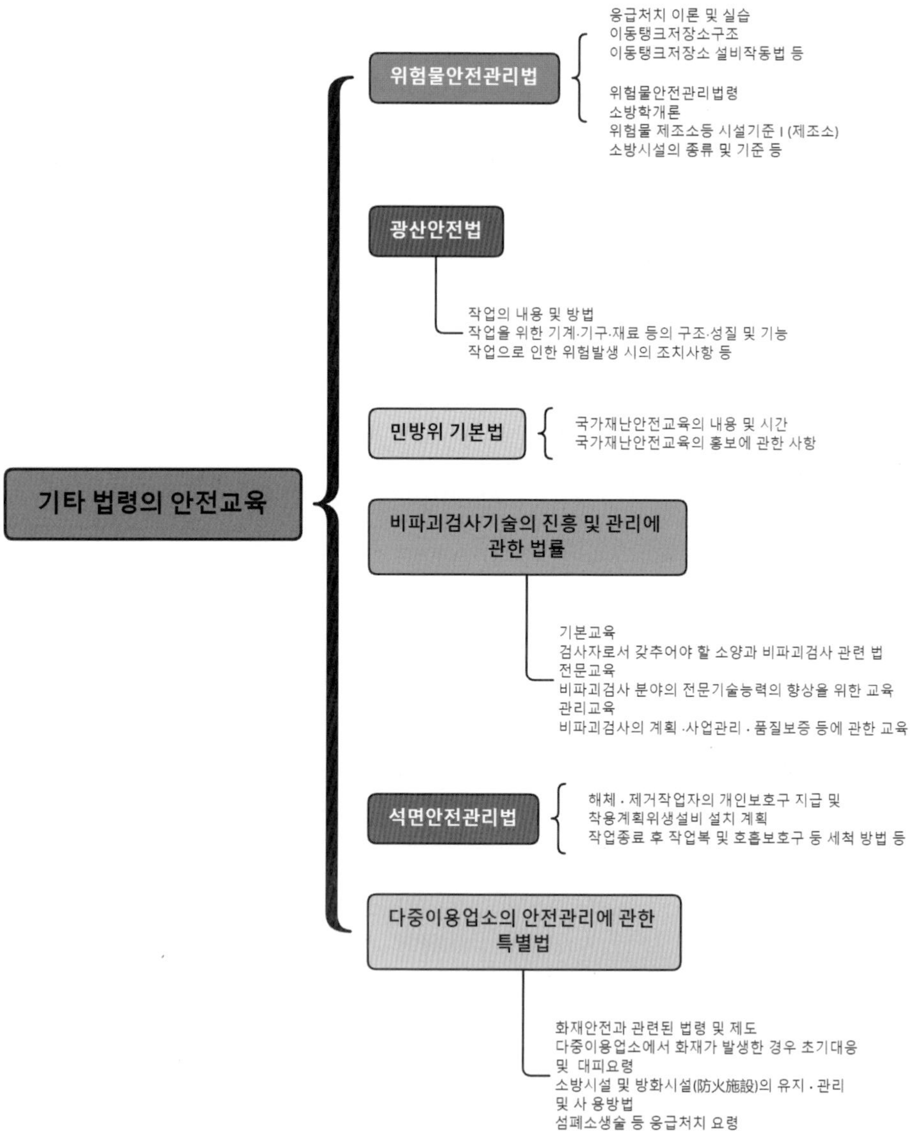

[그림 1-30] 기타 법령의 안전교육

CHAPTER 02

학교안전교육

1. 학교안전교육
2. 학교안전교육의 개념
3. 학교안전교육의 실태와 분석
4. 학교안전사고예방교육제도의 현황
5. 학교안전교육관리
6. 학교안전교육에 관한 법제도
7. 주요국가의 학교안전사고예방제도에 대한 비교법적 검토

CHAPTER 02 학교안전교육

1. 학교안전교육

학생들은 학교에서 가장 많은 시간을 보낸다. 학교가 안전하지 않다면 학생들은 불안감으로 인해 학습 활동에 집중하기 어렵다. 학교가 학생의 안전을 보장해 주지 못한다면 학교 교육이 추구하는 목적과 가치를 성취할 수 없게 되어 학교 자체의 존재 의미를 상실하게 된다. 이러한 점에서 학생들이 학교생활을 안전하게 영위할 수 있도록 보호해 주는 일은 학습활동 이상의 중요한 의미를 지닌다(김종복, 2007). 무엇보다 학교안전교육은 학생들을 상해로부터 보호하고 생명을 지키는 활동임을 명심하고 학생들이 안전에 대해 실질적인 능력을 기르도록 하는 것이 중요하다.

안전이라는 단어는 이전부터 존재했고 자주 언급되어 왔었지만 우리 사회에서 민감하게 반응하고 관심을 가지게 된 계기는 세월호 참사라 할 수 있을 것이다. 특히 이 참사 이후 학부모는 물론 우리 사회 전반에서 학교에서의 안전교육에 대한 관심과 요구가 높아지게 되었다. 이에 따라 교육계에서는 2014년 이후 학교에서의 안전교육을 강화시키고 실질적으로 이루어질 수 있도록 각종 정책들을 제시하였으며 2020년 현재, 여러 혼란과 어려움이 있었지만 그 정책들이 학교에서는 어느 정도 정착되어 가고 있다. 학교에서의 교육과 직접적으로 관련된 교육과정을 예로 들면, 초등학교 1~2학년에는 창의적 체험활동 속에 '안전한 생활'을 신설하여 64시간을 이수할 수 있도록 하였고, 초등학교 3학년~고등학교 3학년에는 체육, 과학, 기술가정(실과) 교과 속에 안전의 내용을 포함하여 수업을 진행할 수 있도록 하였다.

또한 모든 학교는 학교 안전교육 7대 표준안에 따른 7대 영역 51차시 이상의 안전교육이 이루어지도록 하였다.

위의 내용만 하더라도 학교에는 큰 변화에 해당되지만 이는 학교 안전 지원 정책의 일부에 불과하다고 할 수 있다. 계속적으로 변하고 있는 이런 정책들 중에서 학교 전반에 걸친 안전 지원 정책은 무엇이 있을까? 이에 대한 답을 한다면 '학교 안전사고 예방 기본계획'이라고 할 수 있을 것이다. 일반적으로 학교에서 진행되는 여러 안전교육들의 내용들이 언급되어 있을 뿐만 아니라 매년 2월에 작성하는 '학교 안전사고 예방 학교계획'의 수립 근거가 되기 때문이다. 물론 학교 안전 지원 정책과 관련된 내용들은 해가 지날수록 구체화되기도 하고 변화되기도 하지만 현재의 '학교 안전사고 예방 기본계획'은 제2차로써 적용 기간이 2021년까지 되어 있기 때문에 현시점에서 가장 폭넓은 학교 안전 지원 정책이라 할 수 있겠다. 따라서 여기에서는 '학교 안전사고 예방 학교계획'을 기본으로 하여 추가되거나 강화된 내용들은 교육부에서 추가적으로 언급했던 계획 속 내용들을 덧붙여서 설명해보고자 한다.[1)]

2. 학교안전교육의 개념

안전교육은 자신과 타인의 생명을 존중하고 신체적, 정신적, 정서적으로 안전하게 생활환경에 적응하여 사회에 공헌할 수 있는 능력을 최고로 발달시키는 것이다. 또한 필요한 안전지식과 기술을 습득시켜 안전에 대한 태도와 습관을 육성시키는 교육이다. 안전교육은 교육의 일환이기 때문에 단지 상해로부터 신체를 보호하는 것만이 목적이 될 수 없으며, 인간으로 성장하는 과정에서 발생하는 여러 가지 위험을 이것을 극복하거나 예방할 수 있어야 한다(김창현, 2014:108).

1) 학교안전공제중앙회, "2021 교직원 안전연수 표준교재", 2021.

인간이면 누구나 안전한 것을 원하지 않는 사람이 없을 것이다. 그러므로 안전에 관한 올바른 지식과 태도 및 습관을 갖도록 교육하는 것이 중요하다. 안전교육이란 교육과정을 통해 안전에 대한 지식을 줌으로써 개인 또는 집단을 안전하게 유지시켜주는 우리 생활에 꼭 필요한 도구라고 할 수 있다. 그리고 안전교육은 개인, 가정, 직장, 사회와 국가의 안전에 관하여 기본지식을 가지고 실천하는 태도와 습관을 길러 지역사회에 공헌할 수 있게 하는 것이므로 가정, 직장, 학교뿐만이 아니라 지역사회 어느 곳에서나 이루어져야 한다. 또 안전교육에 있어서 주요한 요소는 지식, 태도, 실천이 있는데 안전에 대한 내용을 알고 그 지식대로 행동해 보겠다고 느끼고 생각하고 그리고 행동으로 옮겨야 올바른 안전교육이 효과가 증대될 수 있다(최영일, 1998:7~8).

앞서 언급한 것처럼 안전교육은 자신과 타인의 생명을 존중하고 건강하고 안전한 생활을 유지할 수 있는 습관을 기르는 것이다. 감수성이 예민하고 지식이나 가치관, 태도가 형성되는 과정에 있는 어린이들에게 안전교육을 통해 안전의식을 체계적으로 내면화하고 안전과 관련된 지식을 갖추게 하는 것은 무엇보다 중요한 일이다(배영한, 2001). 이를 바탕으로 학교안전교육의 개념을 정리해보면 학교의 교육과정을 통해 안전에 대한 여러 가지 지식이나 기능을 익히고 안전한 행동 방법을 습득하게 하여 자신의 안전뿐만 아니라 집단의 안전까지도 지킬 수 있게 해주는 것이라고 볼 수 있다.

학교안전교육 중에서도 초등학교 시기에 받는 안전교육은 매우 중요하다. 이 시기는 삶을 살아가는 데 필요한 가장 기본적인 생활습관 형성에 많은 영향을 미친다. 그러므로 체계적인 안전교육을 통해 잠재되어 있는 위험을 알아차리고, 안전한 행동을 할 수 있는 능력과 태도를 기를 수 있도록 해야 한다(박재희, 2013:2). 안전의식의 형성은 단시간에 이루어지는 것은 아니기 때문에 아동기부터 지속적으로 안전교육을 받게 한다면 성인이 되어서도 철저한 안전의식을 갖게 될 것이다.

3. 학교안전교육의 실태와 분석

"학교안전교육 실태와 분석 연구"에 관련된 선행연구들은 여러 편이 있다. 한국과 일본의 학교안전사고에 관한 교사들의 인식을 비교한 연구, 안전교육 필요성에 대한 교사와 학생의 인식 등이 있다.

김지영(2009;71~75)은 '한국과 일본의 초등학교 안전교육 실태 비교'에서 한국과 일본 교사 모두 안전교육이 필요하다고 인식하였고, 안전교육이 필요한 이유에 대해 한국교사는 초등학생 때가 안전사고의 위험성이 높은 시기이기 때문에, 일본교사는 일상생활에 필요한 부분이기 때문이라고 응답하였다. 또한 한국교사는 가정에서 부모가, 일본교사는 학교에서 담임교사가 안전교육을 실시하는 것이 바람직하다는 응답이 더 높았으나 유의미한 차이는 없었다.

한국교사는 안전교육에 관한 연수를 받은 적은 없으나 연수 기회가 주어질 경우 꼭 참가하겠다는 응답을 많이 하였고, 일본교사는 안전교육에 관한 연수를 5회 이상 받았으나 상황에 따라 참가하겠다는 응답을 하였다.

근무 학교의 안전교육 현황은 한국교사는 학교에서 안전교육을 계획하여 적극 실시하고 있으며, 학교안전위원회는 조직되어 있지만 활성화되어 있지 않다고 하였다. 일본교사는 현재 근무하고 있는 초등학교는 안전교육에 대한 관심이 높은 편이고 아이들도 안전교육사항을 지키고 있다고 응답하였으며 학교안전위원회가 조직되어 있고 활성화되어 있다고 하였다.

학교안전위원회에 관한 조사에서는 한국교사가 일본교사보다 '학교안전위원회가 조직되어 있으나 활성화되어 있지 않다'와 '잘 모른다'의 응답을 많이 하였다. 그러나 실제 대부분의 초등학교에는 교장선생님을 중심으로 녹색 어머니와 명예교사, 지역사회자원인사, 교사로 구성된 학교안전위원회가 조직이 되어 있다. 하지만 정기적으로 모여 학교 안전에 대해 협의하는 과정이 거의 이루어지고 있지 않아 체계적인 안전교육이 실시되지 못하고 있다. 앞으로 교사들이 안전교육 계획에 맞게 학생들을 지도할 수 있도록 학교안전위원회가 정기적으로 소집되어 연간 계획 및 학교안전 사항들에 관한 협의가 꾸준히 이루어져야 하다고 하였다.

한국교사는 교통안전 교육을 1학기에 1회, 대피훈련 교육을 1학기에 1회, 생활지도는 하루에 여러 번 실시한다고 하였고 일본교사는 교통안전 교육을 년 1회, 대피훈련은 월 1회, 생활지도는 일주일에 1-2회 실시한다고 하였다. 안전교육을 지도하는 데 있어 가장 큰 어려움을 한국교사는 안전교육에 대한 관심과 지식이 부족한 것이라고 한 반면에, 일본교사는 다른 교과지도로 인해 시간이 부족한 것이라고 응답했다.

한국교사는 교실 및 운동장 등의 체육시설, 통학로, 학교폭력 및 성폭력 방지를 위한 환경이 잘 조성되어 있다고 응답했고 일본교사는 학교에 화재예방 시실이 잘 조싱되어 있다고 응답했다. 한국교사는 안전교육을 위한 학교의 행정적 지원이 적극적인 편이며, 안전교육을 활성화하기 위해 관계 기관의 협조와 지역사회와의 연계가 필요하다고 하였다. 일본교사는 교사연수 기회 제공이 필요하다고 더 많이 응답하였으나 유의미한 차이는 아니었다.

박재희(2013:42~66)의 연구에서 교사들이 인식하고 있는 초등학교 안전교육 담당교사를 분석한 결과 담임교사가 안전교육을 실시한다고 응답한 경우가 56.42%로 가장 많았고, 그 다음으로 체육교사, 보건교사, 외부강사 및 기타로 나타났으며 과학교사는 3.41%에 불과하였다. 이를 통해 보면 교사들은 안전교육을 담임교사가 가장 많이 담당하고 있는 것으로 인식하고 있었다.

초등학교에서 학생들에게 안전교육을 실시한 시간을 조사해 보니 창의체험 재량활동 시간이 전체의 35.15%로 가장 많았고 그 다음으로 체육시간과 조회종례, 일반 수업시간, 안전관계 행사, 휴식 및 기타 시간의 순으로 나타났다. 이를 통해 보면 교사들은 안전교육을 창의체험 재량활동시간에 가장 많이 하고 있음을 알 수 있다.

초등학교에서 학생을 대상으로 한 학기에 실시한 안전교육 횟수를 조사해 보면 21회 이상이 전체의 31.73%로 가장 많았고, 그 다음으로 3-5회, 6-10회, 11-20회, 1-2회의 순으로 나타났다. 대부분 교사들은 안전교육을 한 학기에 21회 이상 한 것임을 알 수 있었다.

초등학교에서 1회 안전교육의 평균 시간을 조사해 보니 전체적으로 1시간 미만이 가장 많았고, 그 다음으로 30분 미만, 1-2시간 순으로 나타났고, 3시간 이상은 2% 미만으로 나타났다. 이를 통해 보면 교사들은 안전교육을 1회에 1시간 미만으로 실시하고 있음을 알 수 있다.

초등학교에서 학생들에게 안전교육을 실시한 방법을 조사해 보니 교사들은 대부분 시청각매체를 이용하여 안전교육을 하고 있었다.

초등학교에서 학생들의 안전교육 평가 방법을 조사해 보니 평가를 안 함 및 기타의 경우가 66.35%로 가장 많았고 이론 및 실기를 병행하는 경우가 17.95%, 이론으로 평가하는 경우가 9.62%, 실기로 평가하는 경우가 6.09%로 나타났다. 이를 통해 보면 교사들 대부분은 안전교육 후 평가를 하지 않았음을 알 수 있다.

초등학교 교육과정에서 교사들이 생각하는 안전교육 비중에 대한 평가를 조사해 보니 교직 경력별로 보면 10년 미만 경력의 교사의 경우 3.31%, 20년 이상 경력의 교사의 경우 3.54%가 긍정적으로 나타났다. 교사의 교직 경력이 많을수록 초등 교육과정에서의 안전교육 비중에 대한 평가가 긍정적으로 상승하는 경향을 보였다.

'초등학교에서 학생들에게 안전교육을 자주 하지 못하는 이유를 조사해보니 다른 주지과목으로 인하여 수업시수가 부족하여서가 47.1%로 가장 많았고, 그 다음으로 교재 프로그램 부족이, 여러 과목에 분산되어 있어 학문적인 일관성이 부족하여서가 16.1%의 순으로 나타났다. 안전교육 전문 인력 부족이 5.8%, 교사관심 부족이 3.5%, 학생 학부모관심 부족이 3.2%로 나타났고, 기타 이유는 2%미만으로 나타났다.

학생들에게 안전교육을 실시하는 가장 큰 교육목적은 무엇인지 조사해 보니 안전생활습관 형성이 81.7%로 압도적으로 많았고, 그 다음으로 안전지식과 올바른 판단력 습득이, 사고 시 대처 능력이, 생명 존중 태도육성의 순으로 나타났다. 그러나 교사의 일반적 특성별로는 유의적인 차이는 없었다. 이를 통해 보면 교사들 대부분은 안전교육을 함으로써 학생들이 안전생활의 습관을 형성하여 평상시 안전행동을 하는 것을 목적으로 하고 있음을 알 수 있다.

교사들에게 학생대상 안전교육의 계획안 수립과 실행 방법을 조사해 보니 상황에 맞게 실행한다고 응답한 사람이 전체의 59.31%로 과반수가 넘었고, 다음은 일일교육 계획안에 기초하여 실행한다, 구체적으로 작성하여 실시한다, 외부전문가에게 의뢰하여 실행한다의 순으로 나타났다. 이를 통해 보면 교사들 대부분은 안전교육 계획안 수립과 실행방법에 있어서 계획을 세워 하기보다는 그때마다 상황에 맞게 실시하고 있음을 알 수 있다.

초등학교에서 교사용 안전교육 지도서의 준비 정도와 활용 정도를 조사해보니 담임교사 일수록 안전교육 지도서 준비에 긍정적인 반응을 보였다. 교직 경력별로 보면 10년 미만이 평균 3.04%, 20년 이상이 평균 3.48% 정도로 안전교육 지도서를 준비하는 것으로 나타나 교직 경력이 많을수록 안전교육 지도서 준비 정도에 더 긍정적인 응답을 하였다.

교사들에게 학생대상 안전교육의 필요성의 정도에 대해 조사해 보니 평균이 4.57로 필요하다와 매우 필요하다의 중간 정도로 매우 높게 나온 편이지만 교사의 일반적 특성별로는 모두 유의적인 차이가 없었다. 이를 통해 보면 교사들은 학생들에 대한 안전교육의 필요성을 많이 느끼고 있음을 알 수 있다.

교사들에게 학생대상 안전교육의 바람직한 운영형태에 대해 조사해보니 체험 재량 활동이 평균 50%, 수시로가 평균 37.5%로 나타나 두 경우가 압도적으로 많았다. 다음은 독립교육형태가 평균 5.8%, 방과 후 활동과 일반수업 및 기타가 각각 2.2%, 학교 외 개인학업이 1.3%, 동아리 활동이 1%로 나타났다. 교사의 일반적 특성별로는 유의적인 차이가 없었다. 이를 통해 보면 교사들 대부분이 체험재량활동 시간이나 수시로 안전교육을 하는 것을 선호하고 있음을 알 수 있다.

이상의 연구들을 보면 '학교안전교육 실태와 분석 연구'들을 살펴보면 다음과 같이 정리할 수 있다. 첫째, 한국과 일본 교사 모두 안전교육이 필요하다고 인식하고 있으나 안전교육이 필요한 이유에 대해 한국교사는 초등학생 때가 안전사고의 위험성이 높은 시기이기 때문에, 일본교사는 일상생활에 필요한 부분이기 때문이라는 서로 다른 견해를 보였다. 또 한국교사는 가정에서 부모가, 일본교사는 학교에서 담임교사가 안전교육을 실시하는 것이 바람직하다고 응답해 차이를 보였다. 둘째, 안전교육 필요성에 대한 교사들의 인식은 전체적으로 매우 높게 나타났고, 학생의 경우도 높게 인식하고 있는 것으로 나타났으며, 교육방법은 교사의 경우 상황이나 경험을 중심으로 한 안전교육을 통해 안전사고를 줄이는 것이 가장 효과적이라고 응답하였고 학생의 경우는 시청각 매체 활용을 선호하는 것으로 나타났다. 평가방법은 대부분의 교사가 태도 등의 관찰 평가가 적합하다고 응답했다.

4. 학교안전사고예방교육제도의 현황

4.1 추진배경

정부는 '국민의 안전과 생명을 국정과제로 선정'하고 각종 재난과 안전사고로부터 국민 모두가 안전한 사회를 실현하고자 노력하였다. 이에 학교에서 시작되는 안전관리로 국가안전 기초를 마련하고 어린 시절부터 반복적인 학습을 통해 안전 대응 능력을 기를 수 있도록 하였다. 또한 학교 현장에서의 체험 활동 등 학교안전사고의 잠재적 위험요인이 증가하게 되면서 학교환경을 개선하고 재난안전 훈련체계를 정비하는 일도 더불어 요구되었다.

하지만 학교마다 처해있는 환경이 다르고 학교에 대한 지역사회의 요구도 다르면서 학교 실정에 따른 안전계획을 수립하는 것이 중요한 일로 떠오르게 되었다. 그리고 그 중심에 학교안전사고 예방 기본계획이 주요 기반으로 자리잡게 되었다.

4.2 추진경과

정부는 학교 안전사고 예방 기본계획의 추진 경과를 살펴보면, 먼저 교육부는 2014년 11월에 「교육분야 안전 종합대책」을 수립하고 체험중심 안전교육 및 교원의 안전전문성 강화, 시설여건 개선, 안전인프라 구축 등 안전 정책의 기본 방향을 제시하였다. 2015년 7월에는 학교 안전사고 예방 기본계획 수립, 예방위원회 신설 및 실태조사 실시, 시도교육청에 안전 전담부서를 설치, 안전사고 피해자 상담 지원 등의 내용을 포함한 「학교안전사고 예방 및 보상에 관한 법률」을 개정, 시행하였다. 이러한 법률 개정에 따라 2015년 12월에는 학교 안전사고 예방체제 구축, 체험 중심의 안전교육 강화 등 5대 분야 10대 추진과제를 제시한 제1차 학교 안전사고 예방 기본계획이 수립, 시행되었다. 제1차 학교 안전사고 예방 기본계획은 2016~2018년 동안 추진되었으며 이후 이 기본계획에 대한 학교 현장의 의견을 수렴하고 정책의 성과와 한계를 분석하는 정책연구가 2018년 1월부터 추진되었다. 이후 2018년 11월에 학교안전사고예방위원회의 심의를 거쳐 2019년부터 2021년까지 추진될 제2차 학교 안전사고예방 기본계획이 수립되어 현재까지도 추진되고 있다. 이런 일련의 과정들을 간단하게 도식화하면 다음과 같다.

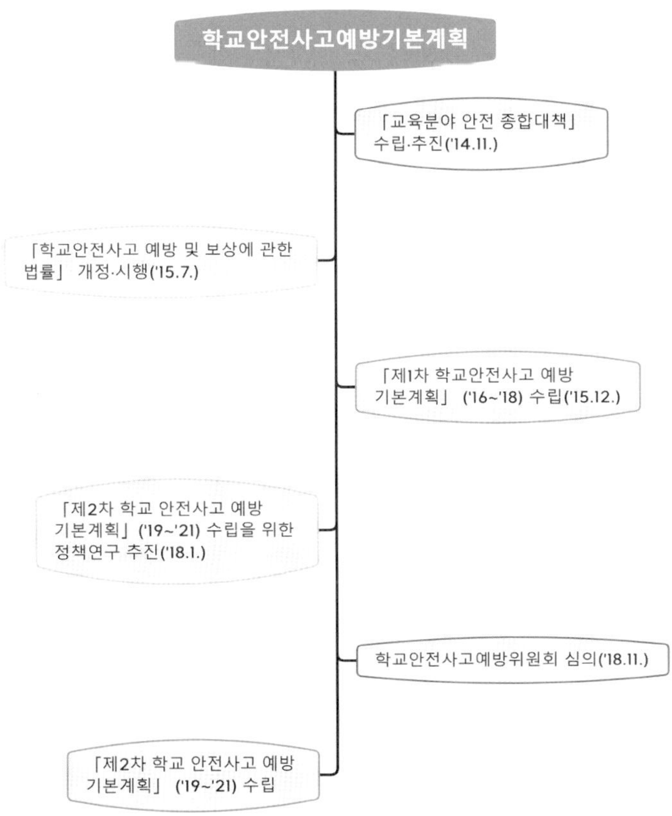

4.3 추진방향

제2차 학교 안전사고 예방 기본계획 추진 방향은 제1차 학교 안전사고 예방 기본계획 추진에 따른 성과와 결과분석을 통해 성과는 보다 심화·발전시키고 한계 및 문제점에 대해서는 개선 방안을 마련하고자 하였다. 이처럼 제2차 학교 안전사고 예방 기본계획 수립 및 추진에 영향을 미친 성과와 한계 및 문제점의 내용은 다음과 같이 정리할 수 있다.

성과	한계 및 문제점
• 학교 안전사고 발생건수 감소 → 제1차 학교 안전사고 예방 기본계획 기간 동안 학교 안전사고 발생건수 감소 및 둔화 추세 → 학교 안전사고 사망 학생 수 지속적 감소	**• 안전 전담조직 업무과중 및 상호연계 미흡** → 안전 관련 행정업무 과중으로 학교안전 관리 부실화 우려 → 중앙-지역-학교 간 연계성 미흡
• 체험 중심의 안전교육 기틀 마련 → 이론 중심에서 실습, 체험 중심의 안전교육 전환 → 2015 개정교육과정과 연계한 안전교육 계획 수립 도움 자료 및 프로그램 제공	**• 학교안전체험 시설 등 체험중심교육 인프라 부족** → 반복적, 종합적인 체험 학습 가능한 인프라 부족 → 학교 안전교육 관련 프로그램, 콘텐츠 부족
• 학생, 교직원에 대한 안전교육(연수) 내실화 → 학생: 7대 표준안에 따른 51차시 이상 안전교육 → 교직원: 매 3년 15시간 이상 안전 연수 이행 정착 → 심폐소생술 등 응급처치교육 의무화('17~)	**• 학교 안전사고 피해회복 지원체제 부족** → 학교 안전사고에 따른 학부모, 교직원간 분쟁조정 및 피해회복 지원 체지 미비 → 학교안전공제 보상이 교육, 의료 환경 변화 흐름에 마치지 못하는 수준
• 안전점검 및 관리체제 마련 → 시, 도교육청 안전관리 전담조직 설치 → 학교에 학교안전책임관과 안전부장 지정 → 취약시기별 학교시설 정기점검 정례화 및 수시점검을 통한 안전예방활동 강화	**• 교원의 안전 전문성 향상을 위한 체험형 연수 미흡** → 체험, 실습 기반의 연수 프로그램 부족 및 맞춤형 연수 미흡 → 교직 생애를 고려한 안전역량의 지속적 함양 및 질 유지를 위한 체계적 전문연수 부재
• 학교에서의 안전문화의식 확산 → 학생, 교직원, 학부모 등 학교 안전 의식 향상 및 교육활동 시 안전을 우선시하는 안전문화 확산	**• 수업에서의 활동 중심 안전교육 진행 미흡** → 수업을 통한 안전교육 진행 시 동영상 위주의 교육으로 교육적 효과 저하

그리고 이런 분석과 더불어 「학교안전사고 예방 및 보상에 관한 법률」(제4조 제2항)에 근거하여 정립한 체계는 다음과 같다.

제1차 학교 안전사고 예방 기본계획('16~'18)	제2차 학교 안전사고 예방 기본계획('19~'21)
1. 학교안전사고 예방체제 구축 2. 체험중심의 안전교육 강화 3. 학교구성원의 예방능력 강화 4. 안전한 교육활동 여건 조성 5. 안전한 학교 풍토 조성	1. 안전한 학교 시설 및 주변환경 조성 2. 학교안전교육 내실화 3. 안전한 교육활동 운영 지원 4. 학교안전문화 확산 5. 피해회복 지원 및 재발 방지

앞의 내용들을 살펴봤을 때 제2차 학교 안전사고 예방 기본계획은 실질적인 학교안전을 확보하기 위해 현장의 의견을 광범위하게 수렴하였고 학교 안전 관련 각종 매뉴얼과 지침 등은 학교 현장 중심으로 정비함으로써 안전 업무를 추진하는데 편리하도록 하였으며 학생과 교직원의 안전 역량 제고 및 학교안전 관련 인프라를 확충하고자 하였음을 알 수 있다. 또한 학교 안전 정책을 규제와 책임에서 지원과 회복 중심으로 전환함으로써 현장의 심적부담을 완화하고 적극적인 정책 참여를 유도하며 학교안전을 우선시하는 안전문화를 정착시키고자 하였음도 알 수 있다.

4.4 주요내용

제2차 학교 안전사고 예방 기본계획의 기본 방향에 따라 '안전한 학교생활 구현'이라는 비전과 '더 안전한 학교를 위한 지속적 예방과 환경 조성'이라는 목표를 설정하였음을 알 수 있다. 그리고 이 비전과 목표를 이루기 위해 설정한 5대 분야와 13개 추진 과제는 다음과 같다.

	5대 분야	추진 과제 (13개)
1	안전한 학교 시설 및 주변환경 조성	1 안전한 학교 여건 조성
		2 효율적인 학교시설 안전관리 체계 구축
		3 학교 주변 통학안전 강화
2	학교안전교육 내실화	4 맞춤형 안전교육 및 콘텐츠 활용 지원
		5 교직원의 학교안전 역량 제고
		6 안전체험시설 확충 및 운영 내실화
3	안전한 교육활동 운영 지원	7 통합매뉴얼 제공 및 신규재난 대응
		8 학교 밖 활동 등 안전 강화
		9 학교안전 관리·지원 조직 강화
4	학교안전문화 확산	10 학교구성원 안전 의식 제고
		11 참여하는 학교안전문화 활성화 지원
5	피해회복 지원 및 재발 방지	12 학교안전사고 신속한 피해회복 지원
		13 정책활용도를 높이는 학교안전사고 통계관리

안전한 학교 시설 및 주변환경 조성

'안전한 학교 시설 및 주변환경 조성' 영역은 학교안전법 제7조 학교시설안전관리기준에 따라 학교 시설을 점검하고 정비 계획을 수립하여야 한다는 취지에서 설정되었다. 학교에서는 교직원 중심으로 안전점검을 실시하고 있으나, 점검 대상의 종류가 많고 효율적인 점검이 어렵기 때문에 보다 세밀한 점검을 위해서는 점누성 있는 외부 전문기관의 협조를 통한 시설물 관리가 무엇보다 필요하다는 것이다. 따라서 학교시설안전관리기준은 학교시설 점검에 꼭 필요한 사항으로 사용자 중심으로 개선하여 시설안전관리의 효율성 제고가 필요하게 되었다. 또한 지속적으로 어린이 보호구역 내에서의 사고가 발생하고 있어 학교 주변 어린이 보호구역의 정비도 필요하게 되었다. 이를 통해 '안전한 학교 시설 및 주변환경 조성'영역에서는 '안전한 학교 여건 조성', '효율적인 학교시설 안전관리 체계 구축', '학교 주변 통학안전 강화'의 추진 과제를 설정하게 되었다.

안전한 학교 여건 조성

효율적인 학교시설 안전관리 체계 구축

학교 주변 통학안전 강화

학교안전교육 내실화

'학교안전교육 내실화' 영역은 단위학교 안전 사고 예방 계획 수립 시 교육과정과 연계된 중요한 부분이라고 할 수 있다. 따라서 이 부분은 학교가 참여하는 체험중심의 안전교육을 강화하고 교직원 안전 교육 역량을 제고하는 내용이 중점이라고 할 수 있다. 이를 통해 '학교안전교육 내실화' 영역에서는 '맞춤형 안전교육 및 콘텐츠 활용 지원', '교직원의 학교안전 역량 제고', '안전체험시설 확충 및 운영 내실화'의 추진 과제를 설정하게 되었다.

맞춤형 안전교육 및 콘텐츠 지원

교직원의 학교안전 역량 제고

안전체험시설 확충 및 운영 내실화

안전한 교육활동 운영 지원

'안전한 교육활동 운영 지원' 영역은 교육활동 안전관리 매뉴얼 절차의 복잡성으로 인해 활용성이 저하되고 교직원들에게 과도한 행정업무로 부여될 수 있다는 측면에서 그 과제들이 제시되었다고 할 수 있다. 따라서 '안전한 교육활동 운영 지원' 영역에서는 '통합매뉴얼 제공 및 신규재난 대응', '학교 밖 활동 등 안전 강화', '학교안전 관리 · 지원 조직 강화'의 추진 과제들로 그 내용을 살펴볼 수 있다.

통합매뉴얼 제공 및 신규재난 대응

학교 밖 활동 등 안전 강화

학교 밖 활동 등 안전 강화

학교 안전문화 확산

학교 안전문화 확산은 학교 안전에 대한 교직원과 학생, 학부모 간 인식 차이가 있어 안전문화 확산을 위한 노력이 필요하다는 사회적 인식 속에서 설정되었다. 이에 형식적인 안전 업무를 수행하는 일에서 벗어나 학교 안전의 실효성을 담보할 수 있는 학교 구성우너의 안전의식을 고취할 수 있는 학교 안전 문화 확산은 중요하다고 할 수 있다. 따라서 '학교 안전문화 확산' 영역에서는 '학교 구성원 안전 의식 제고', '참여하는 학교 안전문화 활성화 지원'의 추진 과제를 설정하게 되었다.

학교 구성원 안전 의식 제고

참여하는 학교 안전문화 활성화 지원

피해 회복 지원 및 재발 방지

피해 회복 지원 및 재발 방지는 학교 안전사고에 따른 학부모와 교직원 간 분쟁조정제도 미비에 따른 교직원의 심리적 부담과 학교안전공제회 보상수준의 현실화, 학교 안전사고의 표준화된 통계 관리의 필요성에 의해 설정되었다. 이에 '피해 회복 지원 및 재발 방지' 영역에서는 '학교 안전사고 신속한 피해 회복 지원', '정책활용도를 높이는 학교 안전사고 통계관리'의 추진 과제를 설정하게 되었다.

학교 안전사고 신속한 피해 회복 지원

정책활용도를 높이는 학교 안전사고 통계관리

5. 학교안전교육관리

5.1 학교안전사고예방교육제도의 현황

5.1.1 학교관리에 대한 체계 및 학교안전 7대 표준에 의한 안전교육

① 「유아교육법」 제2조 제2호의 규정에 따른 유치원, 「초・중등교육법」 제2조의 규정에 따른 학교, 「평생교육법」 제20조 제2항의 규정에 따라 고등학교 졸업이하의 학력이 인정되는 평생교육시설, 「재외국민의 교육지원 등에 관한 법률」 제2조 제3호에 따른 한국학교 중 어느 하나에 해당하는 기관 또는 시설을 "학교"라 말하고[2]학교에 입학하여 수

학하고 있는 자를 "학생"이라 한다.

② "교직원"이라 함은 고용형태 및 명칭을 불문하고 학교에서 학생의 교육 또는 학교의 행정을 담당하거나 보조하는 교원 및 직원 등을 말한다.

③ "교육활동"은 학교의 교육과정 또는 학교의 장이 정하는 교육계획 및 교육방침에 따라 학교의 안팎에서 학교장의 관리 감독 하에 행하여지는 수업 · 특별활동 · 재량활동 · 과외활동 · 수련활동 · 수학여행 등 현장체험활동 또는 체육대회 등의 활동, 등 · 하교 및 학교장이 인정하는 각종 행사 또는 대회 등에 참가하여 행하는 활동, 그 밖에 대통령령이 정하는 시간 중의 활동으로서 위와 관련된 활동을 말한다.

④ "교육활동참여자"란 학생 또는 교직원이 아닌 사람으로서 학교장의 승인 또는 학교장의 요청에 따라 교직원의 교육활동을 보조하거나 학생 또는 교직원과 함께 교육활동을 하는 사람과 「비영리민간단체 지원법」 제4조 제1항에 따라 등록된 비영리민간단체에서 학생의 등교 · 하교 시 교통지도활동 참여에 관하여 미리 서면으로 학교장에게 통지하여 학교장의 승인을 받거나 학교장의 요청에 따라 그 단체의 회원으로서 교통지도활동에 참여하는 사람을 말한다.[3]

⑤ 학교안전사고는 교육활동 중에 발생한 사고로서 학생 · 교직원 또는 교육활동 참여자의 생명 또는 신체에 피해를 주는 모든 사고 및 학교급식 등 학교장의 관리 · 감독에 속하는 업무가 직접 원인이 되어 학생 · 교직원 또는 교육활동참여자에게 발생하는 질병으로서 대통령령이 정하는 것을 말한다. 교육부장관은 3년마다 학교안전사고예방에 관한 기본계획을 수립 · 시행하여야 하며 제4조(학교안전사고예방계획의 수립 · 시행) 또한 동법은 "기본계획의 수립 및 시행에 대한 평가, 학교안전교육 프로그램 및 교재개발, 학교안전사고 예방관련 사업추진, 그 밖에 학교안전사고 예방과 관련하여 위원장이 회의에 부치는 사항을 심의하기 위하여 교육부장관 소속으로 학교 안전사고예방위원

---

2) 학교안전교육 실시기준 등에 관한 고시 제2조

3) 학교안전사고 예방 및 보상에 관한 법률 제2조(정의).

회를 둔다"고 규정하고 있다.[4)]

⑥ 제11조(학교안전사고보상공제 사업의 실시)에 의하면, "교육감은 학교안전사고로 인하여 생명·신체에 피해를 입은 학생·교직원 및 교육활동참여자에 대한보상을 하기 위하여 학교안전보상공제 사업을 실시하며 제2조 제1호 라목의 한국 학교에 대하여는 교육부장관이 학교안전공제사업을 실시한다. 학교의 학교장은 학교안전공제의 가입자가 되고 학생이 학교안전공제에 가입한 학교에 입학(전입학을 포함한다)한 때, 교직원이 학교안전공제에 가입한 학교에 임용되거나 전보된 때, 교육활동참여자가 학교안전공제에 가입한 학교의 교육활동에 참여하게 된 때 학교안전공제의 피공제자"가 된다.[5)]

4) 학교안전사고 예방 및 보상에 관한 법률 제4조는 학교안전사고예방계획의 수립·시행에 관하여 다음과 같이 규정하고 있다.
① 교육부장관은 3년마다 학교안전사고 예방에 관한 기본계획(이하"기본계획"이라 한다)을 수립·시행하여야 한다.
② 기본계획에는 다음 각 호의 사항이 포함되어야 한다.
1. 학교 안팎의 안전사고 예방정책의 기본방향 및 목표
2. 학교안전사고를 예방하기 위한 학교 안팎의 교육활동 운영의 기본 지침에 관한 사항
3. 학교안전사고 예방 및 재난대비 훈련 등 학교안전교육에 관한 사항
4. 학교시설 안전점검·관리 및 안전조치에 관한 사항
5. 학교 안전문화 확산에 관한 사항
6. 그 밖에 학교안전사고 예방을 위하여 필요한 사항
③ 교육부장관은 제1항에 따라 수립한 기본계획을 제4조의2에 따른 학교안전사고 예방위원회의 심의를 거쳐 공표하여야 한다. 이를 변경하려는 경우에도 또한 같다.
④ 교육부장관은 기본계획을 수립하기 위하여 필요한 경우 관계 중앙행정기관의 장에게 관련 자료의 제출을 요청할 수 있다.
⑤ 교육감은 매년 기본계획에 따라 학교안전사고 예방에 관한 지역계획(이하"지역계획"이라 한다)을 수립·시행하여야 한다.
⑥ 학교장은 기본계획과 지역계획을 바탕으로 학교의 교육과정 또는 학교장이 정하는 교육계획에 따라 매년 학교안전사고 예방에 관한 학교계획(이하"학교계획"이라 한다)을 학교운영위원회의 심의를 거쳐 수립·시행하여야 한다.
⑦ 교육감은 매년 해당 연도의 학교계획 및 지난해의학교계획에 따른 추진실적을 대통령 령으로 정하는 바에 따라 평가하며 교육부장관에게 제출하여야 한다.
⑧ 그 밖에 계획 수립·시행 및 평가 등에 필요한 사항은 대통령령으로 정한다.

5) 학교안전사고 예방 및 보상에 관한 법률 제8조(학교안전교육의 실시) ① 학교장은 학교안전사고를 예방하기 위하여 교육부령이 정하는 바에 따라 학생·교직원 및 교육활동참여자에게 학교안전사고 예방 등에 관한 다음 각 호의 교육(이하"안전교육"이라 한다)을 실시하고 그 결과를 학기별로 교육감에게 보고하여야 한다.

⑦ 교육부에서는 2014년 11월 제시한 「교육 분야 안전종합대책」의 일환으로 「학교안전사고 예방 및 보상에 관한 법률 제8조」 등을 근거로 2015년 2월 학교안전교육 7대 표준안을 발표하였다. 학교안전교육 7대 표준안은 학생의 발달단계별로 "체계적인 안전교육을 실시하기 위하여 수준에 적합한 과정으로 생활안전, 교통안전, 폭력예방 및 신변안전, 약물 및 사이버중독, 재난안전, 직업안전, 응급처치교육"으로 구성되어있다. 교육부는 2016년 3월 학교안전교육 실시기준 등에 대하여 학생 안전교육의 시간 및 횟수를 학년별로 구분하여 실시할 수 있도록 하는 고시(교육부 고시 제2016-90호)를 발표하였고, 2017년 3월 고시개정안을 발표하였다.

⑧ 이 고시에 따라 학교장은 교육활동참여자의 안전교육을 위한 계획을 수립・실시할 의무가 있으며 3년 미만의 계약직 교직원은 매학기 2시간 이상을, 정규직 교직원은 매 3년마다 15시간 이상을 이수하여야 한다. 교직원뿐만 아니라, 방과후 교사 등 교육활동참여자의 경우에도 매년 1회 이상의 교육을 이수하여야 한다. 학교안전교육 실시 기준 등에 관한 고시 개정안은 학교안전에 관한 국가자격을 취득할 경우에는

---

1. 「아동복지법」 제31조에 따른 교통안전교육, 감염병 및 약물의 오남용 예방 등 보건위생관리교육 및 재난대비 안전교육
2. 「학교폭력 예방 및 대책에 관한 법률」 제15조에 따른 학교폭력 예방교육
3. 「성폭력방지 및 피해자보호 등에 관한 법률」 제5조에 따른 성폭력 예방에 필요한 교육
4. 「성매매방지 및 피해자보호 등에 관한 법률」 제5조에 따른 성매매 예방교육
5. 「초・중등교육법」 제23조에 따른 교육과정이 체험중심 교육활동으로 운영되는 경우에 이에 대한 안전사고 예방교육
6. 그 밖에 안전사고 관련 법률에 따른 안전교육

③ 교육부장관 및 교육감은 다음 각 호의 사항이 포함된 안전교육에 필요한 교재와 프로그램을 개발・보급하고, 학교장의 요청이 있는 경우 교육부령으로 정하는 안전교육을 담당할 강사를 알선하는 등 안전교육에 필요한 지원을 하여야 한다.
1. 안전사고 예방 및 대책에 관한 사항
2. 재난대비 훈련 및 안전에 관한 사항
3. 그 밖에 교육부장관이 필요하다고 인정하는 사항

④ 학교장은 필요에 따라 안전교육을 이론교육과 실습교육으로 병행하여 실시하되, 안전교육을 효율적으로 실시하기 위하여 교원 또는 교육활동참여자로 하여금 담당하게 하거나 교육부령으로 정하는 바에 따라 전문교육기관・단체 또는 전문가에 위탁하여 실시할 수 있다.

위의 교육을 이수하지 않더라도 교육을 이수한 것으로 간주하고 있다.[6] 학년별 학생안전교육의 시간 및 횟수는 다음과 같다.

〈표 2-1〉 학년별 학생안전교육의 시간 및 횟수

구분		생활안전 교육	교통안전 교육	폭력예방 및 신변 보호 교육	약물 및 사이버중독 예방교육	재난안전 교육	직업안전 교육	응급처치 교육
교육 시간	유치원	13	10	8	10	6	2	2
	초등 학교	12	11	8	10	6	2	2
	중학교	10	10	10	10	6	3	2
	고등 학교	10	10	10	10	6	3	2
횟수		학기당 2회 이상	학기당 3회 이상	학기당 2회 이상	학기당 2회 이상	학기당 2회 이상	학기당 1회 이상	학기당 1회 이상

참고

1. 학력이 인정되는 평생교육시설 및 「재외국민의 교육지원 등에 관한 법률」 제2조 제3호에 따른 재외 한국학교와 「초·중등교육법」 제2조 제4호에 따른 특수학교의 경우는 인정되는 학력에 해당하는 학교 급에 맞추어 실시한다.
2. 학교안전교육 실시 시간의 단위는 유치원은 교육과정 고시에 따른 단위활동이며, 초·중등학교는 교육과정 고시에 따른 차시이다.
3. 학교급별 제시하는 안전교육 시간은 학년별(유치원은 연령별) 실시해야 할 시간을 말하며, 횟수는 영역별 안전교육 시간을 학기당 제시된 횟수 이상으로 분산·실시해야 함을 말한다.
4. 학교(유치원 포함) 운영 성격 및 지역적 특성에 따라 총 이수시간의 범위 내에서 안전영역별 이수 시간을 자율적으로 조정·운영(20% 범위 내, 소수점은 올림처리)할 수 있다.
5. 1단위활동 및 1시간(차시)의 수업 시간은 교육과정을 따르되, 기후 및 계절, 학생의 발달정도, 학습 내용의 성격, 학교 실정 등을 고려하여 탄력적으로 편성 운영할 수 있다.

(출처 : 교육부고시 제2017-121호 별표1)

---

6) 학교안전교육 실시 기준 등에 관한 고시 개정안
"제4조(교직원 등 안전교육) ① 법 제2조제3호에 따른 교직원은 안전교육을 3년마다 15시간 이상을 이수하여야 한다.
② 3년 미만의 계약을 체결하여 종사하는 자는 매 학기 2시간 이상을 이수하여야 한다.
③ 법 제2조제5호에 따른 교육활동참여자는 매 학년도 1회 이상의 안전교육을 이수하여야 하며, 학교의 장은 교육활동참여자의 안전교육을 위한 계획을 수립 실시하여야 한다.
④ 제1항에서 제3항까지에도 불구하고 학교안전관련 국가자격이 신설되어 국가자격을 취득·유지할 경우에는 안전교육을 이수한 것으로 본다."

5.1.2 학교안전교육과정

① 학교안전을 정의한 법령은 없기에 학교에서의 안전사고를 규정한 「학교안전사고 예방 및 보상에 관한 법률(약칭: 학교안전법)」과 국가재난관리를 규율하고 있는 「재난 및 안전관리 기본법(약칭: 재난안전법)」을 활용하여 학교안전을 정의할 수 있다. 즉 「학교안전사고 예방 및 보상에 관한 법률」에 의한 학교안전사고가 발생하지 않고, 「재난 및 안전관리 기본법」에 의한 재난피해가 없는 상태를 말한다.

② 2007. 1. 26. 「학교안전사고 예방 및 보상에 관한 법률」이 제정되기 이전에는 학교안전사고는 민법 제750조 및 제755조에 따라 보상책임을 부담하는 자로 교원이나 학교장이나, 동법 제756조에 따라 이들에 대하여 사용자 지위에 있는 자, 또는 동법 제758조에 의하여 교법인 또는 교육감으로 규정되어 있었고, 이들이 부담하는 위험을 분산시키기 위하여 학교안전공제회를 설립하였다. 당시 학교안전사고에 대한 손해배상의 문제는 과실책임의 원칙에 따라 "자기책임의 원칙"이 적용되었고 따라서 국가에 부과한 책임의무는 없었다. 이러한 책임의 문제는 당시 학교안전사고 및 이에 따른 손해배상의 문제를 학생들의 신체나 생명을 보호하는 측면에서 보다는 오히려 교원의 손해배상책임위험을 분산하는 것에 초점을 맞추는 결과로 이어졌다. 이러한 움직임 속에서 학교안전사고가 발생할 경우 교원의 손해배상책임을 상호부조한다는 측면에서 1987년부터 "학교안전공제회"가 서울을 시작으로 설립되기 시작하였다. 그 후 1991년 "교원지위향상을 위한 특별법"의 제정으로 전국 16개 시도별로 "교육활동 중 발생한 사고로부터 교원 및 학생을 보호"하기 위한 목적의 "학교안전관리공제회"를 설립·운영하게 되었다. 이러한 개선에도 불구하고 공제회는 제도의 취지에 부합하는 역할을 하지 못하고 있으며, 사고 발생시의 해결기준이 통일적이지 못하고 개별 공제회에 따라 다른 결론이 도출된다는 점에서의 혼란이 야기되고, 여전히 국가에 지원을 요구할 수 있는 법적 근거가 마련되어 있지

않다는 한계에 직면하면서 사회보험의 일환으로서 제도를 정비하자는 요구가 나타나기 시작했다. 이에 교육부가 “학교안전사고 예방 및 보상에 관한 특별법” 제정을 추진하고 논의를 거쳐 2007년 현행법이 제정되었다. 특별법 제정 당시 학교안전사고보상시스템을 어떻게 결정할 것인가에 대한 많은 논의가 있었으나, 기존 공제회 조직 및 공제기금 등 재산을 포괄승계하고, 학교안전사고예방 규정을 추가하는 것으로 특별법이 제정되었다.[7)]

③ 사회보장제도는 개인의 사회적 위험 · 빈곤 및 생활 장해 · 생활불능에 대하여 국가나 사회가 직접적으로 개입하여 국민의 생존권을 보장한다는 취지에서 나온 개념으로,[8)] 우리 헌법 제34조가 사회보장제도의 근거가 된다. 헌법 제34조 제1항은 “모든 국민은 인간다운 생활을 할 권리를 가진다”고 천명하고, 제2항부터 제5항에서 “국가의 사회보장 · 사회복지의 증진에 노력 할 의무, 국가의 여자의 복지와 권익 향상을 위해 노력할 의무, 국가의 노인과 청소년의 복지향상을 위한 정책실시 의무, 신체장애자 및 질병 · 노령 기타의 사유로 생활능력이 없는 국민에 대한 보호”를 규정하고 있다. 사회보장기본법에 의해 “질병, 사망, 노령, 장애 및 실업 등은 사회적 위험으로써 특정 개인에 국한하여 발생하는 위험이 아니라 모든 국민에게 인간으로서 당연히 발생하는 위험에 대하여 개인이 각각 개별적으로 대처하는 것보다 모든 국민이 공동으로 대처하는 것이 그 효율성을 높일 수 있고, 사회적 위험은 개인책임이 아니라 국가 및 사회의 공동책임”이라는 의식 하에서[9)] 모든 국민이 인간다운 생활을 할 수 있도록 사회보장제도를 실시하여 형평과 효율의 조화를 기함으로써 복지사회를 실현하고자 하는 것이다.

7) 학교안전사고예방 및 보상에 관한 법률 제1조(목적) 이 법은 학교안전사고를 예방하고, 학생 · 교직원 및 교육활동참여자가 학교안전사고로 인하여 입은 피해를 신속 · 적정하게 보상하기 위한 학교안전사고보상공제 사업의 실시에 관하여 필요한 사항을 규정함을 목적으로 한다.

8) 이상윤, 「사회보장법」, 법문사 2012, 49면. 사회보장법이란 형식적으로는 사회보장제도에 관련된 법의 총체이며, 실질적으로는 국민의 사회보장 받을 권리와 이를 실현해야 할 국가의 의무를 규정한 법체계라고 할 수 있다.

9) 이상윤, 위의 책(각주65), 17면.

④ 이러한 목적 하에 신속하고 공정한 학교안전사고보상처리를 위하여 학교장의 의사와 관계없이 학교언전공제의 가입을 의무화하고 학교가 평상시에 공제료를 부담하면 학교안전사고 발생시 보상문제는 국가가 처리하는 방식으로 사회보험의 성격을 띈 학교안전공제제도가 등장하였다.

⑤ 법률을 제정한 입법부는 과거의 시민법 원리에 따른 손해배상제도를 지양하고, 교육복지 및 생존권 확보의 측면에서 학교안전사고에 대한 사전적 · 사후적 조치에 대해 사회보장제도로 규정하고 있다. 또한 사법부에서도 현행 법률 및 법률에 규정된 제도들을 사회보장적 제도로 판단하고 있음에도 불구하고,[10] 법률이 제정된 지 많은 시간이 경과한 지금도 법률의 집행기관인 행정부 즉 교육부 관계자, 교육청 관계자, 기타 교원단체, 학부모 단체, 심지어 학교안전공제회 조차도 과거 시민법 원리가 적용되던 시기의 손해배상책임(교사나 학교장의 불법행위로 인해 학생이 피해를 입은 경우에 교사나 학교장이 부담해야 하는 손해배상책임)을 학교안전공제회가 대신 부담하는 제도로 잘못 인식하는 경향이 짙다.

⑥ 교육부는 2014년 11월에 학교교육을 통하여 생명존중 · 안전의식을 높이고, 학교 시설과 활동 시에 안전을 강화하는 내용을 포함하고 있는

---

10) 대법원 2012.12.13. 선고 2011다77238 판결. 【공제급여청구】「학교안전사고를 예방하고, 학생 · 교직원및 교육활동참여자가 학교안전사고로 인하여 입은 피해를 신속 · 적정하게 보상하기 위한 학교안전사고보상공제 사업의 실시에 관하여 필요한 사항을 규정함을 목적으로 하는 구 학교안전사고 예방 및 보상에 관한 법률(2011.12.31. 법률 제11141호로 개정되기 전의 것, 이하 "학교안전사고보상법"이라 한다)은 교육감, 학교장 등에게 학교안전사고의 예방에 관한 책무를 부과하고, 학교안전사고가 발생한 경우 교육감, 학교장 등이 학교안전사고 발생에 책임이 있는지를 묻지 않고 학교안전사고로 피해를 입은 학생 · 교직원 등 피공제자에 대하여 공제급여를 지급함으로써 학교안전사고로부터 학생 · 교직원 등의생명과 신체를 보호하고, 그들이 피해를 입은 경우 그 피해를 신속하고 적정하게 보상하여 실질적인 학교 안전망을 구축함을 입법 취지로 한다. 따라서 학교안전사고보상법에 따른 공제제도는 위와 같은 입법 취지하에 학교안전사고로 인하여 피공제자가 입은 피해를 사회보장 차원에서 직접 전보하는 성질을 가지고 있는 것으로서 불법행위로 인한 손해를 배상하는 제도와 그 취지나 목적을 달리하며, 법률에 특별한 규정이 없는 한 학교안전사고보상법에 의한 급여지급책임에는 과실 책임의 원칙이나 과실상계의 이론이 적용되지 않는다고 할 것이다.」

「교육분야 안전종합대책」을 발표하였다.[11] 교육부의 안전대책은 "안전의식과 습관을 체득할 수 있는 체계적인 안전교육을 실시하고, 교원을 안전교육에 관한 준전문가로 육성하며 , 안전한 교육활동의 제공과 안전한 교육시설을 조성한다"는 것이다.[12]

⑦ 교육부는 체험중심의 체계적인 안전교육의 시행과 관련하여, "문・이과 통합형 교육과정을 개발하게 되면 독립된 안전교과 또는 안전단원을 설치하도록 하며, 학생들의 발달단계별 제계적인 안전교육이 가능하도록 7대 안전교육 표준안을 개발하고, 표준안을 기반으로 안전교과 및 단원을 구성"하도록 하였다. 체험위주의 교육훈련을 강화하기 위하여 학교의 소방대피 훈련을 체험중심으로 전환하고, 종합안전 체험관이 전국에 11개소에 불과하던 것을 추가로 선립하며, 이동식 안전체험 버스의 시범운영을 실시한다. 또한, 수상안전사고를 대비하기 위하여 초등학교 3학년 학생들을 대상으로 수상안전교육을 실시하도록 하였다.[13]

⑧ 초등학교 1~2학년은 "바른생활"에 안전하게 등・하교하기 위한 "교통안전 규칙을 알고 안전하게 등・하교 한다"는 것과 안전한 여름나기에서는 "여름을 안전하게 지내는 방법을 알아보고 안전한 여름 생활을 한다"가 있으며 겨울철 건강하고 안전하게 생활하기에서는 "겨울철 건

11) 교육부 보도자료, 「생명존중・안전사회 구현을 위한 교육분야 안전 종합 대책 발표」 2014.11.11. 참조.

12) 교육부가 발표한 안전종합대책에서 학교에서 실시하는 안전교육과 관련된 세부 내용을 마련한 것으로 보인다.

13) 교원을 안전교육을 위한 준전문가로 육성하기 위한 정책은 다음의 내용을 포함하고 있다 교원양성과정에서 유・초등, 중등 보건 및 체육교과 과정의 학생들을 대상으로 전공과목에 안전 관련 내용을 포함하거나 별도의 안전과목을 설치하도록 한다. 교원양성기관의 모든 학생들을 대상으로 재학 중에 2회 이상 응급처치와 심폐소생술교육을 받도록 하고, 교사 자격증 검정 기준 등에 반영 할 예정이다. 교원의 임용 및 승진에 교원을 대상으로 신설하는 "학교안전관리지도사(가칭)" 자격을 취득할 경우 가산점을 부여하는 방안을 검토한다. 기존 교원은 전체 교원을 대상으로 향후 3년 내에 15시간이상의 안전연수를 실시하고, 신규교원 연수・정교사 자격연수・교장・교감 자격연수에 안전교육을 의무화 한다. 학교에서는 전체 교직원을 대상으로 심폐소생술 및 응급처치 교육을 실시하고, 매학기 학교안전 메뉴얼 교육을 시행할 계획이다. 현재 여러 법령에 분산되어 규정되어 있는 안전교육과 관련한 사항을 학교안전사고예방 및 보상에 관한 법률로 체계화하여 안전교육에 관계된 법령을 일원화하고, 안전교육의 구체적인 사항을 명시할 예정이다.

강과 안전 생활 수칙을 알아보고 지킨다"가 수록되어 있다.

⑨ 초등학교 3~6학년은 "도덕" 교과에 사회・국가・지구공동체와의 관계에 대한 영역으로 "질서 있고 안전한 사회생활을 영위하기 위해 법과 규칙을 지키는 일이 중요함을 이해하고 이를 생활 속에서 잘 실천하려는 자세를 지닌다"가 포함되어 있다. 또 "과학" 교과에 물체의 빠르기에 대한 영역으로 "안전한 생활을 위해 물체의 빠르기를 적절하게 조절해야 함을 알게 한다"와 연소와 소화에 관한 영역으로 "화재 예방 및 화재 발생 시의 안전대책을 알고 소화기를 올바르게 사용할 수 있다 및 화산과 지진의 영역으로 "지진 발생의 원인을 이해하고 지진이 났을 때의 대처 방법을 안다."등이 포함되어 있다.

⑩ "실과" 과목의 실험・실습 활동분야에 "기계, 도구 및 기구, 설비나 용구 등의 정확한 사용 방법과 안전 및 유의사항을 숙지하도록 하며, 안전사고가 발생하지 않도록 주의 한다"와 "조리기구 사용, 열원과 연료의 취급과 관리에 유의하도록 하여 안전교육에 힘쓴다"가 실려 있다. "체육" 교과의 건강 활동 영역에는 실내에서의 안전한 생활, 가정 안전사고 예방법, 응급 상황 대처행동 등과 등・하교 시 안전한 통행 방법, 학교 안전사고 예방법, 간단한 응급 처치법, 화재 및 자연재해 등의 예방 활동, 대처 행동 등이 수록되어 있다. 또 여가 활동에 대하여는 "보호 장구 착용의 확인 점검 및 철저한 안전 점검 태도를 익히고 이를 습관화 할 수 있도록 지도 한다"라고 되어 있으며 교수・학습활동 계획분야에는 "학생들의 안전사고를 예방하기 위해 안전 수칙과절차를 마련하고 이를 학생들에게 공지하여 준수하도록 지도한다"고 되어 있다.

⑪ 중학교는 "사회과"에는 자연재해와 인간 생활에 대한 사항으로 "자연재해(예, 지진 및 쓰나미 등)가 빈번히 발생하는 지역을 파악하고, 자연재해가 인간의 삶에 미치는 영향을 종합적으로 이해한다." 및 "인간에 의해 자연재해의 피해가 증가하거나 감소할 수 있음을 사례(예, 홍수, 사막화 등)를 통해 이해한다."는 것과 "우리나라에서 발생하고 있

는 자연재해의 종류와 특성을 이해한다."라고 되어 있다. "과학과"의 실험 · 실습 지도부분에는 "실험 기구 사용법 지도", "화학 약품을 다룰 때의 주의점 지도", "야외 탐구활동 및 현장학습시 안전지도"등이 기술되어 있으며, "기술 · 가정과"에는 실험 · 실습 활동 부분에 "기계, 도구 및 기구, 설비나 용구 등의 정확한 사용 방법과 안전 및 유의사항을 숙지하도록 하며, 안전사고가 발생하지 않도록 주의 한다", "조리 기구 사용, 열원과 연료의 취급과 관리에 유의하도록 하여 안전 교육에 힘쓴다."가 수록되어 있다.

⑫ "체육과"에 있어서는 건강 활동 분야에 "가정 및 학교생활에서 발생하는 건강 문제 및 안전사고에 대한 대처 방법을 익힐 수 있도록 지도한다"고 되어 있고, 교수 · 학습 활동계획에는 "학생들의 안전사고를 예방하기 위해 안전 수칙과 절차를 마련하고 이를 학생들에게 공지하여 준수하도록 지도한다"고 되어 있다.

⑬ "보건과목"의 안전과 응급처치 부분에 "재난 및 위험 상황을 예측해 보고 침착하게 행동하기 위한 전략을 수립 한다", "응급처치의 중요성과 심폐 소생술을 익힌다."는 내용이 수록되어 있다.

⑭ 고등학교는 보통교과인 "사회과"한국지리의 기후 환경의 변화 부분에 "자연재해의 발생 원인과 영향을 이해하고 그 대책을 제시할 수 있다"고 되어 있고, "세계지리"의 세계의 다양한 자연환경 부분에 "화산활동에 따른 자연재해의 특성과 주민 생활에 미치는 영향을 사례를 통해 탐구한다."고 수록되어 있으며, 과학(물리, 화학, 생명과학, 지구과학)과의 실험 · 실습지도 부분에는 "실험 기구사용법 지도", "화학 약품을 다룰 때의 주의점 지도", "야외 탐구 활동 및 현장학습 시 안전지도"등이 다루어지고 있다.

⑮ "기술 · 가정"(기술 · 가정, 농업생명과학, 공학기술, 가정과학, 해양과학)과목의 실험 · 실습 활동 부분에는 "기계, 도구 및 기구, 설비나 용구 등의 정확한 사용 방법과 안전에 관한 유의사항을 숙지하도록 하며, 안전사고가 발생하지 않도록 주의한다.", "조리 기구 사용, 열원과

연료의 취급과 관리에 유의하도록 하여 안전 교육에 힘쓴다."고 되어 있다., "체육"교과의 교수・학습 활동계획에 "학생들의 안전사고를 예방하기 위해 안전 수칙과 절차를 마련하고 이를 학생들에게 공지하여 준수하도록 지도한다."고 되어 있고, 수상운동 부분의 수상운동의 부상 예방법과 응급 처치에 "수상운동에서 자주 발생하는 안전사고의 유형을 이해하며 응급 상황에서의 처치 방법을 이해하고 적용한다."고 되어 있으며, 빙상・빙설운동 부분의 빙상・설상 운동의 부상 예방법과 응급 처치에는 "빙상・설상 운동에서 자주 발생하는 안전사고의 유형과 자주 발생하는 부상의 예방법 및 응급 처치 방법을 이해하고 적용한다."고 수록되어 있다. 그 외 교양(보건)과목의 안전 및 사고예방과 응급처치에는 "생활 속의 위험 요인 평가와 사고 예방", "응급처치・심폐 소생술, 구조 활동 및 응급 의료・안전 법률과 제도","재난・오염・사고・산업재해와 안전"이 다루어지고 있다.[14)]

⑯ 전문교과의 "농생명산업" 과목의 실험・실습의 자세와 안전 수칙에 "실험・실습에 임하는 자세와 실험・실습 시 지켜야 할 안전 수칙, 실험・실습을 마친 후의 안전 수칙에 대해서 이해하고, 이러한 안전 수칙을 지키지 않았을 경우 나타나게 될 위험에 대한 대처 방법을 이해한다."고 되어 있다. "공업"의 산업 안전과 환경오염 부분에는 "사고와 재해, 사고 발생원인 및 예방의 중요성을 인식하고, 기계안전, 전기안전, 화공안전 및 건설안전 등의 재해 방지 및 방호 대책에 대하여 말할 수 있다"고 되어 있다. 그리고 실험・실습 안전부분에 서는 "장비 사용법, 실험・실습에 임하는 자세와 실험・실습 시 지켜야 할 안전 수칙, 실험・실습을 마친 후의 안전 수칙에 대해서 이해하고, 이러한 안전수칙을 지키지 않았을 경우 나타나게 될 위험에 대한 대처 방법을 이해한다."고 수록되어 있다.

⑰ "전문제도, 과목의 구조물의 설계・제도 부분에 "역학적으로 안전하고 경제적인 구조물이 시공되기 위한 정확한 물량산출을 이해한다."라고

14) 송호현, 교육과정에서의 안전교육과 교사연수, 한국교원대학교 안전교육학술발표회, 2014, 참조.

되어 있고, 전기와 생활 부분에는 "감전 및 전기 화재의 원인과 예방 대책을 알 수 있다"고 되어 있다. "수리, 토질"의 흙의 강도 및 다짐 부분에는 "안전한 구조물 설계를 위하여 흙의 강도와 다짐에 대하여 이해할 수 있다"고 되어 있고, 건축의 구조에는 "건축구조에 대한 개념과 구조물의 안전의 중요성에 대해 이해할 수 있다"고 수록되어 있다.

⑱ "선박구조"과목의 여객선 부분에는 "승객의 안전과 편리한 거주 설비 등이 요구되므로 이에 대한 구조와 의장 설비에 대하여 충분히 이해할 수 있도록 학습한다."고 되어 있고, "항공기 기체"부분의 항공기 기체 구조 강도에는 "항공기 기체의 응력-변형률, 피로, 안전 여유 등으로 분류하고, 인장·압축시험, 응력-변형률 선도 이해 및 그리기, 피로 한도 등을 이해할 수 있다"고 수록되어 있다.

⑲ 그 외 "수산해운"과목의 해상안전 부분에는 "해상통신, 사고방지, 생존 기술, 인명 구조와 응급 처치"가 잠수기술 부분에는 "수상 인명 구조, 심폐소생술 등"수색과 구조 및 해상통신부분에는 "수색과 구조, 해상 통신 등"당직 근무와 선내안전부분에는 "비상 대응 훈련, 생존 기술 등"이 수록되어 있다. "가사·실업"과목의 실험실습 안전 분야에는 "장비 사용법, 실험·실습에 임하는 자세와 실험·실습 시 지켜야 할 안전 수칙, 실험·실습을 마친 후의 안전 수칙에 대해서 이해하고, 이러한 안전 수칙을 지키지 않았을 경우 나타나게 될 위험에 대처 방법을 이해한다."고 되어 있고, "급식관리"부분에는 "급식소에서 에너지원으로 사용하는 가스, 전기, 증기 등의 특징과 안전사고를 예방할 수 있는 관리 방법을 이해한다.", "안전사고의 원인과 종류, 예방법과 응급조치 요령을 이해하고 실천할 수 있다"는 내용이 수록되어 있다. 이밖에 범교과 학습주제에 안전교육이 포함되어 있고, 창의적 체험활동의 자율활동 영역에도 안전생활훈련을 실시하도록 하고 있다.[15)]

⑳ 특수학교는 기본적으로 일반학교의 지도내용에 준하도록 되어 있다. "과학과"에서는 1단계로 "생활주변의 여러 가지 소리와 빛을 구별한

15) 송호현, 앞의 발표자료(각주71) 참조.

다.", "주변의 사물을 생물과 무생물로 구별하고 동물과 식물의 이름과 생김새를 안다"고 되어 있다. 2단계에서는 "신체와 물체를 이용하여 여러 가지 소리를 내고 빛의 성질을 이용한 여러 가지 놀이를 할 수 있다.", "생물과 무생물의 특징을 알고 구별하며 동물과 식물의 종류와 특징을 안다.", "우리 몸을 구성하는 여러 기관을 알고 각 기관의 기능을 안다", "하늘, 바다, 땅의 모습을 비교하여 살펴보고, 날씨와 계절의 변화에 따라 자연의 모습이 달라짐을 알며, 환경을 지키는 방법을 실천한다.", "날씨와 계절의 변화에 관심을 가지고 조사한다."고 되어 있으며, 3단계에서는 "동물과 생물의 한 살이를 알고 생명을 소중하게 다루는 태도를 기른다.", "전기 기구 사용 시 주의 사항을 알고 바르게 사용한다.", "건강한 생활을 위해 할 일을 알고 건강을 지키는 생활태도를 갖는다."고 되어 있다.

5.1.3 학교안전사고 예방 및 보상에 관한 법률

① 학교안전에 관한 법으로는 아동복지법, 학교폭력예방법, 성폭력방지법, 교육기본법, 초·중등교육법, 학교안전사고 예방 및 보상에 관한 법률, 학교보건법, 학교급식법, 교육시설 등의 안전 및 유지관리 등에 관한 법률 등이 있다. 그 중 「학교안전사고 예방 및 보상에 관한 법률」은 법률 2007. 1. 26. 제8267호로 제정되어 2007. 9. 1.부터 시행되고 있다. 이 법은 학교안전사고를 예방하고, 학생·교직원 및 교육활동참여자가 학교안전사고로 인하여 입은 피해를 신속·적정하게 보상하기 위하여 학교안전사고보상공제 사업을 실시하는 데 필요한 사항을 규정하고 있다. 주요내용을 보면, "학교안전사고 예방을 위해(법 제5조·제6조 및 제8조)교육부장관 등은 학교안전사고 예방을 위하여 필요한 대책을 마련하여야 하고, 학생 등에 대하여는 예방교육을 강화"하여야 한다. 교육감 또는 학교장 등은 교육부 소관 국가안전관리기본계획에 따라 학교시설에 대한 안전점검을 연 2회 이상 실시하도록 하고 있다. 그리고 지금까지 각 시도교육청 자율에 맡겨 두었던 안전사고피해보

상 문제를 해결하기 위해 학교안전사고보상공제 사업의 실시 및 학교안전공제회의 설립(법 제11조・제12조 및 제15조)근거를 마련하고, 공제급여의 종류 및 지급 등에 관한 사항(법 제34조・제44조 및 제45조), 공제료의 산정기준(법 제49조제3항 및 제4항)심사청구 및 재심사청구(법 제57조 및 제61조)등을 규정하였다.

② 2014년 세월호 사고 이후 동법 제2조 제4호에서 학교안전 책임을 더욱 강화하여 교육활동의 정의에 "수학여행 등 현장 활동을 포함"하고, 동법 제4조와 제4조의3을 신설하여 "학교안전사고 예방계획의 수립・시행을 의무화 하고, 이를 효율적으로 추진하기 위한 실태조사를 할 수 있도록" 하였다. 그리고 동법 제4조의를 신설하여 예방계획에 대한 평가, 안전교육 예방 관련사업, 프로그램 및 교재 개발 등을 심의하는 학교안전사고예방위원회 구성하도록 하고 있다. 안전교육 대상을 학생・교직원 및 교육활동 참여자로 확대하고, 교육결과를 학기별로 교육감에게 보고하도록 하고(제8조제1항), 시・도교육청에 학교안전사고 예방 및 대책을 담당하는 전담부서를 설치・운영할 것을 의무화(제8조의3신설)하였으며, 학교안전사고로 피해를 입은 학생, 교직원 및 교육활동 참여자와 그 가족에 대하여 상담 치료 등 필요한 지원을 제공(제10조의3신설)하도록 하는 등 학교안전 관리를 강화하고 있다.[16]

③ 학교안전사고와 관련하여 법원의 판결을 보면, 학생 甲이 수업 시간에 머리를 책상 모서리에 부딪히는 사고를 당하였는데, 당시에는 별 이상 증세가 없다가 이틀 뒤 갑자기 혼수상태에 빠져 뇌내출혈 진단을 받았고, 수술 등 치료 후에도 의식이 없고 거동을 전혀 할 수 없는 상태의 장해를 입은 사건[17]에서, 서울고등법원은 "「학교안전사고 예방 및 보

16) 학교안전사고 예방 및 보상에 관한 법률 제10조의3(상담 지원 등) ① 교육부장관 및 교육감은 학교안전사고로 피해를 입은 학생・교직원 및 교육활동참여자, 그 가족에 대하여 심리적 안정과 사회 적응을 위한 상담 및 심리적 치료 등의 필요한 지원을 제공하여야 한다. ② 제1항에 따른 지원대상의 범위 등 지원에 필요한 사항은 대통령령으로 정한다.[본조신설 2015. 1. 20.]

17) 원고들의 아들인 D는 ○○국 ○○시 소재 ○○한국학교 ○학년에 재학 중이던 2011. 12. 9. 12:30 경 위 학교 ○○반 교실에서 ○○ 수업을 받다가 책상 밑에 떨어진 지우개를 줍기 위해 몸을 구부렸다가 벌떡 일어서면서 머리를 책상 모서리에 부딪히는 사고(이하 "이 사건 사고"라 한다)를

상에 관한 법률」의 입법취지에 비추어 보면 문제의 외래 사고와 신체 피해 사이에 직접적인 인과관계가 없다 하더라도 적어도 그 사고가 신체적 피해의 주된 발생원인에 겹쳐서 그 피해를 유발한 것이라면 그 사이에는 인과관계가 있다고 해석하여 위 법률상의 공제금 지급의무를 인정함이 타당하다 할 것인데(대법원 2012. 12. 13. 선고 2011다111961 판결 참조), 이 사건 공제계약은 위 법률상의 공제제도를 재외한국학교인 상해한국학교에도 적용하기 위하여 이를 대부분 그대로 차용하여 체결한 것으로서 계약의 체결 목적이 동일하므로 비록 피고의 이 사건 공제금 지급의무는 위 법률에 의하여 발생하는 것이 아니라 이 사건 공제계약의 내용에 따라 발생하는 것이라 하더라도 마찬가지로 해석하여야 한다."고 판시하였다.[18)]

④ 서울중앙지방법원은 쉬는 시간에 발생한 학생들간의 폭행 사건[19)]에서

당하였다. D는 당시 이 사건 사고를 창피해하며 담임교사 등에게 알리지 않았고, 별 이상 증세도 없어 평소와 같이 일상생활을 하였으며, 집에 와서 원고들에게 이 사건 사고를 당한 이야기를 하였다. D는 2011. 12. 11. 오전 6시경 집에서 갑자기 눈 주위 통증을 호소하면서 경련을 일으키며 혼수상태에 빠져 ○○대학교 부속 아동병원(이하 "○○병원"이라 한다) 응급실로 후송되었다. CT 촬영 결과 등을 통해 D는 "뇌내출혈"이라는 진단을 받고, 오전 10시 30분부터 오후 2시까지 뇌내혈종 제거 수술을 받았다. 위 병원 담당의사는 수술전 입원 기록에 "현재진단 1. 뇌내출혈: AVM?, 2. 뇌탈, 3. 중추성 호흡부전, 4. 이차적 간질"로, 수술 기록에는 "[수술전 진단] 뇌내혈종: AVM, [수술중 진단] 뇌내혈종:우측 측두엽 AVM 출혈, [수술명] 뇌내 혈종 제거 + 뇌내 압 체크"로 각 기재하였다. D는 그 후 ○○병원에서 계속 입원치료를 받다가 의식이 없고 거동을 전혀 할 수 없는 상태로 2012. 2. 1. 위 병원을 퇴원하였다. 퇴원 당시 위 병원 담당의사는 진료기록에 "[치료결과 뇌내출혈: 동정맥기형?(호전), 뇌내혈종 제거수술 후(호전), 뇌탈(치유), 중추성 호흡부전(치유), 이차적 발작(호전), 급성 기관지염(호전), 중추감염(호전)"이라고 기재하였다. D는 2012. 2. 1. 국내로 입국하여 ○○병원에 입원하였다가 그 후 ○○의료원, ○○병원, ○○대학교병원, ○○재활병원 등에서 입원을 하거나 일회적인 재활치료를 받아왔으나 별 차도가 없었다. D는 2012. 8. 22. ○○시장으로부터 "보행과 모든 일상생활동작의 수행에 전적으로 타인의 도움이 필요하며, 수정바델지수가 32점 이하인 사람"이라는 심사결과에 따라 장애등급 "1등급", 장애유형 "뇌병변 1급"의 결정을 받았다.

18) 서울고등법원 2014. 2. 20. 선고 2013나2003345 판결.

19) 원고 양○○와 김○○은 2011. 6. 8. 15:15경 6교시를 마치고 쉬는 시간에 ○○중학교 1학년 1반 교실에서 원고 양○○가 다른 학생들이 가지고 노는 필통이 김○○의 것이 아니냐고 말한 것으로 인하여 말다툼을 하게 되었다. 그러던 중 김○○은 안경을 쓰고 있던 원고 양○○의 왼쪽 눈 부위를 주먹으로 1회 때려 10주간의 치료를 요하는 좌안 공막 및 각막 열상, 좌안 상하안검 부분 열상, 좌안 홍채 열상, 좌측 안면부 열상 등을 가하였다(이하 "이 사건 불법행위"라 한다). 원고 천○○은 원고 양○○의 담임교사로부터 연락을 받고 ○○중학교에 와서 원고 양○○를 데리고

"쉬는 시간에 발생한 학생들간의 폭행은 학교폭력법상 학교폭력에 해당하고 학교안전사고법상 학교안전사고에 해당하지 아니하므로 학교안전사고법에 기한 공제급여를 청구할 수 없다."고 하였으며,[20] 부산지방법원 2015. 1. 15. 선고 2014가합46573 판결은 기왕증이 있던 학생이 자율학습 시작 후 화장실에서 쓰러진 사고[21]에서 "쓰러진 학생은 평소 뇌전증(간질)이라는 기왕증이 있었는데, 최근 약 3년 동안 발적 증상이 없어 호전 양상을 보이던 중이었고, 고등학교 3학년 학생으로서 과중한 학사일정 및 고도의 집중을 요하는 모의고사 등을 치름으로써 과로와 스트레스에 지속적으로 노출되었고, 이러한 과로와 스트레스가 일정기간 누적되어 뇌전증(간질)에 영향을 주었다. E가 자율

서울대학교병원으로 갔고, 원고 양○○는 같은 날 서울대학교병원에서 좌안 각막 및 공막 열상에 대해 상처부위 탐색술 및 1차적 봉합술, 안면부 열상에 대해 1차적 피부 봉합술을 시행받았으며, 2011. 6. 10. 봉합부에서 유리체 누출 있어 동일상처부위 재탐색 및 재봉합술을 시행받았다. 이 사건 불법행위로 인하여 원고 양○○에게 좌안 각막 혼탁, 좌안 홍채 결손 및 이로 인한 빛보기반사 기능 장해 등이 발생하였다.

20) 서울중앙지방법원 2013. 7. 23. 선고 2012가합39825

21) E는 2014.2.21. H고등학교에 등교하여 자율학습 중인 14:00경 3층 서향관 앞 화장실에 들어가 생리현상을 해결하던 중 앞으로 쓰러졌고, 자율학습이 끝난 16:50경 같은 반 학생인 I, J는 E가 보이지 아니하여 찾아다니던 중 화장실 내에 쓰러져 있던 E을 발전하여 H고등학교 교감에게 알렸고, 17:02경 신고 전화를 받은 ○○소방서 119구급대가 H고등학교에 도착하여 심정지, 호흡정지 상태이던 E을 구급차에 실어 흉부압박을 하면서 ○○대학교병원 응급실로 후송하였다. E는 17:18경 ○○대학교병원 응급실에 도착하였으나 사망하였고, ○○대학병원에서 판단한 E의 직접사인은 간질발작을 원인으로한 "자세에 의한 질식(추정)"이었다.
원고 A는 망인의 사망이 교육활동 중 발생한 학교안전사고에 해당한다고 주장하면서 피고에게 E에 대한 공제급여(유족급여)의 지급을 청구하였으나. 피고는 2014. 4. 21. 원고 A에게 공제급여결정(위로금 지급 결정) 빛 몽보틀 하였다, 이에 원고 A는 불복하여 피고에게 학교안전공제보상심사청구믈 하였으나, 피고는 2014. 6. 17. 이 사건 사고는 평소 망인의 지병인 뇌전증(간질)에 의해 발생한 것으로 교육활동 시간대에 발생한 "질병에 의한 사고"에는 해당되나. "학교안전사고"에는 해당하지 않는다는 이유로 기각하였다.
한편, H고등학교는 3학년의 경우 정규수업을 마친 후 21:00까지 야간자율학습올 실시하고, 중간고사, 기말고사, 학력평가, 전국연합학력평가, 실용영어평가시험, 교내 논술경시대회. 진로독서경진대회. 영어독서 골든벨, 영어듣기, 영어경시대회 등의 시험이 실시된다.
E는 2008.9.11.경부터 △△대학교병원에서 뇌전증(간질)으로 치료를 받았는데, 치료 경과는 양호하였고 2011.6.28.경 경련이 발생한 이후 경련의 재발은 없었으며, 뇌파상 점차 호전 소견을 보이고 있었다. 담당 주치의는 치료 경과가 양호하여 2014년까지 치료한 후 치료를 종료할 계획이었다는 소견을 밝혔다. 정신적 스트레스에 의한 과도한 긴장 또는 긴장 저하, 육체적 피로, 심한 운동 등은 뇌전증(간질) 발작의 요인이 된다.

학습 시작 후 화장실에서 쓰러진 사고는 교육활동 중 발생한 사고에 해당되어 학교안전사고보상법상 학교안전사고에 해당한다."고 판시하였다.[22]

6. 학교안전교육에 관한 법제도

학교내·외에서 각종 안전사고로부터 학생들의 학습권을 침해하는 것에 대한 보호 법률로는 「교육 기본법」, 「학교안전사고 예방 및 보상에 관한 법률」, 「학교폭력 예방 및 대책에 관한 법률」, 「도로교통법」 등을 들 수 있다.[23]

학습권보호와 교육수요자의 권익신장이라는 관점에서 학교안전 관련 법제가 점차 강화되고 있다. 「학교안전사고 예방 및 보상에 관한 법률」 제2조 및 동법시행령 제2조에 의거 체험학습 활동은 물론, 등하교시간 까지 교육활동에 포함됨에 따라 학교장의 책임범위가 점차 확대되고 있다. 그리고 동법 제4조 및 동법 시행령 제7조 규정에 의하면 학교장은 연1회 매년 2월말까지 학교안전사고 예방에 관한 학교계획을 수립하여야 하며, 해당 연도 학교계획 및 지난해 학교계획에 대한 추진실적을 매년 3월 31까지 교육감에게 제출하도록 하고 있다.

그리고 제8조의2및 동법 시행령 제10조의2 규정에 의거 매 학기마다 교육활동안전대책 마련해야 하는데 교육활동을 직접 실시하는 경우 직접 안전을 확인하도록 하고, 교육활동을 타 기관 또는 시설에 위탁 실시할 경우는 보험가입유무 및 안전점검 및 안전교육 실시 여부, 안전대책 여부를 확인하도록 되어 있다. 이와 같이 체험학습장 시설의 안전문제와 같이 국가나 자치단체의 공적 책임영역까지 이용자인 학교에서 안전을 점검토록 하

22) 부산지방법원 2015. 1. 15. 선고 2014가합46573 판결

23) 최은, 학교안전행정법제에 관한 연구 학교안전책임과 안전행정기능 관할을 중심으로, 한국교원대학교 교육정책전문대학원 인적자원정책전공, 2016, 29~46면.

고 있다. 그리고 학교폭력 사고에 대한 피해보상은 1차적으로 가·피해자 간의 문제로 간주되어 학교안전공제회 보상에서 제외되었다. 그러던 중 피해 학생의 신속한 치료를 위하여 2012. 3. 21. 「학교폭력예방 및 대책에 관한 법률」이 개정되면서 학교장 또는 피해학생이 원하는 경우 시·도교육청 또는 학교안전공제회에서 우선 부담하고, 가해학생 보호자에게 구상토록 하고 있어 여전히 공적, 행정적 책임이 부족한 실정이다. 또한, 도로교통법에 의한 통학로 안전의 문제도 도로시설 관리주체인지방자치단체와 위법행위 단속 주체인 경찰의 책임에 앞서 등하교 시간을 교육활동으로 보고, 통학로 안전에 대한 책임을 담임교사나 학교장에게 전가하려는 경향이 강하다.

6.1 학교안전교육에 대한 유사법률 체계

6.1.1 교육기본법

① 학교안전에 관한 가장 일반적인 기본법으로는 「교육기본법」이 있다. 교육기본법은 교육에 관하여 국민의 권리와 의무로서 규정하며 또한 교육에 대하여 국가와 지방자치단체에 대하여 그 책무사항을 정하여 교육제도와 운영에 관한 기본적인 사항을 규정하고 있다. 「교육기본법」 제3조는 "학습권"에 대하여 제5조는 "교육의 자주성"등을 정하여 국민 누구나 안전한 환경 속에서 교육을 받을 수 있는 권리를 보장하고 있다. 이러한 교육기본법의 내용 중 특히 제3조의 "학습권"에 의해 교육을 받을 수 있는 권리로 안전한 학교 내에서 교육을 받을 수 있는 권리를 누구나 보장받고 있다.

② 대법원은[24] "학교교육에 있어서 교원의 가르치는 권리를 수업권이라고 한다면 이것은 교원의 지위에서 생기는 학생에 대한 일차적인 교육상의 직무권한이지만 어디까지나 학생의 학습권 실현을 위하여 인정되는 것이므로 학생의 학습권은 교원의 수업권에 대하여 우월한 지

24) 대법원 2007. 9. 20. 2005다25298 판결

위에 있다. 따라서 학생의 학습권이 왜곡되지 않고 올바로 행사될 수 있도록 하기 위해서라면 교원의 수업권은 일정한 범위 내에서 제약을 받을 수밖에 없고 학생의 학습권은 개개 교원들의 정상을 벗어난 행동으로부터 보호되어야 한다."며 학습권은 교원의 수업권 보다 우위에 있다고 보고 있다.

③ 이처럼 「헌법」의 교육권은 국민 누구나 교육을 받을 권리를 가지고 이에 반해 국가와 지방자치단체는 교육을 제공할 권리를 보장하는 내용이다. 이에 비해 「교육기본법」은 교육에 대한 구체적인 내용을 상세하게 정하고 있어 교육에 대한 직접적인 근거 규정이다. 학교 안전은 학교 내에서 안전하게 학습을 받을 권리를 가질 뿐만 아니라 학교 내에서 자유로운 학습과 관련된 생활을 할 수 있도록 교육기관과 국가나 지방자치단체는 책임을 가지고 이를 보호하여야 한다.

6.1.2 초·중등교육법

① 교육은 홍익인간(弘益人間)의 이념 아래 모든 국민으로 하여금 인격을 도야(陶冶)하고 자주적 생활능력과 민주시민으로서 필요한 자질을 갖추게 함으로써 인간다운 삶을 영위하게 하고 민주국가의 발전과 인류공영(人類共榮)의 이상을 실현하는 데에 이바지하게 함을 목적으로 하고 있다. 교육기본법은 교육에 관한 국민의 권리·의무 및 국가지방자치단체의 책임을 정하고 교육제도와 그 운영에 관한 기본적 사항을 규정함을 목적으로 한다.[25)]

② 제9조(학교교육)에서 유아교육·초등교육·중등교육 및 고등교육을 하기 위하여 학교를 둔다고 규정하고 있고 제17조의5(안전사고예방)에서는 "국가와 지방자치단체는 학생 및 교직원의 안전을 보장하고 사고를 예방할 수 있도록 필요한 시책을 수립·실시하여야 한다."고 규정되어 있다. 이러한 교육기본법 제9조에 따라 초·중등교육에 관

25) 교육기본법 제1조(목적).

한 사항을 정함을 목적으로 한 법이 초・중등교육법이고 총5장과 부칙으로 구성되어 있다. 내용은 "총칙, 의무교육, 학생과 교직원, 학교, 보칙 및 벌칙"으로 되어있고 초・중등교육을 실시하기 위하여 초등학교・공민학교, 중학교・고등공민학교, 고등학교・고등기술학교, 특수학교, 각종학교를 둔다.[26]

〈표 2-2〉 초・중등교육법에 의한 학생의 안전대책[27]

안전대책 수립책임자	• 국립학교 – 학교의 장 • 공립 및 사립학교 – 교육감
목적	• 외부인의 무단출입이나 학교폭력 및 범죄의 예방
내용	• 학교 내 출입자의 신분확인 절차 등의 세부기준수립 • 영상정보처리기기의 설치 • 학교주변에 대한 순찰・감시 활동계획 작성
심의・자문	• 학부모 및 교직원의 의견 청취 • 학교운영위원회의 심의 또는 자문

③ 특히, 2017년 3월 21일부터 초・중등학생 등에 대한 안전을 강화하고, 건강을 보호하기 위하여 일부 개정된 「초・중등교육법 시행령」이 시행되었고 동법은 "유치원에 대해서도 심폐소생술 교육을 실시하도록 의무화하는 것과 학교 건물 내 발암물질인 석면 및 방사성 기체인 라돈의 기준을 강화하는 내용"을 포함하고 있다. 교육부장관은 개정법에 의하여 "초・중등교육 정책의 효율적인 추진과 초・중등교육에 필요한 학생・교원・직원・학교・교육행정기관 등에 대한 기초자료 수집을 위하여 교육통계조사를 매년 실시하고 그 결과를 공개"할 의무를 부담하고 있다.

④ 학교안전사고와 관련된 법원의 입장을 살펴보면, 학교 운동장에서 고등학교 입시내신을 위한 체력검사를 실시하던 중 발생한 사고로 학생이 사망한 사건에서 교장이나 교사의 일반적 보호・감독의무의 유무와 관련하여 법원은 "학교의 교장이나 교사가 학생을 보호・감독할

26) 초・중등교육법 제2조(학교의 종류).
27) 초・중등교육법 제30조의8 및 동법 시행령 제57조의2.

의무는 교육법에 따라 학생들을 친권자 등 법정 감독의무자에 대신하여 감독을 하여야 하는 의무로서 학교에서의 교육활동 및 이에 밀접 불가분의 관계에 있는 생활관계에 대하여는 그 보호·감독의무가 미친다"고 판단하면서 "학교 운동장에서 고등학교 입시내신을 위한 체력검사를 실시하던 중 발생한 사고는 교육활동과 밀접 불가분의 관계에 있으므로 이에 대하여는 교장이나 교사의 일반적인 보호·감독의무가 미친다"고 보았다.[28] 또한 법원은 대법원 1996. 8. 23., 선고, 96다19833 판결에서 "학교의 교장이나 교사는 학생을 보호·감독할 의무를 지는 것이나, 그러한 보호감독의무는 교육법에 따라 학생들을 친권자 등 법정감독의무자에 대신하여 보호·감독하여야 하는 의무로서 학교의 교육활동 중에 있거나 그것과 밀접불가분의 관계에 있는 생활관계에 있는 학생들에 대하여 인정되며, 보호감독의무를 소홀히 하여 학생이 사고를 당한 경우에도 그 사고가 통상 발생할 수 있다고 예상할 수 있는 것에 한하여 교사 등의 책임을 인정할 것인바, 그 예견가능성은 학생의 연령, 사회적 경험, 판단능력 등을 고려하여 판단하여야 한다"고 판단하여 예견가능성을 보호감독의무의 기준으로 적용한 바 있다.

6.1.3 아동복지법

① 아동복지법은 아동이 건강하게 출생하여 행복하고 안전하게 자랄 수 있도록 아동의 복지를 보장하는 것을 목적으로 한다.[29] "아동"이란 18세 미만인 사람을 말하며 아동은 "자신 또는 부모의 성별, 연령, 종교, 사회적 신분, 재산, 장애유무, 출생지역, 인종 등에 따른 어떠한 종류의 차별도 받지 아니하고 완전하고 조화로운 인격발달을 위하여 안정된 가정에서 행복하게 자라나야 한다"고 제2조(기본이념)에서 규정하

---

28) 대법원 1997. 2. 14. 96다38070 판결.

29) 아동복지법 제1조(목적) 이 법은 아동이 건강하게 출생하여 행복하고 안전하게 자랄 수 있도록 아동의 복지를 보장하는 것을 목적으로 한다.

고 있다. 또한 아동에 관한 모든 활동에 있어서 아동의 이익이 최우선적으로 고려되어야하며 아동의 권리보장과 복지증진을 위하여 이 법에 따른 보호와 지원을 받을 권리를 가진다.

② 국가는 대통령령으로 정하는 바에 따라 아동복지시설과 아동용품에 대한 안전기준을 정하고 아동용품을 제작・설치・관리하는 자에게 이를 준수하도록 하여야 한다. 또한 이 법 제31조(아동의 안전에 대한 교육)에 따라 아동복지시설의 장, 「영유아보육법」에 따른 어린이집의 원장, 「유아교육법」에 따른 유치원의 원장 및 「초・중등교육법」에 따른 학교의 장은 교육대상 아동의 연령을 고려하여 대통령령으로 정하는 바에 따라 매년 다음 각 호의 사항에 관한 교육계획을 수립하여 성폭력 및 아동학대 예방, 실종・유괴의 예방과 방지, 약물의 오남용 예방, 재난대비 안전, 교통안전 교육을 실시하여야 한다.[30]

〈표 2-3〉 아동복지법상 안전교육 기준[31]

구분	성폭력 및 아동학대 예방교육	실종・유괴의 예방・방지 교육	약물의 오용・남용 예방교육	재난대비 안전교육	교통안전 교육
실시 주기 (총 시간)	6개월에 1회 이상 (연 8시간 이상)	3개월에 1회 이상 (연 10시간 이상)	3개월에 1회 이상 (연 10시간 이상)	6개월에 1회 이상 (연 6시간 이상)	2개월에 1회 이상 (연 10시간 이상)
교육 방법	• 전문가 및 담당자 강의 • 역할극 • 시청각교육 • 사례 분석		• 전문가 및 담당자 강의 • 시청각교육 • 사례 분석		• 전문가 및 담당자 강의 • 시청각교육 • 실습교육 또는 현장학습 일상생활을 통한 반복지도 • 부모 교육

30) 아동복지법 제31조 제1항.

31) 아동복지법 시행령 제28조제1항(별표3)

〈표 2-4〉 아동복지법상 안전교육의 내용[32)]

구분		성폭력 예방 교육	아동학대 예방 교육	실종·유괴의 예방·방지 교육	감염병 및 약물의 오용·남용 예방 등 보건위생관리 교육	재난대비 안전 교육	교통안전 교육
실시 주기 (총 시간)		6개월에 1회 이상 (연간 4시간 이상)	6개월에 1회 이상 (연간 4시간 이상)	3개월에 1회 이상 (연간 10시간 이상)	3개월에 1회 이상 (연간 10시간 이상)	6개월에 1회 이상 (연간 6시간 이상)	2개월에 1회 이상 (연간 10시간 이상)
교육 내용	초등학교 취학 전	1. 내 몸의 소중함 2. 내 몸의 정확한 명칭 3. 좋은 느낌과 싫은 느낌 4. 성폭력 예방법과 대처법 5. 성폭력의 개념 및 성폭력의 주체에 대한 교육	1. 나의 권리 찾기(소중한 나) 2. 아동학대 및 아동학대행위자 개념 3. 자기감정 표현하기 및 도움 요청하기 4. 신고 이후 도움받는 방법	1. 길을 잃을 수 있는 상황 이해하기 2. 미아 및 유괴 발생 시 대처방법 3. 유괴범에 대한 개념 4. 유인·유괴 행동에 대한 이해 및 유괴 예방법	1. 감염병 예방을 위한 개인위생 실천 습관 2. 예방접종의 이해 3. 몸에 해로운 약물 위험성 알기 4. 생활 주변의 해로운 약물·화학제품 그림으로 구별하기 5. 모르면 먼저 어른에게 물어보기 6. 가정용 화학제품 만지거나 먹지 않기 7. 어린이 약도 함부로 많이 먹지 않기	1. 화재의 원인과 예방법 2. 뜨거운 물건 이해하기 3. 옷에 불이 붙었을 때 대처법 4. 화재 시 대처법 5. 자연재난의 개념과 안전한 행동 알기	1. 차도, 보도 및 신호등의 의미 알기 2. 안전한 도로 횡단법 3. 안전한 통학버스 이용법 4. 바퀴 달린 탈것의 안전한 이용법 5. 날씨와 보행 안전 6. 어른과 손잡고 걷기
	초등학교	1. 성폭력의 개념 2. 성폭력의 위험 상황 3. 성폭력 예방법과 대처법 4. 성적 자기결정권 개념 및 타인의 권리 존중하기	1. 나의 권리 찾기(소중한 나) 2. 아동학대 및 아동학대행위자 개념 3. 학대 위험상황에 따른 대처법 및 아동학대 신고 요령 4. 신고 이후 도움받는 방법 5. 사례로 배우는 아동학대	1. 길을 잃을 수 있는 상황 이해하기 2. 유괴범에 대한 개념 3. 유인전략 및 위험상황 알기 4. 유괴사고 발생 시 대처법 및 예방법 5. 유괴·유인 상황목격 시 신고 요령	1. 감염병 예방을 위한 개인위생 실천 습관 2. 예방접종의 이해 3. 약물·화학제품의 필요성과 위험성 이해하기 4. 중독·오용·남용의 개념 알기 5. 중독사고의 대처법과 예방법	1. 화재의 원인과 예방법 2. 화재 시 대처법 3. 화재 신고 요령 4. 화상 대처법 5. 소화기 사용법 6. 자연재난의 개념과 안전한 행동 알기	1. 안전한 통학로 알기 2. 상황에 따른 안전한 보행법 3. 바퀴 달린 탈것의 안전한 이용법 4. 교통수단의 안전한 이용법 5. 교통법규 이해하기

32) 아동복지법 시행령 제28조제1항(별표3)

					6. 약물·화학제품 오용·남용의 원인 알기 7. 오용·남용의 대처법과 예방법 8. 올바른 약물·화학제품 사용법		
	중·고등학교	1. 성폭력의 개념 2. 성폭력 위험상황에 따른 대처법 및 예방법 3. 성폭력 범죄 신고 요령 4. 성적 자기결정권 개념 및 타인의 권리 존중하기	1. 나의 권리 찾기(소중한 나) 2. 아동학대 및 아동학대행위자 개념 3. 학대 위험상황에 따른 대처법 및 아동학대 신고 요령 4. 신고 이후 도움받는 방법 5. 사례로 배우는 아동학대 6. 아동학대가 아동에게 미치는 영향	1. 유인전략 및 위험상황 알기 2. 유괴사고 발생 시 대처법 및 예방법 3. 유괴·유인 상황목격 시 신고 요령 4. 가출예방 관련 교육	1. 감염병 예방을 위한 개인위생 실천 습관 2. 예방접종의 이해 3. 향정신성 물질에 대한 위험성·피해 알기 4. 중독성 물질에 대한 위험성·피해 알기 5. 향정신성 의약품의 피해와 법적 처벌규정 6. 약물·화학제품 오용·남용의 원인 알기 7. 오용·남용의 대처법과 예방법 8. 올바른 약물·화학제품 사용법	1. 화재의 원인과 예방법 2. 화재 시 대처법 3. 소방기구 사용법 4. 자연재난, 인적재난 발생 시 행동방법 5. 재난안내시스템 활용법	1. 자전거의 안전한 이용과 점검 2. 이륜차와 자동차의 물리적 특성 3. 인간 능력의 한계와 위험 예측 4. 교통법규와 사회적 책임 5. 교통사고와 방지대책
교육방법		1. 전문가 또는 담당자 강의 2. 장소·상황별 역할극 실시 3. 시청각 교육 4. 사례 분석	1. 전문가 또는 담당자 강의 2. 장소·상황별 역할극 실시 3. 시청각 교육 4. 사례 분석	1. 전문가 또는 담당자 강의 2. 장소·상황별 역할극 실시 3. 시청각 교육 4. 사례 분석	1. 전문가 또는 담당자 강의 2. 시청각 교육 3. 사례 분석	1. 전문가 또는 담당자 강의 2. 시청각 교육 3. 실습교육 또는 현장학습 4. 사례 분석	1. 전문가 또는 담당자 강의 2. 시청각 교육 3. 실습교육 또는 현장학습 4. 일상생활을 통한 반복 지도 및 부모 교육

③ 아동복지시설의 장, 「영유아보육법」에 따른 어린이집의 원장은 제31조 제1항에 따른 교육계획 및 교육실시 결과를 시장・군수・구청장에게 매년 1회 보고하여야 하고 「유아교육법」에 따른 유치원의 원장 및 「초・중등교육법」에 따른 학교의 장은 제1항에 따른 교육계획 및 교육실시 결과를 대통령령으로 정하는 바에 따라 관할 교육감에게 매년 1회 보고하여야한다. 법인의 대표자나 법인 또는 개인의 대리인, 사용인, 그 밖의 종업원이 그 법인 또는 개인의 업무에 관하여 위반행위를 하면 그 행위자를 벌하는 외에 그 법인 또는 개인에게도 해당 조문의 벌금형 및 제75조의 과태료를 부과한다. 과태료는 대통령령으로 정하는 바에 따라 교육부장관, 문화체육관광부장관, 보건복지부장관, 여성가족부장관, 국토교통부장관, 시・도지사, 특별시・광역시・특별자치도 및 도의 교육감 또는 시장・군수・구청장이 부과・징수한다.

〈표 2-5〉 과태료의 부과[1)]

사 유	과태료금액
1. 제27조의3을 위반하여 피해아동의 인수를 거부한 아동학대 관련 보호시설의 장	1천만원 이하
2. 제29조의5제1항에 따른 해임요구를 정당한 사유없이 거부하거나 1개월 이내에 이행하지 아니한 아동관련 기관의 장	1천만원 이하
3. 아동관련기관의 장이 제29조의3제3항을 위반하여 아동학대 관련 범죄전력을 확인하지 아니하는 경우	500만원 이하
4. 제26조제3항을 위반하여 신고의무 교육을 실시하지 아니한 자	300만원 이하
5. 제31조를 위반하여 교육을 실시하지 아니한 자	300만원 이하
6. 제51조를 위반하여 아동복지시설의 휴업・ 폐업또는 운영재개 신고를 하지 아니한 자	300만원 이하
7. 제69조를 위반하여 아동복지시설이라는 명칭을 사용한 자	300만원 이하

④ 교육중 발생한 사고에 대한 법적 책임에 있어, 96다19833 판결은 유치원생이 귀가 중 교통사고로 사망한 사건으로, "생후 4년 3개월 남짓 되어 책임능력은 물론 의사능력도 없고, 유치원에 입학하여 45일 정도 되어 유치원 생활에 채 적응하지도 못한 상태에 있는 유치원생들

에 있어서는 다른 각급 학교 학생들의 경우와 달리 유치원 수업활동 외에 수업을 마치고 그들이 안전하게 귀가할 수 있는 상태에 이르기까지가 유치원 수업과 밀접불가분의 관계에 있는 생활관계에 있는 것으로 보아야 하며, 따라서 유치원 담임교사는 원생들이 유치원에 도착한 순간부터 유치원으로부터 안전하게 귀가할 수 있는 상태에 이르기까지 법정감독의무자인 친권자에 준하는 보호감독의무가 있다"고 보았다.[33]

6.1.4 국민안전교육진흥기본법

① 2017년 5월 30일부터 시행된 「국민안전교육 진흥기본법(약칭; 안전교육법)」은 "국민의 안전교육 진흥에 필요한 사항을 규정함으로써 재난으로부터 안전한 사회를 만드는 데 이바지함"을 목적으로 한다(국민안전교육 진흥기본법 제1조). 동법은 안전교육기본계획의 수립 및 시행과 안전교육의 시행 및 추진 및 관리에 관하여 규정하고 있다.[34]

② 과거 세월호 침몰사고 외에도 고양터미널 화재사고, 구미시 불산 누출사고, 서문시장 화재사고, 판교 환풍구 추락사고, 경주 지진발생 등 수많은 재난안전사고가 끊임없이 일어났고, 거듭되는 재난사고 발생이후 안전에 대한 국민의 관심과 국가에 대한 요구가 커지자, 이러한 필요에 의해 동법이 제정되었다.[35] 안전교육의 필요성을 강조하면서 재

---

33) 대법원 1996. 8. 23. 96다19833 판결.

34) 국민안전교육진흥기본법 제10조(학교 등에서의 안전교육) ① 다음 각 호에 해당하는 자에 대한 교육을 관장하는 기관의 장은 해당 교육대상자에 대하여 안전교육을 실시하여야 한다.

1. 「영유아보육법」 제2조 제2호에 따른 어린이집의 영유아
2. 「유아교육법」 제2조 제2호에 따른 유치원의 유아
3. 「초·중등교육법」 제2조에 따른 학교의 학생
4. 「고등교육법」 제2조에 따른 학교의 학생

② 국민안전처장관은 교육부장관과 협의하여 다음 각 호의 사항을 지원할 수 있다.

1. 「초·중등교육법」 제2조에 따른 학교에서의 안전교육 실시에 관한 사항
2. 학교안전교육 관련 자료의 개발 및 보급에 관한 사항
3. 그 밖에 학교안전교육의 원활한 추진을 위하여 필요한 사항

③ 국민안전처장관은 안전에 관한 사항이 학교의 교과과정 등 교육활동에 반영될 수 있도록 교육부장관과 협의할 수 있다.

난의 발생시 국민 스스로가 이에 대응할 수 있는 역량을 갖추도록 생애주기별 안전교육지도를 제시하는 것은 그동안 민간단체의 활동에 비해 조금 늦은 감은 있지만 환영할 일이다.

③ 행정안전부에서는 "시간의 흐름에 따라 변화해가는 개인 생애의 일정한 단계별 과정"을 생애주기(Life Cycle)라 정의하고 생애주기의 구분은 안전실천에 영향을 미치는 역량의 변화・발전에 따라 다음과 같이 "영유아기－아동기－청소년기－청년기－성인기－노인기"로 구분하고 있다.

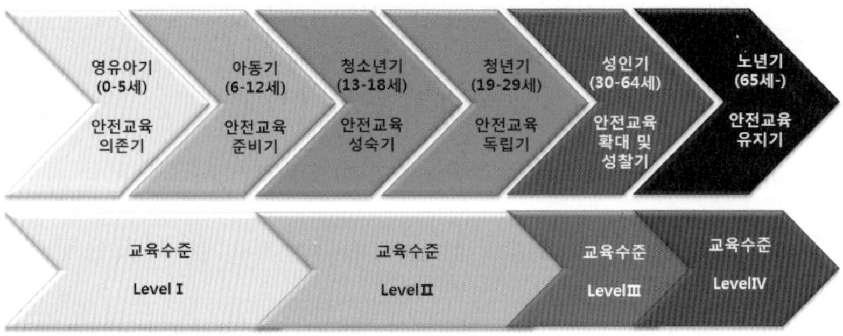

④ 생애주기별 안전교육이란 "개인이 성장단계별 특성에 따라 갖추어야 할 안전역량을 충족할 수 있도록 분야별 안전교육을 제공하는 것"을 의미한다. 생애주기별 안전교육지도와 보호자를 위한 안전교육지도는 크게 6개 분야로 "생활안전, 교통안전, 자연재난안전, 사회기반안전, 범죄안전, 보건안전"으로 구성되어 있고 전체 23개의 영역에 대한 세부영역 68개로 구성되어 있다

6.1.5 재난 및 안전관리 기본법

① 「재난 및 안전관리 기본법」은 각종 재난으로부터 국민의 생명・신체 및 재산을 보호하기 위한 가장 기본적인 법률이며, 학교시설물 안전관련 사항도 동법을 가장 중요한 근거가 된다. 동법에 근거한 학교 시설물 안전 및 유지관리 사항을 정리하여 보면 다음과 같다.

② 「재난 및 안전관리 기본법」 제25조의2에[36] 의하면 재난관리책임기관

35) 국민안전교육진흥기본법 「법률 제14248호, 2016. 5. 29. 제정」.

의 장은 소관 관리대상 업무분야에서 재난의 발생을 사전에 방지하기 위하여 재난발생의 위험이 높은 분야에 대한 안전관리 체계의 구축 및 안전관리규정을 제정하여야 하며, 재난이 발생할 위험이 높거나 재난예방을 위하여 계속적으로 관리할 필요가 있다고 인정되는 시설은 특정관리 대상 시설로 지정 관리하여야 한다. 이를 위하여 먼저 재난관리책임기관의 장은 법 제27조[37]의 규정에 의하여 특정관리대상 시

36) 재난 및 안전관리 기본법 제25조의2(재난관리책임기관의 장의 재난예방조치 등) ① 재난관리책임기관의 장은 소관 관리대상 업무의 분야에서 재난 발생을 사전에 방지하기 위하여 다음 각 호의 조치를 하여야 한다. 〈개정 2013. 8. 6., 2014. 12. 30., 2017. 1. 17.〉 1. 재난에 대응할 조직의 구성 및 정비 2. 재난의 예측 및 예측정보 등의 제공·이용에 관한 체계의 구축 3. 재난 발생에 대비한 교육·훈련과 재난관리예방에 관한 홍보 4. 재난이 발생할 위험이 높은 분야에 대한 안전관리체계의 구축 및 안전관리규정의 제정 5. 제26조에 따라 지정된 국가기반시설의 관리 6. 제27조제2항에 따른 특정관리대상지역에 관한 조치 7. 제29조에 따른 재난방지시설의 점검·관리 7의2. 제34조에 따른 재난관리자원의 비축 및 장비·인력의 지정 8. 그 밖에 재난을 예방하기 위하여 필요하다고 인정되는 사항 ② 재난관리책임기관의 장은 제1항에 따른 재난예방조치를 효율적으로 시행하기 위하여 필요한 사업비를 확보하여야 한다. ③ 재난관리책임기관의 장은 다른 재난관리책임기관의 장에게 재난을 예방하기 위하여 필요한 협조를 요청할 수 있다. 이 경우 요청을 받은 다른 재난관리책임기관의 장은 특별한 사유가 없으면 요청에 따라야 한다. ④ 재난관리책임기관의 장은 재난관리의 실효성을 확보할 수 있도록 제1항제4호에 따른 안전관리체계 및 안전관리규정을 정비·보완하여야 한다. ⑤ 재난관리책임기관의 장은 재난상황에서 해당 기관의 핵심기능을 유지하는 데 필요한 계획(이하 "기능연속성계획'이라 한다)을 수립·시행하여야 한다. 〈신설 2017. 1. 17.〉 ⑥ 행정안전부장관은 재난관리책임기관의 기능연속성계획 이행실태를 정기적으로 점검하고, 그 결과를 제33조의2에 따른 재난관리체계 등에 대한 평가에 반영할 수 있다. 〈신설 2017. 1. 17., 2017. 7. 26.〉 ⑦ 기능연속성계획에 포함되어야 할 사항 및 계획수립의 절차 등은 대통령령으로 정한다. 〈신설 2017. 1. 17.〉[제목개정 2017. 1. 17.][제26조에서 이동, 종전 제25조의2는 제26조로 이동 〈2013. 8. 6.〉]

37) 재난 및 안전관리 기본법 제27조(특정관리대상지역의 지정 및 관리 등) ① 중앙행정기관의 장 또는 지방자치단체의 장은 재난이 발생할 위험이 높거나 재난예방을 위하여 계속적으로 관리할 필요가 있다고 인정되는 지역을 대통령령으로 정하는 바에 따라 특정관리대상지역으로 지정할 수 있다. ② 재난관리책임기관의 장은 제1항에 따라 지정된 특정관리대상지역에 대하여 대통령령으로 정하는 바에 따라 재난 발생의 위험성을 제거하기 위한 조치 등 특정관리대상지역의 관리·정비에 필요한 조치를 하여야 한다. ③ 중앙행정기관의 장, 지방자치단체의 장 및 재난관리책임기관의 장은 제1항 및 제2항에 따른 지정 및 조치 결과를 대통령령으로 정하는 바에 따라 행정안전부장관에게 보고하거나 통보하여야 한다. 〈개정 2017. 7. 26.〉 ④ 행정안전부장관은 제3항에 따라 보고받거나 통보받은 사항을 대통령령으로 정하는 바에 따라 정기적으로 또는 수시로 국무총리에게 보고하여야 한다. 〈개정 2017. 7. 26.〉 ⑤ 국무총리는 제4항에 따라 보고받은 사항 중 재난을 예방하기 위하여 필요하다고 인정하는 사항에 대해서는 중앙행정기관의 장, 지방자치단체의 장 또는 재난관리책임기관의 장에게 시정조치나 보완을 요구할 수 있다. ⑥ 제1항부터 제5항까지에서 규정한 사항 외에 특정관리대상지역의 지정, 관리 및 정비에 필요한 사항은 대통

설 등을 지정하기 위하여 소관 시설의 현황을 매년 정기 또는 수시로 조사하여야 하며, 조사결과에 따라 소관 시설을 중점관리시설(A・B・C등급)및 재난위험시설(D・E등급)로 구분하여 지정하여야 한다.

③ 현재「건축법시행령」제3조의 4별표 1용도별 건축물의 종류 제10호에 의거 100㎡이상 교육연구시설은 특정관리 대상 시설로 지정하도록 되어 있어 거의 모든 학교시설이 특정관리 대상 시설에 포함된다. 특정관리 대상으로 지정된 전체 시설에 대하여는 상반기(1~6월)와 하반기(7~12월)에 각 1회 이상 정기점검을 실시하고, 재난관리책임기관의 장이 필요하다고 판단된 때에 수시로 점검을 실시한다. 그리고 안전점검 결과 중대한 결함이나 위험요인 발견 시 재난발생을 방지하기 위한 사용제한・금지 등 응급조치를 실시하고 기 편성예산이나 재난관리기금 또는 예비비 등을 활용, 긴급 보수・보강 조치를 시행하여야 한다.

6.2 학교생활의 안전에 관한 법률

6.2.1 학교폭력 예방 및 대책에 관한 법률

① 이 법은 학교폭력의 예방과 대책에 관하여 필요한 사항을 규정함으로써 피해학생의 보호, 가해학생의 선도・교육 및 피해학생과 가해학생 간의 분쟁조정을 통하여 학생의 인권을 보호하고 학생을 건전한 사회 구성원으로 육성함을 목적으로 법률 제7119호로 2004.1.29.제정되어 2004. 7. 30.부터 시행되어 오고 있다.

② 주요내용으로는 교육부장관은 학교폭력 예방 및 대책에 관한 정책목표 및 방향을 설정하고, 이에 따라 학교폭력의 근절을 위한 조사・연구・교육 및 계도에 관한 사항 등이 포함된 학교폭력예방 및 대책에 관한 기본계획을 5년마다 수립하도록 하며(법 제6조), 특별시・광역시・도의 교육감은 기본계획에 따라 학교폭력의 예방 및 대책에 관한 시행계획을 수립하도록 하고, 교육감은 학교의 장으로 하여금 학교폭

령령으로 정한다.[전문개정 2017. 1. 17.]

력의 예방 및 대책에 관한 실시계획을 수립·시행하도록 하며(법 제9조), 학교폭력 예방 및 대책과 관련된 사항을 심의하기 위하여 초등·중등 및 고등학교 등에 당해 학교의 장을 위원장으로 하고 교사 및 학부모 등을 위원으로 하는 학교폭력대책자치위원회를 두도록 하고, 동 위원회에서 학교폭력 예방 프로그램의 구성 및 실시, 피해학생의 보호 및 가해학생에 대한 선도·징계에 관한 사항 등을 심의하도록 하였다(법 제10조).[38] 그리고 학교의 장은 학교에 상담실을 설치하고 전문상담교사를 두도록 하며, 교사 중에서 학교폭력문제를 담당하는 책임교사를 선임하도록 하였으며(법 제14조)[39], 학교의 장은 학생의 육체적·정신적 보호와 학교폭력의 예방을 위한 교육을 정기적으로 실시하

38) 학교폭력 예방 및 대책에 관한 법률 제10조(학교폭력대책지역위원회의 기능 등) ① 지역위원회는 기본계획에 따라 지역의 학교폭력 예방대책을 매년 수립한다. ② 지역위원회는 해당 지역에서 발생한 학교폭력에 대하여 교육감 및 지방경찰청장에게 관련 자료를 요청할 수 있다. ③ 교육감은 지역위원회의 의견을 들어 제16조제1항제1호부터 제3호까지나 제17조제1항제5호에 따른 상담·치료 및 교육을 담당할 상담·치료·교육 기관을 지정하여야 한다. 〈개정 2012. 1. 26.〉 ④ 교육감은 제3항에 따른 상담·치료·교육 기관을 지정한 때에는 해당 기관의 명칭, 소재지, 업무를 인터넷 홈페이지에 게시하고, 그 밖에 다양한 방법으로 학부모에게 알릴 수 있도록 노력하여야 한다. 〈신설 2012. 1. 26.〉 [제목개정 2012. 1. 26.]

39) 학교폭력 예방 및 대책에 관한 법률 제14조(전문상담교사 배치 및 전담기구 구성) ① 학교의 장은 학교에 대통령령으로 정하는 바에 따라 상담실을 설치하고, 「초·중등교육법」 제19조의2에 따라 전문상담교사를 둔다. ② 전문상담교사는 학교의 장 및 자치위원회의 요구가 있는 때에는 학교폭력에 관련된 피해학생 및 가해학생과의 상담결과를 보고하여야 한다. ③ 학교의 장은 교감, 전문상담교사, 보건교사 및 책임교사(학교폭력문제를 담당하는 교사를 말한다) 등으로 학교폭력문제를 담당하는 전담기구(이하 '전담기구'라 한다)를 구성하며, 학교폭력 사태를 인지한 경우 지체 없이 전담기구 또는 소속 교원으로 하여금 가해 및 피해 사실 여부를 확인하도록 한다. 〈개정 2012. 3. 21.〉 ④ 전담기구는 학교폭력에 대한 실태조사(이하 '실태조사'라 한다)와 학교폭력 예방 프로그램을 구성·실시하며, 학교의 장 및 자치위원회의 요구가 있는 때에는 학교폭력에 관련된 조사결과 등 활동결과를 보고하여야 한다. 〈개정 2012. 3. 21.〉 ⑤ 피해학생 또는 피해학생의 보호자는 피해사실 확인을 위하여 전담기구에 실태조사를 요구할 수 있다. 〈신설 2009. 5. 8., 2012. 3. 21.〉 ⑥ 국가 및 지방자치단체는 실태조사에 관한 예산을 지원하고, 관계 행정기관은 실태조사에 협조하여야 하며, 학교의 장은 전담기구에 행정적·재정적 지원을 할 수 있다. 〈개정 2009. 5. 8., 2012. 3. 21.〉 ⑦ 전담기구는 성폭력 등 특수한 학교폭력사건에 대한 실태조사의 전문성을 확보하기 위하여 필요한 경우 전문기관에 그 실태조사를 의뢰할 수 있다. 이 경우 그 의뢰는 자치위원회 위원장의 심의를 거쳐 학교의 장 명의로 하여야 한다. 〈신설 2012. 1. 26., 2012. 3. 21.〉 ⑧ 그 밖에 전담기구 운영 등에 필요한 사항은 대통령령으로 정한다. 〈신설 2012. 3. 21.〉

도록 하고 있다(법 제15조). 이 법은 심각한 사회문제로 대두하고 있는 학교폭력문제에 효과적으로 대처하기 위한 제도적 틀을 마련하려는 것이 주된 목적이다.

③ 학교의 장은 교감, 전문상담교사, 보건교사 및 책임교사 등으로 학교폭력문제를 담당하는 전담기구를 구성하며, 학교폭력 사태를 인지한 경우지체 없이 전담기구 또는 소속 교원으로 하여금 가해 및 피해 사실 여부를 확인하도록 해야 한다. 그리고 학교폭력대책자치위원회를 열어 피해학생의 보호, 가해학생에 대한 선도 및 징계, 피해학생과 가해학생 간의 분쟁조정을 처리한다.

④ 교육중 발생한 사고에 대한 법적 책임에 관한 판례를 보면, 13세 6개월된 중학교 3학년 학생이 비슷한 체구의 학우를 장난으로 친 것이 사망에 이르게 한 사고에서는 "학교의 교장이나 교사가 학생을 보호・감독할 의무는 교육법에 따라 학생들을 친권자 등 법정감독의무자에 대신하여 감독을 하여야 하는 의무로서 학교 내에서의 학생의 전 생활관계에 미치는 것은 아니고 학교에서의 교육활동 및 이에 밀접 불가분의 관계에 있는 생활관계에 한하고, 그 의무의 범위 내의 생활관계라고 하더라도 교육활동의 때, 장소, 가해자의 분별능력 가해자의 성행 가해자와, 피해자의 관계, 기타 여러 사정을 고려하여 사고가 학교생활에서 통상 발생할 수 있다고 하는 것이 예측되거나 또는 예측가능성이 있는 경우에만 교장이나 교사는 보호・감독의무위반에 대한 책임을 진다"고 판단하면서, 예측가능성을 판단함에 있어 고려할 사항에 관하여 "교육활동의 때, 장소, 가해자의 분별능력, 가해자의 성행, 가해자와 피해자와의 관계, 기타 여러 사정을 고려하여 판단할 필요가 있다"고 판단하였다. 중학교 2년생이 체육시간에 단체기합을 받았다는 이유로 휴식시간에 동급생을 폭행하여 상해를 가한 경우에는 "휴식기간에 피해자를 폭행하여 상해를 가한 경우, 가해자의 성행, 피해자와의 관계, 단체기합의 정도 등에 비추어 체육교사 또는 담임교사 등에게 사고에 대한 예측가능성이 없었다"고 보았다.[40] 교내에서 발생한

사고 뿐 아니라, 교외학습중에 발생한 사고에 있어서도 법원은 휴식시간에 발생한 사고에 관하여는 교사의 보호감독의무를 부정하고 있다. 졸업여행 중 숙소 내에서 휴식시간에 학생들 사이의 폭력사고로 말미암아 한쪽 눈을 실명한 사안에서 "학교 측의 안전교육이나 사전지시에 따르지 않고 돌발적으로 벌어진 사고로서 예측가능성이 없었다는 이유로 교사에게 보호·감독의무 위반의 책임을 물을 수 없다"고 판단한 바 있다.[41]

법원의 입장을 정리해 보면, 학생 간에 발생한 사고는 주로 학교교육활동 시간 보다는 교육활동의 연장선상인 휴식시간이나 청소시간에 간에 주로 발생하고, 사고가 학교생활에서 통상 발생할 수 있다고 하는 것이 예측되거나 또는 예측가능성이 있는 경우이며, 보호·감독의무를 소홀히 하여 학생이 사고를 당한 경우에도 그 사고가 통상 발생할 수 있다고 예상할 수 있는 것에 한하여 교사 등의 책임을 인정할 것인 바, 그 예견가능성은 학생의 연령, 사회적 경험, 판단능력 등을 고려하여 판단하여야 한다. 보호·감독의무는 교육법에 따라 학생들을 친권자 등 법정감독의무자에 대신하여 보호·감독하여야 하는 의무로서 학교의 교육활동 중에 있거나 그것과 밀접불가분의 관계에 있는 생활관계에 있는 학생들에 대하여 인정되며,[42] 중학교 2년생이 체육시간에 단체기합을 받았다는 이유로 휴식시간에 동급생을 폭행하여 상해를 가한 경우,[43] 고적답사를 겸한 졸업여행 중 숙소 내에서 휴식시간에 학생들 사이의 폭력사고로 말미암아 한쪽 눈을 실명한 사안[44]에서, 학교측의 안전교육이나 사전지시에 따르지 않고 돌발 적으로 벌어진 사고로서 예측가능성이 없었다는 이유로 교사에게 보호·감독의무 위반의 책임을 물을 수 없다고 하였다.

---

40) 대법원 2000. 4. 11, 선고 99다44205 판결.

41) 대법원 1999. 9. 17, 선고 99다23895 판결.

42) 대법원 1997. 2. 14, 선고 96다38070판결; 대법원 1996. 8. 23, 선고 96다19833판결; 대법원 1994. 8. 23, 선고 93다60588판결.

43) 대법원 2000. 4. 11, 선고 99다44205 판결.

44) 대법원 1999. 9. 17, 선고 99다23895 판결.

민법 제755조에 의하여 책임능력 없는 미성년자를 감독할 법정의 의무있는 자 또는 그에 갈음하여 무능력자를 감독하는 자가 지는 손해배상책임은 그 미성년자에게 책임이 없음을 전제로 하여 이를 보충하는 책임이고, 그 경우에 감독의무자 자신이 감독의무를 해태하지 아니하였음을 입증하지 아니하는 한 책임을 면할 수 없는 것이나, 반면에 미성년자가 책임능력이 있어 그 스스로 불법행위책임을 지는 경우에도 그 손해가 당해 미성년자의 감독의무자의 의무위반과 상당인과관계가 있으면 감독의무자는 일반불법행위자로서 손해배상책임이 있다.[45] 이처럼 학생간 발생한 사고와 관련한 판례의 검토에서 주는 시사점은 교육현장에서는 학생들이 질서를 지키도록 철저하게 안전관리 교육을 시켜야 하며, 담임교사는 항상 안전사고예방을 위한 구체적이고 충분한 사전 지도가 있어야 한다.

6.2.2 학교급식법

이 법은 학교급식 등에 관한 사항을 규정함으로써 학교급식의 질을 향상시키고 학생의 건전한 심신의 발달과 국민 식생활 개선에 기여함을 목적으로 하며, 제6조[46]에 학교급식을 실시할 학교는 학교급식을 위하여 필요한 시설과 설비를 갖추도록 하고 있다. 다만, 2개 이상의 학교가 인접하여 있는 경우에는 학교급식을 위한 시설과 설비를 공동으로 할 수 있도록 규정하고 있다. 그리고 학교급식시설에서 갖추어야할 시설・설비의 종류와 기준은 조리장의 경우 교실과 떨어지거나 차단되어 학생의 학습에 지장을 주지 않는 시설로 하되, 식품의 운반과 배식이 편리한 곳에 두어야 하며, 능률적이고 안전한 조리기기, 냉장・냉동시설, 세척・소독시설 등을 갖추어야 한다. 그리고 식품보관실은 환기・방습이 용이하며, 식품과 식재료를

45) 대법원 1994. 8. 23, 선고 93다60588 판결.

46) 학교급식법 제6조(급식시설・설비) ① 학교급식을 실시할 학교는 학교급식을 위하여 필요한 시설과 설비를 갖추어야 한다. 다만, 2이상의 학교가 인접하여 있는 경우에는 학교급식을 위한 시설과 설비를 공동으로 할 수 있다. ② 제1항의 규정에 따른 시설・설비의 종류와 기준은 대통령령으로 정한다.

위생적으로 보관하는 데 적합한 위치에 두되, 방충 및 방서(防鼠)시설을 갖추어야 하고, 급식관리실은 조리장과 인접한 위치에 두되, 컴퓨터 등 사무장비를 갖추어야 한다. 아울러 조리장과 인접한 위치에 편의시설을 두도록 하고 있다.

6.2.3 학교보건법

학교의 보건관리와 환경위생 정화에 필요한 사항을 규정하여 학생과 교직원의 건강을 보호·증진함을 목적으로 한다. 학교의 시설관련사항으로 동법 제3조에[47] 학교의 설립자·경영자는 대통령령으로 정하는 바에 따라 보건실을 설치하고 학교보건에 필요한 시설과 기구를 갖추어야 한다고 규정하고 있다. 동법시행령 제2조에 보건실은 학생과 교직원의 응급처치 등이 신속히 이루어질 수 있도록 이용하기 쉽고 통풍과 채광이 잘되는 장소여야 하며, 면적은 66제곱미터 이상으로 학생과 교직원의 건강관리와 응급처치 등에 필요한 시설 및 기구와 학교환경위생 및 식품위생검사에 필요한 기구 등을 구비하여야 한다. 그리고 제4조에 학교장은 교사 안에서의 환기·채광·조명·온도·습도의 조절, 상하수도·화장실의 설치 및 관리, 오염공기·석면·폐기물·소음·휘발성 유기화합물·세균·먼지 등의 예방 및 처리 등 환경위생과 식기·식품·먹는 물의 관리 등 식품위생을 적절히 유지·관리하여야 하며, 제12조에[48] 의거 학교장은 학생의 안전사고를 예방하기 위하여 학교의 시설·장비의 점검 및 개선, 학생에 대한 안전교육, 그 밖에 필요한 조치를 하여야 한다.

47) 학교보건법 제3조(보건시설 등) 학교의 설립자·경영자는 대통령령으로 정하는 바에 따라 보건실을 설치하고 학교보건에 필요한 시설과 기구(器具) 및 용품을 갖추어야 한다. 〈개정 2018. 12. 18.〉

48) 학교보건법 제12조(학생의 안전관리) 학교의 장은 학생의 안전사고를 예방하기 위하여 학교의 시설·장비의 점검 및 개선, 학생에 대한 안전교육, 그 밖에 필요한 조치를 하여야 한다.[전문개정 2007. 12. 14.]

6.3 학교시설물의 안전에 관한 법률

6.3.1 학교시설안전

① 학교시설물 안전을 규율하는 법률로는 대부분 학교시설이 해당되는 특정관리 대상 시설물 지정과 안전점검 등을 규정하는 재난 및 안전관리기본법을 비롯하여 학교급식법 등 학교시설 직접관련 법률과 건축, 전기, 승강기 안전관리 법률 등 다양한 법률이 학교시설물 안전과 관련한 내용을 규율하고 있다. 그런데 학교시설과 일반 다중이용시설과는 사용자 특성과 건물구조 등에서 차이가 많다. 그럼에도 불구하고 학교의 특수성을 감안하지 않고 일반 건물에 적용되는 법률을 그대로 학교 시설에 적용하는 문제점이 있다. 예를 들어 현행 건축법 및 소방관계 법령상 건축물의 옥상은 화재발생 시 피난에 장애가 없도록 옥상 문 개방을 원칙으로 하고 있다. 그러나 일선 학교에서는 학생들의 출입으로 인한 안전사고 위험 때문에 옥상문을 잠가야 하는 실정이다. 즉 평소 화재발생의 위험보다 학생들의 옥상 출입에 따른 안전 위험이 더 크다는 것이다. 2015.10월 발생한 경기용인시의 한 아파트에서 발생한 이른바 "캣맘 사건"이 평상시 열린 문으로 옥상에 올라간 초등학생의 낙하실험 때문으로 알려져 공동주택 옥상 문 개방을 둘러싼 논쟁에 다시 불이 붙고 있는 것도 이와 같은 맥락이다.

② 일반적으로 학교의 일반교실은 건축구조나 사용자 특성상 호텔등 다른 다중이용시설에 비해 화재위험 측면에서는 덜 취약한 측면도 있다. 반면에 1999년 씨랜드 화재사건과 2003년 3월 천안초등학교 축구부합숙소 화재사건에서 보듯이 학생들이 기숙하거나 실험실습 등 위험물질을 사용하는 시설들은 일반 시설에 비하여 더욱 화재예방을 강화해야 한다. 아울러 일반건축물 기준에는 적합하지만 학생들이 이용하는 창호시설, 난간, 계단, 출입문 등은 안전기준이 일반건축물에 비하여 더욱 강화되어야 한다. 왜냐하면 어린 학생들의 경우 모든 학교시설물

이 놀이시설로 이용될 수 있음을 감안하여야하기 때문이다.

③ 현재 학교에서 시설안전을 담당하고 있는 직원은 행정직 공무원과 과거 조무원에서 직종 개편된 시설관리직 공무원이 있으나 관련법령 및 시설관련 전문지식이 부족하여 시설물 안전관리에 어려움을 격고 있다. 따라서 학교시설물관리에 전문가 참여방안이 검토되어야 하며, 산업안전 근로감독관이 재해발생 사업장을 감독하거나 근로자에게 유해 또는 위험을 초래할 우려가 있는 시설물에 대하여 사용중지 명령을 내리는 것과 같은 경찰작용이 요구되는 분야이며, 중요시설물 도면의 전산화 등 학교시설물에 대한 효율적인 안전관리 시스템의 구축도 필요하다.

④ 그리고 무엇보다 중요한 것은 현재 건축법 등 일반시설에 적용되는 개별법이 학교시설도 그대로 적용되는 문제이다. 이용자의 눈높이에 맞춘 시설물 안전기준이 마련되어야 한다. 따라서 어른들의 관점이 아닌 학생들의 관점에서 관련법령이 정비되어야 하고 학교시설물 안전에 대한 별도 안전관리를 통합하는 법률 제정이 요구된다.

6.3.2 교육시설 등의 안전 및 유지관리 등에 관한 법률

① 최근 지진 등 각종 재난, 재해 및 이로 인한 안전사고가 발생하고 있는데, 교육시설 중 상당수는 30년 이상 노후되거나 내진설비를 갖추지 못하고 있는 등 교육시설 등의 안전관리가 취약하다는 문제가 제기되고 있는바, 교육시설 등에 대한 안전 및 유지관리 등에 대한 관리체계를 구축하고, 교육시설 등의 안전성을 확보하기 위한 법적 근거를 마련함으로써 안전하고 쾌적한 교육환경 조성과 교육의 질 향상에 기여하려는 것이다.

주요내용

가. 교육부장관은 교육시설의 종합적인 관리・지원체계를 구축하기 위한 교육시설기본계획을 5년마다 수립・시행하도록 함(제5조).

나. 교육시설의 종합적인 관리 및 지원에 관한 사항을 심의하기 위하

여 교육부장관 소속으로 교육시설정책위원회를 둠(제7조).

다. 교육부장관은 교육시설이용자에게 필요한 최소한의 생활환경조성을 위하여 교육시설에 대한 최소환경기준을 마련하고 공고하도록 함(제8조).

라. 감독기관은 장이 관할 교육시설 관리실태 등에 대한 평가·점검을 실시할 수 있도록 함(제9조).

마. 교육부장관은 교육시설의 안전 및 유지관리 등에 필요한 기준을 마련하도록 하고, 대통령령으로 정하는 규모 이상의 교육시설의 장은 교육부장관의 교육시설안전인증을 받도록 함(제10조 및 제11조).

바. 교육시설의 장은 안전점검 등에 관한 지침에 따라 연 2회 이상 안전점검을 실시하도록 하고, 안전점검 결과 교육시설안전사고의 예방과 교육시설의 안전성 확보를 위하여 필요한 경우 안전진단전문기관에 위탁하여 정밀안전진단을 실시하도록 함(제13조 및 제14조).

사. 감독기관의 장은 안전점검 및 정밀안전진단의 결과를 평가하고, 안전점검 등을 부실하게 수행한 것으로 평가되는 경우 국토교통부장관 또는 지방자치단체의 장에게 안전진단전문기관 또는 유지관리업자에 대한 행정처분을 요청할 수 있도록 함(제16조).

아. 교육시설의 장은 안전점검 등의 실시 결과에 따라 필요한 경우 결함에 대한 보수·보강, 개축(改築) 등과 교육시설의 사용제한, 사용금지, 이용자 대피 등의 조치를 할 수 있도록 함(제17조).

자. 교육시설의 장은 안전점검 등을 실시하면 해당 교육시설의 안전등급을 지정하도록 함(제18조).

차. 일정 규모 이상의 교육시설을 건축하려는 자, 학교경계로부터 4미터 범위에서 건설공사를 하려는 자 등은 교육시설 및 교육시설이용자의 안전에 미치는 영향에 관한 안전성평가를 실시하도록 함(제19조).

카. 교육부장관은 교육시설의 안전 및 유지관리에 관한 정보를 체계적으로 관리하기 위하여 교육시설통합정보망을 구축·운영하도록 함

(제23조).

타. 교육감은 관할 교육시설의 환경개선을 위하여 교육시설환경개선 기금을 설치하도록 함(제30조).

파. 교육부장관은 교육시설 안전 및 유지관리와 교육시설 공제사업을 실시하기 위하여 한국교육시설안전원을 설립하도록 함(제35조).

② 화재 등 긴급상황 발생 시 소방시설 구비 현황 및 소방자동차의 진입 가부는 학생들의 안전 확보와 직접적으로 연결되므로 이를 위한 정기적 조사 및 점검 체계가 필요한 바, 교육시설에서의 소방시설 설치 현황 및 소방자동차 진입로 확보 현황에 관한 실태조사와 조사 결과에 따른 시정조치 등을 규정하려는 것이다.

또한, 법령에서 정하고 있는 학교시설사업 절차를 이행하는 데에 여러 행정조치가 요구되는 바, 학교시설사업에 대한 "사전기획" 및 "사전기획 결과의 적정성 검토"를 규정하여 이를 수행할 경우 「건축서비스산업 진흥법」 상의 "공공건축 건축기획" 및 "공공건축 사업계획에 대한 사전검토"를 수행한 것으로 보도록 하는 등 관련 절차를 정비하고 학교시설 설계 시 교육분야의 특수성을 반영할 수 있도록 하려는 것이다.

한편, 코로나-19로 인한 비대면 수업으로 학생들의 학습결손 및 학습격차 문제가 심화되고 있는바 교내 감염예방 조치를 통한 학교 등교일수 확보가 시급하므로 교육시설의 안전·유지관리 기준에 감염예방 관련 사항을 포함하도록 하는 등 감염병에 대한 교육시설의 안전성 확보에 필요한 기준을 마련하도록 하고, 교육시설 안전사고로 정신적 피해를 입은 학생, 교직원 등에 대한 상담 및 심리치료 지원 근거를 마련하여 해당 사고로 인한 트라우마 등의 신속한 치료 등을 도모하려는 것이다

주요내용

가. 교육시설기본계획에 수목 및 생태환경 조성·관리에 관한 사항을 포함하도록 함(제5조 제2항 제10호 신설).

나. 교육시설의 안전·유지관리기준에 감염예방 관련 사항을 포함하도

록 함(제10조 제1항 제4호).

다. 교육시설에서의 소방시설 설치 및 소방자동차의 진입로 확보 현황에 관한 실태조사 근거를 마련하고, 실태조사 결과 필요한 경우 소방시설 강화 등 필요한 조치를 명할 수 있도록 함(제10조의2 신설).

라. 초·중·고 교육환경은 수목 및 생태환경을 적절히 유지·관리할 수 있도록 조성되도록 함(제25조 제4호 신설).

마. 교육시설 디자인 시 감염예방 기법을 우선 적용하도록 함(제26조 제2항).

바. 학교시설사업에 대한 "사전기획" 및 "사전기획 결과의 적정성 검토" 절차를 규정하여 해당 업무 수행 시 「건축서비스산업 진흥법」 상의 "건축기획" 및 "공공건축 사업계획 사전검토"를 수행한 것으로 보도록 함(제26조의2 및 제26조의3 신설).

사. 교육시설안전사고로 정신적 피해를 입은 학생, 교직원 등의 심리적 안정과 사회적응을 위한 상담 및 치료 등에 대한 지원 근거를 마련함(제34조제2항 및 제3항 신설).

6.3.3 소방시설 설치유지 및 안전관리에 관한 법률

이 법은 화재와 재난·재해, 그 밖의 위급한 상황으로부터 국민의 생명·신체 및 재산을 보호하기 위하여 소방시설 등의 설치·유지 및 소방대상물의 안전관리에 관하여 필요한 사항을 정함으로써 공공의 안전과 복리 증진에 이바지함을 목적하며, 학교의 시설관리에 적용되는 사항으로는 제7조[49]

49) 소방시설 설치유지 및 안전관리에 관한 법 제7조(건축허가등의 동의 등) ① 건축물 등의 신축·증축·개축·재축(再築)·이전·용도변경 또는 대수선(大修繕)의 허가·협의 및 사용승인(「주택법」 제15조에 따른 승인 및 같은 법 제49조에 따른 사용검사, 「학교시설사업 촉진법」 제4조에 따른 승인 및 같은 법 제13조에 따른 사용승인을 포함하며, 이하 '건축허가등'이라 한다)의 권한이 있는 행정기관은 건축허가 등을 할 때 미리 그 건축물 등의 시공지(施工地) 또는 소재지를 관할하는 소방본부장이나 소방서장의 동의를 받아야 한다. 〈개정 2014. 1. 7., 2016. 1. 19.〉
② 건축물 등의 대수선·증축·개축·재축 또는 용도변경의 신고를 수리(受理)할 권한이 있는 행정기관은 그 신고를 수리하면 그 건축물 등의 시공지 또는 소재지를 관할하는 소방본부장이나 소방서장에게 지체 없이 그 사실을 알려야 한다. 〈개정 2014. 1. 7.〉
③ 제1항에 따른 건축허가등의 권한이 있는 행정기관과 제2항에 따른 신고를 수리할 권한이 있

건축허가 등의 동의, 제9조 특정소방대상물에 설치하는 소방시설의 유지관리, 제9조의 2소방시설의 내진설계기준, 제10조 피난시설 방화구획 및 방화시설의 유지관리, 제12조 소방대상물의 방염, 제20조 특정소방대상물의 소방안전관리, 제22조 특정소방대상물의 근무자 및 거주자에 대한 소방훈련, 제24조 공공기관 등의 소방안전관리, 제25조 소방시설 등의 자체점검 등이 있으며, 특히 제24조 공공기관의 소방안전관리규정에 국공립학교 등 대통령령으로 정하는 공공기관의 장은 소관 기관의 근무자 등의 생명·신체와 건축물·인공구조물 및 물품 등을 화재로 부터 보호하기 위하여 화재 예방, 자위소방대의 조직 및 편성, 소방시설의 자체점검과 소방훈련 등의 소방안전관리를 하여야 한다고 규정하고 있다.

는 행정기관은 제1항에 따라 건축허가등의 동의를 받거나 제2항에 따른 신고를 수리한 사실을 알릴 때 관할 소방본부장이나 소방서장에세 건축허가등을 하거나 신고를 수리할 때 건축허가등을 받으려는 자 또는 신고를 한 자가 제출한 설계도서 중 건축물의 내부구조를 알 수 있는 설계도면을 제출하여야 한다. 다만, 국가안보상 중요하거나 국가기밀에 속하는 건축물을 건축하는 경우로서 관계 법령에 따라 행정기관이 설계도면을 확보할 수 없는 경우에는 그러하지 아니하다. 〈신설 2018. 10. 16.〉

④ 소방본부장이나 소방서장은 제1항에 따른 동의를 요구받으면 그 건축물 등이 이 법 또는 이 법에 따른 명령을 따르고 있는지를 검토한 후 행정안전부령으로 정하는 기간 이내에 해당 행정기관에 동의 여부를 알려야 한다. 〈개정 2013. 3. 23., 2014. 11. 19., 2017. 7. 26., 2018. 10. 16.〉

⑤ 제1항에 따라 사용승인에 대한 동의를 할 때에는 「소방시설공사업법」 제14조 제3항에 따른 소방시설공사의 완공검사증명서를 교부하는 것으로 동의를 갈음할 수 있다. 이 경우 제1항에 따른 건축허가등의 권한이 있는 행정기관은 소방시설공사의 완공검사증명서를 확인하여야 한다. 〈개정 2018. 10. 16.〉

⑥ 제1항에 따른 건축허가등을 할 때에 소방본부장이나 소방서장의 동의를 받아야 하는 건축물 등의 범위는 대통령령으로 정한다. 〈개정 2018. 10. 16.〉

⑦ 다른 법령에 따른 인가·허가 또는 신고 등(건축허가등과 제2항에 따른 신고는 제외하며, 이하 이 항에서 '인허가등'이라 한다)의 시설기준에 소방시설등의 설치·유지 등에 관한 사항이 포함되어 있는 경우 해당 인허가등의 권한이 있는 행정기관은 인허가등을 할 때 미리 그 시설의 소재지를 관할하는 소방본부장이나 소방서장에게 그 시설이 이 법 또는 이 법에 따른 명령을 따르고 있는지를 확인하여 줄 것을 요청할 수 있다. 이 경우 요청을 받은 소방본부장 또는 소방서장은 행정안전부령으로 정하는 기간 이내에 확인 결과를 알려야 한다. 〈신설 2014. 1. 7., 2014. 11. 19., 2017. 7. 26., 2018. 10. 16.〉 [전문개정 2011. 8. 4.] [제목개정 2018. 10. 16.] [시행일 : 2019. 10. 17.] 제7조

6.3.4 어린이 놀이시설 안전관리법

① 이 법은 어린이들이 안전하고 편안하게 놀이기구를 사용할 수 있도록 어린이놀이시설의 설치·유지 및 보수 등에 관한 기본적인 사항을 정하고 어린이놀이시설을 담당하는 행정기관의 역할과 책무를 정하여 어린이놀이시설의 효율적인 안전관리 체계를 구축함으로써 어린이놀이시설 이용에 따른 어린이의 안전사고를 미연에 방지함을 목적으로 한다.

② 학교에서 어린이놀이시설관리에 적용되는 규정으로 제11조에[50] 어린이놀이시설을 설치하는 자는「어린이제품 안전 특별법」제17조에[51]

---

50) 어린이놀이시설 안전관리법 제11조(어린이놀이시설의 설치) 어린이놀이시설을 설치하는 자(이하 "설치자"라 한다)는「어린이제품 안전 특별법」제17조에 따라 안전인증을 받은 어린이놀이기구를 행정안전부장관이 고시하는 시설기준 및 기술기준에 적합하게 설치하여야 한다. 〈개정 2014. 11. 19., 2017. 7. 26.〉[전문개정 2014. 6. 3.]

51) 어린이 제품 안전 특별법 제17조(안전인증 등) ① 안전인증 대상 어린이 제품 제조업자(외국에서 제조하여 대한민국으로 수출하려는 자를 포함한다. 이하 이 절에서 같다) 또는 수입업자는 산업통상자원부령으로 정하는 바에 따라 안전인증기관으로부터 다음 각 호의 구분에 따른 방법으로 그 안전인증 대상 어린이 제품의 안전인증을 받아야 한다. 1. 어린이 제품 모델(산업통상자원부령으로 정하는 고유한 명칭을 부여한 제품의 형식을 말한다. 이하 같다)에 대하여 안전인증을 받는 경우에는 제품검사와 공장심사를 모두 거칠 것. 2. 일정 수량만 제조·수입하거나 1회성으로 생산하는 어린이 제품에 대하여만 안전인증을 받는 경우에는 제품검사만을 거칠 것 ② 안전인증 대상 어린이 제품 제조업자는 안전인증을 받은 사항을 변경하려는 경우에는 산업통상자원부령으로 정하는 방법 및 절차에 따라 안전인증기관에 안전인증의 변경을 신청하여야 한다. ③ 안전인증기관은 산업통상자원부장관이 고시하는 제품검사의 안전기준(어린이 제품 공통안전기준을 포함한다. 이하 같다), 공장심사의 기준에 적합한 경우 안전인증을 하여야 한다. 다만, 안전기준이 고시되지 아니하거나 고시된 안전기준을 적용할 수 없는 안전인증대상어린이제품에 대하여는 관련 국제기준 또는 국내외의 국가표준 등을 준용하여 산업통상자원부령으로 정하는 바에 따라 안전인증을 할 수 있다. ④ 안전인증기관은 필요한 경우에는 산업통상자원부령으로 정하는 바에 따라 안전인증에 조건을 붙일 수 있다. ⑤ 안전인증기관은 산업통상자원부령으로 정하는 바에 따라 안전인증을 한 기록을 작성·보관하여야 한다. ⑥ 안전인증기관은 안전인증을 받은 안전인증 대상 어린이 제품의 안전성이 유지되고 있는지를 확인하기 위하여 산업통상자원부령으로 정하는 방법 및 절차에 따라 안전인증 대상 어린이제품 제조업자의 안전인증 대상 어린이 제품 또는 공장에 대하여 2년에 1회 정기검사를 할 수 있다. 다만, 안전인증 대상 어린이 제품의 안전성에 문제가 발생하는 등 특별한 사정이 있는 경우에는 수시검사를 할 수 있다. ⑦ 안전인증 대상 어린이 제품 제조업자는 안전인증을 받은 후 제조되는 안전인증 대상 어린이 제품에 대하여 산업통상자원부령으로 정하는 바에 따라 안전성이 유지되고 있는지에 관한 자체검사를 하여야 한다. ⑧ 안전인증 대상 어린이 제품 제조업자 또는 수입업자는 다음 각 호의 구분에 따른 서류를 산업통상자원부령으로 정하는 바에 따라 작성·보관하여야 한다. 1. 제조업자:

따라 안전인증을 받은 어린이놀이기구를 행안부장관이 고시하는 시설 기준 및 기술기준에 적합하게 설치하여야 한다고 규정하고 있으며, 그 외 어린이놀이시설의 설치, 어린이놀이시설 설치 검사, 검사 불합격 시설의 이용금지, 관리주체의 유지관리의무, 안전점검의 실시, 안전진단의 실시, 안전교육, 보험가입, 사고보고의무 및 사고조사 등을 규정하고 있다.

6.3.4 건축법

① 건축물의 대지·구조·설비 기준 및 용도 등을 정하여 건축물의 안전·기능·환경 및 미관을 향상시킴으로써 공공복리의 증진에 이바지하는 것을 목적으로 한다.

② 학교시설관리에 적용되는 주요 내용은 제3장 건축물의 유지관리, 제5장 건축물의 구조 및 재료, 제7장 건축설비 등의 사항으로 대지의 안전 및 구조, 방화 및 피난안전, 건축설비 설치의 원칙 등이 있다. 2014년 2월 경주 마우나 리조트 붕괴사고에서 드러난 바와 같이 현행의 건축설계기준이 최근 기후이변을 반영하지 못하고 새로 개발된 특수구조 건축물에 일반 건축물과 동일한 건축기준이 적용됨에 따라 구조안전에 적합한 설계와 시공이 이루어지기 어렵고, 허가권자도 이를 제대로 관리하지 못하는 등의 제도적인 미비가 있었음을 감안하여, 특수구조 건축물의 안전사고 방지를 위하여 국토교통부장관이 건축구조 기준을 정기적으로 모니터링하고, 특수구조 건축물에 대해서는 설계, 인

안전인증대상어린이제품이 제3항에 따른 안전기준에 적합하다는 사실을 증명하는 서류와 제7항에 따른 자체검사의 기록 2. 수입업자: 안전인증대상어린이제품이 제3항에 따른 안전기준에 적합하다는 사실을 증명하는 서류 ⑨ 안전인증기관은 제6항 본문에 따른 정기검사 및 제7항에 따른 자체검사의 실적이 우수한 안전인증대상어린이제품 제조업자에 대하여는 산업통상자원부령으로 정하는 바에 따라 정기검사의 전부 또는 일부를 면제할 수 있다. ⑩ 안전인증기관은 산업통상자원부령으로 정하는 바에 따라 안전인증대상 어린이 제품의 안전에 관한 시험·검사를 하는 국내외의 기관과 안전인증 대상 어린이제품에 대한 제품검사 또는 공장심사의 결과를 상호인정하는 계약을 체결할 수 있다. ⑪ 제2항, 제4항, 제6항 및 제7항은 제1항제2호에 따른 방법으로 안전인증을 받는 경우에는 적용하지 아니한다.

· 허가 또는 시공 시 건축구조 기준을 강화하여 적용할 수 있도록 하였다.

③ 건축물 화재 안전성을 강화하고 화재에 따른 피해를 최소화하기 위하여 반자가 없는 건축물의 경우에는 지붕에도 방화(防火)에 지장이 없는 내부 마감 재료를 사용하도록 명시하고, 복합자재의 품질관리를 강화하기 위하여 건축물에 복합자재를 공급하는 자, 공사 시공자 및 공사 감리자는 허가권자에게 복합자재 품질관리서를 제출하도록 하며, 허가권자는 필요한 경우 복합자재의 난연 성능을 확인할 수 있도록 하였다. 그리고 집중호우로 인한 건축물의 침수 피해를 방지하기 위하여 침수위험지구에서 건축하는 공공건축물은 1층을 필로티로 하고 침수방지시설을 설치하도록 하며, 고층건축물에 설치된 피난안전구역 · 피난시설 또는 대피공간에 대하여 화재 발생 시 피난 용도로 사용되는 것임을 명시하도록 하는 등 제도 운영상 나타난 일부 미비점을 개선 · 보완하였다.

6.3.5 학교시설물의 설치 · 관리상 하자로 인한 사고에 있어서 법원의 입장

① 학교테니스장의 백보드가 돌풍에 무너져 체육수업 중이던 학생이 상해를 입은 사고에서 대구고법은 "테니스장 연습용 백보드는 시멘트블록을 한 줄로 쌓은 뒤 그 위에 시멘트몰탈을 입혀 만든 시멘트 블록벽으로, 이를 지지하는 철구조물이나 보조벽 등이 설치되어 있지 않아 강한 바람이나 외부 충격에 쉽게 무너질 위험의 소지를 가지고 있었는데도 학교측은 백보드 붕괴를 방지할 아무런 안전조치를 취하지 않았으므로 백보드의 설치 · 보전상 하자로 인한 손해를 배상할 책임이 있다"고 판단하였다.[52]

② 초등학교 2학년 학생이 운동장에서 설치된 미끄럼틀에 올라가 놀던 중 미끄럼틀이 넘어지는 바람에 땅에 추락하여 하반신 마비의 상해를 입은 사건에서는 "초등학교에 미끄럼틀을 설치할 경우 안전도를 고려

52) 대구고법 1995. 1. 19. 선고 94나2979 판결.

하여 표준구조를 가진 미끄럼틀을 설치하고 지주를 지면에 콘크리트 등으로 확실하게 고정시켜야 하며, 또한 미끄럼틀을 설치하였다면 위 미끄럼뜰이 부식성이 강한 쇠구조물로 이루어져 있으므로 시간이 지남에 따라 그 부식정도가 심화되는 점을 예상하여 설치한지 10년이 넘은 위 미끄럼틀을 초등학교 학생들이 안전하게 이용할 수 있도록 안전점검을 수시로 하여 만약 지주 등에 부식이 있으면 이를 교체하거나 보수하는 등의 조치를 취하여야 함에도 불구하고 이를 게을리 함으로써 이 사건 사고가 발생하였다 할 것이므로, 피고는 위 미끄럼틀의 설치・보존상의 하자로 인하여 발생한 이 사건 사고로 원고들이 입은 손해를 배상할 책임이 있다 할 것"이라고 판시하였다.[53]

③ 학교운동장에서 핸드볼 골대에 매달려 있다가 핸드볼 골대가 무너저 상해를 입은 사고에서도 "체육시설을 설치・관리하는 중학교에서는 어린학생들이 핸드볼골대에 매달이거나 밀어버리는 등을 함으로써 사고가 발생할 가능성이 상존하고 있는 것이므로, 골대를 사용하지 않는 경우에는 운동장 구석에 눕혀서 안전하게 옮겨놓거나 또는 골대를 바로 세워 놓은 경우 지면에 쇠고리 등을 박아 골대를 고정시켜 놓는 등의 조치를 취하여야 할 의무가 있음에도 불구하고 이를 게을리 한 채 위 골대를 아무런 고정장치를 함이 없이 운동장에 방치한 과실로 인하여 이 사건사고가 발생한 것으로 판단되는바, 결국 이 사건 사고는 피고 산하의 중학교가 관리하는 체육시설의 설치・보존상의 하자로 인하여 발생하였다고 할 것이므로, 피고는 이 사건 사고로 인하여 위 망인 및 원고들이 입은 손해를 배상할 책임이 있다"고 판단하였다.[54]

④ 반면에, 대학 5층 건물 옥상에서 그 대학 학생이 후배들에게 몸통을 좌우로 뒹굴게 하는 방법으로 기합을 주던 중, 그 중 1인이 약 15미터 아래로 떨어져 사망한 사건[55]에서는 "옥상은 그 설치용도와 관계있는

53) 광주지법 1994. 5. 20., 선고 83가합11922 판결.
54) 창원지법 1994. 7. 26, 94가합170 판결.
55) 대법원 1992. 4. 24, 선고 91다37652 판결.

사람 이외에는 올라가지 않는 곳이라는 점 등을 이유로 위 건물의 설치·보존상의 하자가 인정되지 않는다"고 판단하여 학교의 책임을 인정하지 않았다. 고등학교 3학년 학생이 학교건물의 3층 난간을 넘어 들어가 흡연을 하던 중 실족하여 사망한 사건[56]에서도 "영조물의 설치·보존의 하자라 함은 영조물이 그 용도에 따라 통상 갖추어야 할 안전성을 갖추지 못한 상태에 있음을 말하는 것이고, 영조물의 설치 및 보존에 있어서 항상 완전무결한 상태를 유지할 정도의 고도의 안전성을 갖추지 아니하였다고 하여 영조물의 설치 또는 관리에 하자가 있는 것으로는 할 수 없는 것이므로, 따라서 영조물의 설치자 또는 관리자에게 부과되는 방호조치의무의 정도는 영조물의 위험성에 비례하여 사회통념상 일반적으로 요구되는 정도의 것"이라고 보면서 "고등학교 3학년 학생이 교사의 단속을 피해 담배를 피우기 위하여 3층 건물 화장실 밖의 난간을 지나다가 실족하여 사망한 사안에서 학교 관리자에게 그와 같은 이례적인 사고가 있을 것을 예상하여 복도나 화장실 창문에 난간으로의 출입을 막기 위하여 출입금지장치나 추락위험을 알리는 경고표지판을 설치할 의무가 있다고 볼 수는 없다"고 판단하였다.

7. 주요국가의 학교안전사고예방제도에 대한 비교법적 검토

7.1 미국

미국은 위기상황에서 유관기관과의 의사소통을 원활하게 하기 위하여 연방정부 차원의 지휘부와 명령체계를 가지고 있으며, 학교에서 발생한 사고도 국가 단위 위기관리체제 안에서 관리된다.

연방재난관리청(FEMA, Federal Emergency Management Agency)은 국가

56) 대법원 1997. 5. 16, 선고 96다54102 판결.

사고관리체계(NIMS, National Incident Management System)를 구축하여 연방정부 차원에서 안전관리 대책을 책임지고 있다. NIMS를 기반으로 마련된 국가재난대비체계(NPS, National Preparedness System)를 통하여 위기를 사전에 예방하고 관리대책을 마련하고 있다. NIMS의 표준화된 지휘체계를 사고현장지휘체계(ICS, Incident Command System)라고 하며, 위기상황 발생 시 사고의 원인, 장소, 규모, 사고의 복잡성과 관계없이 통일된 위기대응체계가 작동된다.

학교 수준의 위기상황에 대처하기 위한 계획을 "학교위기대응계획(school EOP, school Emergency Operations Plan)"이라고 하는데, 이는 NIMS의 위기대응원칙과 대응방법을 학교수준에서 적용한 것이다. 학교위기대응계획을 수립할 경우에는 발생가능한 모든 위기와 위험을 고려해야 한다. 또한 인적 배경을 기준으로 한 장애인이나 아동과 같이 특별한 도움이 필요한 사람, 언어능력, 인종이나 종교 등의 고려는 물론 위기가 발생할 수 있는 시간대 등을 모두 고려하여 계획을 수립하여야 한다.

학교안전사고의 발생시에는 위기관리팀이 가동되고 위기관리팀의 지휘책임자(incident commander)가 통제권을 갖고, 학교장 등은 이를 보조한다. 위기관리팀은 규모와 상관없이 동일한 구조로 운영되고 있어, 통일된 기준하에서 일관된 위기관리가 가능하다.

〈표 2-6〉 미국의 재난관리체계[57)]

구 분	내 용
FEMA(연방재난관리청)	미 연방정부 차원의 안전관리 책임기관
NIMS(국가사고관리체계)	FEMA가 구축한 전국 단위의 통일된 위기관리 체계
NPS(국가재난대비체계)	NIMS를 기반으로 마련된 국가재난대비체계
ICS(사고현장지휘체계)	NIMS의 표준화된 사고현장 지휘체계

미국의 경우 학생의 교육권이 연방헌법이 아닌 주 헌법에서 보장되어있기 때문에 주에 따라 학교 안전에 관한 법령 및 규정이 다르다. 따라서 획

57) 김영석, 앞의 논문(각주3), 33면.

일적인 안전교육보다는 학교와 지역 특색에 맞는 안전교육이 강조된다.

학교에서 진행되는 안전교육은 주로 교내에서 자연재해나 화재, 총기사고, 교통사고 등이 발생할 경우의 대응방법에 대하여 진행된다. 미국에서의 안전교육은 읽기나 쓰기와 같은 기초교육보다도 더 중요한 교육으로 인식되고 있으며[58] 국가 차원에서 이에 필요한 재정 및 교육자료 등을 지원하고 있다.[59] 따라서 중요성을 인식하고 있는 만큼 안전교육의 실효성을 확보할 수 있도록 학생들의 실질적인 체험 중심으로 교육을 진행하고 있다.[60]

이처럼 미국의 안전관리시스템은 규모와 상관없이 동일한 대응체계를 적용하고 있으며 위기대응 지휘관에게 현장지휘권이 있어 전문적인 대처가 가능하다는 점에서 특징이 있다. 또한 학교교육의 목표에 학교안전을 명시하고 실질적인 체험 교육을 중심으로 하고 있다는 점에서 우리에게 시사하는 바가 크다.

〈표 2-7〉 미국 학교의 안전관리 및 안전교육 체계[61]

구분	내용	세부내용
안전관리	연방재난 관리청 (FEMA)	• 국가사고관리체계(NIMS) 구축 • 위기상황 발생 시 사고의 원인, 장소, 규모, 복잡성과 관계없이 모두 일원화되고 통일된 위기대응체계(ICS) 작동
	학교위기 대응계획	• 학교수준의 위기상황에 대처하기 위한 학교위기대응계획 (school EOP) • NIMS의 위기대응원칙과 대응방법을 학교수준에서 적용
	위기 관리팀	• 학교에서 실제사고가 발생했을 때 가동 • 사고대응 지휘책임자가 정책조직 교육 및 학교장에 우선하여 모든 행동을 통제 • 대소규모 사고에 일관성 있고 표준적인 위기관리

58) 김태환, 학교안전교육 매뉴얼 개발에 관한 연구. 한국화재소방학회 춘계학술논문발표회, 2005, C-08면.

59) 이덕난, 일본 학교에서의 안전교육 동향 및 시사점. 교육정책포럼 254호, 2014, 28-33면.

60) 안전교육과 관련하여 ASSE(미국 안전기술자 협회)에서는 교육자료, 프로그램, 교안, 보호구 등이 하나의 세트(KIT)로 구성된 안전가방(Safety Suitcase)을 신청학교로 보내어 ASSE 직원의 방문없이도 학교에서 자체적으로 교육을 진행할 수 있도록 지원하고 있다(대한산업안전협회, 2011).

61) 김영석, 앞의 논문(각주3), 36면.

안전교육	특색있는 안전교육	• 미국의 경우 학생의 교육권이 연방헌법이 아닌 주헌법에서 보장 • 획일적인 안전교육보다는 학교와 지역특색에 맞는 안전교육강조
	교육내용	• 학교에서 사고발생시 대응 요령을 교육 • 유사시 학생들이 무엇을 해야 하고 어디에 도움을 청해야 하는지 교육 • 초등학교에서는 읽기, 쓰기, 산수보다 안전교육중시
	교육지원	• 국가차원에서 안전교육에 필요한 재정지원 • 학교별로 안전교육자료를 개발해 정규교육과정에 활용

7.1.1 관련법령 및 정책

① 미국은 다른 주요한 교육에 관한 사항들과 함께 학교안전 및 안전교육에 관한 사항을 주정부가 결정하므로, 각 주의 결정이 달라질 수 있다.[62] 아래에서는 버지니아주를 중심으로 살펴보도록 한다.

② 버지니아주법전(Code of Virginia)은 공립학교가 학교안전 관련 연차보고서, 학교에서 발생하는 위기 응급상황, 응급의료상황에 대처하기 위한 계획을 수립하고 관련 문서를 작성할 것을 명시하였다.[63] 동법에는 학교에서 발생하는 위기, 응급상황, 응급의료상황에 대처하기 위한 계획에는 위급한 상황을 예방하고 비상상황이 발생하였을 경우 대처하기 위한 절차, 운영, 과제 등의 내용이 포함되어 있다.

③ 버지니아주법전(Code of Virginia)는 학교에서 발생할 수 있는 위급한 상황 및 사고를 "화재 홍수 토네이도 등의 자연재해, 전기 수도 통신망의 손실과 붕괴, 버스의 사고, 심장 관련 응급 상황이나 인명에 위급한 상태를 포함한 응급 의료 사고, 학생이나 교직원의 사망, 폭발, 폭발물 설치 위협, 총기나 도검류 등에 의한 위협, 유해한 물질의 유출, 학교에 출입이 허가되지 않은 자의 출입, 학생의 실종이나 유괴, 학생들이 인질로 위협받는 상황, 학교의 건물이나 학교 관련 행사에서의 폭력, 테러에 의한 사고, 학생 교직원 학교의 건물에 심각한 위협이 발생하

62) 조인식, 학교안전교육의 문제점과 개선방안. 국회입법조사처 현안 보고서 제249호, 2014, 27-28면.

63) Code of Virginia, § 22.1-279.8. School safety audits and school crisis, emergency management, and medical emergency response plans required.; 버지니아주 의회 홈페이지(최종 검색일: 2019.5.13.), 〈http://law.lis.virginia.gov/vacode/title22.1/chapter14/section22.1279.8/〉

는 사고" 등으로 구체적이고 세부적으로 명시하고 있다.[64] 또한 동법은 "모든 공립학교는 매학기가 시작된 후 20일 이내에 매주 최소한 1회 화재훈련을 실시해야한다"고 규정하여 화재훈련을 의무화 하고 있다.[65] 매학기가 시작된 후 20일이 지나면 최소한 매월 1회 화재훈련을 하도록 명시하였고, 학생들이 화재훈련에 익숙해지도록 훈련의 횟수를 늘릴 수 있도록 규정하였다.

④ 버지니아주법전은 공립학교에서 실시하는 토네이도 훈련에 대해서도 규정하고 있는데,[66] 이에 따르면 모든 공립학교는 토네이도에 대비하기 위한 훈련을 매년 최소 1회 이상 실시해야 하고, 토네이도 대비 훈련에서 학생들이 실제로 위급한 상황에 대처할 수 있는 능력을 가지도록 철저히 교육한다. 이에 따라 버지니아주정부는 강풍과 폭풍우, 토네이도에 대비하기 위하여 실시하는 훈련에 대한 규정을 마련하여 제시하였다. 여기에는 토네이도와 위험한 태풍으로부터 안전을 확보하기 위한 절차와 책임에 대한 사항을 명시하였다.

---

64) Code of Virginia, 22.1-279.8. "School crisis, emergency management, and medical emergency response plan" means the essential procedures, operations, and assignments required to prevent, manage, and respond to a critical event or emergency, including natural disasters involving fire, flood, tornadoes, or other severe weather; loss or disruption of power, water, communications or shelter; bus or other accidents; medical emergencies, including cardiac arrest and other life-threatening medical emergencies; student or staff member deaths; explosions; bomb threats; gun, knife or other weapons threats; spills or exposures to hazardous substances; the presence of unauthorized persons or trespassers; the loss, disappearance or kidnapping of a student; hostage situations; violence on school property or at school activities; incidents involving acts of terrorism; and other incidents posing a serious threat of harm to students, personnel, or facilities. The plan shall include a provision that the Department of Criminal Justice Services and the Virginia Criminal Injuries Compensation Fund shall be contacted immediately to deploy assistance in the event of an emergency as defined in the emergency response plan when there are victims as defined in § 19.2-11.01. The Department of Criminal Justice Services and the Virginia Criminal Injuries Compensation Fund shall be the lead coordinating agencies for those individuals determined to be victims, and the plan shall also contain current contact information for both agencies.

65) (Code of Virginia, 21.1-137 Fire drills; 버지니아주 의회 홈페이지(최종 검색일: 2019.5.13.), 〈https://leg1.state.va.us/cgi-bin/legp504.exe?000+code+22.1-137〉

66) (Code of Virginia, 21.1-137.1 Tornado drills; 버지니아주 의회 홈페이지(최종 검색일: 2019.5.13..), 〈http://lis.virginia.gov/cgi-bin/legp604.exe?000+cod+22.1-137.1〉

⑤ 학교는 토네이도의 접근이 관찰되면 토네이도 경보를 발령하기 위한 사이렌을 사용해야 하며, 화재가 발생하였을 때 사용하는 비상 사이렌은 토네이도에 대한 경보에 대해 사용을 금지한다. 화재가 발생할 경우 사용하는 사이렌을 작동하면, 학생들이 화재의 발생으로 오인하여 건물 밖으로 대피하면 위험한 상황에 처할 수 있다. 토네이도 경보가 발령되면 학생과 교직원이 대피하는 장소를 명시하고, 절대로 창문을 열지 않도록 하는 등의 토네이도와 관련하여 안전을 위한 구체적인 행동 수칙을 제시한다. 학생들은 토네이도로부터 대피하였을 때 안전을 확보하기 위해서 취해야 하는 자세에 대한 교육을 받으며, 토네이도 경보가 발령되면 안전한 장소로 대피하여 무릎을 꿇고 머리를 무릎에 닿게 하고 손으로 머리의 뒷부분을 감싸는 자세를 취하도록 교육한다. 토네이도에 대처하기 위한 훈련은 매년 3월에 최소 1회 이상 실시하도록 명시한다. 학교의 교사와 직원은 토네이도에 대비하기 위하여 실시하는 훈련에 관한 절차를 숙지하도록 하며, 토네이도가 발생하였을 경우 안전한 자세를 취하도록 교육을 실시하는 책임은 교사에게 있다.[67]

⑥ 버지니아주법전은 교내 총기사고 발생에 대한 대비로, 공립학교의 학교폐쇄훈련의무화를 규정하고 있다.[68] 동법에 의하면, 공립학교는 1월과 9월에 연 2회 이상 학교폐쇄 훈련을 실시하여야 한다. 학교폐쇄 훈련은 실제 테러나 총기사고가 발생한 것으로 가정하고 이에 대한 학생들의 대응능력을 높이기 위한 실습교육으로 진행한다.

⑦ 또 통학버스와 관련된 훈련을 실시하도록 규정하였다.[69] 학교에서 버스가 떠난 후에 발생한 위급한 상황을 가정하여 통학버스의 안전과 관련된 훈련을 진행한다. 학교의 통학버스 안전과 관련한 훈련은 "매년 최소 2회 이상 실시해야 하며, 학교의 첫 번째 학기가 시작하고 30일

67) 버지니아주 시설과 교통담당 부서 홈페이지(최종 검색일: 2019.5.13.), 〈http://www.boarddocs.com/vsba/fairfax/Board.nsf/files/8N2GXW45FF42/$file/R8625.pdf〉

68) Code of Virginia, 22.1-137.2 Lock-down drills.

69) Code of Virginia, 22.1-184 School bus emergency drills.

내에 훈련을 실시하고, 두번째 학기가 시작하고 30일 내"에 훈련을 하도록 하고 있다.

⑧ 초등학교나 중·고등학교에서는 특정 학년을 지정하여 사고예방을 위한 교육을 실시한다. 버지니아주의 공립학교는 안전교육을 보건과 체육시간(Health and Pysical Education)을 통하여 실시하고 있다. 보건과 체육시간은 모든 공립초등학교의 의무교육이며[70], 모든 중학교에서도 영어, 수학, 역사 등의 교과과정과 함께 실시하도록 규정하고 있다.[71] 특히, 버지니아주의 중학교와 고등학교 졸업을 위한 최소 이수 교과과정에도 보간과 체육교육은 포함되어 있다.[72] 뿐만 아니라, 버지니아주 법률에서 일반고등학교 졸업을 위한 필수 이수학점 역시 규정하고 있다.[73]

버지니아주의 교육위원회는 "보건교과의 교육을 위한 기준을 제시하고, 보건교과는 응급처치, 심폐소생과 심폐소생술을 실시하기 위해서 필요한 기술에 대한 실습, 자동제세동기의 사용방법 등을 교육하도록" 규정하고 있다. 보건교육에서는 "미국심장협회(the American Heart Association)" 또는 "미국 적십자사(the American Red Cross)"가 개발하고 국가적으로 공인된 심폐소생술과 심장제세동기 사용법에 근거하여 교육을 실시하도록 하고 있고, 교사는 학생들을 대상으로 심폐소생술을 교육할 경우 심폐소생술을 교육할 수 있음을 인정하는 자격증을 소지하여야 한다.[74]

⑨ 사고의 예방을 위한 교육은 "도로와 고속도로에서의 적절한 행동, 버

70) 8VAC20-131-80 Instructional program in elementary schools; 버지니아주 의회 홈페이지(최종 검색일: 2019.5.13.), 〈http://leg1.state.va.us/cgi-bin/legp504.exe?000+reg+8VAC20-131-80〉

71) 8VAC20-131-90 Instructional program in middle schools.

72) 8VAC20-131-100 Instructional program in high schools.

73) 8VAC20-131-50 Requirements for graduation. 버지니아주의 고등학교 졸업을 위한 이수 기준은 총 22학점인데, 과목적 이수학점은 영어 4학점, 수학 3학점, 과학 3학점, 역사 3학점, 보건과 체육 2학점, 외국어, 예술 또는 진로와 기술교육 2학점, 경제와 개인재무 1학점, 선택 4학점으로 되어 있다. 버지니아주 의회 홈페이지(최종 검색일: 2019.5.13.), 〈http://leg1.state.va.us/c gi-bin/legp504.exe?000+reg+8VAC20-131-50〉

74) Code of Virginia, 22.1-253.13:1.

니아주에서 자동차와 오토바이를 운전하기 위하여 필요한 교통규정, 재산과 인명피해를 예방하기 위한 화재예방과 관련한 내용"을 포함한다. 사고예방과 관련된 교육과정은 이수과정상의 의무 이수학년을 규정하고 반드시 교육을 이수하도록 하고 있다.[75] 버지니아주의 법률에 의하여 주의 교육위원회는 공립학교를 위한 표준화된 운전교육 프로그램을 개발하여야 한다.[76]

⑩ 미국은 연방차원에서 안전교육에 필요한 재정을 지원하고 안전교육시설을 점검하고 있다.[77] 2014년 기준으로 미국 연방 교육부는 학생안전을 위한 학교환경 개선을 목표로 38개 주의 130개 학교에 총 7천만 달러(한화 약 760억) 이상의 예산을 투자하고 있다.[78]

⑪ 실병예방센터(Center for Disease Control and Prevention, 이하 CDC)는 국가 보건기구로서 센터 웹페이지를 통해 학교안전교육 지침을 제공한다.[79] CDC는 웹페이지에 어린이 등하교길 안전, 스포츠 및 체육활동 안전(Walk to School Safely, Safety During Sports and Physical Activity) 등과 관련된 안전사고 현황, 학교 및 학부모 대상의 구체적인 지침 및 관련 자료를 무료로 제공한다. 제공되는 자료 중에는 유아 및 초등학교 저학년을 대상으로 한 색칠놀이 책이 있다. 색칠놀이 책은 안전한 가족 이야기를 바탕으로 구성되었고, 만 4-7세 어린이들이 색칠놀이 하며 안전사고 예방을 위해 스스로 할 수 있는 안전조치에 대해 자연스럽게 배우며 익숙해질 수 있도록 제작되었다.[80]

---

75) Code of Virginia, 22.1-204. Study of accident prevention.

76) Code of Virginia, 22.1-205.

77) 김태환, 학교안전교육 매뉴얼 개발에 관한 연구. 한국화재소방학회 춘계학술논문발표회, 2005, 85면.

78) U.S. Department of Education(2014, Sep. 23). Archived information. Retrieved from http://www.ed.gov/news/press-releases/us-department-education-investsmore-70-million-improve-school-climate-and-keep-students-safe

79) Center for Disease Control and Prevention, About CDC 24-7. http://www.cdc.gov/featu res/safeschools/미국 질병예방센터(Center for Disease Control and Prevention, CDC)는 1946년에 당시 범국가적인 전염병이었던 말라리아를 퇴치하기 위해 국가 보건기구로서 설립되었고, 조지아 주 애틀랜타 시에 본부를 두고 있다. 미국 보건복지부(Department of Health and Human Services)의 핵심 역할을 담당하는 정부 산하기구 중 하나이다.

⑫ 민간기관인 미국화재예방협회(National Fire Protection Association 이하 NFPA)는 화재예방교육으로서 화재예방학습교재와 아동화재예방학습 등을 개발 안전교육프로 그램으로서 운영하고 또한 보급하는 데 힘을 기울이고 있다. 그리고 재난관리청(Fedeal Emergency Management Agency, FEMA)에서는 안전매뉴얼인 “Are You Ready”라는 지침서를 발간하여 미국 국민에게 주위의 위협 요소에 대한 인식방법과 사고 시 대처하는 방안에 대한 교육 자료로 보급 및 활용하고 있다.[81]

7.1.2 운영 현황 및 사례[82]

① 미국 버지니아주의 교육위원회는 주에 있는 모든 공립학교에서 유치원생부터 10학년 학생을 대상으로 실시하는 보건교육의 개념 및 과정, 보건교육에서 습득하는 기술 등을 제도적으로 제시하고 있다. 보건교육의 세부 내용은 주의 교육위원회가 제시한 보건교육의 기준을 바탕으로 버지니아주의 교육구가 학생들의 연령과 특성을 고려하여 구성한다.

② 버지니아주 교육위원회가 제시한 보건교육의 내용을 살펴보면, 유치원의 경우에는 신체에 대한 기본적인 이해를 바탕으로 하여 약물과

---

80) 만 4~7세 어린이 대상 안전교육 교재 예시 (Color Me Safe - a coloring book designed for children ages four to seven); 1) 왼쪽 그림: 아이들은 각 스포츠에 맞는 안전장비를 항상 입어야 함을 압니다. 2) 오른쪽 그림: 안전한 가족은 안전을 위해 무엇을 해야 하는지 압니다. 저도 알아요! 자료 : Center for Disease Control and Prevention. Injury Prevention & Control http://www.cdc.gov/injury/colormesafe/index.html

81) Federal Emergency Management Agency (2014). About FEMA. Retrieved from http://www.fema.gov/media-library/assets/documents/7877

82) 조인식, 학교안전교육의 문제점과 개선방안. 국회입법조사처 현안 보고서 제249호, 2014, 39-40, 45-47면을 수정・보완하고, 일부 사항을 추가함..

신체부상으로부터 안전과 건강을 지킬 수 있도록 하는 내용의 교육을 진행한다. 초·중등학교 학생들을 대상으로 하는 교육의 주된 내용은 안전에 관한 것이다.

③ 공립 중고등학교의 안전교육은 공립학교 내의 보건체육부 교사가 진행한다.[83] 버지니아의 교육구에는 보건교육과 관련된 업무를 담당하는 인력이 있으며, 보건교육 관련 교과과정에 포함되는 내용과 수업자료의 구성 등에 대한 업무를 담당한다. 대부분의 공립학교는 체육교사가 보건교육을 담당한다. 공립 초등학교는 보건교육 시간에 담임교사가 직접 교육을 진행하고 있다.

④ 버지니아주는 안전교육과 관련하여 교원의 전문성을 강화하기 위하여 2013년도부터 교사자격증의 취득과 교사자격증의 연장을 위해서는 안전과 관련된 교육을 받은 수료증을 제출하도록 한다. 버지니아주의 교육부는 교사자격증의 취득 연장하려는 자가 응급상황에서의 처치, 심폐소생술, 자동심장제세동기의 교육 훈련의 수료 후에 받은 수료증의 사실여부를 확인하도록 하였다.[84]

⑤ 버지니아주의 페어팩스 교육구는 교육교재를 개발하는 회사와 계약을 체결하여 학교안전교육과 관련된 교재를 제작한다. 페어팩스 교육구의 보건교육 담당자와 교사가 학교안전교육의 목표와 형식을 검토하여 수업내용의 구성과 프로그램을 개발하기 위해 협력한다. 또한 교육구에서 eCart라는 교육과 수업에 관련된 자료를 공유하는 웹사이트를 운영한다.[85]

7.1.3 시사점

① 미국 버지니아주의 교육위원회는 공립학교 안전교육의 교과인 보건교

83) Health Education Standards of Learning for Virginia Public Schools.

84) 미국 버지니아주(州) 교육부 홈페이지(최종 검색일: 2019.5.13.), 〈http://www.doe.virginia.gov/teaching/licensure/emergency_first_aid_cpr_aed/index.shtml〉

85) 미국 버지니아주 페어팩스 교육구 보건교육 담당부서 사이트(최종 검색일: 2019.5.13.), 〈http://www.fcps.edu/is/hpe/index.shtml〉

육의 목표와 기준을 제시하여 학생들을 대상으로 종합적인 보건교육을 실시하고 있다. 버지니아주 공립학교는 학교에서 발생할 수 있는 위급한 상황과 자연재해 등을 상세하게 명시하고, 이를 대처하기 위한 계획의 수립 및 관련 매뉴얼 제작을 통하여 학생들에 대한 안전교육을 실시한다. 또한 공립학교에서 보건·체육교과를 개설하도록 법률에 명시하고 보건·체육시간에 안전교육을 실시하도록 하고, 학교에서 안전교육을 위한 교과를 명확히 하여 안전교육을 위한 시간을 확보하고 있다. 버지니아주 교육위원회는 보건교육을 담당하는 인력을 배치하여 학교와 보건교사의 안전교육에 대한 지원을 하는 등 교사의 학교안전교육에 대한 부담을 완화하고 보건교육이 체계적으로 실시될 수 있도록 지원하고 있으며, 위급한 상황에 대비하기 위한 안전교육을 실시하도록 법률에 명시하고, 학생들이 위험한 상황에 대처하는 능력을 갖추도록 체험위주의 안전교육을 실시하고 있다. 버지니아주 공립학교는 학생들의 연령을 고려한 보건교육의 내용이 수립되어 있어서, 학생들의 발달단계에 적합한 안전교육을 실시하기 위하여 공립학교에서 실시하는 안전교육과 관련한 규정을 법률에 세부적으로 명시하여 학교안전교육의 실시에 대한 사항을 명확하게 규정하고 있다.

② 미국 버지니아주의 학교안전교육의 사례의 분석을 통해서 도출한 시사점을 바탕으로 우리나라 학교안전교육의 개선을 위한 방안은 다음과 같이 제시할 수 있다.

③ 첫째. 학교의 안전교육을 개선하기 위하여 안전교육의 체계를 확립할 필요가 있으며, 안전교육의 실시를 위한 중점과목을 지정하는 방안을 검토할 필요가 있다. 학교안전교육을 위한 교과를 지정하여 안전교육의 시간을 안정적으로 확보하고, 안전교육을 위한 교과시간에 관련 내용을 교육하고 체험위주의 훈련을 실시하는 방안을 고려할 수 있다. 체험위주의 안전교육을 위하여 학교 내에서 체험방식으로 교육이 가능한 안전교육과, 학교 밖에서 실시해야 하는 안전교육의 영역을 분리하고, 체험위주의 안전교육 실시를 위한 환경을 조성할 필요가 있다.

④ 둘째, 학교안전교육의 목표를 달성하기 위해서는 학생들의 연령과 발달단계에 따른 안전교육의 영역을 구분하여, 학생들의 수준에 필요한 안전교육을실시하는 것이 필요하다. 이를 위해서는 학생들의 연령별 안전교육 관련 교재와 프로그램 및 교수법을 개발하여 보급할 필요가 있다.

⑤ 셋째, 학교안전교육의 개선을 위한 인력과 시설 및 장비에 대한 지원을 확대하여 학생들을 대상으로 효과적인 안전교육을 실시할 필요가 있다. 교원양성 과정에 있는 학생들을 대상으로 안전교육의 중요성과 학교에서 안전교육을 효과적으로 교육할 수 있는 지도방법을 체계적으로 교육하여 학교안전교육을 위한 소양을 갖도록 하는 것을 검토할 수 있다. 학교안전교육을 체험위주로 실시하기 위해서는 관련 시설과 장비를 확충하고, 필요한 교재의 구비를 위한 지원의 확대가 필요하다.

⑥ 현재 여러 법령에 명시되어 있는 학교안전교육 관련 내용을 체계적으로 정비하기 위한 입법적 개선방안은 다음과 같다.

⑦ 「아동복지법 시행령」에 명시되어 있는 "연간 44시간의 학교안전교육 기준"을 학교에서 안전교육을 실시할 수 있는 실질적인 시간을 고려하여 개선하는 방안을 고려할 수 있다. 또한, 교육과정의 개편으로 안전교과가 신설될 경우 기존의 안전교육을 안전교과에 포함하여 실시하면, "연간 44시간의 안전교육기준"을 교과과정의 안전교육 시수를 고려하여 조정할 필요가 있다. 「학교안전사고예방 및 보상에 관한 법률 시행규칙」과 「아동복지법 시행령」에 상이하게 명시되어 있는 안전교육의 영역을 통일하는 방안을 검토할 수 있다. 여러 법령에 명시되어 있는 학교안전교육 관련 조항들을 단일 법률에 이동하여 법률의 체계를 확립하고 내실 있는 학교안전교육을 실시하기 위한 근거를 제시할 필요가 있다.

7.2 영국

7.2.1 관련법령 및 정책

① 영국의 학교 보건 및 안전, 그리고 이에 부응하는 관련 교육활동은「근로현장 내 보건 및 안전법(Health and Safety at Work etc Act 1974)」등에 의거한 법정의무이다. 동법에 따르면 학교 경영 관계자는 소속 교직원 및 학생의 안전을 책임질 의무가 있으며, 안전의무의 범위는 교내 안팎에서 행해지는 모든 활동을 포괄한다.

② HSWAct는 의회에서 제정하고 안전보건규정은 보건안전청(HSE : The Health and Safety Executive)에서 제정하고 HSWAct 제50조 제1항에 따라 국무장관에게 규정 제정권이 부여된다. 실행지침의 제정과 시행은 HSWAct 제16조 제1항에 따라 HSE에 부여하되 국무장관의 동의를 얻어야 한다. 실행지침을 단순히 미이행한 경우 민사 또는 형사 처벌을 하지는 않는다. 다만, 법규와 규정을 위반하여 형사 처벌을 할 경우 실행지침을 준수하지 않은 사항도 법정에서 모든 실행 가능한 조치를 다하지 않았다는 증거로 인정 될 수는 있다. 또한 안내지침은 실행지침을 보완하는 자료이며 법적 강제성은 없고 권고사항이다. 안전보건교육에 관한 관련 법령은 HSWAct 제2조 제2항(C)에 근로자에 대한 사업주 의무사항에 포괄적으로 교육훈련 의무를 규정하고 있다. 또한, 안전보건규정에서는 작업 안전관리 규정, 시설장비 안전관리 규정, 사업장 안전관리 일반 규정 등 각 규정의 목적에 따라 교육대상 및 내용을 개별적으로 규정하고 있다. 사업장보건안전관리규정 제13조 제2항에 따르면 신규채용자, 업무내용 변경시, 새로운 장비 도입·교체시, 새로운 기술·작업시스템 도입 또는 시스템 교체시 교육을 실시하도록 규정하고 있다. 교육방법으로는 적절한 장소에서 주기적으로 반복하고 위험성이 변경 또는 새롭게 고려되어야 할 때에는 근무중에 실시하도록 규정하고 있다.[86]

---

86) 정승래·박현진·장성록, 한국과 주요 외국의 안전보건교육제도에 관한 비교 연구, 한국안전학

③ 영국 정부는 2002년에는 지역응급계획관리자를 대상으로 한 "대피 및 대피소 가이드라인(Evacuation and Shelter Guidance)"을 2014년에는 "비상사태에 대한 계획 및 대응(Emergency planning and response)" 지침서를 발표하였다. 동 지침들은 교내에서 발생한 사건뿐만 아니라, 휴일이나 방과후에 발생한 사건에 대해서도 어떻게 대처하여야 하는지에 관한 절차를 마련하도록 규정하고 있다.

④ 교육부는 보건안전팀(HSE, Health and Safety Executive)을 두고, 학교안전계획 수립 및 운영을 협의하도록 하였으며, 사건 발생시 HSE에 보고하도록 하고 있다. HSE는 야외활동자격규정(Adventure Activities Licensing Regulation 2004)을 통하여 교내 뿐만 아니라 교외활동도 관리하고 있다[87) 그러나 보건안전청의 연구결과를 보면 "학생들이 위험에 대하여 근본적인 교육을 받고 있는가"에 관하여는 여전히, 위험상황이나 안전교육에 대한 인식부족으로 인하여 제대로 된 교육을 받지 못하는 경우가 많다고 확인하고 있다.교육부가 학교안전교육에 관하여 도움을 받을 수 있는 곳으로 제시하고 있는 "영국왕립사고예방협회(RoSPA, The Royal Society for the Prevention of Accidents)"에서 조차도 모든 위험상황과 관련하여 실습을 할 수 있는 실질적인 안전교육이 아니라, 야외현장학습 등을 진행할 때 필요한 안전교육 자료와 지침을 제시하고 있을 뿐이다.

7.2.2 운영현황 및 사례

① 안전보건규정에서는 교육내용의 기본 방향만을 제시하고 있고 구체적인 교육내용은 각 교육기관별 자체기준에 규정하고 있다. 교육기관에서는 영국표준협회(BSI: British Standards Institute)에서 제정하는 BS(British Standard)코드를 참조하여 자율적인 교육과정으로 운영을 하고 있다. 영국의 대표적인 교육기관인 IOSH 와 BSC의 교육 내용 및

회지, 제31권 제5호, 2016년, 119면.
87) HSE, 2007.

방법은 다음과 같다. IOSH는 산업안전보건업무 종사자 및 전문가들 간의 교류를 위해 설립된 기관으로 정부지원은 없으며 회비 및 교육수입으로 운영되고 있다. 총 24개의 교육과정을 개설하여 전문가 양성 및 자체 개발한 교육과정을 민간교육기관에 유상으로 보급하는 업무를 담당하고 있다. 대표적인 3가지 세부 교육과정은 안전한 작업과정, 안전한 관리과정, 전문화 교육과정이 있다. 각 교육강사는 국가자격인증 레벨3에 해당하는 안전보건자격자가 강의를 하도록 규정하고 있으며 교육비는 £85~£850까지 과정별로 다양하게 책정되어 있다.[88)]

② BSC는 사업장의 안전보건환경 수준향상을 목적으로 설립되었으며 안전보건관련 교육 및 안전보건환경에 대한 관리기준을 제정하는 데 목적이 있다. 기관운영은 정부지원 없이 교육수입, 감사 및 자문, 자격업무수입, 인증수입, 투자수입 등으로 운영되고 있다. 교육과정은 3개 분야별 34개의 교육과정을 연중 개설하여 연간 약 10만 명의 안전보건교육을 실시하고 있다. 또한 주요 업무로는 NEBOSH와 IOSH로부터 자격인증교육과정을 유상으로 공급받아 운영을 하여 자격증 취득자를 배출하고 있다. 모든 교육과정은 안전보건에 대한 학점변환체제인 "자격과 학점연계"를 적용 받아 대학의 학점으로 인정받을 수 있다.[89)]

③ HSWAct 및 안전보건규정에 있는 교육관련 규정을 위반한 경우의 벌칙은 HSWAct 제 33조에서 규정하고 있으며 즉결 재판과 기소재판으로 구분하여 최대 벌칙을 규정하고 있다. 각각의 처벌내용은 HSWAct 제2조에서 제6조의 사업주 일반 의무사항을 위반한 경우, 제21조 위반 개선조치, 제22조 금지조치 또는 제42조 법원의 배상명령 위반, 법상 자격 요구사항 및 법에 따라 제정된 안전보건규정을 위반하였을 경우 Table 2와 같이 규정하고 있다. 또한 HSWAct 제36조(제3자에 의한 사고) 및 제37조(양벌규정)위반자에 대한 처벌은 Table 2와 규정하고 있다.[90)]

88) Institution of Occupational Safety and Health, Available at http://www.iosh.co.uk
89) British Safety Council, Available at http://www.britsafe.org

④ 영국에서 기본적으로 안전교육은 "개인, 사회, 건강 및 경제 교육과정"(PSHEE, personal, social, health and economic education)에서 도로안전, 가정활동 내 안전, 음주, 마약, 흡연과 관계된 일신의 안전 등을 가르친다. 이와 아울러 3주에 1회 정도 불시에 화재경보기를 작동하여 학생들이 대피하도록 하는 훈련을 실시한다. 안전 관련 교육과정이나 지침서는 학교 단위보다는 지방자치단체 및 전국적 수준에서 개발되고 있는데 주로 자연재해나 화재 등의 대응방안에 중점을 두고 있다. 학교 단위에서는 교내 실험이나 교외 실습 상황에서의 안전한 수업을 위한 예방 대책과 대응요령에 중점을 두고 있다. 영국의 학교안전정책은 왕립사고예방협회(ROSPA) 주도로 안전교육을 지원하는 정책적인 시스템을 갖추고 있다.[91] 영국의 안전교육은 교육의 안전성을 강조하는 동시에, 안전의식을 키울 수 있도록 하는 것에 초점을 두고 있다.

⑤ 또한 대부분의 영국 청년들은 본격적으로대학교육을 받기 전에 1년 정도 "갭 이어(Gap Year)"를 갖는다. 학생들은 갭 이어(Gap Year) 기간 동안 여행을 통하여 안전의식을 체득하고, 운전면허를 취득하기도 한다.

〈표 2-8〉 영국학교의 안전관리 및 안전교육[92]

구분	내용	세부내용
안전관리	법적근거	•「근로현장내보건및안전법」, 「교육법」및「아동법」등에 따른법정의무 • 대피 및 대피소 가이드라인"(2002)과 "비상사태에 대한 계획 및 대응"(2014) 등 지침발표
	보건 안전팀	• 학교의 안전과 관련된 운영 및 계획은 보건안전팀(HSE)과협의 및 보고 • HSE에서는 교외활동에 대해서도 야외활동 자격규정을 통해 관리
	왕립사고 예방협회	• 영국왕립사고예방협회(RoSPA)에서는 학교가 야외에서 진행하는 현장학습이나 야외활동시 필요한 안전교육 지침과 자료 제작

90) UK, Health and Safety at Work etc. Act, 2016.
91) Health and Safety Executive, Available at http://www.hse.gov.uk
92) 김영석, 앞의 논문(각주3), 39면.

안전교육	특색있는 안전교육	• 학교의 응급상황 대피 가이드라인이나 대응전략 등은 국가 또는 지방자치단체 단위로 개발되어 학교별 특색 반영 미흡 • 안전교육과 관련된 교원양성 과정이나 연수과정의 연계성부족
	교육내용	• "개인 사회 건강 및 경제교육과정"(PSHEE)에서 도로안전 가정활동 내안전 음주 마약 흡연과 관계된 일신의 안전 등을 교육 • 교내 실험이나 교외실습상황에서의 안전한 수업을 위한 예방대책과 대응요령 교육
	교육지원	• 영국왕립사고예방협회(RoSPA)가 학교안전정책을 주도적으로 추진 • 안전교육을 중시하고 이를 지원하는 정책시스템 운영

7.2.3 시사점

① 영국의 경우, 학교의 응급상황 대피 가이드라인이나 대응전략 등은 국가적인 차원 또는 지방자치단체 단위로 개발되고 있는데, 미국 버지니아 주에서 살펴본 것과 달리, 학교상황이라는 특수성에 입각한 논의는 활발하게 연구되고 있지 않다. 또한 보건안전청의 연구 결과에서도 나타나듯이, 학생들은 위험에 대한 근본적인 교육을 받지 못하고 있으며, 교사들 또한 안전교육이나 위험상황 등에 대한 정확한 인식이 부족하다. 뿐만 아니라 안전교육과 관련된 교원양성과정이나 연수과정의 연계성도 부족하다. 2014년 발표한 "비상사태에 대한 계획 및 대응(Emergency planning and response)" 가이드라인은 주중의 수업 중 및 방과 후 뿐만 아니라 휴일과 휴가 중에 발생한 사건에 대한 대응절차까지 마련하도록 장려하고 있고, 교육부에서는 학교의 안전과 관련된 운영 및 계획은 보건안전팀(HSE, Health and Safety Executive)과 협의하고, 문제가 발생했을 때 이곳에 보고하도록 하고 있다. HSE에서는 학교 내부에서의 활동뿐만 아니라 교외활동에 대해서도 야외활동자격규정(Adventure Activities Licensing Regulation 2004)을 통해 효과적으로 관리하고 있다(HSE, 2007).

② 현재, 영국의 학교 보건 및 안전, 그리고 이에 부응하는 관련 교육활동은 「근로현장 내 보건 및 안전법(Health and Safety at Work etc Act 1974)」 등에 의거한 법정의무이며, 영국의 청년들은 대학교육에 앞서

1년 정도 갭 이어(Gap Year)를 갖는데, 이 기간 동안 학생들은 운전면허를 취득하고 국내외 여행을 하는 등 자유로운 시간을 가지면서 많은 경험을 통해 자연스럽게 안전의식을 체득하게 된다.

③ 영국의 학교안전교육의 사례의 분석을 통해서 도출한 시사점을 바탕으로 우리나라 학교안전교육의 개선을 위한 방안은 다음과 같이 제시할 수 있다.

④ 첫째, 학교 안전관리 책임을 규정하는 법규의 명문화가 필요하다. 영국에서는 학교 보건 및 안전 그리고 이에 부응한 관련 교육활동이 관계법령에 의거한 법정의무이며, "지방자치단체 및 학교가 아동의 안전을 보장하는 것에 책임이 있음"을 법령상 명시하고 있다. 우리도 학교 구성원뿐만 아니라 유관기관도 학교안전에 책임과 의무가 있음을 「학교안전사고 예방 및 보상에 관한 법률」 등에 명문화할 필요가 있다.

⑤ 둘째, 학교의 안전관리시스템이 지역 유관기관과 연계되어야 한다. 학교에서 보유하고 있는 인력과 장비만 가지고는 대응이 어려운 대규모 사고나 재난이 발생할 경우에 지역에서 보유하고 있는 자원을 즉각적으로 지원받을 수 있는 체계를 평상시에 정비해야 한다. 일본의 사례와 같이 지방자치단체간의 방재에 관한 MOU 등을 체결하므로써 지방자치단체별로 구축된 비상대비자원을 재난 발생이 공유할 수 있는 체계의 마련이 필요하여, 미국의 사례와 같이 국가 수준의 재난계획에 학교를 통합하여 일관된 위기대응체계를 구축하는 것도 고려해 보아야 한다.

⑥ 셋째, 영국의 갭 이어(Gap Year)와 같이 청소년기에 안전의식을 체득할 수 있는 기회를 부여하는 방안을 장기과제로 삼아 연구할 필요성이 있다. 또한 영국의 HSE(보건안전팀)와 같이 학교의 실정에 맞는 안전계획을 수립·이행할 수 있도록 하는 제도가 필요하다.

7.3 독일

독일은 사회와 시민의 안전에 민감하고 이를 철저히 보장하고 있으며, 학교교육 운영 전반에 있어서도 안전에 관한 의식이 철저하다. 학교 안전사고의 예방을 위하여 독일의 모든 학교는 공적 상해보험을 가입하고 있다. 바이에른주(州)의 학교안전과 법적 학생사고보험에 관한 지침에 따르면 "학교의 안전은 전체 학교교육 참여자의 과제이며 모두가 협력하여 학생이 안전의식을 가지고 행동하도록 교육하고 학교를 안전하게 조직"하도록 명시하고 있다.[93] 니더작센주(州)는 2016년 8월 "학교 응급조치, 소방대책, 대피에 관한 규정"을 개정하였는데, 여기에서는 "학교장 등 교직원의 재해 시 임무와 응급조치에 필요한 교육의 시행과 시설・장비의 확보에 관한 사항, 비상행동요령 등에 관한 내용" 등을 규정하고 있다.

독일 학교 안전관리에 있어 최고책임자는 학교장이지만 전문적인 대처를 위하여 전문 안전책임자를 두고 있다. 안전관리 분야에서 사전교육을 받았거나 직업적 경험이 있는 자를 안전 담당 교사로 정하여 학교안전에 관한 문제를 장기적 관점에서 관리 및 계획할 수 있도록 하고 있다. 학교장은 소방대책, 응급조치 등에 관한 학교안전교육을 계획 밀 실시하여야 한다.

안전교육은 교내에서의 문제로 국한되는 것이 아니라, 사회 전반적으로 타인과 밀접한 관련이 있다는 전제 하에 독일은 안전교육을 사회성 교육과 지속가능성 있는 개발을 위한 환경교육까지 포괄하는 개념으로 접근하고 있다. 또한 독일에서는 학교안전 사고에 대한 보상을 사회보험으로 해결하고 있기 때문에 보험회사들이 체계적인 학교안전사고 예방을 위한 대책 마련과 시행에 큰 역할을 하고 있다. 독일의 기초수영 자격증이나 자전거타기 자격증 등과 같은 제도는 학생들이 안전교육에 자발적으로 참여하는 동기로 작용한다는 점에서 우리도 적극 검토할 필요가 있다.

93) 이덕난, OECD 주요국의 유・초등학교 안전교육 실태 및 한국교육에 주는 시사점, 한국교육개발원, 2015, 20-21면.

〈표 2-9〉 독일학교의 안전관리 및 안전교육[94]

구분	내용	세부내용
안전관리	공적보험	• 독일의 모든학교는 학교안전과 사고방지를 위해 독일 공적상해사고 보험에 가입 • 상해보험은 학교에 응급조치 등에 필요한 물품 및 장비와 교육지원
	안전 책임자	• 학교안전관리 최고책임자는 학교장 • 별도로 전문적인 안전책임자를 두어 안전관리와 안전 교육담당
	교육과 훈련	• 학교장은 응급조치, 소방대책, 대피에 필요한 설비와 장치구비 및 이와 관련한 교육과 모의훈련 실시 • 학교와 관련된 모든 인력은 안전대책이행에 적극적으로 참여할 의무 • 보험회사들이 체계적인 학교안전사고예방에 관한 안내 및 홍보
안전교육	특색있는 안전교육	• 전문적인 안전책임자와 경험 많은 안전담당교사를 통한 안전관리와 교육 • 기초수영자격증이나 자전거타기자격증 등의 제도를 통해 안전교육에 자발적 참여 동기부여
	교육내용	• 안전교육을 사회성교육과 환경교육까지 포괄하는 개념으로시행

7.3.1 관련법령 및 정책[95]

① 독일 법체계는 정부(연방 및 주정부)와 산재보험조합(DGUV : Deutschen Gesetzlichen Unfallversicherung)이 각각 다른 법률에 근거하여 사업자의 산재예방활동을 관리・감독한다. 그에 따른 안전보건교육관련 법령을 살펴보면 다음과 같다.

② 산업안전보건법에서는 사업장의 사업주에게 근로자 교육의무를 부여하고 공공기관은 근로자에게 각각 일정한 의무를 부여한다. 사업장 근로자 교육은 산업안전보건법[96] 제12조에서 사업주의 의무로 규정하고 있으며 근로자 채용 시, 작업내용 변경 시, 새로운 장비나 기술을 도입한 경우에 실시한다. 안전보건교육을 실시하는 방법은 근로자가 작업을 시작하기 전에 실시하고 필요시 정기적으루 반복하도록 규정하고 있다. 공공기관 근로자 교육은 산업안전보건법 제14조에서 사업

94) 김영석, 앞의 논문(각주3), 44면.
95) 장형심・이시우・이덕난 외, 해외 선진국의 교육복지 및 학생안전 입법사례 조사연구. 한양대학교 교육복지정책중점연구소, 2013, 7-24면을 수정・보완하고, 일부 사항을 추가함.
96) Germany, Occupational Safety and Health Act, 2016.

주에 교육의무를 부과하지 않고 해당 근로자가 필요한 사항을 알고 있어야 한다고 규정하고 있다. 작업중 노출될 수 있는 안전보건상의 위험요인과 위험으로 부터 사고를 예방하기 위해 제공되는 조치나 설비, 응급처치 및 비상조치 방법 등에 대하여 최초 작업 전이나 작업 변경 시 교육을 실시한다. 사회법전(SGB : Sozialgesetzbuch)에서는 DGUV이 산업재해 예방에 필요한 안전보건교육을 실시하도록 규정하고 있다. SGB Ⅶ 제24조에 DGUV이 사업장내 산재예방 조치에 책임이 있는 사람에게 필요한 교육을 제공하도록 규정하고 있다. 또한, 사업장에 소속되어있지 않은 법에 따른 산업보건의, 안전관리자, 기타 산업안전 전문가에 대해서도 교육을 실시하도록 규정하고 있다. 교육비는 DGUV에서 부담하며 사업주는 근로자가 교육에 참석하는 경우에도 임금을 지급하도록 명시하고 있다.[97)]

③ 독일은 연방국가로, 연방과 주가 모두 입법권을 가지고 있으므로 연방법과 주법 체계를 사항에 따라 모두 또는 각각 검토하여야 한다. 학교안전에 관한 법규정을 찾아보면, 독일 교육법이나 학교안전에 관한 법률이 단일법으로 이를 규정하고 있지는 않다. 학교안전에 관하여는 학교법 체계 내에서 각주별로, 그리고 개별 학교의 교칙을 통하여 자율적으로 규율하고 있다.

④ 다만, 개별법에서 직·간접적으로 학교안전에 관한 사항을 규정하고 있다. 아래에서는 대표적으로 바이에른주의 입법례를 검토하였다.

⑤ 바이에른주「교육수업법」제57조는 학교안전에 있어 학교장에게 부여된 권한과 책임에 관하여 규정하고 있고, 바이에른주 중고등학교법 시행령(Gymnasial- schulordnung -GSO) 제4조 제1항은 "학교장의 권한과 책임 및 학교가택권"을 규정하고 있다. 동법시행령은 제38조에서 "수업 및 교내외 학생활동에 대한 학교의 지도감독권"을, 제39조에서 "음주금지 및 학생들의 학교내 위험물 반입금지의무와 학교의 학생보

97) Ministry of Employment and Labor, Occupational Safety and Health Education System in Foreign Countries, 2013.

호책임"을 규정하고 있다.

⑥ 이에 대해 보다 구체적으로 살펴보면 다음과 같다. 먼저, 학교 내 학생 안전에 관한 법제도적인 책임과 권한은 일차적으로 학교에 있다. 구체적으로는 학교장에게 일차적으로 교육적·학교 조직적·법적으로 학교에 대한 전반적인 책임이 주어진 다. 또한 교내 학교 시설에 대해서 가택권이 주어지며, 이차적으로는 교사에게도 학교장과 함께 공동 책임이 주어진다.[98] 수업뿐만 아니라 기타 교내외학교행사에 있어서도 학생 지도감독에 관한 학교 당국의 책임규정이 명시되어 있으며, 학교장과 학교구성원 참여기구인 학교포럼이 협의하여 기본적인 사항들을 정하도록 하고 있다.[99]

⑦ 다음으로, 학교안전과 관련된 학생의 권리로 적용될 수 있는 규정으로는 "학교생활에 참여할 권리,[100]학교운영과 관련한 본질적인 사항에

98) 바이에른주「교육수업법」제57조 제1항 및 제2항 및 바이에른주 중고등학교법 시행령 제4조 제1항; 독일 바이에른 주(州) 홈페이지(최종 검색일: 2019.5.13.), 〈http://www.bayern. de/politik/justiz-2/〉

99) 바이에른주「중·고등학교법시행령」제38조 독일 바이에른주 학교안전 및 안전교육 관련 입법사례; 바이에른주 헌법(Verfassung des Freistaates 바이에른) : 제128조~140조(교육 및 학교), 특히 제130조 학교감독권 규정 참조. 바이에른주 학교법(교육 및 수업제도에 관한 법률; Bayerisches Gesetz über das Erziehungsund Unterrichtswesen : BayEUG)은 ① 제1장(일반원칙) 중에서 제31조(학교의 청소년공무원과의 협력 및 학교의 보육, 교육, 방과후 돌봄 시설과의 협력 관계) - 학생복지 관련 ② 제2편 제7장(학생) 제56조(학생의 권리와 의무) ③ 제2편 제8장(학교장, 교사회, 교사) 57~61조 ④ 제2편 제9장(학교생활에의 참여) 62~63조(학생참여), 64~68조(학부모대표), 69조(학교포럼), 70~72조(직업학교위원회), 73조(주학교위원회) ⑤ 제2편 제10장(학교와 교육권자, 학교와 고용주) 74~77조(학교와 교육권자와의 협력, 학교·교육권자·고용주의 의무) ⑥ 제2편 제11장(특별 제도 및 학교보건) ⑦ 제2편 제14장(교육적 조치로서 징계조치) 86~88a조 ⑧ 제5편(학교감독) 제114조(학교감독권의 책임소재 규정)로 구성; 바이에른주 중고등학교법시행령: Schulordnung für die Gymnasien in 바이에른(Gymnasialschulordnung –GSO)은 ① 제1편(총칙) 2조(학교감독) ② 제2편(학교공동체, 학교의 장, 교사, 학생, 학부모, 학교포럼) 제2장(학교의 장) 제4조(학교의 장) ③ 제2편(학교공동체, 학교의 장, 교사, 학생, 학부모, 학교포럼) 제3장(교사) 5~9조 ④ 제2편(학교공동체, 학교의 장, 교사, 학생, 학부모, 학교포럼) 제4장(학생) 10~17조) ⑤ 제2편(학교공동체, 학교의 장, 교사, 학생, 학부모, 학교포럼) 제5장(학부모) 18~22조 ⑥ 제2편(학교공동체, 학교의 장, 교사, 학생, 학부모, 학교포럼) 제6장(학교포럼) 23조(학교포럼) ⑦ 제4편(학교운영) 제2장(학교출석) 37조(수업참여), 38조(감독), 39조(음주금지, 물건의 안전) 으로 구성되어 있다.; 독일 바이에른 주(州) 홈페이지(최종 검색일: 2019.5.13.), 〈http://www.bayern.de/politik/justiz-2/〉

100) 바이에른주「교육수업법」제56조 제2항 1호

대해 충분히 고지 받을 권리,[101] 교사로부터 부당한 대우 또는 평가를 받은 경우에 이를 학교장 및 학교포럼에 문제 제기할 권리[102], 그리고 학생회 격인 학생공동연대책임을 통해 교사 또는 학교장 또는 학교포럼에 대해서 이의제기를 할 수 있는 소청권[103]" 등이 있다.

⑧ 학생들은 학교안전을 위하여 교내 음주 및 위험물 반입 금지 의무가 있으며 학교는 학생들이 이를 위반할 경우 반입품을 몰수 할 수 있다.

⑨ 그리고 수업 및 기타 교내외 행사에서 학생들에 대한 학교의 지도감독과 관련한 기본원칙들은 학교장이 학교포럼[104]과 공동으로 정한다.[105] 학교안전교육과 관련하여 독일의 주 교육문화부장관 상설회의(이하, 'KMK')가 독일 전역에 적용할 학교에서의 이동성과 교통교육에 관한 기본 지침을 제시하고 있고 각 주 또한 안전교육과 관련한 다양한 규정을 두고 있다.

⑩ 바이에른주는 응급조치, 자전거 교육, 안전교육, 소방교육, 학생사고보험 등과 같은 학교안전교육에 관한 구체적 내용에 관한 규정을 두고, 세부사항은 각 학교별 학칙으로 규정하도록 하고 있다. 이에 관한 구체적 사례는 "로트마이어 김나지움(Rottmayr-Gymnasium) 학칙"으로 살펴볼 수 있다.

⑪ 학교 내 위험과 위해 요소들을 사전에 예방하고 학생안전을 확보하기 위하여 위험한 행동을 비롯하여 사고를 유발하는 행동을 금하도록 하는 등 학생들의 의무를 구체적으로 적시하고 있다. 본 학칙 2.2는 "복도를 뛰어다니는 행위, 교내에서 스케이트보드・롤러스케이트를 타는 행위, 창턱에 앉는 행위, 맨발로 뛰어다니는 행동, 자전거 또는 승용차(자동차, 스쿠터, 오토바이)로 등교하는 학생의 경우 주의 의무, 학교

101) 바이에른주「교육수업법」제56조 제2항 3호
102) 바이에른주「교육수업법」제56조 제2항 5호
103) 바이에른주「교육수업법」제62조 제1항 4호
104) 바이에른주법상 학교포럼은 학교구성원들의 학교운영에의 참여를 보장하는 제도로서 학교장, 교사대표, 학부모대표, 학생대표로 구성되며, 학교운영 전반에 걸쳐 구속력 있는 의결권 내지 권고를 할 수 있는 권한을 가진 합의제 학내기구이다(바이에른주「교육수업법」제69조 참조).
105) 바이에른주「중・고등학교법시행령」제38조

건물 내 비상탈출구를 비롯하여 교내 구조용 차량 진입로 방해 금지, 사고 발생 시 신고의무, 폭력범죄 위협・폭력행위 또는 이에 대한 정보가 있을 때 학교에 신고 의무, 의심스러운 외부인에 대한 학교에 신고 의무, 학교의 절도에 대한 무책임 규정과 함께 학생의 귀중품이나 현금주의 의무" 등을 규정학고 있다. 또한 본 학칙 3.7은 "수업목적 외 디지털 저장매체, 사진기 및 녹음기와 같은 물품 휴대 금지"를, 본 학칙 5는 "화재경보 상황 및 기타 위험상황에 대한 대처방안"을, 그리고 본 학칙 7은 "교내 음주 및 흡연 금지"에 관하여 규정하고 있다.

⑫ 위와 같이 독일은 학교 운영 전반에 걸쳐서 안전의식이 매우 철저하다는 것을 확인할 수 있다. 학교안전과 관련하여 학교뿐만 아니라 유관기관과의 협력 또한 매우 활발하게 이루어지고 있다. 유관기관들은 실질적인 안전교육이 이루어질 수 있도록 다영한 체험교육을 제공하고 있다.

⑬ 독일은 연방국가이기에 앞서 언급한 바와 같이 주정부에 부여된 입법권한에 따라 각 주별로 안전교육의 내용이 주의 상황에 따라 조금씩 다르게 나타나고 있다. 바이에른 주의 경우에는 교통량의 증가로 학생 교통사고 및 이로 인한 사망률이 증가하자 학교안전교육의 내용에 교통안전에 관한 사항을 의무적으로 포함하도록 하였다. 교통안전에 관한 교육은 연령을 고려하여 단계별로 진행하고 있으며, 바이에른주 교육부는 "딜링엔 교사연수"와 "바이에른 교통과 안전교육 연구소"의 운영을 통하여 교통안전교육에 관한 정보와 자료를 제공하고 있다.

⑭ 바이에른 교통안전교육 연구소는 소방대처, 자전거 교육, 통학시의 교통안전교육 등에 관한 콘텐츠를 연령별, 단계별 수업자료와 영상자료 등으로 개발하여 제공한다. 이와 함께 학생들이 직접 실습을 통하여 체험할 수 있는 프로그램을 학교에 안내하고, 교사연수 및 외부 기관과의 협력, 연계를 통하여 학교안전교육의 올바른 실시를 도모하고 있다.

⑮ 바이에른주의 " 학교안전과 법적 학생사고보험에 관한 지침"에 의하면, "학교의 안전은 전체 학교교육 참여자의 과제이며, 모두가 협력하여

학생이 안전의식을 가지고 행동하도록 교육하고 학교를 안전하게 조직하여야 한다"고 명시되어 있다. 즉, 사고를 예방하고 학교안전교육을 시행하는 것은 학교교육과제의 일환으로 보고 있다. 또한 동 지침에 의하여 학생들은 의무적으로 사고보험에 가입되고 교과과정 중이나 통학시간에 사고를 당할 경우, 사고보험을 적용받게 된다.

⑯ 학교장은 학교내에서 진행하는 모든 안전교육에 대한 1차적인 책임을 부담하며, 학교안전관리사로 하여금 지원하도록 할 수 있다. 학교안전관리사는 안전교육에 관한 정보를 제공하고, 모든 교사를 대상으로 사고발생시 대처 등에 관한 교육을 지속적으로 진행하여야 한다.

7.3.2 운영 현황 및 사례[106)]

① 독일의 대표적인 안전보건교육 기관으로 DGUV 산하기관인 드레스덴 교육센터(IAG)가 있다. IAG의 모든 교육과정은 DGUV 회원사에 무료로 제공하고 있으며 기관운영은 DGUV에서 매년 예산을 받아 운영하고 있다. 또한, DGUV는 각 사업주에게 산재보험료를 징수하여 운영된다. IAG의 전문인력은 대부분 박사급인 연구자가 산업안전보건법에 의한 연구와 교육 및 상담역할을 수행하고 있다. 교육은 단순 주입식 교육방식을 탈피하여 세미나 형식으로 진행하며 안전보건 이론을 실습에 적용하여 체험교육을 실시하고 있다. 2013년 기준 IAG에서는 예방전문가 교육과정, 강사 자격과정, 산업안전분야 학위 과정 등 총 158개 안전・보건관련 교육과정을 운영하고 있다.[107)]

독일의 주 교육문화부장관 상설회의(KMK)는 이동성과 교통교육을 학교가 반드시 수행해야 할 교육과제로 1972년 최초 학교 교통교육 지침을 마련하였고, 1994년과 2012년의 개정 통하여 독일 전체 주에서 기본지침으로 활용하고 있다.[108)]

106) 정수정, 독일의 초・중등학교 안전교육 현황. 한국교육개발원, 2014의 내용을 수정・보완하고, 일부 사항을 추가함.

107) Deutschen Gesetzlichen Unfallversicherung, Available at http://dguv.de/iag

108) Die Richtlinien zur Sicherheit im Unterricht KMK 2013

KMK는 "학생들이 현시대의 교통수단이 인간과 환경에 주는 영향에 대해 알고 미래 지속개발을 고려하여 교통수단을 올바로 활용할 수 있도록 이에 필요한 능력을 함양하도록 교육하는 것"을 목표로 하고 있다. 이에 학교에서의 교통과 안전교육을 실시와 관련하여 지침을 제시하고 있다.

② 바이에른주 교육부는 KMK의 지침을 고려하여 학년별로 최소 연간 10시간의 규정된 교육시간만큼 교통과 안전교육을 실시하고 있다. 안전교육은 안전교육 전반에 대하여 진행되고, 정규 교과수업 및 다양한 형태로 진행되고 있다. 또한 보다 실질적인 안전교육의 진행을 위하여 경찰서, 병원 및 법원 등의 유관기관과 연계한 교육을 진행하고 있다.

③ 특히, 학교안전교육 프로그램으로 자전거 교육 등을 진행하고 있는데, 이는 학생들이 교통질서를 이해하고 안전에 관한 의식을 강하게 가지도록 하는 데 매우 효과적이다.[109] 실제로 이러한 자전거 교육을 실시한 이후 학생들의 교통사고 발생 비율이 급격히 감소한 것을 알 수 있다.[110]

④ 자전거 교육은 이론과 실기교육으로 나뉘어 실시되며 실기교육은 실제 도로에서 이루어진다. 교육의 전반적인 책임은 학교에 있으며 경찰과 밀접한 협력 하에 실시하도록 한다. 자전거 교육 시 아동들의 시력검사도 하도록 권고하고 있다. 이론 교육은 초등학교 2, 3학년부터 실시되고 실제 도로에서의 교육은 대부분 4학년 2학기 때 실시된다. 이론교육 대부분은 교사가 하지만 교통경찰도 헬멧 착용, 교통법규, 현장 경험에 관한 교육을 직접 실시하며 지속적으로 협력한다.[111] 이론교육 종료후 2차시로 진행되는 실습교육이 총 4회 진행되는데, 실습교육은 실제 도로에서 진행된다. 실제도로에서의 교육이므로, 경찰의 동행하에 학생들은 헬멧의 의무착용은 교통법규에 따라 교육을 받게 된

109) Deutscher Verkehrssicherheitsrat (2015) : 18 Schriftenreihe Verkehrssicherheit

110) Bekanntmachung des Bayerischen Staatsministeriums für Unterricht und Kultus vom 11. Dezember 2002 Nr. III/1S43361

111) http://dozenten.alp.dillingen.de/2.8/sem/bildungsstandards.pdf

다. 실제 도로에서의 실습교육 중 발생한 사고에 대하여는 1차적으로 담임교사에게 그 책임이 있다.

⑤ 안전교육은 교실에서의 강의식 진행보다 체험을 통한 교육의 경우에 그 실효성이 높으므로 현장에서 실습교육이 이루어져야 하는 경우가 많다.[112] 따라서 이러한 경우에 유관기관의 연계가 없다면 단편적 교육에 불과함을 인지하고, 독일의 경우에는 유관기관과의 연계 및 협력 체계가 매우 잘 구축되어 있다 할 것이다.

7.3.3 시사점

① 독일은 연방주의로 인한 연대체계가 전통적으로 확립되어 있어, 모든 분야에서 유관기관 간의 협력이 원활히 이루어지고 있는 편이다. 연방주 교육부 장관회(KMK)에서는 학교가 교통, 안전교육을 실시할 때, 주 교육부와 학교청 뿐만 아니라, 학부모, 경찰, 교통 관련 기업, 협회, 연구소, 기관 등 다양한 외부기관과 협력하도록 명시하고 있다. 안전교육은 현장에서 체험적으로 이루어질 대 실효성이 높으므로 관련 기관의 협력없이는 안전교육이 단편적으로 실시될 수 밖에 없다. 독일의 경우, 학교 안전교육이 "학생들이 직접 참여하는 체험적 프로그램으로 이루어지고 있어 실생활 적용이 용이하도록 효과적으로 실시되고 있다"고 평가된다. 한편, 안전교육이 사회전반으로, 그리고 타인과 밀접하고 유기적으로 연결되어 있다는 것을 인지하고 안전교육을 타인을 배려하는 사회성 겨육 및 지속적 개발을 위한 환경교육까지 포괄하는 개념으로 시행하고 있다.

② 독일의 학교안전교육의 사례의 분석을 통해서 도출한 시사점을 바탕으로 우리나라 학교안전교육의 개선을 위한 방안은 다음과 같이 제시할 수 있다.

③ 첫째. 학교의 안전교육을 개선하기 위하여 안전교육의 체계를 확립할 필요가 있다.

---

112) Deutsche Gesetzliche Unfallversicherung JAHRBUCH 2013/2014

④ 둘째, 체험위주의 안전교육을 위하여 학교 내에서 체험방식으로 교육이 가능한 안전교육과, 학교 밖에서 실시해야 하는 안전교육의 영역을 분리하고, 체험위주의 안전교육 실시를 위한 환경을 조성할 필요가 있다.

⑤ 셋째, 유관기관 등의 연계를 통하여 학생들을 대상으로 효과적인 안전교육을 실시할 필요가 있다.

7.4 일본

일본에서 학교안전은 학생건강 증진을 위한 학교교육의 3대 영역에 속하는 것으로, "아동과 학생들이 스스로의 행동과 외부환경에 존재하는 다양한 위험을 억제하여 안전하게 행동하고 타인과 사회의 안전을 위해 공헌하도록 하는 것"을 목표로 하는 안전교육과 "아동과 학생들을 둘러싸고 있는 환경을 안전하게 정비하는 것"을 목적으로 하는 안전관리, 안전교육과 안전관리의 원활한 진행을 위한 "조직활동을 중심으로 구성되어 있다.[113]

"안전교육"에는 안전에 관한 기초적이고 기본적인 사항을 체계적으로 이해하고 사고력 및 판단력을 배양하여 안전에 대한 적절한 의사결정이 되도록 하는 것을 그 목적으로 하는 "안전학습"과 당면하고 있거나 가까운 장래에 당면하게 될 위험에 관한 문제를 중점적으로 취급하여 안전에 대한 보다 실천적인 능력과 태도 및 바람직한 습관을 형성하는 것을 목적으로 하는 "안전지도"가 있는데 이 두 가지는 서로 연관성을 가지고 계획적이고 계속적으로 행해지는 것이라 할 수 있다.[114]

이러한 것을 교육과정의 영역에 비추어 보면 전자는 초등학교 체육과의 보건영역, 중학교 제육과의 보건 분야 및 고등학교 제육과를 중심으로 생활과, 사회과, 과학과 등과 관련된 내용의 교과와 도덕, 윤리 과목 등에서 이루어지고, 후자는 특별활동의 학급활동과 학교행사, 과외지도 등에서 이루

113) 文部科學省, 2015. 參考.
114) 이덕난 외, 앞의 보고서(각주 153), 11-12면.

어지는 경우가 많다. 특히 도덕교육은 생명의 존중을 기본으로 규칙의 준수 및 공중도덕 지키기 등 안전한 생활을 영위하기 위해 필요한 기본적인 내용을 지도하고 안전에 관한 바람직한 도덕적 태도를 형성한다는 점에서 "안전학습" 및 "안전지도" 두 가지 모두를 기반으로 하고 있다.

"안전교육"은 학생들이 안전에 관한 문제에 대하여 흥미와 관심을 가지고 적극적으로 학습하게 하고 사고력 및 판단력을 길러 안전에 대한 적절한 의사결정과 행동선택이 가능하도록 하게 하는 것이다. 그를 위해서는 위험예측에 대한 연습, 시청각 교재와 자료의 활용, 지역과 학교 내의 안전지도(地圖)만들기, 학교 외부 전문가에 의한 지도, 응급처치 및 피난훈련의 실습, 유괴와 상해 등의 범죄로부터 자신을 지키기 위한 훈련 등을 도입하는 것이 효과적이고, 또 주변 사람 및 가정과 지역사회의 안전에 공헌할 수 있는 자질과 능력을 길러주기 위해서는 학교와 가정 및 지역사회의 안전 활동에 적극 참여하여 협력하는 경험을 갖도록 하는 것도 효과적이라 할 수 있다.

안전교육"의 목표는 모든 일상생활에서 안전을 확보하기 위해 필요한 사항을 실질적으로 이해하고 자신과 타인의 생명존중을 기반으로 일생을 통하여 안전한 생활을 보낼 수 있는 기초를 배양하고, 안전한 사회 만들기에 적극적으로 참가하고 공헌할 수 있는 자질을 갖추게 하는 것이다. 그 목표를 구체적으로는 열거하면 첫째, 일상생활에서의 사고 및 재해와 범죄피해 등의 원인 및 방지법을 잘 이해하여 현재 직면하였거나 장래에 직면하게 될 사고나 재해에 대하여 적확(的確)한 사고(思考)와 판단에 기초한 적절한 의사결정 및 행동이 가능하도록 한다. 둘째, 일상생활 속에 잠재해 있는 다양한 위험을 예측하고 자신과 타인의 안전을 고려하여 안전하게 행동하고 위험한 환경을 스스로 개선할 수 있도록 한다. 셋째, 자신과 타인의 생명을 존중하고 안전한 사회 만들기의 중요성을 인식하여 "학교와 가정 및 지역사회의 안전 활동에 적극적으로 참여하여 협조하고 공헌할 수 있도록 한다"고 할 수 있다.[115)]

"안전교육"의 중점 지도내용을 각 발달단계별로 보면 초등학교 저학년

115) 文部科學省, 2015. 參考.

(1~2학년)은 안전한 행동의 중요성을 이해하고 안전을 위하여 규칙과 약속을 잘 지키고 주변의 위험을 알아차릴 수 있도록 지도해야 한다. 또 위험한 상태를 발견하거나 사고나 재해가 발생했을 때 교직원이나 학부모 등 가까운 어른에게 신속히 연락하여 지시에 따르는 등의 적절한 행동이 가능하도록 지도해야 할 것이다.

중학년(3~4학년)은 "생활안전", "교통안전", "재해안전"에 관한 다양한 위험 원인과 사고방지에 대하여 이해하여 위험을 알아차리고 스스로 안전한 행동을 취할 수 있도록 지도해야 한다. 고학년(5~6학년)은 중학년까지 학습한 내용을 한층 심화시키고 다양한 장면에서 발생하는 위험을 예측하여 스스로 안전하게 행동할 수 있도록 하고, 또 자신의 안전뿐만 아니라 가족이나 가까운 이웃 사람들의 안전에도 관심을 가지며 간단한 응급조치가 가능하도록 지도해야 할 것이다.

중학생은 초등학교까지 학습한 내용을 더욱 심화시키고 교통안전 및 일상생활에서의 안전한 행동과 응급조치법을 몸에 익히고 평상시 재해를 대비하거나 신속한 피난행동이 가능하도록 해야 한다, 또 다른 사람의 안전을 배려함은 물론 자신과 타인의 안전에 대한 자기 책임감을 육성하고 학교나 지역에 재해가 발생했을 때 스스로 봉사활동에 참가하는 것에 대한 중요성에 대하여도 철저히 지도해야 할 것이다.

고등학생은 스스로의 안전 확보는 말할 것도 없고 친구와 가족, 지역주민들의 안전을 위해 공헌할 수 있도록 지도해야 한다. 또 심폐소생술 등을 익혀 적절한 응급조치가 가능하도록 하고, 나아가 안전한 사회를 만들기 위한 자신의 역할을 잘 이해시키고 지역의 안전 활동과 재해시의 자원봉사활동 등에 적극적으로 참가하도록 해야 할 것이며, 장애학생은 장애상태 및 발달단계, 특성 및 지역의 실태 등에 맞추어 스스로 위험한 장소와 상황을 예측하거나 필요한 경우에 도움을 청할 수 있도록 지도해야 할 것이다.[116)]

"안전교육"의 영역별 내용으로는 "생활안전에 관한 내용" 및 "교통안전에 관한 내용", "재해안전에 관한 내용"으로 나누어 생각해 볼 수 있다. "생활안

116) 文部科學省, 高等學校學習指導要領, 2015. 參考.

전에 관한 내용"은 일상생활에서 일어나는 사고의 내용과 발생원인, 결과 및 안전의 확보 방법에 대하여 알고 안전하게 행동할 수 있도록 하는 것이다. 학교생활과 각 교과, 종합학습시간, 학생회 활동과 클럽활동, 운동회, 교내 경기 등의 체육행사시의 위험에 대한 이해와 안전 확보, 소풍, 여행, 집단숙박행사, 근로생산 및 봉사활동 등 학교행사시의 위험에 대한 이해가 필수적이며 안전 확보, 수업 전 및 방과 후 휴식시간 등에서의 위험에 대한 이해와 안전 확보, 등・하교와 가정생활에서의 위험에 대한 이해와 안전 확보, 야외활동 등에 있어 위험에 대한 이해와 안전 확보 등이 필요하다. 그리고 사고발생시의 통보와 응급조치, 유괴와 상해 등의 범죄에 대한 적절한 행동 방법 등 학교와 지역사회에서의 범죄피해의 방지, 휴대전화와 컴퓨터 등의 정보네트워크의 활용에 의한 범죄피해의 방지와 적절한 이용, 시설・설비의 상태 파악과 안전한 환경 만들기 등이 있다."교통안전에 관한 내용"으로는 다양한 교통 장면에서 위험을 알고 안전하게 보행하거나 자전거 및 오토바이 등을 이용할 수 있도록 하는 것으로 도로 보행과 횡단 시, 건널목 횡단 시, 교통기관 이용 시, 자동차 승차 시 등의 안전한 행동 방법, 자전거의 점검・정비와 바른 승차법, 교통법규에 대한 바른 이해와 준수, 운전자의 의무와 책임에 대한 이해, 유아・고령자・장애자・병자 등의 교통안전에 대한 배려, 안전한 교통사회 만들기의 중요성에 대한 이해와 적극적인 참여・협력 등이 있다.

"재해안전에 관한 내용"은 다양한 재해 발생 시의 위험에 대하여 알고 올바른 대처와 적절한 행동이 가능하도록 하는 것으로 화재, 지진, 쓰나미, 화산활동, 풍수해 및 설해, 낙뢰, 원자력 재해 발생 등에 대한 이해와 안전한 행동 방법, 피난소의 역할과 피난경로에 대한 이해, 피난 방법, 재해에 관한 정보의 활용과 재해에 대비에 대한 이해, 지역 방재활동의 이해와 적극적인 참가 및 협력, 재해로 인한 마음의 상처 치유 등이 있다.[117)]

"안전교육에 대한 평가"는 개개의 학생들이 안전교육의 목표를 어느 정도 달성하였는가를 평가하고 문제점을 명확히 파악하여 보다나은 교육내용 및

117) 文部科學省, 2015 參考.

방법을 만들기 위해 아주 중요하다. 안전교육을 평가할 때 자칫하면 사고발생건수만으로 그 성과를 측정하기 쉬운데 사고는 위험한 상황 및 행동의 일부가 결과로 나타난 것이고, 학생들은 안전교육을 통하여 안전에 관한 바람직한 자질 및 능력을 몸에 익혀 사고나 재해의 발생을 방지할 수 있으므로 다양한 측면에서 평가하는 것이 중요하다. 특히 사고발생의 주요 원인인 행동에 관련된 제 요인을 조사하고 평가하는 것은 안전교육에 대한 평가의 기초라 할 것이다. 안전에 관한 지식 및 태도 등은 안전교육을 평가하는 중요하고 기본적인 사항이며 안전한 행동을 취했는지를 조사하는 것도 직접 사고 방지로 연결되기 때문에 귀중한 정보를 얻을 수 있고, 또 평가에 의해 얻어진 정보는 향후 안전교육을 개선하는 데 중요한 자료가 될 것이다.

평가항목으로는 "내용 및 방법이 적절했는가, 지도체제가 획립되었는가, 일정 및 시간에 문제가 없었는가, 안전교육에 관한 활동의 연계가 잘 되었는가" 등이 있으며, 평과결과에 문제가 있는 경우에는 계획을 개선하여 실시한 후 다시 평가하는 것이 좋을 것이다. 평가방법으로는 질문지법, 면접법, 관찰법 등이 사용되고 있는데 질문지법 및 면접법은 안전교육에서 몸에 익힌 지식 및 태도를 평가하는 가장 일반적인 방법이지만 그 대답이 주관적일 경우가 많아 질문 내용의 타당성 및 신뢰성에 대하여 검토할 필요가 있다. 관찰법은 실제행동을 조사하는 유효한 방법으로 질문지 조사가 어려운 연소자에 대하여도 사용할 수 있지만 관찰할 때의 행동이 그 사람의 행동 전체를 나타내지 않는 등의 문제가 있을 수 있다. 이와 같이 각각의 평가방법에는 장단점이 있으므로 몇 개의 방법을 혼합하여 다양하게 평가하는 것이 타당하다.118)

문부 과학성은 학교 안전의 목적에 대해 "유아, 아동 및 학생(이하 '아동 학생 등'이라 한다)이 자타의 생명 존중을 기반으로 스스로 안전하게 행동하고 다른 사람과 사 모임의 안전에 공헌 할 수 있는 자질과 능력을 육성하는 것과 동시에, 아동 학생의 안전을 확보하기위한 여건"이라고 하고 있다. 학교 안전 활동은 "아동 학생이 자신의 행동이나 외부 환경에 존재하는 다

118) 文部科學省, "いきる力"をはぐくむ学校での安全教育, 2015. 參考.

양한 위험을 제어하여 스스로 안전하게 행동하거나 다른 사람이나 사회의 안전을 위해 공헌 할 수 있도록 하는 것을 목표로 안전 교육과 학생 등을 둘러싼 환경을 안전하게 정돈 것을 목표로 안전 관리, 그리고 양자의 활동을 원활하게 진행하기위한 조직 활동이라는 세 가지 주요활동으로 구성되어 있다"고 설명한다.

7.4.1 관련법령 및 정책

① 일본의 학교안전교육은 지리적・지질학적 여건이 반영되어 주로 재해에 대비한 학교방재교육을 중심으로 실시되어 왔다. 고베대지진(1995년)과 동일본대지진(2011년) 등 대지진 이후 일본에서 학교안전교육은 방재교육 중심으로 진행되고 있다.[119)]

② 「학교보건안전법」에서 학교안전교육에 관한 주요한 사항을 규정하고 있는데 동법은 "학교안전계획의 책정・실시 및 위기발생 시 대처 요령(위기관리 매뉴얼)의 작성, 관계기관 등과의 제휴, 학교안전에 대해 각 학교에서 공통적으로 대처해야 할 사항" 등을 규정하고 있다[120)]

---

119) 이덕난, 앞의 보고서(각주 151), 31-32면.

120) 이덕난 외, 일본의 안전교육 운영 사례 및 한국교육에 주는 시사점: 학교방재교육을 중심으로, 한국교육개발원, 2013, 10-11면 .일본 「학교보건안전법」의 주요내용은 다음과 같다.
제1장 총칙
제3조 (국가 및 지방공공단체의 책무)
① 국가 및 지방공공단체는 상호 연계를 통해 각 학교에서 보건 및 안전과 관련된 활동이 확실하고 효과적으로 실시되도록 하기 위하여, 학교의 보건 및 안전에 관한 최신 식견 및 사례를 감안하여 재정상의 조치 및 기타 필요한 시책을 강구하도록 한다.
② 국가는 각 학교의 안전과 관련된 활동을 종합적이며 효과적으로 추진하기 위해 학교안전 추진에관한 계획을 책정하고 기타 필요한 조치를 강구하도록 한다.
③ 지방공공단체는 국가가 강구하는 전항의 조치에 준한 조치를 강구하도록 노력해야 한다.
제2장 학교 보건
제10조 (지역 의료 기관 등과의 연계)
학교에서는 구급처치, 건강 상담 또는 보건지도를 실시할 때에는 필요에 따라 해당 학교가 소재하는 지역의 의료 기관 및 기타 관계 기관과 연계하도록 노력한다.
제3장 학교 안전
제26조 (학교 안전에 관한 학교 설치자의 책무)
학교 설치자는 아동, 학생 등의 안전을 확보하기 위하여, 설치된 학교에서 사고, 가해 행위, 재해 등(이하 이 조 및 제29조 3항에서 '사고 등'이라고 함)으로 인해 아동, 학생 등에게 발생하는

③ 동법을 근거로 하여 각 단위학교는 교통안전교육, 생활안전교육, 방재교육을 진행해 왔으며, 뿐만 아니라 학생과 교사에 대한 안전교육 훈련 및 연수 등에 관한 학교안전계획을 의무적으로 수립하고 있다. 나아가 학교는 보호자 및 유관기관과의 연계를 통하여 학교안전을 확보하는 방안을 강구하여야 한다.

㉠ 일본의 경우에도 넓게 「헌법」, 「교육기본법」, 「학교교육법」, 「지방교육행정법」을 포함하여 핵심법으로서 「학교보건안전법」을 꼽기도 하는데(장형심 등, 2014), 일본 문부과학성의 "학교안전에 관한 관계 법규 및 계획"에서는 「학교교육법」과 「학교보건안전법」 및 「교육진흥기본계획」의 크게 3가지를 들고 있기도 하다. 그러나 역시

위험을 방지하고, 사고 등으로 인해 아동, 학생 등에게 위험 또는 위해가 실제로 발생했을 경우(같은 조 제1항 및 제2항에서 '위험 등 발생 시'라고 함) 적절하게 대처할 수 있도록 해당 학교의 시설과 설비, 관리 운영 체제의 충실한 정비 및 기타 필요한 조치를 강구하도록 노력한다.

제27조(학교 안전 계획의 책정 등)

학교에서는 아동, 학생 등의 안전을 확보하기 위하여 해당 학교의 시설 및 설비에 대한 안전점검, 아동, 학생 등을 대상으로 하는 통학, 학교생활 및 기타 일상생활의 안전에 관한 지도, 직원 연수 및 기타 학교의 안전에 관한 사항에 대해 계획을 책정하고 이를 실시해야 한다.

제28조 (학교 환경의 안전 확보)

교장은 해당 학교의 시설 또는 설비와 관련하여 아동, 학생 등의 안전을 확보하는 데에 지장을 주는 사항이 있다고 인정하는 경우에는 지체 없이 그 개선을 위해 필요한 조치를 강구하거나, 또는 해당조치를 강구할 수 없을 때는 해당 학교의 설치자에게 그 취지를 신청하도록 한다.

제29조(위험 등 발생 시 대처 요령의 작성 등)

① 학교에서는 아동, 학생 등의 안전을 확보하기 위하여, 해당 학교의 실정에 따라 위험 등 발생 시에 해당 학교의 직원이 취해야 할 조치의 구체적 내용 및 절차를 정한 대처 요령(다음 항에서 '위험 등 발생 시 대처 요령'이라고 함)을 작성하도록 한다.

② 교장은 위험 등 발생 시 대처 요령을 직원에게 주지, 훈련시키고, 기타 위험 등 발생 시에는 직원이 적절하게 대처하도록 필요한 조치를 강구한다.

③ 학교에서는 사고 등으로 아동, 학생 등에게 위해가 발생한 경우에는 해당 아동, 학생 등 그리고 해당 사고 등으로 심리적 외상 및 기타 심신 건강에 영향을 받은 아동, 학생 등 및 기타 관계자의 심신 건강을 회복시키기 위하여, 이들에게 필요한 지원을 실시하도록 한다. 이 경우 제10조 규정을 준용한다.

제30조 (지역 관계 기관 등과의 연계)

학교에서는 아동, 학생 등의 안전을 확보하기 위하여 아동, 학생 등의 보호자와 연계하는 동시에, 해당 학교가 소재하는 지역의 실정에 따라 해당 지역을 관할하는 경찰서 및 기타 관계 기관, 지역 안전을 확보하기 위해 활동하는 단체 및 기타 관계 단체, 해당 지역의 주민 및 기타 관계자와 연계하도록 노력한다.

핵심은 「학교보건안전법」이 된다고 할 것이다.

㉡ 일본에서 가장 핵심이 되는 「학교보건안전법」 을 중심으로 학교 안전 및 안전교육 관련 중요 측면들을 검토해 보면 다음과 같다.121)

㉢ 첫째, 일본은 국가 및 지방공공단체의 책무로서 안전에 관한 시책, 계획 등을 책정하도록 하고 있다. 한국은 단계연차별로 계획을 수립하도록 구체적으로 규정하고 있음에 반해, 일본은 이에 관한 규정이 없었으나 2011년 동일본대지진 이후 5개년 계획을 수립・시행하고 있다.

㉣ 둘째, 일본의 학교에서 학생 안전 확보를 위해 학교 시설 및 설비의 안전 점검을 규정하고 있으며, 학교장이 개선이 필요한 경우 지체없이 조치하고 사안을 제출하도록 하고 있다.

㉤ 셋째, 학교 안전교육의 실시에 대한 책무와 역할에 대해 규정하고 있다(일본의 제27조, 제29조). 일본은 제27조에서 "학교에서는 아동 및 학생을 위하여, 해당학교의 시설 및 설비의 안전점검, 아동과 학생 등에 대한 통학을 포함한 학교생활, 그 외의 일상생활에서의 안전에 관한 지도, 직원 연수, 그 외 학교에서의 안전에 관한 사항에 대한 계획을 책정하여, 이것을 실시해야 한다."라고 규정하여 학교가 학교안전 전반에 관한 계획을 수립, 실시하도록 하고 있다. 그리고 제29조에서는 "교장이 교직원에 대한 훈련 및 대처를 위한 조치, 각종 위험 등 발생에 대처하기 위한 훈련 등을 계획, 실행"하도록 규정하고 있다.

㉥ 넷째, 안전사고 예방과 관련한 유관 기관과의 연대 또는 지원에 대해 규정하고 있다.

㉦ 한편 학교보건안전법 30조 법령을 살펴보면 학교에서 보호자, 관할 경찰서, 안전 관련 단체 등과의 협력을 제시하고 있다.

121) 유병열, 손은혜, 한국과 일본의 학교 안전교육 비교연구(Ⅰ): 학교 안전교육의 배경 및 목표와 구조를 중심으로, 한국초등교육 29권1호, 서울교육대학교 초등교육연구, 2018, 177-193면 참고.

ⓞ 첫째, 학교안전과 관련하여 학교시설 점검 및 관리, 안전에 관한 교육 활동, 그러한 안전교육 활동을 위한 지원(교사 연수 등), 지역 간 협력 등을 공통으로 중시하고 있음을 알게 된다.

ⓩ 둘째, 일본의 경우에는 학교 안전교육에 관한 구체적인 내용보다는 학교안전을 위한 관리 및 교육 등 제반에 관한 계획 수립에 대한 안내가 비교적 상세하게 제시되어 있다.

ⓧ 셋째, 일본의 경우에는 총칙에 제시된 국가 및 지방공공단체의 책무 외에 "제3장 학교안전"을 별도로 두고 학교의 설치자 또는 학교장의 역할을 중요하게 다루고 있으며 특히 학교장이 학교안전에 관한계획 및 위험 등 발생 시 대처 요령 작성 등의 계획 수립 및 실천을 이행하도록 하는 것을 중심으로 비교직 싱세하게 규정을 설정해 놓고 있다.

ⓚ 이상으로 일본의 「학교보건안전법」을 중심으로 그 내용 및 특징 등에 대해 검토해 보았다. 일본의 경우 법률 외에 문부과학성에서 학교 현장의 안전교육과 관련하여 구체적으로 따라야 할 지침을 보다 상세하게 제시, 안내하여 발간함으로써 이를 보완하고 있다는 점을 고려할 필요가 있다.

ⓣ 학교에서 열리는 것에 대해서는 재해의 절박성이 높은 지역의 학교에서는 훌륭한 사례가 보이며, "방재 교육 도전 플랜"(내각부)과 "방재 고시엔"(효고 현, 매일 신문사, 공익 재단 법인 효우고 지진 기념 21세기 연구 기구 주최) "방재 탐험대 맵 콩쿠르"(사단법인 일본 손해 보험 협회) 등에서 발표되고 있다.

ⓟ 전술의 "방재에 관한 인재의 육성・활용 전문 조사회"(헤세이 15년)의 보고에서는, 아동-학생부터이고, 여기서 학교 교육은 초등학교・중학교・고등학교를, 또 종합적인 학습 시간을 쓰기를 권장하기 때문에 목표 대상은 초등학교 3년부터 고등학교 학생에 있다고 추측한다. 종합적인 학습 시간은, 초-중학교는 헤세이 14년부터 실시되고 있다. 문부 과학성에 의하면, 종합적인 학습 시

간 응원의 페이지에 있는 방재 관계 자료는 문부 과학성 소관의 사단법인 토목학회와 독립 행정법인 방재광학기술연구소가 제공한다.

7.4.2 운영현황 및 사례

1) 목표

① 일본은 학교 안전교육에 관한 교육과정이라 할 만한 것들이 잘 갖추어져 있는데 이 중에서도 문부과학성이 발간한 『"살아갈 힘"을 길러주는 학교에서의 안전교육』에 학교 안전교육의 목표가 비교적 잘 나타나 있다. 학교 안전교육의 목표는 다음과 같이 총괄 목표와 하위 목표로 구성되어 있다.[122] 학교에서의 안전교육의 총괄목표는 "일상생활 전반에 걸쳐서 안전 확보를 위해 필요한 사항을 실천적으로 이해하고, 자신과 타인의 생명존중을 기반으로, 생애를 통해 안전한 생활을 할 수 있는 기초를 배양함과 아울러, 안전하고 안심할 수 있는 사회 만들기에 참가하여 공헌할 수 있도록 자질과 능력을 기르는 것"이고 하위 목표는 "① 일상생활에서의 사건・사고 재해나 범죄 피해 등의 현상, 원인 및 방지 방법에 대해 깊이 있게 이해하고, 현재 및 장래에 가치 있는 안전의 과제에 대해 적확한 사고・판단에 근거하여 적절한 의지 결정이나 행동 선택이 가능하도록 한다. ② 일상생활 가운데 잠재된 여러 가지 위험을 예측하고, 자신과 타인의 안전을 배려하여 안전한 행동을 취함과 동시에 스스로 위험한 환경을 개선할 수 있도록 한다. ③ 자신과 타인의 생명을 존중하고, 안전하고 안심할 수 있는 사회 만들기의 중요성을 인식하며, 학교, 가정 및 지역 사회의 안전 활동에 더불어 참가・협력하고 공헌할 수 있도록 한다."는 것이다.

② 위의 총괄 목표를 좀 더 분석해보면, 우선 학교에서의 안전교육의 종국적 목표를 안전 생활과 관련한 모종의 "자질과 능력"을 기르는 것으

122) 文部科學省, 2012, 31面.

로 설정하고 있음을 볼 수가 있다. 다음, 그 자질과 능력의 구체적인 요소들은 일상생활에서의 개개인의 안전 확보, 자신과 타인의 생명존중을 바탕으로 전 생애에 걸친 안전생활 영위, 그리고 공동체적 관점에서 안전·안심 사회 만들기에의 참여와 공헌 등을 지향하는 안전생활 관련 실천적 이해와 기초 능력 및 참여와 공헌력 등의 성향 및 자질들의 육성을 추구하고 있음을 알 수 있다.[123)]

③ 이어서, 하위 목표들을 보게 되면, 첫 번째 목표에서는 안전과 관련된 지식, 사고 및 판단력을 바탕으로 의지 결정, 행동 선택 등에서 보듯이 자율적 판단과 행동을 통해 스스로를 지킬 수 있도록 하는 것을 강조하고 있음을 알 수 있다. 두 번째 목표는 위험을 예측하고 그에 대하여 예방조치를 취함으로서 자신과 타인의 안전을 확보하고, 학생이 주체적으로 위험한 환경을 개선할 수 있는 능력을 키우는 것을 강조하고 있다. 마지막으로, 세 번째 목표는 단순한 안전 확보 차원을 넘어 생명존중의 가치·태도를 형성하고 개인을 넘어 안전·안심 사회 형성의 중요성에 대한 인식을 바탕으로 학교·가정·지역사회의 안전 활동에 참여, 협력, 공헌하는 능력과 자질을 기르는 데까지 나아가고 있음을 보여준다.

④ 문부과학성이 제시한"학교안전 추진에 관한 계획"은 장기간에 걸친 아동대상 안전교육이 성인교육보다 그 효과가 크다는 점을 인정하면서 안전교육을 적극적으로 진행하여야 함을 강조하고 있다. 뿐만 아니라, 안전교육을 제대로 받은 학생들이 긴급 상황 시 솔선하여 피난 행동을 하고, 안전 의식이 반드시 높다고 할 수 없는 성인들까지 피난하도록 하는 등의 효과도 기대할 수 있다고 하면서 학교에서의 안전교육의 중요성을 강조하고 있다.[124)]

⑤ 학교에서 안전교육이 실시되면서 재해의 절박성이 높은 지역의 학교에서는 훌륭한 안전교육 사례를 "방재 교육 도전 플랜"(내각부)과 "방

123) 유병열 외, 앞의 논문(각주179), 177-193면 참고.

124) 文部科学省. 学校安全の推進に関する計画. 2012, 3面.

재 고시엔"(효고 현, 매일 신문사, 공익 재단 법인 효우고 지진 기념 21세기 연구 기구 주최) "방재 탐험대 맵 콩쿠르"(사단 법인 일본 손해 보험 협회)등에 발표하고 있다.

⑥ "방재에 관한 인재의 육성・활용 전문 조사회"(헤세이 15년)의 보고에서는 안전교육의 시작은 아동－학생부터이고, 학교 교육은 초등학교・중학교・고등학교에서 실시하되 종합학습 시간을 이용하길 권장하기 때문에 목표대상은 초등학교 3년부터 고등학교 학생이라고 할 수 있다. 종합학습 시간은, 초-중학교는 헤세이 14년부터 실시되고 있다. 문부 과학성에 의하면, 종합학습 시간 응원의 페이지에 있는 방재 관계 자료는 문부 과학성 소관의 사단법인 토목학회와 독립 행정법인 방재광학기술연구소가 제공한다.

⑦ 재해가 발생한 장소 또는 절박성이 높은 장소 이외의 학교에서의 방재 교육이 보급되지 않는 이유는 방재라는 종합성과 학습 지도 요령에 의한 학교 교육의 계통성에 어긋남이 있기 때문이라는 가설이 있다.

⑧ 한편 "학교에서의 방재 교육이 왜 유효한가 "라는 점에 대해서는, "① 일본의 경우, 의무 교육의 보급률이 높고, 의무 교육 단계는 100% 학교에서 이루어지기 때문에, 거의 모든 학생에 대해서 교육할 수 있다. ② 아동-학생을 통해서 보호자도 접근이 가능하다. ③ 유사 시 대피소가 지정된 학교가 많기 때문에 지역의 평소 교류가 필요하며, 그 계기가 될 수 있다."의 3가지를 들 수 있다.

⑨ 그리고 학교에서 교육을 하기 위하여 "① 교육 위원회의 방침을 어떻게 맞출 것인가. ② 많은 준비 시간이 예상되기에, 바쁜 교원의 부담을 줄이려면 어떻게 하면 좋은가. ③ 일본의 학교 교육이 어떻게 조직되어 움직이고 있는가"를 파악할 필요가 있다.

2) 체계

① 학교 안전은 학교 보건 학교 급식과 함께 학교 보건 교육의 세 영역 중 하나이며 각각 고유의 기능을 담당하면서 상호 관련을 도모하면서,

학생 등의 건강 유지 증진을 도모하고 있다. 또한 학교안전 과제에서는 학생지도 정보 등과의 연계도 필요하다. 학교 안전은 안전 교육과 안전 관리, 그리고 양자의 활동을 원활하게 진행하기 위한 조직 활동이라는 세 가지 주요 활동으로 구성되어있다.

② 안전 교육은 안전에 관한 기초적·기본적인 사항을 체계적으로 이해하고 사고력, 판단력을 높이고 있음에 따라 안전에 대한 적절한 의사 결정을 할 수 있도록 하는 것을 목적으로 하는 "안전학습" 측면과 맞닿아 있거나 가까운 장래에 맞닿을 것이다.

③ 안전 문제를 중점적으로 살펴 안전의 유지 증진에 관해 보다 실천적인 능력과 태도, 심지어 바람직한 습관의 형성을 목표로 하는 "안전지도"의 측면이 상호 관련을 도모하면서 계획적, 지속적으로 이루어지고 있다. 이를 교육 과정의 영역에 준거해 생각해 보면, 주로 전자는 초등학교 체육과 (보건 영역), 중학교 보건 체육과 (보건 분야) 및 고등학교 보건 체육과 (과목 「보건」)를 중심으로 생활과, 사회과, 이과 등의 관련된 내용이 있는 교과와 도덕, 종합적인 학습의 시간 등에서 취급 후자는 특별 활동 학급 (홈룸) 활동 및 학교 행사·과외지도 등으로 다루어지는 것이 많다.

④ 또한, 도덕 교육은 생명의 존중을 비롯해 민망한 준수, 공덕심 공공심도 등 안전한 생활을 영위하는 데 필요한 기본적인 내용의 지도를 실시하는 것으로 되어 있다. 안전에 있어서 바람직한 도덕태도 형성이라는 관점에서 보면 안전 교육 및 안전지도를 기반으로 했다는 점에서 의미를 가질 수 있다.

⑤ 안전 교육을 실시하는 경우에는 학생 등이 안전 문제에 대해 흥미·관심을 가지고 적극적으로 학습에 임해 사고력·판단력을 익히고 안전생활에 적절한 의사 결정과 행동을 선택할 수 있도록 가르친다. 예를 들면, 위험 예측의 연습, 시청각 교재나 자료의 활용, 지역과 학교의 안전 맵 만들기, 외부 전문가에 의한 지도, 피난 훈련과 응급 처치와 같은 실습, 납치 및 상해 등의 범죄로부터 자신을 보호하는 롤플레잉을 도입

해 수업하는 것이 효과적이다. 또한, 주변 사람들의 안전, 가정, 지역 등 사회 안전에 기여 할 수 있는 자질과 능력을 기르기 위해 학교, 가정 및 지역 사회의 안전 활동에 참여・협력하는 체험 등도 효과적이다.

⑥ 학교에서의 안전 관리는 사고의 요인이 되는 학교 환경이나 학생 등 학교생활 등에 있어서 행동의 위험을 조기에 발견하고 그 위험을 신속하게 제거하고, 만일 사건・사고 재해가 발생한 경우에는 적절한 응급 처치와 안전 조치를 할 수 있는 체제를 확립하고, 학생 등의 안전 확보를 도모하는 것을 목표로 이루어진다. 안전 관리는 아동 학생의 심신 상태 관리 및 다양한 생활과 행동의 관리로 구성된 대인 관리, 심지어 학교 환경의 관리와 대물 관리로 구성된다. 안전 관리는 교직원이 중심이 되어 이루어지는 것이지만, 학생들이 위험한 상황을 알릴 수 있는 방법을 익히거나 간단한 안전 점검에 참여하는 것은 안전 교육의 관점에서도 매우 중요하다.

⑦ 안전 교육과 안전 관리는 내용, 대상이 되는 장소, 열리는 행사 등이 다양하다. 안전 교육과 안전 관리를 효과적으로 추진하기 위해서는 학교의 교직원 연수, 학생 등을 포함한 교내 협력체 제나 가정 및 지역 사회와의 긴밀한 연계를 강화하면서 학교 안전 조직 활동을 원활하게 진행하는 것이 매우 중요하다.

⑧ 개정 전 일본의 학교 안전교육은 별도의 지위가 아니라, "학교보건법"상에 보건관리와 보건관리에 함께 규정하고 있었다. 보건교육은 학습지도 요령에 근거하여, 보건・체육 교과 및 특별활동에서 수행하도록 되어 있었고, 안전지도는 문부과학성 발행의 『"살아갈 힘"을 기르는 학교에서의 안전교육』이 근거 자료로 활용되어 왔다.[125] 2008년 "학교보건안전법"으로의 개정으로 독자적 지위로서 "학교안전"이 신설되었고,[126] 학교안전은 안전교육과 안전관리, 조직 활동으로 구조화되었다.[127]

---

125) 坂本真理. 学校安全からの学校防災教育アプローチの可能性. 社会安全研究. 創刊号. 2010, 212面.

126) 文部科学省. 学校安全の推進に関する計画. 2012, 22面.

127) 주재복 외, 일본의 학교안전 체계 자료, 어린이 안전교육 체험시설 개선방안. 한국지방행정연구원. 정책연구 21호. 2013, 45면.

⑨ 안전교육은 안전에 관한 기초적·기본적 사항을 이해하고 판단력을 키우는 안전학습과 예발적 교육인 안전지도로 구성된다. 안전관리는 사고의 위험 요소들을 사전에 발견하고 이의 제거를 통하여 안전사고를 사전에 예방하는 것을 의미한다. 조직 활동이란 안전교육과 안전관리의 효율적 운영을 위한 조직 및 구성에 관한 것이다.[128)]

⑩ 학교안전을 위반 한국과 일본의 안전교육 체계 등을 비교해 보면, 양국 모두 안전교육의 실시와 지역사회의 연계 등을 강조하고 있다는 점을 확인할 수 있다. 말하자면 안전교육을 제대로 실행하고자 노력하고 있으며 학교의 시설과 환경 측면에서의 안전을 도모하는 일 그리고 학교 내에 안전 및 안전교육 조직을 확보, 운영하는 동시에 학교 밖의 가성 빛 지역 사회의 유관 기관, 주요 인사, 조직들과 언계, 협력해서 등과의 안전 및 안전교육을 도모하기 위해 노력하고 있는 점 등에서 공통되는 부분이 많다.

⑪ 그러나 양국 사이에 차이점도 나타난다. 먼저, 한국의 경우 교직원 등 학교 구성원들의 학교안전 및 안전교육 관련 역량 강화를 매우 강조하고 있는데 일본의 경우는 표면적, 영역 측면에서는 공식적으로 설정될 만큼 강조되고 있지는 않다. 또한 안전시설이나 교육활동에서의 안전 확보 측면에서는 한국이 조금 더 세분화된 노력을 하고 있음을 알 수 있다.

⑫ 반면에, 앞에서 언급하였듯이 일본의 경우 『"살아갈 힘"을 길러주는 방재교육의 전개』를 통해서 학교안전이 어떻게 구조화될 수 있는가를 명확하게 제시하고 있는 데 비해, 한국의 경우는 학교안전의 영역, 내용 등이 명확하게 체계적으로 구조화되어 제시된 점에서는 다소 미흡하다.

⑬ 그리고 안전 관리 영역을 대인 관리와 대물 관리로 나누고 대인 관리에서는 심신 관리까지 분명히 설정하고 있는데 한국의 경우는 이런 측면을 고려하는 바가 전혀 없는 것은 아니나 역시 학교안전의 구조 속에 명시적으로 설정해 놓고 접근하는 측면에서는 미흡하다고 볼 수 있다.

⑭ 교육 제도가 효율적으로 유지·관리하기 위해서는 규칙과 기준의 설

128) 文部科学省. 위의 책 2012, 22~23面.

정이 필요하다. 학교 교육에서는, 공교육이기 때문에 공권력이 행정 기구를 통하여 조치나 사무를 하게 된다. 교육 행정 제도는 "교육기본법" 제16조에서 정하고 있다. 국가 차원에서는 "국가행정조직법"과 "문부과학성설치법"으로 주로 문부 과학성과 문부 과학성에 설치되는 중앙교육심의회가, 지방공공 단체인 도도부현・시읍면 수준은 "지방자치법"과 "지방교육 행정조직 및 운영에 관한 법률"에 의거, 각 교육 위원회가 설치되어 있다.

〈표 2-10〉 학교 안전사고 예방을 위한 기본계획의 방향

명칭	주요소관
교육 제도 위원회	① 풍부한 인간성을 갖춘 창조적 인재의 육성을 위한 교육 개혁에 관한 중요 사항 ② 지방 교육 행정에 관한 제도에 관한 중요 사항
평생 학습 분과회	① 생애학습에 기회정비에 관한 중요사항 ② 사회교육 진흥에 관한 중요사항 ③ 시청각 교육에 관한 중요사항
초등 중등 교육 분과회	① 초등 중등 교육의 진흥에 관한 중요 사항 ② 초등 중등 교육의 기준에 관한 중요 사항 ③ 교육 직원 훈련 및 자질의 유지 및 향상에 관한 중요 사항
대학 분과회	대학 및 고등 전문학교에서의 교육의 진흥에 관한 중요 사항
스포츠-청소년 위원회	① 학교 보건, 학교 안전 및 학교 급식에 관한 중요 사항 ② 청소년 교육의 진흥에 관한 중요 사항 ③ 청소년의 건전 육성에 관한 중요 사항 ④ 체력의 유지 및 증진에 관한 중요 사항 ⑤ 스포츠의 진흥에 관한 중요 사항

⑮ 일본의 학교 안전교육은 개정 전 "학교보건법"에서는 "보건관리"와 "보건교육"의 두 가지 영역이 있었고 "안전관리"와 "안전지도"가 두 영역에 포함되어 있었다. 보건교육은 학습지도 요령에 근거하여, 보건・체육 교과 및 특별활동에서 수행하도록 되어 있었고, 안전지도는 문부과학성 발행의 『"살아갈 힘"을 기르는 학교에서의 안전교육』이 근거 자료로 활용되어 왔다.[129]

129) 坂本真理, 2010, 212面

2.4.3 학교안전교육의 현황

일본은 안전교육을 법률에 명시하고 초・중・고교 정규 교육과정에 반영하였으며, 대학에서는 자율적으로 방재매뉴얼을 작성하여 안전교육에 힘쓰고 있다. 학교안전위원회가 각 학교별로 구성되어 있고, 동 위원회에서는 교사용과 학생용으로 구분하여 안전교육자료를 활용하고 있다. 매 학기초 모든 학생들은 이 자료를 활용한 교육을 받도록 되어 있다. 최근 발간된 교육백서는 방재교육 및 방재대책 구축에 관한 사항, 그리고 사고나 재해에 대한 자기방어방법을 매뉴얼화하고 있다. [130]

일본 학교안전교육은 도로에서의 사고발생 예방 및 대처에 관한 교통안전과 일상생활 중에 발생한 사고로부터의 보호는 물론, 유괴 등의 범죄피해 방지를 내용으로 하는 생활안전 및 자연재해 및 화재, 원자력 재해 등에 관한 재해안전으로 분류된다. 이 가운데 학교 생활안전교육의 주요 내용은 "일상 학교생활이나 각 교과 학습에서의 안전, 학생회나 클럽활동 또는 부시활동에시의 인전, 긴강안전 체육행시 집단숙박행시, 근로 및 봉시활동에서의 안전, 수업 전 또는 방과 후 등 휴식시간, 청소활동 등에서의 안전, 등하교에서의 안전, 절도, 유괴, 상해 등 범죄피해 방지, 시설의 안전과 안전한 환경 조성"이다.[131]

일본은 안전교육을 교육과정과 연계하기 위하여 다음과 같이 학습 지도요령을 개정하였다.[132]

첫째, 어린이가 안전에 관한 정보를 올바르게 판단하고, 안전한 행동을 하도록 하는 것, 즉 자신과 타인의 위험예측, 위험회피 능력을 몸에 익히는 것이 가능하도록 학생발달단계에 따라 학교의 교육활동 전체에서 체계를 구성하는 것이 중요하다.

둘째, 안전을 확보하기 위해서는 자신의 심신 상태나 행동에 대해 이해시

130) 김태환, 학교안전교육의 실태분석과 안전교육매뉴얼 개발에 관한 연구. 한국방재학회논문집 제5권 3호, 2005. 85면.

131) 주재복 외, 앞의 논문(각주 185), 45-46면.

132) 위의 논문, 46면.

킬 필요가 있다.

셋째, 사람들이 안전문제에 대해 안심하기 위해서 각자가 책임을 가지고 사회전체의 생활환경을 정비하는 것의 중요성을 이해시키는 것이 필요하다.

구체적으로 들어가 교과과정별로 살펴보면, 다음과 같다.

첫째, 소학교의 경우, 학교에서의 체육・건강에 관한 지도는 "아동의 발달단계를 고려하여 학교 교육활동 전체를 통하여 적절하게 행하도록 한다. 특히 학교급식 및 체력 향상에 관한 지도, 심신의 안전 및 건강의 유지증진에 관한 지도는 체육시간은 말할 것도 없고 가정과(家庭科)및 특별활동 시간에도 그 특질에 맞추어 적절하게 행할 수 있도록 노력해야 한다. 또 가정과 지역사회가 연계하여 일상생활에서 체육・건강에 관한 활발한 활동을 촉진하고 평생을 통하여 건강하고 안전한 생활을 영위할 수 있는 기초가 배양되도록 해야 한다"고 되어 있고, 그 취지에 따라 안전지도는 학교 교육활동 전체를 통하여 지도하도록 되어 있다. 제5학년 "체육과"의 보건영역에 "부상 방지에 대하여 알고 부상에 대한 간단한 처치가 가능하도록 한다."고 되어 있고, 그 내용으로는 "교통사고와 주변의 위험이 원인이 되어 발생하는 부상을 방지하기 위한 위험 알아차리기, 정확한 판단 하에 안전하게 행동하기, 환경 정비에 대한 필요, 부상의 간단한 처치는 신속하게 행할 필요가 있음"을 들고 있다. 또 "체육과" 운동영역에서의 안전에 관한 태도와 "사회과"에서의 안전을 지키기 위한 제반 활동과 자연재해 방지, "이과"에서의 지진 등에 의한 토지의 변화, "생활과"에서의 안전하고 적절한 행동, "공작과"와 "가정과"에서의 도구의 취급에 관한 지도를 통하여 안전에 대한 지식과 태도 등을 습득하도록 지도하고 있다. "종합학습시간"에는 각 학교의 판단에 따라 안전에 관한 주제를 스스로 채택하여 적극적으로 교육하고 활용하도록 되어 있고, 그 내용으로는 교통안전과 지역의 재해 및 방재체제 등에 대하여 과제를 설정하여 학습하도록 하고 있다. "도덕"에는 생명의 존중을 기본으로 규칙의 준수 및 교통질서 지키기 등 안전한 생활을 영위하기 위하여 필요한 기본적인 사항을 지도하고 있다. "특별활동"에는 바람직한 집단 활동을 통하여 몸과 마음의 조화로운 발달과 개성의 신장을 도모하고 집단의 일원으로서 보다 나은 생활과 인간관계를 형성하기 위한 자주적이고 실천적인 태도를 육성하고 스스로 살아가는 법을 배우고 자신의 능력을 배양한다고 되어 있으며 안전교육은 이런 목표에 맞추어 학급활동, 학생회활동, 클럽활동 및 학교행사 등에서 다양하게 이루어지고 있다.

둘째, 중학교는 학교에서의 체육·보건에 관한 지도는 "학생의 발달단계를 고려하여 학교 교육활동 전체를 통하여 행하도록 한다. 특히 학교급식 및 체력 향상에 관한 지도, 심신의 안전 및 건강의 유지관리에 관한 지도는 보건체육 시간은 말할 것도 없고 기술·가정과, 특별활동 등에서도 그 특질에 맞추어서 적절히 지도하도록 되어 있다. 또 이러한 지도를 통하여 가정과 지역사회가 연계하여 일상생활에서의 건강하고 건전한 활동을 촉진하여 평생을 통하여 건강하고 안전한 생활을 보내기 위한 기초가 배양되도록 해야 한다"고 되어 있고, 그 취지에 따라 안전에 관한 지도는 소학교와 같이 학교 교육활동 전체를 통하여 행하도록 하고 있다. "보건체육과"의 "상해방지"분야에서는 "상해의 방지에 대하여 잘 알도록 한다."는 것을 목적으로 교통사고 등에 의한 상해의 대부분은 안전요인과 환경요인이 연관되어 발생한다는 것, 교통사고에 의한 상해의 대부분은 안전한 행동과 환경의 개선에 의해 방지할 수 있다는 것, 자연재해에 의한 상해는 재해 발생 시 뿐만 아니라 2차 재해에 의해서도 일어난다는 것, 자연 재해에 의한 상해의 대부분은 미리 대비하거나 안전하게 피난함으로 방지할 수 있다는 것, 적절한 응급조치는 재해의 악화를 방지 할 수 있다는 것, 응급조치는 심폐소생술 등이 있다는 것 등에 대하여 지도하도록 되어 있다. 또한 "체육"분야의 안전에 관한 태도, "사회과"의 자연재해와 방재에 관련된 자연환경의 특색 이해, "이과"의 자연의 혜택과 재해에 대한 조사, "기술·가정과"의 용구의 취급 등에 대한 지도를 통하여 안전에 대한 지식 및 태도, 기능을 습득시키도록 되어 있고, "종합학습시간"에는 교통안전과 지역의 재해, 방재체제 등에 대한 과제를 설정하여 학습하도록 하고 있으며, "도덕"시간에는 자기 자신과 타인과의 관계에 관한 것, 자연의 숭고함에 관한 것, 집단과의 관계에 관한 것 등 생명존중 및 준법정신, 도덕성 함양 등 안전한 생활을 영위하기 위해 필요한 기본적인 내용을 지도하고 있다.

셋째, 고등학교는 중학교와 동일하게 체육·보건에 관한 지도는 "학생의 발달단계를 고려하여 학교 교육활동 전체를 통하여 적절하게 행하도록 한다. 특히 학교급식 및 체력향상에 관한 지도, 심신의 안전 및 건강의 유지증진에 관한 지도는 보건체육과는 말할 것도 없고 가정과, 특별활동 등에서도 그 특질에 맞추어 적절하게 행해지도록 노력해야 한다. 또 가정과 지역사회가 연계하여 일상생활에서체육·보건에 관한 활동을 촉진하고 평생을 통하여 건강하고 안전한 생활을 보내기 위한 기초가 되도록 해야 한다"라고 되어 있고, 그 취지에 따라 안전에 관한 지도는 소학교, 중학교와 같이 학교 교육활동 전체를 통하여 이루어지고 있다. "보건체육과"의 "보건"과목의 "현대사회와 건강" 부분에서는 "교통안전"과 "응급조치"가 그 내용으로 되어 있고, "교통안전" 부분에서는 교통사고를 방지하기 위한 차량의 특성 이해, 안전운전과 바른 보행, 자신과 타인의 생명을 존중하는 태도, 교통 환경의 정비, 교통사고에 따르는 책임과 보상 문제 등을 지도하고 있으며, "응급조치" 부분에서는 적절한 응급조치는 상해와 질병의 악화를 줄일 수 있고,응급조치는 바른 수순과 방법이 있으며, 심폐소생술 등의 응급조치는 시간의 경과에 따라 신체가 빠르게 손상되는 경우가 있으므로 신속하게 조치할 필요가 있다는 내용을 지도하도록 되어 있다. "이과"에서는 지구가 플레이트의 운동에 의해 변동되어 왔다는 것을 지도하고 있고, "가정과"에서는 용구의 취급 등의 지도를 통하여 안전에 대한 지식과 태도를 습득하도록 하고 있으며, "종합학습시간"에는 교통안전과 지역의 재해, 방재체제 등에 대하여과제를 설정하여 학습하도록 지도하고 있다.

넷째, 특별지원학교는 학교에서 학생들의 안전을 지키기 위해서는 우선 학생 한사람 한 사람의 장애상태를 정확히 파악해야 하고 그를 위해서는 담임교사와 양호교사뿐만 아니라 평상시 학생들과 자주 만나는 교직원의 계속적인 관찰과 서로간의 정보교환이 필요하며, 안전교육을 효과적으로 추진하기 위해서는 관련 교과목 및 학급활동, 자립 활동은 물론 학교전체가 조직적이고 계획적으로 지도해야하며, 나아가 교내외의 전문가와 연계하는 체제를 만들 필요도 있다고 되어 있다. 소학부·중학부에서의 안전지도는 소학교 및 중학교와 같이 학교 교육활동 전체를 통하여 행하되 학생의 실태에 맞추어 학습 환경을 정비해야 하고, 학생이 위험한 장소나 상황을 파악하거나 판단하고 예측하여 회피할 수 있도록 지도하고 놀이기구와 물품, 통학로의 안전점검을 철저히 하여야 하며, 학습활동에서는 물품의 취급방법에 유의하도록 지도하는 것이 중요하다고 되어 있다. 소학부는 "생활과"에 "교사와 함께 건강하고 안전한 생활을 한다.", "교사의 도움을 받으면서 건강하고 안전한 생활을 한다.", "건강과 신체의 변화에 관심을 가지고 건강하고 안전한 생활을 하도록 힘쓴다."는 3단계로 구분하여 지도하고 있으며, 실제 지도에 서는 "위험방지"와 "교통안전"등이 다루어지고 있다. "위험방지"분야에는 위험한 사물과 장소에 대하여 알도록 하고 장소와 상황에 맞추어 자신을 지킬 수 있도록 행동하기, 도구의 바른 사용법 알기 등이 그 내용으로 되어 있고, "교통안전"분야에는 안전하게 도로 횡단하기, 교통신호와 표식의 의미를 알고 잘 지키기 등이 지도내용으로 되어 있으며, 지도 시에는 교통안전은 일상생활 중 가장 중요하고 기본적인 것으로 직접 생명과 관련되어 있으므로 아동의 실태를 정확히 파악하여 등·하교 시뿐만 아니라 상황에 맞추어 적절히 지도할 필요가 있다고 되어있다. 그 외 "생활과"에서는 피난훈련의 중요성 알기, 교사의 지시에 따라 피난하기를 몸에 익혀 재해 발생 시에 적절한 행동을 취할 수 있도록 지도하고 있다. 중학부는 "보건체육과"에 "자신의 발육·발달에 관심을 가지고 건강과 안전에 관한 초보적인 사항을 이해하도록 한다."고 되어있고, 지도 시에는 사고 방지를 위해서 학생의 안전에 대한 이해의 정도와 운동능력 등을 충분히 고려해야 함은 물론 사전 안전점검 등을 통하여 환경을 잘 정비하도록 되어 있다. 또 기계·기구와 설비의 바른 취급법과 운용법에 대한 지도에 충분한 시간을 투입하도록 하고 있다. 고등부는 고등학교와 같이 학교 교육활동 전체를 통하여 행하고 소학부·중학부와 같이 학생의 실태에 맞게 안전한 학습 환경을 정비하여 안전에 유의하도록 하고, 학생 스스로 안전한 행동을 취할 수 있도록 관련 교과, 도덕, 종합학습시간, 특별활동시간, 자립활동 시간 등에서도 발달의 단계를 고려하여 지도하는 것이 중요하다고 되어 있다.

1) 안전에 대한 희구

일본은 지금까지 반세기여 동안 사계절의 변화와 천혜의 자연 환경에서 몇 가지 중대한 사건 사고 재해, 자연 재해 등을 경험하면서도 안전하고 안심할 수 있는 풍요로운 국민생활을 발전시켜 그것을 자랑 해왔다. 그러나 최근 인명과 관계있는 사건사고 재해의 발생 상황에서 우려가 높아지고 있다. 예를 들어 교통사고의 지속적인 다발, 철도 및 항공기 사고의 발생, 각종 범죄 발생, 지진이나 풍수해, 화산 등 자연 재해의 위협, 원자력 재해 등이다.

이러한 상황 속에서 "안전문화"의 창조, 즉 조직과 개인이 사람의 생명을 존중하고 안전을 최우선 하는 기풍과 기질을 거국적으로 키워나가는 것이 중요하다. 학교 교육과 기업교육은 안전교육에 충실함으로 지역 주민들의 안전의식 향상 등의 노력이 이루어지고 있다.

최근 도도부 현 등에서 생활 안전 조례 등이 제정되는 등 안전은 개인의 문제에 그치지 않고 사회 문제로 파악 수 있게 되었다. 또한 안전을 위한 다양한 정보와 자원의 정비가 진행되고 있어 그 효과적인 활용이 기대되고 있다. 또한 세계 보건기구 (WHO)에서 상해를 초래할 사고, 범죄 피해, 자해 등을 부서나 직종의 울타리를 넘은 협력과 과학적으로 평가할 수 있는 개입으로 예방하려는 안전프로모션 사고방식이 제안되고 있다. 이처럼 안전에 대한 관심은 이전보다 더욱 높아지고 있다.

2) 아동학생의 생명과 안전에 관한 실태

아동 학생의 생명과 안전 학교 안전 분야에서도 많은 과제가 인정된다. 학교에 있어서, 염좌, 타박상, 골절 등의 부상이 연간 120만건 발생하고 있다(독립 행정법 인 일본 스포츠 진흥 센터의 재해 공제 급부의 대상이 된 재해 건수). 왕따와 학교 폭력 사건, 수상한 사람 등에 의한 범죄 피해 등에 대해서도 주의를 요하는 곳이다. 이러한 실태에서도 사건 사고 재해의 방지와 함께 발생 시 피해를 최소화하기 위해 학생지도와 학교 보건 등의 활동과 연계하여 학교 안전 있어서 「생활안전, 교통안전, 재해안전」의 각 영역을 통해 안전교육 및 안전관리에 관한 지도를 충실히 할 필요가 있다.

3) 「살아가는 힘」과 안전교육

중앙 교육 심의회 「유치원, 초등학교, 중학교, 고등학교 및 특별 지원 학교의 학습지도 요령 등의 개선에 대해」에서는 향후 교육 본연의 자세로 나아가기 위해 "살아가는 힘"이 중심이 된다고 하였다. "살아가는 힘"으로 기초・기본을 확실하게 익히고 빠르게 변화하는 사회에서 스스로 과제를 찾아내고 주체적으로 판단하고 행동하고 문제를 해결하는 자질과 능력을 스스로 길러야 한다. 또한 타인과 함께 협조하고 타인을 배려하는 마음이나 감동하는 마음 등 풍부한 인간성을 바탕으로 어울려 살아가기 위한 건강과 체력을 기르는 것이 필요하다. 이로부터 알 수 있듯이, 「살아가는 힘」에서 추구하는 목표와 자질과 능력은 안전 교육에서 목표로 하는 자타의 생명 존중을 기반으로 스스로 인진하게 행동하고 다른 사람이나 사회의 안전에 기여할 수 있는 자질이나 능력과 같이하는 것이라고 할 수 있다. "살아가는 힘"의 함양을 위해서는 안전 교육의 충실이 필수적이라고 할 수 있다.

안전 교육은 평생 동안 건강하고 안전한 생활을 위해 필요한 자질과 능력의 기초를 배양하기 위해 필요하다. 이 때, 사람을 배려하는 마음, 생명과 인권을 존중하는 마음, 자연과 아름다운 것에 감동하는 마음, 정의감, 공덕심 자원 봉사 정신, 풍부한 인간성을 기르는 것 등이 필수적이다. 이를 위해서 "지역에 열린 학교 만들기"를 추진하여 지역 사회 활동의 기회를 충실하고 지역 모두에서 안전 교육 및 활동을 전개하는 것이 중요하다. 예를 들어, 지역의 어른들이 솔선하여 인시 운동, 환경 정화 활동, 교통안전 활동, 방재 활동, 방범 활동, 자원 봉사활동 등을 추진하는 등 지역과 밀착한 실천 활동을 지속적으로 실행하고 있다.

안전 교육에 있어서도 안전에 관한 기초적이며 기본적인 지식과 기능의 확실한 습득을 활용한 위험 예측 및 위험 회피 능력의 육성, 정보 및 관련 조직 등의 사회 자원의 활용 능력의 육성 등이 요구된다.

각 학교별로 안전관리체제를 구성하여 학교장을 1차적 책임자로 하고 사전에 비상시 교직원의 역할분담하고 학교장과 교직원은 대응수칙을 숙지하여야 한다. 즉, 학교장은 학교환경의 안전을 확보하기 위하여 적절한 조치를 취하여야 하고, "학교안전계획"을 수립하여 위험 발생 시의 대처요령을 마련하여야 한다.

재난 발생시 학교는 학부모에게 학생을 인계하기까지 3일 정도의 시간을 확보하고, 학교에서 학생을 보호하는 것을 원칙으로 하는 등 학생의 안전 확보뿐만 아니라 주요 피난처로도 활용된다.

학교의 안전관리는 내용와 시기별로 다음과 같이 단계를 나우어 진행하고 있다.

〈표 2-11〉 일본 학교의 안전교육 내용 및 단계별 안전관리[133)]

구분	내용	세부내용
안전 교육	생활안전	• 시설 설비 기구 용구 등의 안전점검 • 교과, 행사, 부활동, 쉬는 시간 및 그 외 학교생활의 안전에 있어서 규칙과 약속 등에 관한 사항 • 생활안전에 관한 의식이나 행동, 사건, 사고의 발생상황 조사 등
	교통안전	• 통학로 안전점검 • 통학에 관한 규칙이나 약속 • 자전거 사용 규칙 등
	재해안전	• 방재교육(방재에 관한 학습과 지도) • 방재관리(학교시설과 학생 등의 안전관리) • 조직활동(학교체제나 가정 · 지역 등과의 연계)
단계별 안전 교육	사전관리	• 시설 · 설비 등의 안전점검 및 개선조치(학교의 입지와 예측되는 재해 대비) • 정보연락체제 정비 • 비상용 물자 비축 및 관리 • 재해 발생 시 긴급조치를 위한 체제 정비
	발생 시 대응	• 기본적대응초기대응 피난 응급처치 2차대응 사후대응등 • 일상생활에서의대응등하교 교외활동중 휴일 야간 • 재해별대응
	사후관리	• 학생 등의 마음 케어 • 교육활동 재개를 위한 대응 • 피난처로서의 대응

133) 김영석, 앞의 논문(각주3), 41면.

일본의 학교에서는 재해 시에 필요한 기기와 물품을 예상하여 구비하고, 체크리스트를 활용하여 평상시에 시설과 설비 등의 안전성을 점검하며, 피난경로와 방법, 비상 시 행동요령 등을 규정한 매뉴얼을 작성하는 등 안전관리가 체계적으로 이루어지고 있다.

〈표 2-12〉 일본 학교의 안전관리 및 안전교육[134]

구분	내용	세부내용
안전관리	법적근거	•「학교안전보건법」에 근거하여 보건정책과 함께 운용
	학교 연간교육	• 자연재해에 대한 위기관리가 학교안전의 기본 • 교통사고나 교육활동 중의 사고, 외부 침입자, 이지메 등의 문제까지 다루는 "학교안전계획"을 학교별로 수립
	학교안전 관리체제	• 단위 학교별로 교장을 책임자로 하는 학교안전관리체제 구축 • 교직원별로 비상 시 역할이 부여된 위기관리매뉴얼 준비 • 유사 시 학교와 지역 간의 협조체제 및 지역 간 방재협정 체결
안전교육	특색있는 안전교육	• 현직 교원뿐만 아니라 교원양성 단계의 학생에게도 학교안전에 대한 교육 실시 • 자원봉사자의 양성과 연수 활발
	교육내용	• 생활안전, 교통안전, 재해안전에 대해 사전관리, 발생시 대응, 사후관리 등 단계별로 대응요령 교육 • 재해로 인한 피해를 감소시킬 수 있는 지식을 갖추고 판단하고 행동하는 능력을 키우는 교육 실시

일본은 다양한 유형의 재난을 겪으면서 주민들에 대한 재난대처교육과 훈련 등이 국가차원은 물론 지방자치단체별로 잘 정비되어 있다. 지방자치단체 교육 중에 대표적인 것은 "방재사" 교육이다. 일본 방재사 기구가 인정한 기관에서 교육 이수 후 자격시험을 통과하게 되어 있으며, 2013년 기준 방재사 숫자는 150만 여명에 이른다. 방재사는 평상시 지역과 기업 단체에 방재의식을 심어주고 구조·구급지식 등을 교육하며 재난 시에는 피난유도와 구조, 구급, 피난장소의 관리 등을 맡는다.

4) 학교방재교육

일본의 교육과정 중 안전교육에 관한 것은 크게 두 가지로 나누어 볼 수

134) 김영석, 앞의 논문(각주3), 42면.

있는데 학생의 학교생활 및 활동, 사회생활, 학교 시설물 등으로부터의 사고를 방지하기 위한 “학교안전교육”과 지리적・지질학적 요인에 의한 지진이나 태풍 등의 자연재해가 많은 나라의 특성을 고려한 자연과 관련된 재해를 방지하기 위한 “학교방재교육”으로 구분할 수 있다. 이러한 점에서 현행 소・중・고 및 특별지원학교 “학습지도요령”에 나타나 있는 일본의 학교 안전교육 및 방재교육에 관한 내용을 구분하여 정리할 수 있다.

일본에서는 광의의 방재 교육은 학교 교육에서 열리는 것으로, 사회 교육으로 이루어지는 것이 있다. 전국적으로는, 문부 과학성, 내각부(방재 담당), 총무성(소방청), 국토 교통성은 각각의 웹 사이트상에서 방재 교육에 관한 콘텐츠를 제공한다. 방재학습 시설은, “도쿄”를 비롯한 각지에 방재 학습 시설이 있다. 지역사회에서 하는 것으로 대피 훈련, 마을 회관 등 사회교육 시설을 활용한 방재 학습을 든다.

자연 재해는 지역 특성이 있기 때문에 지역에서의 대응이 중요한데, 방재교육 참가자가 고령자가 많고 아이나 현역 세대의 참여가 적다는 단점이 있다. 지금까지는 방재 교육 교재나 프로그램 마련에 중점을 두었고 사람들이 손쉽게 방재 교육을 접할 수 있도록 방재 게임 크로스 로드, 방재부루루(“부루루”라는 캐릭터), 방재오리 등이 개발되었다.

방재교육 강좌는 전술의 “크로스로드”, “방재오리” 등의 게임형 외, “거리 재발견 워크숍”이나 “개구리 캐러밴” 등의 행사형, 한신－아와지 대지진 재앙에서 재해 체험을 말하는 이야기꾼 활동 등의 발신형, 봉사 코디네이터 연수 등의 형태가 있다.

일본의 경우 화산, 지진, 해일, 태풍 등의 자연재해가 잦다는 지리적인 특징으로 인하여 안전교육에 관한 관심이 매우 높았으며,[135] 1930년대에 이미 『이나무라의 불(稲村の火)』과 같은 교재를 만들어서 교육에 사용하였다. 그러나 앞서 살펴본 바와 같이 본격적으로 학교안전이라는 용어가 사용된 것은 학교안전법의 제정시부터이며 1951년부터 초등학교에서의 안전교육이 시작되었다.[136]

135) 유병열, 초등 안전교육의 이론적 기초에 관한 연구. 한국초등교육, 27(4), 2016, 12면.

우선, 일본에서 "안전"이라는 관점에서 안전교육이 학교 교육의 일환으로 시작된 것은 1995년 발생한 한신・아와지 대지진 일명 "고베 대지진"의 결과로 볼 수 있다. "고베 대지진"으로 인하여 사망자는 약 6천 명이 넘었고 많은 건물이 붕괴되었다. 당시에 피해가 확대된 원인으로 내진설비의 미비와 안전교육의 부족이 지적되면서, 안전교육의 중요성은 더 높아졌다. 이때 그 조치의 하나로서 1998년에 방재교육을 위한 참고자료 『"살아갈 힘"을 길러주는 방재교육의 전개』가 발간되었다.

이후 자연재해 등으로 인한 사고뿐만 아니라 학교내에서 아동대상의 범죄[137)]가 연이어 발생하면서 학교안전에 관한 관심이 극대화되었다. 또한 이지메에 의한 자살이 사회적 이슈로 부각되고 학교 급식 식중독 사건 등 학교에서의 다양한 사건, 사고, 재해 등으로 인해 학교 안전에 관한 관심과 대책이 점차 그 범위와 강도를 더해가게 되었다.[138)] 이러한 일련의 사건들로 인하여 2008년 6월 학교보건법이 "학교보건안전법"으로 개정되었다.[139)]

이와 같은 과정을 거쳐 1958년 법률 제56호로 공표, 시행된 "학교보건법"이 2008년(과제 20년) 6월 개정되면서 안전에 관한 규정이 새롭게 더해져"학교보건안전법(平成 20년 법률 제73호)"으로 개칭, 개정되고 이듬해 4월부터 시행되기에 이르렀다. 학교보건안전법을 기반으로 하여 학교에서의 사고, 재해 등에 대한 체계적인 대응이 본격적으로 시작되면서 학생들의 안전을 보장하기 위한 제반활동들이 부각되고 이것을 "학교안전"이라고 부르게 되었다.[140)]

그리고 이렇게 학교 안전교육이 새롭게 개칭・개정된 "학교보건안전법"에 의해 본격적으로 체계화되면서, 2012년에 『"살아갈 힘"을 기르는 학교에

---

136) 吉田瑩一郎, 2001, 4-7面

137) 교토 히노 초등학교에서 1999년 12월 아동 살해 사건이 일어났고, 2001년에는 오사카 이케다 초등학교에서 8명의 아동이 살해되는 사건이 일어났다. 당시 이 사건의 피해자 및 유족들이 국가의 책임을 명확히 할 것을 요구하고 사회에서도 명문화된 "학교안전법"이 제정되어야 한다는 목소리가 높아졌다.

138) 江澤和雄, 2009, 30面.

139) 坂本真理, 2010, 211-212面.

140) 江澤和雄, 2009, 30面.

서의 안전교육』이 발간되고, 동일본 대지진을 계기로 "학교 안전의 추진에 관한 계획"이 발표되었으며, 2014년에 『"살아갈 힘"을 길러주는 방재교육의 전개』가 학교 안전교육 참고자료이자 지침서로 발간되었다.

특히, 동일본 대지진 당시 발생한 후쿠시마 원전의 방사능 누출 사고를 계기로 방재교육을 중심으로 2012년부터 2016년까지의 「학교 안전의 추진에 관한 계획」을 발표하고, "자립・협동・창조"라는 세 가지 지표를 중심으로 보다 강력한 학교 안전교육을 추진, 실행해오고 있다.

"학교방재교육"은 재해안전에 관한 교육과 같고 재난을 줄이는 교육의 의미도 포함되는 학교안전교육의 일환으로서 행해지는 것으로 재해 방지에 관한 기초적이고 기본적인 사항을 체계적으로 이해하고 사고력 및 판단력을 높여 방재에 대한 적절한 의사결정이 되도록 하는 것이다. 한편으로는 당면하고 있거나 가까운 장래에 발생할 가능성이 있는 재해에 관한 문제를 중심으로 안전을 위한 실천적인 태도 및 바람직한 습관을 형성하는 것을 목적으로 행하는 측면도 있다. 따라서 "방재교육"은 학생들의 발달단계에 맞추어 이 두 가지를 서로 관련시켜 계획적이고 계속적으로 행하는 것이 바람직하며, 또 학교 교육활동 전체를 통하여 적절하게 행해지도록 각 교과, 도덕, 특별활동시간 등에서 유기적인 관련을 가지고 교육해야 하며, 가정과 지역사회가 연계하여 일생을 통하여 건강하고 안전한 생활을 보내기 위한 기초가 배양되도록 해야 할 것이다. 또 화산폭발이나 지진, 태풍 등의 자연재해는 상상을 초월한 피해를 가져올 가능성이 많으므로 스스로 위험을 예측하여 회피하기 위해서는 습득한 지식을 토대로 정확히 판단하고 신속한 행동을 취할 수 있는 능력을 길러주는 것이 무엇보다 중요하다 할 것이다.[141]

"방재교육"을 교육과정의 영역에 비추어 생각해 보면, 전자는 주로 체육과・보건과목을 위시하여 사회과, 생활과 등과 관련된 교과에서 취급하고, 후자는 특별활동 및 학급활동과 학교행사 등에서 다루는 경우가 많다. 또 도덕 교육은 생명의 존중을 기본으로 규율의 준수, 도덕심 함양 등 안전한

141) 조성하, 일본 특별지원학교의 방재교육, 국립특수교육원, 2014, 참고.

생활을 영위하기 위하여 필요한 기본적인 내용을 지도하고 안전에 관한 바람직한 도덕적 태도를 형성한다는 점에서 방재를 포함한 안전교육의 기초가 된다고 할 수 있을 것이다.

"방재교육"의 목적을 학교안전교육의 목표에 준하여 정리하면 "첫째, 자연재해 등의 현상 및 원인에 대하여 잘 알게 하고 현재 또는 장래에 다가올 재해에 대한 적확(的確)한 사고(思考)및 판단에 근거한 적절한 의사결정 및 행동이 가능하도록 하고, 둘째, 지진 및 태풍 등의 발생에 동반되는 위험을 알고 예측하여 스스로의 안전을 확보하기 위한 행동이 가능하고 평상시에 대비할 수 있도록 하며, 셋째, 자신과 타인의 생명을 존중하고 학교와 가정 및 지역사회의 안전 활동에 참가하여 협력하고 공헌할 수 있도록 한다"고 할 수 있다. 또 "방재교육"에는 피해 발생 후에 마음의 상처를 치유하거나 수업을 재개하는 것도 포함되며, 학교 및 가정에서 재해로부터 학생들을 안전하게 보호하기 위해서는 방재관리 및 방재교육이 서로 관련을 가지고 원활히 추진되어야 할 것이다.[142)]

"방재교육에 대한 평가"는 기본적으로 학교경영 평가의 일환으로 행해지지만 각 교과 및 도덕, 종합학습시간, 특별활동 등에서는 각각의 특질 및 목표에 맞게 구체적인 관점을 만들고 다양한 방법을 도입하여 실시하는 것이 중요하다. 학교에서 행하는 방재교육은 가정 및 지역사회와 연계하여 실시해야 하고, 평가도 학부모 및 지역주민이 참가하는 가정과 지역사회가 연계한 평가를 실시할 필요가 있고, 평가의 종류로는 방재교육에 관한 지도계획의 평가, 지도방법 및 지도과정의 평가, 지도성과에 대한 평가 등으로 구분할 수 있다.

① 소학교

제1학년 및 제2학년 "생활과"에는 자신과 주변사람 및 지역의 다양한 장소와 공공물과의 관계에 관심을 가지도록 하고, 또 지역의 장점을 파악하여 애착을 가지도록 하고, 집단과 사회의 일원으로서 자신의 역할과 행동이 안

142) 文部科學省, 2015. 參考

전하고 적절한 행동이 되도록 하는 것을 목표로 하고 있으며, 그 내용으로는 학교시설의 모습과 교사(敎師)등 학교생활을 지원해주는 사람들과 친구에 대하여 알고 안전하고 즐거운 놀이와 생활이 가능하게 하고, 또 통학로의 모습과 그 안전을 지키고 있는 사람들에 대하여 관심을 가져 안전한 등·하교가 되도록 한다고 되어 있다.

제3학년 및 제4학년 "사회과"에서는 지역사회의 화재, 풍수해, 지진 등의 재해 및 교통사고 등에 의한 사고를 방지하기 위해서는 그 지역을 견학하거나 자료를 활용하여 조사하고, 지역주민의 안전을 지키기 위한 관계기관의 역할 및 그 기관에 종사하고 있는 사람들과 지역주민들의 노력에 대해 생각해 보도록 지도하고 있으며, 그 내용으로는 관계기관은 지역주민과 협력하여 사고와 재해 방지에 노력해야 하고 이와 관련된 제기관이 상호 연계하여 대처하는 체제를 만들 필요가 있다고 되어 있다.

제5학년 "사회과"에는 일본 국토 및 자연의 모습에 대하여 지도(地圖)및 지구의(地球儀), 자료 등을 활용하여 조사하고, 국토 환경이 사람들의 생활과 산업에 밀접한 관련을 가지고 있다는 것을 이해하도록 한다고 되어 있으며, 그 내용으로는 국토 보전을 위한 삼림자원의 역할 및 자연재해의 방지에 대하여 지도하고 있고, 일본의 정보산업과 정보화 사회의 모습에 대하여 자료를 활용하여 조사하고 정보화의 진전은 국민생활에 커다란 영향을 미치고 있다는 것과 정보의 유용한 활용이 중요하다는 것을 알게 한다고 되어 있다. 또 정보화 사회와 국민생활과의 관련에 대하여는 정보네트워크를 유용하게 활용하여 공공서비스의 향상에 노력하고 있는 교육, 복지, 의료, 방재 중에서 선택하여 취급하도록 하고 있다.

제5학년 "이과"의 "생명·지구"분야에서는 지면을 흐르는 물과 하천의 모습을 관찰하고, 흐르는 물의 속도와 양에 의한 작용의 차이를 조사하고, 흐르는 물의 역할과 토지의 변화 관계에 대하여 생각할 수 있도록 지도하고 있으며, 또 비가 내리는 방법에 의해 유속과 유량이 변하고 증수(增水)에 의해 땅의 모습이 크게 변화하는 경우가 있음을 가르치고 있다.

"천기의 변화"부분에서는 일일의 구름 모습을 관측하거나 영상 등의 정보를 활용하여 구름의 움직임을 조사하여 날씨의 변화에 대하여 알도록 지도하고 있고, 그 내용으로는 구름의 양과 움직임은 날씨의 변화와 관계가 있고 날씨의 변화를 영상 등의 기상정보를 이용하여 예상할 수 있도록 지도하고 있다. 그 외 태풍의 진로에 의한 날씨의 변화 및 태풍과 강우와의 관계에 대하여도 언급하고 있다.

제6학년 "사회과"에서는 일본의 정치 기능에 대하여 연구하거나 자료를 활용하여 조사하고 정치와 국민주권을 관련지어 정치는 국민생활의 안정과 향상을 위하여 중요한 기능을 하고 있다는 것과 현재 일본의 민주정치는 일본국 헌법의 기본적인 사상에 기초하고 있다는 것을 생각하도록 지도하고 있고, 그 내용으로는 국민생활에는 국가와 지방공공단체의 정치적 역할이 반영되어 있고, 국가와 지방공공단체의 정치적 역할에 대하여는 사회보장, 재해복구 노력, 지역발전 중에서 선택하여 구체적으로 지도하도록 하고 있다.

제6학년의 "이과"의 "생명과 지구"분야에서는 토지와 그 속에 포함된 물질을 관찰하여 토지의 구조 및 생성, 변화에 대하여 생각할 수 있도록 지도하고 있고, 또 토지는 화산 분화 및 지진에 의해 변화한다는 것도 지도하고 있다.

"특별활동"에서는 전학년 공통사항으로 건강하고 안전한 생활태도를 형성하도록 지도한다고 되어 있고, 그 내용으로는 심신의 건전한 발달 및 건강의 유지증진에 대한 관심을 높이고 안전한 행동과 규율 있는 집단행동의 체득, 운동을 즐기는 태도의 육성, 책임감과 연대감의 함양, 체력향상 등에 이바지하는 활동을 행하도록 한다고 되어 있다.

② 중학교

"사회과"의 "지리분야"분야에는 세계적 시야 및 일본 전체의 시야에서 바라 본 일본의 지역적 특색을 선택하여 일본 국토의 특색을 다양한 면에서 전체적으로 관망할 수 있게 하고 있고, 그 내용으로는 세계적 시야에서 본 일본 지형 및 기후의 특색, 해양에 둘러싸인 일본 국토의 특색을 이해하도록 하고, 국내 지형과 기후의 특색, 자연재해와 방재에 대한 노력을 채택하여 일본 자연환경의 특색을 전체적으로 바라볼 수 있도록 지도하고 있다. 또 일본을 몇 개의 지역으로 구분하여 각각의 특색을 알도록 하고, 지역의 지형과 기후 등의 자연환경을 인간생활과 산업에 관련시켜 자연환경이 지역주민의 생활과 산업에 깊은 관계를 가지고 있다는 것과 지역에서 발생하는 자연재해에 대한 방재대책이 중요하다는 것에 대하여 지도하고 있다.

"인근지역 조사"부분에서는 가까운 지역의 사물에 대한 관찰 및 조사 활동을 통하여 자신이 생활하고 있는 토지에 대한 이해와 관심을 가지고 지역의 과제를 발굴하게 하고, 지역사회의 형성에 참여하여 그 지역의 발전을 위해 노력하는 태도를 배양하고, 시정촌(市町村)[143]규모의 지역을 조사할 때는 조사 관점 및 방법, 지리적인 정리 방법 및 발표 방법을 몸에 익히도록 하고 있으며, 그 내용으로는 일본의 모든 지역의 특색에 대한 이해를 깊게 하기 위한 기본적인 사항을 내용으로 구성하도록 하고 있다. 지도 시에는 지역의 특색 있는 사물을 다른 사물과 유기적으로 관련시켜 지역적 특색을 알도록 하고 있으며, 학교 소재지의 사물에 대하여 관찰과 조사를 행하되 축척이 큰 지도와 통계자료 등을 활용하도록 하고 있다. 또 관찰 및 조사 결과를 정리할 때에는 지도를 유용하게 활용하여 사물을 설명하거나 자신의 해석을 더하여 논술하거나 의견을 교환하는 등 충분한 학습활동이 되도록 하고, 학습효과를 높이기 위해서는 학교 소재지를 포함한 지역의 학습과 관련시켜 다루는 것이 좋다고 되어 있다.

"이과"의 "대지의 성립과 변화" 부분에서는 대지의 활동 모습과 주변 암석, 지층, 지형 등의 관찰을 통하여 지표에 나타나는 여러 가지 현상을 대지의 변화와 관련시켜 지도하여 대지의 변화에 대한 인식을 높이도록 하고 있고, "화산과 지진"분야에서는 지진에 대한 체험과 기록을 기초로 그 진동의 크기와 전달방법의 규칙성을 익히도록 하고 있다. 또 지진의 발생 원인을

143) 일본 지방자치제도의 기초자치단체인 시(市),정(町),촌(村)을 묶어 이르는 말이다. 일본 「지방자치법」 제2조 제3항에서는 "기초적인 지방공공단체"라고 규정하고 있고, 1889년부터 시(市)제도와 정촌(町村)제도가 시행되었다.

지구내부의 작용과 관련시켜 파악하고 지진에 동반하는 토지의 변화모습을 이해하도록 지도하고 있고, 그 내용으로는 지진의 초기미동이 계속되는 시간과 진원지까지의 거리와의 정성적인 관계에 대하여 지도하고 있으며, "지구내부의 움직임"에 대하여는 일본 부근의 플레이트의 움직임에 대하여 언급하도록 하고 있다.

그 외 지구를 둘러싼 대기의 움직임, 지구의 크기와 대기의 두께 및 지구 전체 플레이트의 움직임 등에 대하여 지도하고 있으며, 기록과 자료 등을 이용하여 지역의 재해에 대하여도 조사하도록 지도하고 있다. "일본기상"에 관한 내용으로는 일기도와 기상위성 화상 등에서 일본 날씨의 특징을 기단과 관련시켜 파악하고, 기상위성 화상 및 조사기록 등에서 일본의 기상을 일본부근의 대기의 움직임 및 해양의 영향과 관련시켜 파악하도록 지도하고 있으며, "자연과 인간"분야에서는 자연이 주는 혜택과 재해에 대하여 조사하고 이것들을 다면적이고 종합적으로 파악하여 자연과 인간의 관련성에 대하여 고찰하도록 하고 있다.

"보건체육"에서는 상해 방지에 유의하도록 지도하고 있고, 그 내용으로는 교통사고 및 자연재해 등에 의한 상해는 인적요소와환경요소가 연관되어 발생하며, 자연재해에 의한 상해는 재해 발생 시 뿐만 아니라 2차 재해에 의하여도 발생한다는 점을 지도하고 있다. 또 자연재해에 의한 상해의 대부분은 재해를 미리 대비하거나 안전하게 피난함으로 방지할 수 있다고 지도하고 있다.

"기술가정(가정분야)"에는 "의생활 및 주생활의 자립"부분에서 가족의 안전을 위하여 실내 환경을 정비할 줄 알고 쾌적한 생활을 추구할 수 있도록 지도하고 있으며 ,"특별활동"에서는 건강하고 안전한 생활태도와 습관의 형성, 심신의 건전한 발달 및 건강의 유지증진에 대하여 이해하고 안전한 행동 및 규율 있는 집단행동의 체득, 운동을 즐기는 태도의 육성, 책임감과 연대감의 함양, 체력 향상 등에 이바지하는 활동을 행하도록 지도하고 있다.

③ 고등학교

"지리역사"과목의 "세계사B"에서는 "자연환경과 인간의 관련성"에 대하여 생업과 생활, 교통수단, 자원, 재해 등에서 적절한 역사적 사례를 선택하여 지도하고 있고, "지리A"에서는 "자연환경과 방재"에 대한 내용으로 일본의 자연환경의 특색과 자연재해와의 관계에 대하여 알도록 하고, 국내에서 발생하는 자연재해의 사례를 다루고 지역성을 근거로 한 대응이 중요하다는 것을 알도록 지도하고 있다. 그 내용으로 일본에는 다양한 자연재해가 발생하므로 일찍부터 자연재해를 극복하기 위해 노력하여 왔다는 사실을 구체적인 예를 들어 지도하고, 그 때 지형도와 보조지도 읽는 법 등 일상생활과 관련된 지리적 기능을 습득시켜 방재의식이 높아지도록 지도한다고 되어 있다.

"이과"의 "우주와 지구과학"분야에서는 인근의 자연경관의 성립과 자연재해에 대하여 태양의 방사 에너지에 의한 작용 및 지구내부의 에너지에 의한 변동과 관련시켜 이해하도록 하고 있고, 그 내용으로는 지역의 자연경관 및 그 변화와 자연재해에 대한 관찰 및 실험을 중점적으로 행하도록 하고 있으며, 그 때 자연경관이 오랜 시간동안 변화하여 온 사실에 대하여도 언급하도록 하고 있고, "자연경관의 성립"에 대하여는 유수(流水)의 작용 및 지진과 화산활동을 관련시켜 다루도록 하고 있다.

"지학기초"에서는 일본의 자연환경을 이해하고 그 혜택과 재해 등 자연환경과 인간생활과의 관련에 대하여 고찰하도록 하고 있고, 그 내용으로는 일본에 나타나는 계절의 기상현상, 지진이나 화산활동 등의 특징적인 현상 및 자연재해의 예측과 방재에 대하여 지도하도록 되어 있다. "지학"의 "지구 활동과 역사"분야에서는 풍화, 침식, 운반 및 퇴적의 제 작용에 의한 지형의 형성에 대하여 다루고 있다.

또 "대기의 구조와 운동"에 관한 것으로는 대순환 및 대류 현상과 일본 및 세계 기상의 특징을 이해하도록 하고 있고, "해양과 해수의 운동"에 관한 것으로는 해수의 운동 및 순환, 해양과 대기의 상호작용에 대하여 알도록 지도하고 있으며, 그 내용으로 "대순환"에 의한 현상에 대해서는 편서풍 파동과 지상의 고기압과 저기압과의 관계에 대하여, "대류"에 의한 현상에 대하여는 대기의 안정과 불안정에 관한 사항을 지도하고 있다. "일본 및 세계의 기상 특징"부분에서는 인공위성 등에서 얻는 정보를 활용하여 대기의 대순환과 관련시켜서 지도하도록 하고 있다. 또 해수의 운동과 순환 및 해양과 대기의 상호작용, 지구상의 물의분포와 순환에 관하여 지도하고 있다.

"보건체육"의 "교통안전"분야에는 교통사고 방지를 위하여 차량의 특성 이해, 안전한 운전과 바른 보행, 자신과 타인의 생명을 존중하는 태도, 교통 환경의 정비, 교통사고에 따른 책임과 보상 문제의 발생 등을 지도하고 있으며, 그 내용으로는 오토바이 및 자동차에 관한 사항을 중심으로 지도하고 있다. 또 자연재해 등에 의한 장애의 방지에 대하여도 필요에 따라 관련시켜서 지도하도록 하고 있다.

"특별활동"의 "홈룸활동"에는 생명의 존중 및 안전한 생활대도, 규칙성 있는 습관을 확립하도록 지도하고 있고, "보건안전・체육행사"에서는 심신의 건전한 발달과 건강의 유지증진에 대한 이해도를 높여 안전한 행동 및 규율 있는 집단행동의 체득, 운동을 좋아하는 태도의 육성, 책임감과 연대감의 함양, 체력향상 등에 이바지하는 활동을 행하도록 지도하고 있다.

④ 특별지원학교

특별지원학교에서는 기본적으로 소, 중, 고등학교의 지도내용에 준하도록 하고 있고, 아동 및 학생 한 사람 한 사람의 장애상태 및 발달단계, 특성, 지역실태 등에 맞추어 지도하도록 하고 있으며, 특히 지적장애 특별지원학교에서 지도하는 내용을 보면 다음과 같다.

소학부는 "생활과"에서 다음과 같이 4단계로 구분하여 지도하도록 하고 있다. 제1단계는 "교사와 함께 건강하고 안전한 생활을 한다"고 되어 있고, 지도내용은 "교사와 함께 피난훈련에 참가하며 떠들거나 여기저기 돌아다니지 않고 책상 아래 숨거나 교사의 손을 잡고 피난장소로 이동 한다"고 되어 있다.

제2단계는 "교사의 도움을 받아 건강하고 안전한 생활을 한다."고 되어 있으며, 지도내용으로는 "가스 밸브, 라이터, 성냥에는 함부로 접촉하지 않는 등 위험에 대하여 알게 한다.", "피난 시에 교사의 지시에 따라 친구와 함께 행동한다.", "화재, 지진, 피난 등의 단어의 의미를 알게 한다."고 되어 있다.

제3단계에서는 "건강과 신체의 변화에 관심을 가지고 건강하고 안전한 생활을 하도록 한다."고 되어 있으며, 지도내용으로는 "전기기구, 가스밸브, 라이터, 성냥 등을 안전하게 취급한다.", "화재경보기와 소화기에 함부로 손을 대지 않는다.", "피난 시에는 교사의 지시에 따라 안전하게 집단으로 행동한다."고 되어 있다.

제4단계에서는 "인근의 공공시설과 공공물의 기능을 알고 이용할 줄 안다 고 되어 있으며, 지도내용은 "경찰서(파출소), 소방서, 우체국, 병원 등을 실제로 이용하거나 견학하여 그들이 하는 업무를 알도록 한다."고 되어 있다.

중학부 "사회과"에는 "일상생활과 관계 깊은 공공시설과 공공물의 기능을 알고 이용한다."고 되어 있고, 지도내용으로는 "경찰서(파출소), 소방서, 우체국 등의 기능과 자신의 생활과의 관계를 알도록 한다."고 되어 있으며, "이과"에는 "인체의 생성과 기능에 관심을 가지고 중요한 질병과 부상의 원인과 대략적인 증상을 안다"고 되어 있고, 지도내용으로는 "일상생활과 관계 깊은 사물과 기계·기구의 구조와 취급에 대한 초보적인 지식을 갖는다.", "자주 사용하는 도구와 기계, 전기기구 등의 기능과 구조에 관심을 가지고 사용한다.", "알코올과 등유의 성질과 사용법에 관심을 가진다.", "가스의 성질과 기구의 구조에 관심을 가지고 사용한다.", "지진과 화산활동 등에 관심을 가진다."고 되어 있다.

"보건체육"에는 "자신의 발육·발달에 관심을 가지고 건강과 안전에 관한 초보적인 사항을 이해하도록 한다"라고 되어 있고, "직업·가정과"에는 "도구와 기계, 재료의 취급 방법 등을 알고 안전하고 위생적으로 작업하거나 실습한다."고 되어 있으며, 지도내용으로는 "도구와 기계에 대한 간단한 청소를 한다.", "위험한 장소와 사물에 주의하며 작업한다.", "기계의 고장 및 위험한 상태를 알고 바로 교사 등에게 알린다"고 되어 있다. 또 "가정생활에 필요한 의복과 그 사용법, 식사와 조리, 주거와 생활 방법 등에 관한 기초적인 지식과 기능을 몸에 익힌다."고 되어 있다.

"도덕"에는 "아동 개인 또는 학생의 지적장애 상태와 경험에 맞추어 지도하고 지도내용을 구체화하여 체험활동이 되도록 한다."고 되어 있으며, "종합학습시간"에는 "체험활동을 할 때는 안전과 보건에 주의하고 소학생 또는 중학생 등과 교류하거나 협동학습을 행하도록 배려한다."고 되어 있고, "특별활동"에는 "사회성이 풍부한 인간성을 육성하기 위해서는 소학생 또는 중학생 등과의 교류를 통한 협동학습을 행하거나 지역주민들과 활동을 공유하는 기회를 많이 가지도록 한다."고 되어 있다.

고등부는 "사회과"에서 "공공시설과 공공물의 기능에 대하여 명확히 알고 적절히 이용한다."고 되어 있으며, 지도내용은 "경찰서, 소방서, 병원 등의 기능을 알고 이용한다."고 되어 있고, "이과"에는 "인체의 주된 구성과 기능을 이해한다."고 되어 있으며, 지도내용으로는 "중요한 질병과 부상의 원인 및 증상을 알고 예방에 관심을 가진다."고 되어 있다. 또 "생활과 관계있는 물질의 성질과 기계·기구의 구조 및 기능에 대하여 이해하고 적절히 취급한다." 고 되어 있으며, 지도내용으로는 "자주 사용하는 도구와 기계, 전기기구 등의 기능 및 구조를 알고 정확하고 안전하게 사용한다.", "알코올 및 등유의 성질과 사용법을 알고 안전하게 취급한다", "지진과 화산활동은 생활에 큰 피해를 주는 경우가 있어 피해를 줄이기 위한 대책이 필요하다"고 되어 있다.

"보건체육"에는 "생활에 필요한 보건·안전에 관한 내용을 이해하도록 한다."고 되어 있고, "직업과"에서는 "도구와 기계의 조작법 및 자료와 제품의 취급방법을 습득하여 안전하고 위생적으로 작업하거나 실습한다.", "도구와 기계의 조작에 익숙하게 하여 바르게 사용한다.", "위험한 장소와 물건에 주의하며 작업한다.", "기계의 고장과 위험한 상태에 주의하면서 적절히 처리한다.", "현장 실습 중에는 건강과 안전에 주의한다."는 내용이 수록되어 있으며, "가정과"에는 "가정생활에서 사용하는 도구와 기구의 바른 사용법을 알고 안전과 위생에 주의하며 실습한다.", "피복, 음식물, 주거 등에 관한 실습을 통하여 실제적인 지식과 기능을 익힌다."는 내용이 포함되어 있다.

"도덕"에는 "아동 또는 학생 개개인의 지적장애 상태와 경험에 맞추어 지도내용을 구체화하고 체험활동이 되게 한다.", "학부모와 지역주민의 적극적인 참가와 협조를 얻는 등 상호 연계성을 가지도록 한다."고 되어 있으며, "종합학습시간"의 "체험활동시간"에는 안전과 보건에 주의하고, 학습활동에 맞추어 고등학생 등과 교류하거나 공동학습을 행하도록 한다."고 되어 있다.

"특별활동"에는 "사회성이 풍부한 인간성을 기르기 위해서는 고등학생과의 교류를 통한 집단 활동 및 공동학습을 행하거나 지역주민과 활동을 공유할 기회를 적극적으로 만들어 줄 필요가 있다"고 되어 있다.

5) 시사점

① 일본은 1995년 고베대지진과 2011년 동일본대지진 등 큰 재해를 겪으면서, 방재교육을 중시하고 있다. 단순히 "방재"라는 발에 한정되어 재해발생 전에 재해피해를 예방하거나 재해 직후의 응급상황에 대처하는 것만을 교육하는 것에 그치지 않고, 스스로 재난에 적절히 대응할 수 있는 능력을 기르게하고, 이를 통하여 피해를 경감할 수 있도록 하기 위한 지식과 판단능력, 이를 통한 행동능력을 키우는 모든 교육을 실시한다. 또한 방재교육을 포함한 학교안전교육의 전반적인 부분이 지역사회와 매우 밀접하게 연계하여 협력적으로 이루어지고 있다.

② 일본의 학교안전교육의 사례의 분석을 통해서 도출한 시사점을 바탕으로 우리나라 학교안전교육의 개선을 위한 방안은 다음과 같이 제시할 수 있다.

첫째, 안전관리와 안전교육의 체계적 연계가 필요하다. 예방 위주의 학교 안전관리 및 이에 대한 시스템을 구축하고, 이를 실질적으로 운용할 수 있도록 하는 내용을 안전교육에 포함함으로써 안전과 관리의 통합적, 연계적 운영을 도모하여야 한다.

둘째, 학교의 안전관리시스템이 지역 유관기관과 연계되어야 한다. 학교에서 보유하고 있는 인력과 장비만 가지고는 대응이 어려운 대규모 사고나 재난이 발생할 경우에 지역에서 보유하고 있는 자원을 즉각적으로 지원받을 수 있는 체계를 평상시에 정비해야 한다.

셋째, 교원양성 단계의 학생, 자원봉사자 등에 대한 안전교육 실시 등을 장기과제로 삼아 연구할 필요성이 있다. 아울러 학교의 실정에 맞는 안전계획을 수립하고 안전담당전문가를 양성할 필요가 있다.

7.5 중국

7.5.1 관련법령 및 정책

① 2008년 중국 쓰촨성 원촨에서 발생한 대지진은 8만 8천여명이 사망자와 2만명에 가까운 실종자를 남겼다. 사망자 중에는 무너져 내린 학교건물에 깔려 수업 중에 사망한 9천여명의 학생들이 포함되어 있었다. 또한 당시 매년 안전부주의에 의한 사고로 대략 16,000명의 초・중등학생이 사망하고 있었지만 여전히 체계적인 안전교육은 이루어지지 않았다.

② 이에 쓰촨성 대지진 이후 중국 교육부는 2008년 6월 5일 "초・중등학교 공공안전교육 지도요강"을 제정하였다. 이는 "초・중등학교의 공공안전교육을 강화하고 공공안전의식을 함양"시키기는 것을 목적으로 하고 있다. 이후 2014년 2월에는 "유치원 및 초・중등학교 긴급대피 훈련가이드"를 발표하였다. 이 훈련가이드에 의하여 매월 1회 이상의 대피훈련 실시 및 재해발생시 2분대 대피를 위한 훈련, 대피공간의 마련 등을 의무화하고 있다.

③ 하지만 여전히, 실질적인 안전교육의 시행과는 거리가 먼 것으로 보인다. 현재 중국은 입시위주의 교육과정이 운영되어 있어 교육과정에서 안전교육의 목표를 달성하는 것이 어려운 구조이고, 안전에 대한 인식수준을 고려해 볼 때도 안전에 대한 인식도도 낮은 상황이다. 뿐만 아니라, 학교에서 진행되는 안전교육은 실습위주의 교육이 아니라 이론 전달을 위한 교육으로 진행되고 있고 이마저도 국가 차원의 통일된 교육자료 조차 발간된 것이 없어 실효성이 매누 낮은 편이다. 학교와 가정, 유관기관 및 지역사회와의 협체계 및 연계도 매우 미흡한 수준이다.

④ 중국에서 학교 안전사고에 관한 내용을 다룬 법률은 헌법, 침권책임법 등으로 볼 수 있다. 중국의 "학생상해사고 처리법규"("学生伤害事故处理办法")는 제1장 제1조는 "학교안전사고의 발생을 적극적으로 예방, 사후처리의 원만한 해결 및 학생과 학교 측의 법적권리의 보호를 위하여 중화인민공화국교육법, 중화인민공화국 미성년자보호법 및 기타 교육관련법률, 행정법규에 근거하여 본법률을 제정하였다"고 명시하고 있다. 동법 제3조는 "학교안전사고의 처리는 반드시 법에 근거해야하고 객관적이고 공정해야한다. 또한 합리한 원칙, 적절한 시기에 의해 보상처리를 해야 한다"고 규정하고 있다.[144] 1992년 중국 개혁개방이후 학생안전사고에 대한 중요성 또한 국가발전의 주요 사안이 아니었다. 비공식적인 통계에 의하면 개혁개방이후 의무교육이 실행되면서 학생이 교육받을 기회를 보장받으면서 학교안전사고 발생률은 줄곧 상승추세였다. 하지만 학교안전사고에 대한 법적 보장이 없었고 대부분 "민법", "국가배상법? 등 사회전체에 적용되는 법률을 적용하여 학교안전사고의 특성을 반영하지 못하는 상황이었다.[145] 이후 2002년 9월 1일 교육부가 "학생상해사고 처리법규"를 제정・실시하면서 학교안전사고 처리에 관한 기준이 되고 있다.

7.5.2 운영현황 및 사례

① 중국에는 아직까지 국가 차원의 학교안전관리시스템이 미비한 것으로 보인다. 긴급대피훈련 같은 경우도 실질적으로 이루어지지 않는 한계에서 벗어나지 못한 실정이다. 안전교육은 능동적 입장에서 안전사고 발생시 어떻게 대처할 것인가를 교육하기보다는, 금지되는 행동을 단순히 이론적으로 전달하고 있을 뿐이다. 교육의 효율성을 높일 수 있는 영상 등의 교육자료 개발이 매우 미미한 상황이다.

144) 唐仪莹, 我国中小学生伤害事故中学校和教师的责任分担. 四川师范大学学报. 第38期, 2012. 28-35面.
145) 박리나, "한국과 중국의 학교안전사고 판례에 기초한 시간대별 및 교육주체별 책임에 대한 비교연구", 중앙대학교 석사학위논문, 2018, 15-16면.

〈표 2-13〉 중국 학교의 안전관리 및 안전교육[146)]

구분	내용	세부내용
안전관리	법적근거	• "초 · 중등학교 공공안전교육 지도요강"(2008) 및" 유치원 및 초 · 중등학교 긴급대피훈련 가이드"(2014)
	대피훈련	• 초 · 중등학교 최소 매월1회 대피훈련 실시 • 재해발생시 2분 이내 대피목표
	안전관리 체계	• 교육부의 기준과 실제 학교의 현실의 괴리 • 입시과목위주의 교육과정운영이 근본적원인 문제 • 학교 가정 및 사회간통합적인 안전관리 시스템 미흡
안전교육	특색있는 안전교육	• 재난교육이 실습보다는 지식전달 위주 • 재난교육을 담당할 교사와 전문교재 부족
	교육내용	• 학생들이 관심을 가지고 있는 학교폭력안전에 대한 교육보다 교통안전교육에 주력 • 안전능력의 계발보다 안전지식의 전수 위주

② 중국에서 학교안전사고로 인한 손해배상은 침권행위(侵权责任)유형으로 보고, 구성요건은 침권행위의 위법성, 손해사실, 침권행위와 손해발생의 인과관계, 고의와 과실이다. 침권책임법 제6조 제2항은 "법률규정에 따라 판단되는 가해자는 자신의 행위가 고의가 없었음을 증명하지 못하면 법적 책임을 지어야 한다"고 규정하고 있다.[147)] 침권손해배상으로서의 민사책임은 손해의 사실을 그 전제로 하고 있다.[148)] 학교안전사고발생의 책임자가 다수일 경우 공동침권행위가 되고, 침권책임법 제8조의 규정에 따라 해결된다.[149)] 침권책임법 제10조는 "2인 혹은 그 이상의 행위자의 침권행위로 인해 타인의 재산과 안전에 손해를 발생시켰을 경우 그중 구체적으로 1인 혹은 수인이 그 손해를 발생시켰다고 판단 할 수 있으면 그 행위자가 책임을 져야 하고 판단할 수 없을 경우 모든 행위자가 연대 책임을 져야 한다"고 규정하고 있다.[150)]

146) 김영석, 앞의 논문(각주3), 46면.
147) 杨立新, 2010, 68面.
148) 江平, 2009, 325面
149) "침권책임법" 제8조. 2인 이상의 행위자가 공동으로 고의나 과실로 인한 침권행위가 타인에게 손해를 가했을 경우 연대책임을 져야 한다.
150) 张铁微. 共同侵权行为的法理基础类型化分析. 北方论丛. 第4期, 2004, 123面.

③ 그리고 특수 침권행위가 있는데, 이는 침권책임 혹은 책임지고 있는 물건이 타인의 권리에 손해를 입혔을 경우 부담하는 책임을 의미한다. 중국 "침권책임법"에서는 특수 불법행위에 대해 감독자 책임, 잠시 심신상실자 배상책임, 사용자 책임, 인터넷 서비스 제공자 침권책임, 안전보장 의무위반 침권책임, 학생상해사고책임, 제품침권책임, 자동차 교통사고 책임, 의료사고손해 칙임, 환경오염 책임, 물품 소유자 책임 등의 많은 상황에서의 배상책임을 규정하고 있다.[151] 중국의 감독자 책임에서의 귀책원칙은 과실 추정원칙을 주요원칙으로 하고 평등책임 원칙을 보조로 한다. 감독자책임은 과실 책임이다. 이는 과실을 전제로 나타나는 책임이기에 무과실책임과 구별 짓는다. 감독자 책임에서 과실은 가해자한테 대한 과실이 아니고 민사행위능력이 없는 미성년자나 심신상실자에 대한 감독책임을 다하지 못한 자신에 대한 과실로 판단한다. 또한 감독자의 과실은 원고가 입증하는 것이 아니고 가해자의 침권행위에 기초하여 추정하는 것이기 때문에 감독자 책임의 귀책원칙은 과실추정원칙이라는 것이다.

행위자가 학교나 유치원에서 타인에게 손해를 입힌 경우에 관하여 교육부에서 "학생상해사고 처리법규"를 규정함으로서 새로운 정의를 하였다. 이전의 학교와 학생사이의 관계설에서는 "감독관계설"이 주요한 지위를 차지했지만 "학생상해사고 처리법규"가 제정되면서 학교나 유치원이 학생에 대한의무는 교육·관리와 보호의 성격으로 전환되면서 "감독관계설"이 완전히 무너졌다. 학교안전사고에서 학교가 피고의 역할이 된 경우 학교는 자신이 학생에 대한 교육·관리와 보호의 의무를 다했음을 증명하면 학교의 과실을 인정하지 않고 반대로 의무를 다하지 아니했을 경우에는 학교의 침권책임을 인정하는 판결이 주된 흐름이다.[152]

---

151) 박리나, "한국과 중국의 학교안전사고 판례에 기초한 시간대별 및 교육주체별 책임에 대한 비교연구", 중앙대학교 석사학위논문, 2018, 29-30면.

152) 李永军, 论监护人对被监护人侵权行为的 "替代责任". 当代法学. 第3期, 2013, 66面.

7.5.3 시사점

① 중국은 학교 안전교육에 대한 구체적인 요강을 만들어 안전교육의 실시를 중요하게 다루어오고 있으나, 아직은 여러 가지 개선할 점을 안고 있다. 첫째. 안전능력보다 안전지식의 함양을 중시하고 있다. 학생들이 학교에서 실시한 안전교육을 통해 배운 것은 "어떻게 해야 하는가" 보다 주로 "어떤 것을 하면 안 되는가"였다. 학생 안전교육을 연구하는 전문가들 은 학생들이 학교로부터 안전교육에 관한 지식을 배웠을지라도 아직도 안전 의식이 회박하고 안전 대처능력과 판단능력도 충분치 못하다고 평가하였다. 둘째. 전문 안전교사의 양성보다 담임교사에 의한 안전교육 실시가 주를 이루고 있다. 학교 안전사고 발생 예방이 무엇보다 중요한 부분이다보니 담임교사가 주축이 되어 학생의 안전문제를 관리하고 있으며. 안전교육의 실시도 자연스럽게 담임교사의 책임으로 주어지고 있다. 안전교육에 관한 연수를 받은 교사는 그리 많지 않으며. 대부분 교사가 안전교육 방법을 제대로 이히지 못한 실정이다. 학교의 안전교육은 일련의 내용을 포함하는 체계적인 교육과정이라 할 수 있으며. 담임교사에게 그 모든 역할을 맡긴다면 안전교육이 제대로 실시되기 어려울 것이다. 셋째. 학교폭력안전에 대한 교육보다 교통안전교육에 주력하고 있다. 넷째. 안전교육을 위한 음향영상 자료의 개발보다 서책자료의 편찬에 집중하고 있다. 학생들의 기호와 시대적 흐름에 맞는 새로운 안전교육 교재 및 교구의 개발이 필요하다고 하겠다.

② 중국의 이러한 문제점은 우리에게도 다른 외국법제와 비교해 볼 때, 학교안전사고 예방을 위한 교육 및 제도를 어떤 방향으로 나아갈 것인지를 시사해준다 할 것이다.

7.6 소결

학교 안전관리와 안전교육에 대한 외국사례를 살펴보면 우리의 현실과 향후 추구해야 할 정책의 방향을 가늠할 수 있다. 외국의 학교안전관리 및 교육사례를 비교하면 다음의 표와 같이 정리할 수 있다.

〈표 2-14〉 외국의 학교안전관리 및 교육사례 비교

국가별	안전관리	안전교육
미국	• 연방재난관리청FEMA) • 학교별위기대응계획	• 학교와지역특색에맞는교육 • 국가차원안전교육지원
영국	• 보건안전팀HSE) • 영국왕립사고예방협회RoSPA)	• 교원양성과정에안전교육미흡 • 안전교육중시및지원시스템
독일	• 학교별공적상해사고 보험가입 • 학교장책임으로안전관리	• 안전책임자와안전담당교사배치 • 사회성및환경교육과연계
일본	• 학교별안전계획수립 • 단위학교별안전관리체제구축	• 교원양성단계부터안전교육실시 • 재해대응위주의안전교육
중국	• 안전기준과실제의괴리 • 통합적안전관리시스템미흡	• 실습보다지식위주안전교육 • 안전담당교사와전문교재부족

주요국가의 학교안전교육을 살펴본 결과 우리나라 안전교육이 추구해야 할 시사점은 다음과 같다.

첫째, 안전관리와 안전교육의 체계적 연계가 필요하다. 현재 교육부의 "학교안전사고 예방 기본계획(2016~2018)"에 따라 각 학교마다 학교안전계획의 수립 및 비상배낭 비치 등과 같은 정책이 시행되고 있으나, 여전히 안전과리와 교육의 연계가 부족하다. 이에 미국의 "학교위기대응계획", 일본의 "위기관리메뉴얼" 등과 같이 예방 위주의 학교 안전관리 및 이에 대한 시스템을 구축하고, 이를 실질적으로 운용할 수 있도록 하는 내용을 안전교육에 포함함으로써 안전과 관리의 유기적, 통합적 운영을 도모하여야 한다.

둘째, 학교 안전관리에 관한 책임을 법에서 명확히 규정할 필요가 있다. 즉, 미국이나 영국의 사례와 같이 안전사고 발생시 지휘자를 누구로 할 것인지, 사고발생에 대한 학교나 지방자치단체, 국가의 법정의무 및 책임관계를 명문화할 필요가 있다. 우리도 학교 구성원뿐만 아니라 유관기관도 학교안전에 책임과 의무가 있음을 「학교안전사고 예방 및 보상에 관한 법률」 등에 명문화하여야 한다.

셋째, 학교의 안전관리시스템이 지역 유관기관과 연계되어야 한다. 학교에서 보유하고 있는 인력과 장비만 가지고는 대응이 어려운 대규모 사고나 재난이 발생할 경우에 지역에서 보유하고 있는 자원을 즉각적으로 지원받을 수 있는 체계를 평상 시 정비해야 한다. 지역 간 방재에 관한 MOU 체결 등을 통하여 재해발생시 구조인력과 물자를 지원하는 일본의 사례를 참고할 수 있을 것이다.

넷째, 청소년기에 안전의식을 체득할 수 있도록 영국의 갭 이어(Gap Year)와 같은 기회를 부여하거나, 일본의 사례와 같이 안전교육 실시 등을 장기과제로 두고 연구할 필요가 있다. 아울러 평상시에 학교에 실정에 맞추어 이러한 안전계획 수립하고, 전문인력을 양성하는 것이 필요하다. 영국의 HSE(보건안전팀)와 같은 기관의 설립도 검토해 볼 만하다.

마지막으로 지속가능한 안전교육 시스템으로서 국제안전학교 모델을 제도화하는 방안을 모색하여야 한다. 학교에서 시행되는 적극적인 손상예방사업을 통해 일상적인 생활환경에서 학생들에게 발생하는 사고나 손상을 예방하고, 손상으로 인한 인적 및 사회경제적 손실을 감소시킬 수 있기 때문이다.

CHAPTER 03

강의 교수법

CHAPTER 03 강의 교수법

1. 강의 기법

인간존중과 생명의 가치

1. 생명의 가치에 대한 윤리적 고찰

생명존중은 모든 생명의 고귀성 · 유일성 · 동등성에 대한 인식을 의미한다.

윤리직인 인간은 이 생명 저 생명이 일마나 값이 나가는지 묻지 않으며
또 그것이 얼마만큼 지각할 수 있는지 묻지 않는다.
삶 자체가 거룩한 것이다.

— 슈바이처(1875.1.14.~1965.9.4.)

생명윤리 → 내재적 규율을 통해 힘의 행사를 약화

2. 생명 존중 사상의 적응적 가치

- 생명체들이 가지고 있는 형질은 많은 부분이 적응의 결과
- 생명존중 사상 역시 생존을 유리하게 만든다.

'생명 존중 사상'의 적응적 가치

3. 인간존중, 인류의 보편적 가치

우리는 안전하게 살고 있는 것 같지만 끊임없이 생명의 위협에 시달리고 있습니다.

생명을 지키는 일, 우리 모두의 책임입니다.

인간은 성스러운 존재: 스토아 철학의 세네카(B.C.4–A.D.65)

프랑스 혁명: 인간의 존엄에 대한 요구

천부인권사상: 존 로크

- 자기를 인식할 수 있다
- 자주적으로 행동 → 도덕적 주체
- 유혹, 권력에 대항하는 용기와 자존심

HUMAN RIGHTS

인간의 존엄성: 절대(Absolute), 가치(Value)

매슬로 욕구 단계 이론

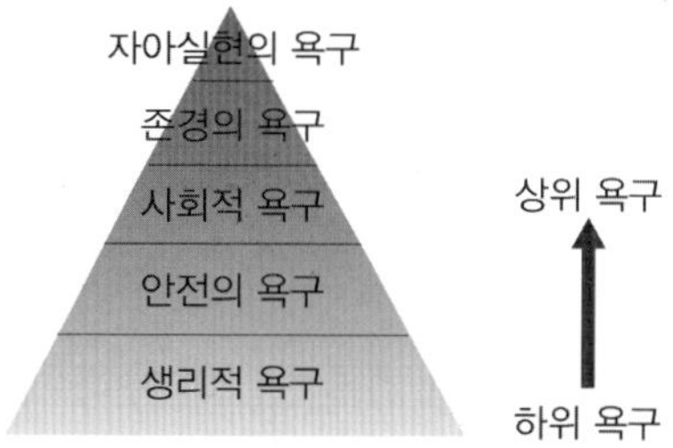

유엔 헌장: "인간의 존엄과 가치 및 기본인권의 불가침성"

4. 생명존중과 안전교육

생명존중 선언문

생명은 소중하다. 우리는 생명을 무엇보다 더 사랑하고 존중해야 한다. 인간은 생명이 있음으로써 행복을 비롯하여 여러 가치들을 추구하며 살 수 있다.
우리 사회에 만연한 이기주의, 물질만능주의, 다른 사람에 대한 배려 부족, 지나친 경쟁 위주의 교육 등은 인간의 생명을 경시하는 원인이 되고 있다.
우리는 이를 극복하고 생명존중을 위한 핵심적 가치들을 구현함으로써 우리의 삶과 사회를 좀 더 평화롭고 조화롭게 만들어가야 한다.

안전의 가치 = 최우선의 가치

안전교육

세반의 안전사고의 가능성과 위험을 제거할 목적으로 인간의 행동 변화와 물리적 환경에서 발생한 상황 또는 상태에서 인간에게 위험을 줄 수 있는 요건에 대해 적극적으로 대처하는 방법을 익히는 일련의 과정(이재민 2011)

교수설계 개론

1. 안전전문 교수자의 역할

나(교수자)의 역할은?
전달 VS 촉진

■ 교수자의 역할

Instructor(정보제공자)	Facilitator(학습조력자, 촉진자)
• Present information & direct structured learning experiences • 강의: 제시 → 연습 → 피드벡 → 활동	• manage group discussions & group process so that group members fell the experience is positive • Project, Problem-Based Learning • team based learning

가르치는 수업인가요? OR 배우는 수업인가요?

Teaching VS Learning

- Teaching for Teaching: 가르치고 싶은 것을 어렵게 쫓기듯이 가르친다.
- Teaching for Learning: 꼭 배울 필요가 있는 것을 쉽게 가르친다.

나 혼자 수업

- 많은 내용을 가르치기 위해서 숨 돌릴 여유 없이 수업을 진행하는 현상 → 수업목표, 핵심이 무엇인지?
- 학생 이해 여부와는 상관없이 교수자가 설정한 진도를 나가는 현상
- 수업 중간중간에 '학생의 이해 여부'를 확인 안 함
- 수업 중에 효과적으로 학습 동기 및 학생 참여를 유발/유지시키는 전략을 사용하지 못함
- 학생과 적극적으로 '커뮤니케이션'하지 않음

■ 커뮤니케이션 방해 요소

외형적인 수업 행동 측면	교육매체 활용 측면
• 목소리 톤, 목소리 크기, 시선, 몸동작 및 동선 등 • 작고 단조로운 목소리 톤, 지루함	• 판서, 그림, 사진, 동영상을 포함한 PPT활용 등 작은 글씨나 그림

■ 커뮤니케이션 구성 요소

- 메러비언의 법칙(the law of Mehrabian)

말의 내 용(언어)	청각적 요소(목소리, 톤)	시각적 요소(바디랭귀지)
7%	38%	55%

- 언어 : 7%
- 비언어 : 93% – 몸통작, 목소리 / 강의 진행 강의 구성

학생을 방해하는 수업행동들

안절부절, 무의미하게 이리저리, 몰입이 안 돼요, 빠름, 웅얼거림, 작고, 단조롭고, 스크린과의 대화, 매미형, 어려워요, 내용이 너무 많아요, 핵심이 뭐지?, 지루해요, 졸려요, 진행 속도가 너무 빨라요

Best 안전교육강사로서 필요한 것

- 열정
- 교육생과의 상호작용 능력
- 주제에 대한 전문지식
- 새로운 교육방법의 적용능력
- 강의스킬

Best 안전교육강사로서 필요한 것은?

1. 현장감 있는 교육
2. 타당성 있는 교육
3. 전문 기술 업무 수행능력
4. 교육 관심 높이기
5. 교육과정과 조직 목표 일치
6. 교육내용의 내실화
7. 교육과 현업의 유기적 관계
8. 강사를 통하여 간접 경험 습득
9. 상호 의사소통의 기회

■ VUCA 세상에서 Learning은 매우 중요

Volatility Uncertainty Complexity Ambiguity

• 매킨지가 2015년 트렌드 키워드로 선정한 VUCA

변동성	불확실성	복잡성	모호성
(Volatility)	(Uncertaunty)	(Complexity)	(Ambiguity)

• 계속 변화하지만 복잡하며, 확실하지도 않은 모호함이 가득한 정보와 지식을 배우고 활용해야 하는 이러한 사회에서, '배우는 능력'은 더욱더 중요한 생존도구가 된다.
• 경영학 지식을 갖춘 전공자 VS. 어느 낯선 분야도 가장 효율적으로 빨리 알 수 있는 능력(기술)을 가진자, 세상은 갈수록 메타인지를 가진 인재를 더 원하게 될 것이다.

학습은 어렵다!

■ How many people change?

70% 학습을 시도함	학습에 대해 긍정적 태도 그러나 박스 안에 갇혀 있어 박스 밖으로 나가지 못함
15% 전이 성공	학습을 통해 Change Behaviors
15% 학습에 관심 없음	

교육과정(curriculum)

• 라틴어 쿠레레(currere)에서 기원
• 말이 뛰는 길(course of race)

학습을 위한 방법과 명확한 지침을 준비해야 한다.
이것이 교수체제 설계

교수체제설계는 수업의 청사진과도 같다.(Blue Print)

교수체제설계

- 설계지향적(≠기술지향적)이다.
- 수업 방법과 상황 규명
- 보다 세분화된 방법 제공
- 개연적(≠결정적) 방법을 제공

■ 교수체제설계의 고려사항

구분	내용	
학습 요인	• 학습자 성별, 나이, 학년, 지적 수준, 사전지식, 경험 • 학습내용, 난이도 • 학습동기	
교수 요인	• 교수자 나이, 성별 • 감정, 동기, 경험	• 교육적 역할, 수준, • 교수 방법, 전략, 설계
기타 요인	• 수업시간 • 교실환경 • 사용 매체 • 예산	• 소속기관 • 조직 목적, 의도 • 교수 내용

교수체제설계

학습내용, 학습자, 환경 등이 주어졌을 때 학습자 요구에 맞는 내용을 체계화하고 설정된 교수목표를 성취하는 방법을 계획하고 개발하는 과정

2. 안전전문교육을 위한 교수설계 방법론

■ 과정개발 모델

ISD	CBC	DACUM
Instructional System Design	Competency Based Curriculum	Developing A Curriculum:

■ ISD 모델

구분	내용
개념	현재와 바람직한 상태의 갭을 해소하기 위해 교육 필요 지점을 찾고 이를 교육프로그램으로 반영하여 교육과정을 설계하는 것
사용 범주	직무 중심의 교육과정 설계, 새로운 이슈의 규명과 전달
절차	교육목적 규명 - 직무, 요구분석 - 설계 - 개발 - 실시 - 평가 *반드시 교육 결과에 대한 평가가 수반되어야 함
참고 사항	보안이 필요하거나 새로운 직무지식, 스킬, 위주로 교육 내용 구성

■ CBC 모델

개념	바람직한 성과를 바탕으로 성과를 창출할 수 있는 필요 역량과 각 역량의 typical Action을 도출하고 typical Action별 KSA를 도출함으로써 성과를 낼 수 있는 역량요소를 개발하는 것
사용 범주	계층, 직책중심의 과정 설계
절차	기대되는 성과 규명–성과를 나타내는 역량도출–역량을 구성하는 전형적 행동요소 도출–행동요소별 KSA 도출–설계–개발–실시–평가
참고 사항	커리큘럼의 구성은 교육대상자의 역량개발 필요에 따라 종합적인 커리큘럼, 단위역량별 커리큘럼 등으로 다양하게 개발할 수 있음

■ DACUM 모델

개념	특정직부를 세부적으로 분석하여 해당 직무를 수행하기 위해 필요한 각종 지식, 스킬, 태도 등을 우선순위에 따라 분석하고 이를 토대로 해당 직무를 효과적으로 수행할 수 있도록 지원하는 프로그램을 개발하는 것
사용 범주	직무 중심이 교육과정 설계
절차	오리엔테이션–직무 개요–책임(의무) 영역 도출–수행 특정 임무 도출–임무, 의무 내용 검토 및 논술–임무, 의무에 대한 내용 정렬–필요사항 목록 작성–다른 기타 선호되는 사항 점검
참고 사항	직무분석을 통하여 교육과정 개발을 하는 접근방법으로, 교육의 우선순위를 정하고, 현재 최적의 교육과정을 정의할 때, 새루운 교육프로그랜 개발 시 적합한 모델

■ 과정개발 모델의 비교

구분	ISD	CBC	DACUM
과정개발 방법	직무분석	역량분석	직무분석
분석의 포인트	교육요구가 있는 해당 직무의 분석을 통하여 기대수준과 현상의 갭 해소를 위해 교육이 필요한 KSA의 도출	직책, 직무별로 우수 성과자의 역량과 이에 따른 전형행동을 분석하고 행동별 KSA를 도출	직무별 우수수행자에 의한 직무분석을 바탕으로 직무수행에 필요한 KSA를 도출
주요 분석자	교육 담당자	교육 담당자	직무 수행자
교육내용	보완이 요구되는 KSA	전체 또는 단위역량별 KSA	우수한 직무수행에 요구되는 KSA
개발 프로세스	요구분석/평가단계 중요	역량분석 이후 동일	직무분석 이후 동일
적용 대상과정	직무교육(개선 or New)	계층별 교육, 직무교육(기본교육)	직무교육(기본교육)
장점	1. 교육목적에 부합되는 교육내용 2. 실제의 문제점 해결에 적합	1. Best Practice의 제시 2. 인재육성을 위한 로드맵 3. 교육 모듈의 다양화 기능 4. 비용 및 개발시간의 절감	1. Best Practice의 제시 2. 실제 업무와 상관성이 높은 부분 도출 가능 3. 비용 측면에서 효과적임

단점	1. 단순 문제점 해결에 치중 2. 외부요인에 의한 직무분석의 반복 3. 직무분석의 오류에 의한 문제 발생 4. 개발시간과 비용의 과다	1. 상황의 변화에 대한 적용성이 떨어짐 2. Focus 그룹에 의한 역량 오류 가능	1. SME 주관개입으로 직무분석 오류 2. SME 선발의 문제 3. 상황 변화에 따른 적응성이 떨어짐

■ 교수체제설계(Instrucional Systems Design)

학습자와 경영상의 욕구를 파악하여 이를 충족시킬 수 있는 교육적 해결대안을 제시하고, 제시된 해결대안을 실행하기 위해 교육대상, 목표, 내용, 방법, 매체 등을 분석, 설계, 개발, 실행, 평가하는 일련의 체계적인 접근방법

현실적 문제점을 해결하기 위한 과정 개발

* 체계적이다? 수업 과정에 있어서 적어도 목표와 방법과 평가의 활동이 서로 유기적이고 상호보완적 작용의 관계를 유지하는 것

교수설계 방법론

1. 교수설계방법론: 분석

■ 도식화한 교수체제설계 ISD 모델

구분	단계	주요 내용	주요 Output
Plan	분석(Analysis) ↓↑	• 조직의 요구(수행문제) 분석–문제 파악 및 원인 분석 • 교육 니즈 분석 – 직무/과제분석 – 학습자분석	→ Instructional Goal(교육목적)
	설계(Design) ↓↑	• 학습목표 기술 • 내용영역 설정 • 교수전략/기법 선택 • 평가전략 수립	→ Blueprint(과정개요)
	개발(Development) ↓↑	• 과목 내 세부활동개발 • 학습자료개발(교재 등) • 평가도구 개발 • Pilot Test 및 보완	→ Lesson Plan & Materials (수업계획, 교재/교보재)
Do	운영 (Implementation)	• 학습환경 조성 • 교육 운영	→ Delivery(실제과정 운영)
See	평가 (Evaluation)	• 평가 실행 • 결과보고서 작성 • 결과 활용	→ 교육 효과성 (과정평가 결과보고서)

■ 교수설계 모델

분석	• 요구 분석 • 환경분석	• 학습자 분석 • 직무 및 과제 분석
설계	• 수행목표설정 • 구조화	• 평가도구설계 • 교수 전략 및 매체 선정
개발	• 교수자료 개발 테스트 및 수정	• 제작
실행	• 사용 및 설치	• 유지 및 관리
평가	• 교육훈련성과 평가	

■ 분석단계

요구분석	• 이해관계자의 명확한 정의: 개인, 팀, 조직 • Performance가 낮은 이유 결정 • 교육/교육 외적 문제의 구별 ▶ 교육적으로 해결할 수 있는 문제 기술
교육대상자 분석	• 학습자의 선수지식과 Skill • 일반적 특성: 연령, 성별, 학력, 직무, 직위 등 • 학습유형, 학습자들이 선호하는 학습방법 ▶ 교육대상자에 따라 학습내용을 달리하기 위해서
직무/과제 분석	• 대상자들의 일, 방법, 성과에 대한 시스템적 조사 • 비공식적 업무 파악-인터뷰 • 공식적인 업무파악-직무기술서 요청 서류/문서 검토 ▶ 요구분석에서 나타난 영역을 세부적으로 분석
환경분석	• 새로운 내용을 습득하는 학습환경의 특성 분석 • 습득한 지식, 기술, 태도를 활용하는 직무환경 분석

요구분석

요구(Needs)란? 현재 상태와 바람직한 상태와의 격차(Gap)

현재의 상태	Gap	미래의 바라는 상태
As is	요구=문제	To be

• 현재 상태와 바람직한 상태와의 격차(gap)를 결정
• 그것의 본질과 원인을 점검
• 미래의 행동을 위한 우선순위를 찾는 체계적인 행위

■ 분석단계: 요구분석/ Brinkerhoff의 요구에 대한 4가지 관점

1. 수행결핍	• 하고 있는 것과 해야 할 것 사이의 차이
2. 민주적 관점	• 많은 사람들이 원하고 선호하는 것 • 집단의 다수에 의해 요구되는 바람직한 변화
3. 진단적 관점	• 원래 기준이 되어야 하는 원칙이나 개념, 절차, 원리 등에 문제가 존재하여 요구가 발생하는 경우
4. 분석적 관점	• 수행성과를 향상시키기 위한 방법을 찾는 관점 • 전문가의 의견, 직관, 통찰력 등을 사용하여 요구를 추출

■ 조직요구분석

조직/기관요구 정의	요구발생 배경파악	수행문제/원인 및 해결방안	교육과정 개발 필요성 확보

• 조직 요구분석의 내용

구분	분석내용	분석도구	산출물
조직/ 기관분석	정책, 제도, 지침	문헌분석	교육의 필요성 교육주제/내용
	조직, 기관 재개편 (신규조직 개설 등)	문헌분석	
	조직, 기관요구	인터뷰 또는 설문	

• 요청기관의 방침, 전략을 이해하고, 기관에서 요구하는 교육목적을 정확히 파악하기 위함
• 교육과정에 있어서 정책적 필요성이나, 관련 부처의 필요에 의해 구성되는 경우가 있으므로 중요함

■ 분석단계: 조직 요구분석 사례

수행문제/원인		해결방안	교육 해결방안
안전보건담당자가 재해처리역할을 원활히 수행하지 못했다.	재해 처리 수행프로세스에 대한 명확한 공식자료가 없다.	재해처리 프로세스에서의 key point를 정립한다.	제도적으로 해결한다.
		재해처리 프로세스에서의 key point를 보급한다.	교육과정으로 해결한다.
	일부 전문가들만 재해처리 프로세스를 이해하고 있다.	재해유형별 안전보건담당자에게 재해처리와 관련된 명백한 역할을 규정한다.	제도적으로 해결한다.
		재해유형별 안전보건담당자가 재해처리와 관련된 명백한 역할을 수행한다.	교육과정으로 해결한다.
		재해 관련 법규(산업안전보건법, 산업안전재해보상법)에 대한 지식을 제공한다.	교육과정으로 해결한다.

■ 분석단계 / 환경분석 방법

구분	분석내용
과정 개발의 제약조건을 기술	• 제약조건에는 인적, 물적 제약조건 및 개념적, 기간적 제약조건을 기술
기존 교육자료 기술	• 교육내용과 관련 참고할 수 있는 도서, 논문, 웹사이트 등을 파악 • 개발하려는 교육과정과 관련성이 높은 기존의 교육자료 등 제시 (과거 국립방제교육연구원의 교육과정 또는 외부교육기관의 유사한 교육과정)
교육과정 체계도상 위치를 기술	• 교육과정체계상에서 개발하려는 교육과정이 차지하는 위치를 기술
과정개발 협력자 기술	• 교육과정 개발에 도움을 줄 수 있는 조직 내·외 인적자원과 기여할 수 있는 영역 기술 • 교육내용과 관련하여 전문지식을 갖고 있거나, 관련 직무에 오랜 경험이 있는 교육원 내·외부, 각 부처, 외부 전문가를 의미하며, 전문가들의 자문을 통해 교육과정 개발에 도움을 받을 수 있음 • 향후 사내강사로 활용할 수도 있음
종합환경 기술	• 국립방재교육연구원의 특성을 고려한 전반적인 교육개발 환경을 기술

교육생 분석

1. 출발점 행동 확인
   • 출발점 행동이란 학습내용과 관련하여 학습자가 이미 알고 있는 행동이다.
2. 일반적인 학습자 특성
   1) 학습자 공통 특성
      • 학습자들이 처한 환경 및 연령, 학습능력, 학습 스타일 등의 일반적인 특성을 분석하는 것은 교수-학습 활동 설계나 사례 개발, 매체 선택에 중요한 영향을 미치게 된다.
   2) 개인의 학습자 특성: 킨처(1997)의 학습 스타일

1. 시각형 학습자	2. 청각형 학습자	3. 근육지각형 학습자
• 눈으로 보는 것을 가장 잘 이해하고 기억하는 유형 • 표, 그래프, 도형 등의 시각자료를 많이 제공하거나, 이것들을 스스로 만들도록 격려하는 것이 좋다.	• 소리로 들을 때 학습을 잘 하는 유형 • 말로 설명을 해주고, 이해가 안 되는 부분은 그룹 또는 혼잣말로 정보와 생각을 스스로 이야기하게 함으로써 학습 효과를 향상시킬 수 있다.	• 신체를 통해 정보를 체득할 때 학습이 잘 되는 유형 • 몸을 움직이며, 사람들이나 물건들과 상호작용하면서 학습하도록 배려한다.

3) 개인의 학습자 특성:Grow(1996)의 '단계화된 자기주도 학습 모델'

1. 의존적인 학습자	권위적이고 전문가적인 교수가 바람직하다.
2. 관심 있는 학습자	교사는 열정과 동기 부여를 통해 학습에 흥미를 불어넣어 주고, 학습목표 및 궁극적으로 무엇을 수행해야 하는지를 명백히 알려줘야 한다.
3. 참여적 학습자	정보를 가르친다기보다는 세미나 또는 협력 학습, 프로젝트 수행 등의 참여활동을 촉진하여 이들이 스스로 목적을 달성하도록 배려한다.
4. 자기주도적 학습자	학습자와 의논하여 학습목표와 학습계획을 사전에 결정한다. 즉, 학습자에게 권한을 대폭 위임한다.

■ **생애주기별 안전교육 분석-실습**

구분	내용	세부내용	비고
요구분석	• 요청부서		
	• 교육의 목적		
	• 요청부서의 요구사항		
	• 이전 교육의 문제점		
	• 요구사항의 해결방안(제도/환경, 동기부여, 교육 등)		
교육생 분석	• 기관명/업체명		
	• 대상연령		
	• 성별/인원		
	• 선수 교육 이수 여부 및 내용		
	• 교육생 특징(동기, 태도, 수준 등)		
	• 특기사항		
환경분석	• 교육장 형태(스쿨식, 모둠형태 확인)		
	• 기자재		
	• 교육시간(오전/오후, 강의시간)		
	• 기타		

2. 교수설계 방법론: 설계

■ **설계단계**

학습목표기술	• ABCD Rule에 의해 목표를 기술 – Adience – Condition – Behavior – Degree ▶ 목표기술의 이점
평가전략 수집	• 평가유형 선택: 필기, 역할연기, 관찰 • 과정평가 설문구성 • 진단/형성/총괄평가/강의평가

계열화=수업설계	• ARCS이론 • 계열화 내용의 기법 – 낮은 → 높은 스킬 시작 → 최종 단계 – 단순 → 복잡 – 쉬운 → 어려운 것 • 계열의 중요성 판단 – 내용 간의 복잡성 – 교수 시간 – Topic 간의 상호관계
교수전략 및 기법선택	• 학습내용과 학습 활동을 가장 효과적으로 성취할 수 있는 교수전략과 교수매체 선정 • 내용제시: 교수순서, 내용, 사례 • 학습자참여: 연습, 피드백 • 매체형식: 교재, 그래픽, 오디오, 비디오

■ 설계단계: 목표의 기술방법

구성요소	기술방법	목표기술의 이점
• Audience[대상] • Behavior[행동] • Condition[조건] • Degree[기준]	• 구체적으로 기술 • 대상이 명확하면 생략 가능 • 검증, 관찰, 측정이 가능할 것 • 학습자에게 주어지는 자원 • 바람직한 행동을 수행할 수 있는 상황 • 가능하면 현장과 유사한 수준에서 • 양적/질적 수행 정도 • 실수의 허용도	• 목표달성여부의 확인 • 평가에 용이(목표설정에 이미 평가방법이 내재) • 교육내용의 선정기준 • 조직의 목표와 연계성 확인 • 효과성과 효율성 제고

■ 수업 설계

수업의 3단계

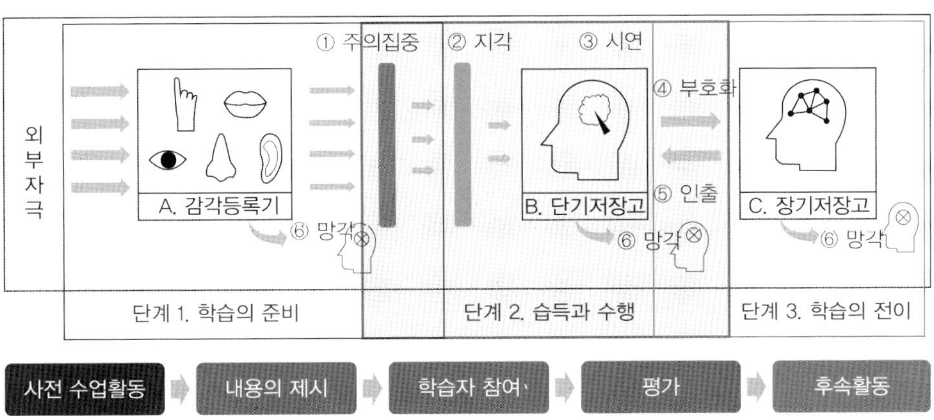

수업설계 – 구체적 수업절차

• 사전 수업활동: 수업을 시작하기 전에는 학습자가 학습에 준비되도록 만드는 것이 핵심

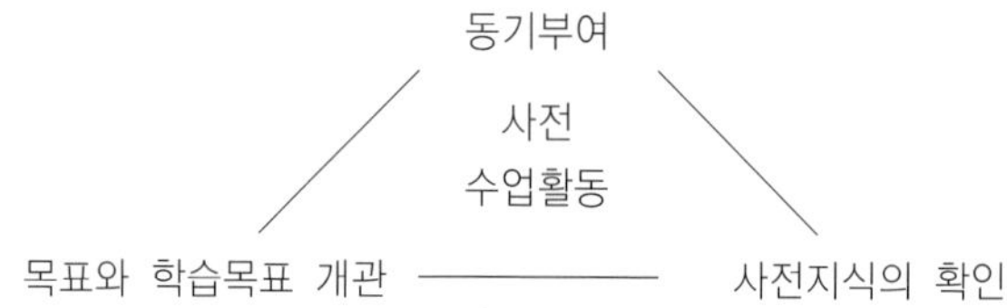

사전 수업활동

• 동기 부여하기
  – 사전 수업활동에서의 학습동기는 '유발적 동기'를 의미
  – 켈러(keller, 1987)는 학습동기를 ARCS의 네 가지 요소로 제시

주의집중(Attention)	내게 관심이 있는 것인가?
관련성(Relevance)	나의 개인적 요구를 반영하는 것인가?
자신감(Confidence)	이것을 배울 수 있을까?
만족감(Satisfaction)	나의 흥미를 만족시키는가?

내용의 제시

• 목표와 명확하게 관련된 내용만 순서에 맞추어 제시하기
  – 논리적으로 조직
    전체 → 부분, 간단 → 복잡, 쉬운 것 → 어려운 것
  – 중요한 내용 강조, 다양한 사례 활용
  – 각 개념을 어떤 형태, 어떤 사례를 통하여 설명할지에 대한 결정 필요
  – 사례와 비사례를 비교론적 관점에서 제공하는 것도 효과적
  – 하위 단계 지식에 대한 완전한 숙달은 필수

학습자 참여

학습에 대한 연습의 기회는 내용에 대한 파지를 높일 수 있음

1. 연습은 학습한 내용에 대한 이해수준을 보여주는 역할과 장기기억에 저장된(될) 정보를 회상하도록 함
2. 연습은 교수자의 피드백과 함께 제공될 때 그 효과가 극대화됨
   • 피드백
     – 정/오적, 교정적 성격을 지님
     – 강화의 기능 수행

■ 수업설계: 평가 및 마무리

- 평가는 학습자의 수행수준이 과연 수업목표에서 요구하는 사항을 정확히 반영하고 있는지에 대한 정확한 판단을 요구
  1. 교수자가 요구하는 수행을 하더라도 그것이 단순 암기에 의한 것일 수 있음
     → 이 경우 동일한 법칙이 작용하는 다른 사례를 통하여 확인하는 것이 바람직
  2. 요구하는 수행이 정확하게 수업목표를 반영하는지에 대한 꾸준한 관심 필요
  3. 주요 내용에 대한 반복은 기억의 향상과 학습내용의 구조화에 기여

■ 설계단계: 교수전략 및 기법선택 수업방법

목적	교육방법	특성	활용방법	유의사항
지식	강의	• 단시간 내 다수에게 대량의 정보제공 • 교육효과 낮음 • 강시의 자질에 좌우	• 기본지식, 공통개념 소개	• 시청각 교재활용 • 중요한 키 포인트에 질문방법사용
	시범	• 실제 실물을 보거나 직접 조작함 • 비용과다	• 기기사용법 • 조작법 교육	• 시범준비, 강사는 기기에 대해 완전히 마스터할 것
태도	토의법	• 흥미 끄는 정도가 강함 • 토이 중 경험,정부 교류 • 동료의식 좋아짐 • 정보량이 적음	• 해결방법이나 아이디어 개발 시 • 문제의식, 문제공유를 위해서	• 주제에 대해 무관심한 참여사의 적극적인 참여 촉진
	역할연기 (Role play)	• 장시간 소요 • 촉진자의 능력 중요 • 상대편의 감정이해 • 적극적인 의사소통 가능	• 접객응대, 전화응대 • 회의진행 방법 • 대인관계 스킬 (면전, 상담 등)	• 평가체크리스트 활용 • 녹화를 통한 피드백
행동	사례연구	• 판단기준 내면화 기능 • 행동으로 전환용이 • 유연한 사고 전환 • 사례개발 및 시간 노력소모	• 상황분석력이나 문제해결 능력을 높일 경우	• 개인 연구시간을 충분히 줄 것 • 적극적인 토론추진
	과제법	• 강의, 워크숍 • 동기부여 되지 못할 경우 학습효과 저조	• 집합교육의 사전 학습으로서 활용	• 치밀한 후속조치

3. 교수설계 방법론: 개발, 실행, 평가

■ 개발단계

학습자료 준비	• 설계 단계에서 만들어진 청사진에 따라 실제 수업 또는 수업자료를 개발하고 제작 • 연습 및 피드백 활동 제작 • 필요한 자원 정보 추가
매뉴얼 제작	• 학습자용 매뉴얼 • 강사용 매뉴얼 → 교재용과 강의용 매뉴얼이 같을 필요는 없음
시범실시	• 학습대상자 중 소수 인원을 통한 Formative Evaluation • 실제 학습상황을 통한 수정 • 내용 및 매체전문가를 통한 피드백
교재/매체 제작	• 대부분의 기업이 외부에 주문하여 제작함 • Instruction 구조화 • 교수전략에 맞게 간결하게 명확한 그림 및 삽화 사용 제작

■ 형성평가

- 분석에서 교수자료개발 단계까지 이루어진 후 수정보완을 목적
  → 실제 수업을 실시하기 전에 개발된 수업자료, 프로그램, 매체, 평가도구 등을 검증함으로써 타당성 및 신뢰성을 확보하는 것
  - 형성평가의 결과에 따라 개발된 자료들은 또다시 수정이 이루어짐
  - 이후 수업자료 및 프로그램 제작 등을 실시

■ 실행 및 평가 단계

실행	평가
실제로 학습대상자에게 개발된 코스를 학습하게 하는 단계	수업 프로그램의 가치를 판단하는 총괄평가 실시
• 학습촉진 분위기 조성 – 경영자로부터 공개적인 지원 확보 – 비공식적 여론주도 리더를 파악하고 그들의 지지를 얻어낸다. – 강사양성 과정 실시 • 유지/보수 – 모니터링 메커니즘을 만든다. – 학습에 필요한 교보재 및 장비 점검 및 준비 – 프로그램을 질적으로 계속 혁신시킨다.	• 다단계 평가→Kirkpatrick – L1: 반응평가(설문서, 교육 만족도) – L2: 학습평가(교육목표 달성도) – L3: 행동평가(현업적용도 평가) – L4: 업적평가(성과기여도) – L5: ROI(Return of Investment) $\frac{\text{프로그램 이익} - \text{프로그램 소용}}{\text{프로그램소용비용}} \times 100$

평가단계

■ 총괄평가

- 수업이 완전히 끝난 후에 실시하는 것
- 목적: 수업프로그램을 계속 사용할 것인가, 새로운 수업프로그램을 채택할 것인가에 관한 결정을 수행
  - 프로그램과 목적 간의 일치도
  - 수업 프로그램에 제시된 내용을 완벽성과 정확성
  - 수업 전략의 양호도, 유용성, 학습자의 대한 영향
  - 학습자의 성취도, 태도
  - 교사의 태도 및 수행 요건별 프로그램의 장단점

■ 작성실습

지도일시	○○○○.○○.○○.○교시	지도대상	○학년 ○반	지도교사	○○○
활동명			차시	1/1	
본시학습목표	1. 화재 예방법과 발생 시 대처법을 설명할 수 있다. 2. 화재 시 소화기 사용 및 심폐소생술을 실행할 수 있다.				
교수학습 모형 및 방법	직접 교수모형, 소집단 협동학습모형				
학습자료	교사		학생		
	ppt자료		소화기, 심폐소생 실습용 인형		

지도 단계	학습내용	시간 (분)	교수·학습활동 교사활동	교수·학습활동 학생활동	자료 및 유의점
도입 (5″)	인사 및 학습준비	2″	• 학생들과 인사를 하고 자기소개를 하며 학습 분위기를 조성한다.	• 교사와 인사를 한 후, 교사의 소개를 들으며 수업에 임할 준비를 한다.	(자료) ppt (유의점) 학생들이 학습 목표를 직접 읽도록 한다.
	학습동기유발	3″	• 최근 안전사고가 빈번하게 일어나고 있음을 상기시키고 특히 화재에 대한 우리의 안전 불감을 상기시켜 올바른 대처법에 대한 학습동기를 유발시킨다.	• 교사의 설명을 경청하고 안전 사고 문제에 대해 반성적으로 사고한다.	
	학습목표확인	1″	• 학습목표를 제시하고 학생들에게 확인하도록 한다.	• 학습목표를 인지하고, 배울 내용에 대해 생각해 본다.	
전개 (40″)	강의활동 1 강의	10″	• ppt를 사용하여 화재의 예방, 대피, 대처법을 직접적으로 설명한다(직접교수모형 중 설명하기).	• 교사의 설명을 경청하고, 교사에게 질문을 받았을 시 적극적으로 참여한다.	(자료) ppt (유의점) 질문을 통해 대답을 유도하는 등 학생들의 주의가 흐트러지지 않도록 조절한다. (유의점) 이동 중 학생들의 주의가 흐트러지거나 이탈이 발생할 수 있기 때문에 번호순으로 줄을 세우는 등 체계적으로 이동한다.
	: 화재 예방, 대비, 대처	5″	• 강의가 끝나면 활동을 위해 학생들을 인솔하여 운동장으로 이동한다. 이동 후 학생들을 소집단으로 모이게 한다.	• 교사의 인솔에 따라 운동장으로 신속하고 안전하게 이동한다.	
	운동장으로 이동 학습활동2 활동	10″	• 소화기를 다루는 방법을 시범 보이고 소집단별로 직접 소화기를 분사하는 활동을 하도록 한다. 교사는 반드시 학생들의 활동을 지속적으로 점검한다(직접교수모형 중 시범보이기와 활동하기).	• 교사의 시범을 보고 소집단별로 직접 분말 소화기를 분사한다. 절대 장난을 치지 않도록 유의한다.	(자료) 분말소화기 (유의점) 학생들이 장난을 치면 안전사고가 발생할 수 있기 때문에 지속적으로 활동을 점검한다.
	: 소화기 다루기, 심폐소생술	15″	• 심폐소생술을 시범 보이고 소집단별로 심폐소생 실습용 인형으로 직접 심폐소생을 실행하는 활동을 하도록 한다. 교사는 학생들의 활동을 지속적으로 점검한다. 모든 학생이 해볼 수 있도록 유도한다.	• 교사의 시범을 보고 소집단별로 직접 심폐소생술을 실행한다. 절대 장난을 치지 않도록 유의한다.	(자료) 실습용인형 (유의점) 학생들이 장난을 치면 안전사고가 발생할 수 있기 때문에 지속적으로 활동을 점검한다.
정리 및 평가 (5″)	학습정리	2″	• 학습 내용을 구두로 정리한다. 학생들에게 이해가 안 된 부분이 있으면 질문하도록 하고, 보충설명을 한다.	• 교사의 설명을 들으며 학습한 내용을 정교화한다. 궁금한 점이나 잘 듣지 못한 부분이 있으면 손을 들어 질문한다.	(자료) 형성 평가 설문지
	형성평가	3″	• 프로그램평가 설문지를 통해 학생들의 교육효과를 조사한다.	• 형성펴가 설문지를 정성스럽게 작성한다.	

■ 교수설계 모델(앞부분과 반복)

분석	설계	개발	실행	평가
• 요구분석 • 학습자 분석 • 환경분석 • 직무 및 과제분석	• 수행목표 설정 • 평가도구 설계 • 구조화 • 교수전략 및 매체 선정	• 교수자료 개발 테스트 및 수정 • 제작	• 사용 및 설치 • 유지 및 관리	• 교육 훈련 성과 평가

2. 교안 작성법

영유아기 및 아동기 교수설계

1. 영유아기 학습자 특성에 맞는 교수기법 적용과 활용

영유아기, 아동기 학습자의 특성

영유아, 아동기 (0~12세)	청소년기 (13~18세)	청년기, 성인기 (19세~64세)	노인기 (65세)

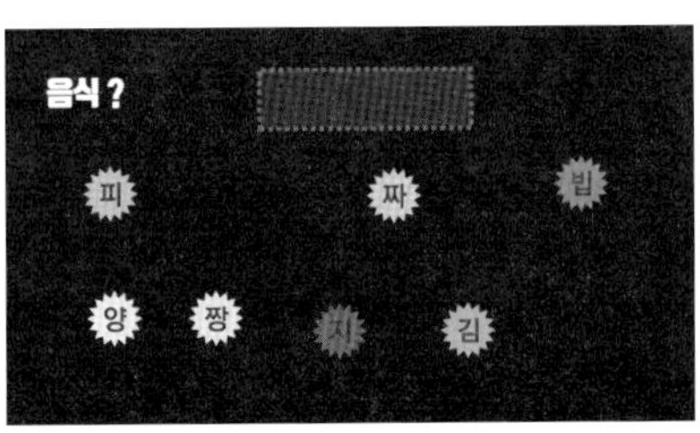

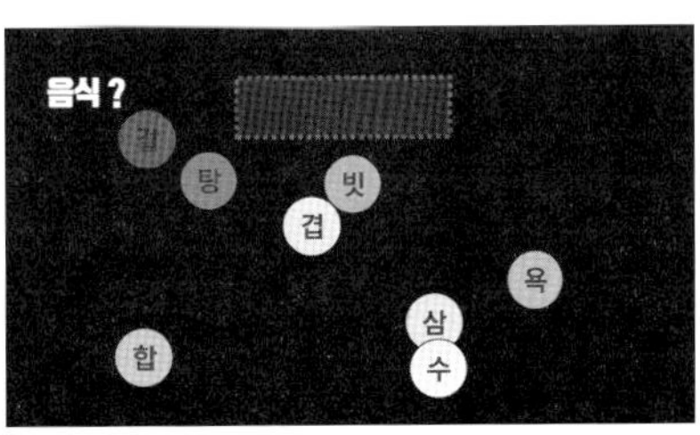

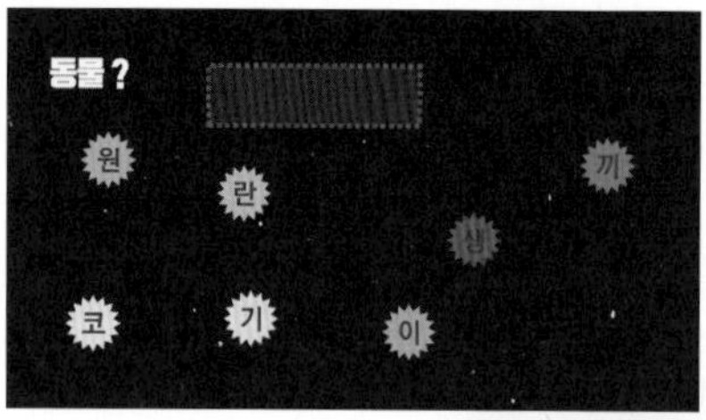

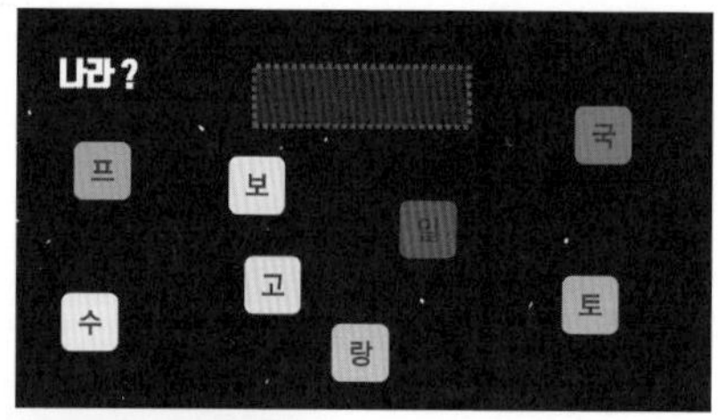

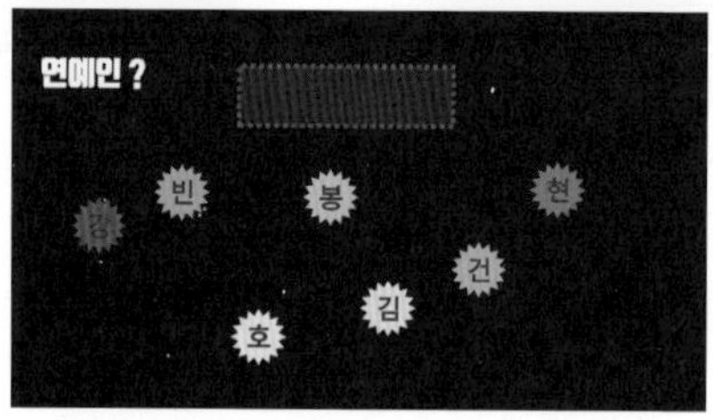

■ **안전교육을 위한 영유아기 학습자의 특성**

• 영유아기(1~5세): 안전교육 의존기

구분	신체변화	인지변화	사회심리변화
영아기 (1~2세)	• 호기심기 • 뇌의 급격한 성장	• 감각(깊이지각) • 모형 • 놀이 • 의사표현	• 신뢰 • 의존 • 자기인식
유아기 (3~5세)	• 활동기 • 운동기술 향상 • 배변 훈련	• 기억 향상 • 흉내 내기	• 의존적 • 타인의식 • 공포 표현 • 낯가림

영아기(1~2세)발달 특성 6가지

• 인간의 생애 중 신장과 몸무게의 성장 속도가 가장 빠른 시기
• 신체성장과 함께 근육 운동이 점차 분화되어 여러 가지 새로운 운동활동이 가능해진다.
• 인지적 측면에서 매우 많은 변화가 나타난다.
  – 주변 세계에 대한 정보를 감각에 의해 획득
  – 오감
  – 대상영속성
  – 목표지향적 행동
• 정확한 의사전달은 유아기가 되어서야 가능하다.
• 영아기는 정서가 완성된다.
• 영아기는 아직 사회성이 발달하지 못한다.

영아기(1~2세)발달 특성 6가지: 안전교육 의존기

보호자의 안전교육을 신뢰하고 모방하는 행동이 나타나므로 보호자를 대상으로 한 안전교육 필요

유아기(3~5세) 발달 특성 6가지

- 신장과 몸무게의 성장 속도는 매우 급속하기는 하지만 영아보다는 느리다.
- 신체 성장과 근육 운동이 점차 분화되어 여러 가지 활동이 가능해진다.
- 인지적 측면에서 매우 많은 변화를 보인다.
- 영아기보다 정확한 의사전달이 가능하다.
- 감수성이 예민해지고 표현방식이 세련되어진다.
- 사회성이 발달한다.

유아기(3~5세) 발달 특성 6가지: 안전교육 준비기

학교에서 아동의 안전교육이 좀 더 성장할 수 있도록 준비시키는 과정 필요

영유아기 교수학습의 고려사항

- 집단 활동과 선택 활동
  - 영유아는 신친적인 호기심을 가지고 학습 흥미 중심의 놀이를 통해 자발적으로 학습이 일어나도록 하는 것이 중요
  - 교사에 의해 주도되는 집단 활동과 영유아가 스스로 선택할 수 있는 놀이 환경을 제공
- 보다 넓은 의미에서의 접근 필요
  - 교사에 의해 진행되는 수업, 하루 일과 부모교육, 체험학습, 행사 등 모든 생활이 교수–학습의 과정이 됨

영유아기에 맞는 교수기법

가능하면 직접 보거나 만져 볼 수 있는 실제적이고 구체적인 사례를 제공하며, 호기심과 흥미유발 교수기법이 필요하다.

■ **영유아기 교수학습 과정**

학습주기	인식	딤식	놀이	활용/적용
교수학습 과정	제시	탐색	놀이	놀이확장
	• 관심 • 호기심 유발	• 학습 • 자가 점검 • 지식 습득	• 실습 • 몸에 체득화	• 적용 • 반복학습

영유아기 교수학습 과정

지진이 발생했을 때 이렇게 해요!

제시	[오감 질문] 지진이 발생했을 때?
탐색	[동영상 시청] 지진발생 시 이렇게 행동해요.
놀이	[훈련 실습] 놀이를 활용한 훈련을 통해 체득화 한다.
놀이 확장	[적용] 집에서 부모와 함께 지진 발생 시 행동요령 반복 학습하기

영유아기 교수학습 과정

지진이 발생했을 때 이렇게 해요!

제시

[오감 질문] 지진이 발생했을 때…?

• 오감을 자극할 수 있는 흔들림 제공

탐색

[동영상 시청] 지진이 발생 시 이렇게 행동해요!

놀이

[훈련 실습] 놀이를 활용한 훈련을 통해 체득화 한다.

1. 머리를 보호하며 책상 밑으로 들어갑니다.
2. 흔들림이 멈추면 머리를 보호하고 계단을 이용하여 밖으로 나갑니다.
3. 넓은 곳에서 선생님의 안내에 따라 행동합니다.

놀이확장

[적용] 집에서 부모와 함께 지진 발생 시 행동 요령 반복 학습하기

제시	탐색	놀이	놀이 확장
• 관심 • 호기심 유발	• 학습 • 자가점검 • 지식습득	• 실습 • 몸에 체득화	• 적용 • 반복학습

자연주의 철학자 루소에 의하면 인간은 태어날 때부터 본능적으로 잘 성장할 수 있는 내적인 힘을 가지고 있다. 인간의 발달은 내부의 생물학적인 시간표에 따라 진행되며 발달에 미치는 환경의 영향은 미미하다. 유아는 생물학적 성숙에 따라 스스로 성장하고 학습할 수 있는 존재이므로 과도한 환경적 자극은 오히려 자연스런 성장을 방해하거나 부정적인 영향을 끼칠 수 있다. 그의 책 『에밀』에서 루소는 '가르쳐 주지 말고 스스로 배우게 함으로써 알게 하라'고 주장한 바 있다. 이는 루소이후의 교육에 있어서 아동중심 교육철학의 근간이 되었다.

–루소–

2. 아동기 학습자 특성에 맞는 교수기법 적용과 활용

안전교육을 위한 아동기 학습자의 특성

■ 아동기(6~12세):안전교육 준비기

구분	신체변화	인지변화	사회심리변화
아동기 (6~12세)	• 실천기 • 성장둔화	• 활동적 • 학습능력 향상 • 인과관계 이해 • 언어, 수리 능력	• 학교활동 위주 • 탈의존정 시도

아동기(6~12세)발달 특성 6가지

- 남,녀의 신체 차이가 나타남(2차 성징)
- 다양한 관점에서 생각할 수 있음(이렇게 저렇게 살펴보는 여러 가지 생각을 한다)
- 다양한 감정을 이해할 수 있음(TV프로그램 보면서 상대의 감정을 말하지 않아도 느껴지는 것)
- 내 감정을 억제할 수 있으며,감정이 복잡해지고 쉽게 변함(기분 나쁘다고 무작정 짜증내고 화를 내고 울기만 하는 것이 아니라 감정을 추스르고 다스릴 수 있는 힘을 기를 수 있다)
- 친구와의 관계가 끈끈해짐(친구와 노는 것이 더 좋아짐)
- 협동심을 보이며, 다른 사람을 배려하는 마음이 커짐

안전교육 준비기

- 안전교육 준비기: 행동의 허용기준을 배우며 이 기준에 따라서 행동하고 기준과 원칙을 어길 때 죄책감을 느끼는 시기
- 행동의 허용기준을 습득하기 위해 강사의 모델링을 통한 행동의 반복적 연습이 필요

아동기에 맞는 교수기법

- 공감
  - 게임이피케이션으로 호기심을 자극한다.
  - 표준화된 기준, 원칙을 제시한다.
  - 무의훈련(시범)으로 실습한다.
  - 반복학습한다

아동기 교수학습 과정

친구가 물에 빠졌다면 내가 도와줘야 해요

○ ×

안돼요 Oh~~~NO~~~!

원칙1 주변 어른들에게 도움을 요청한다.

맨발로 물에 들어가도 괜찮아요

○ ×

Oh!!No~~~!!

뾰족 뾰족 다칠지도 몰라요! 물 안은 위험해요!!

원칙2 물에 들어갈 때에는 신발을 꼭 착용한다.

누가 보낸 건지 모르는 문자메시지의 링크를 클릭 해도 된다.

○ ×

사이버 범죄에 노출이 되어 많은 돈을 잃을 수도 있으니 조심해야 합니다.

원칙3 이상한 문자가 왔을 경우에는 신고한다

때로는 두려움을 이겨 내야 그 건너편의 아름다움을 볼 수 있단다

한편 에릭슨의 발달 단계에서는 1단계 영아조차 사회적 요인이 중요하다고 언급하고 있다. 특히 3단계의 발달 시기에 있는 유아에게는 가족뿐만 아니라 또래와 사회적 관계가 중요함을 강조하고 있다. 친구에게 관심을 갖기 시작하면서 상호 의사소통이 가능해지는 유아에게 사회적 흥미를 고무시키고 진정한 사회적 관계를 유지해 가도록 돕는 것은 부모와 교사의 당연한 과제다.

–에릭슨

3. 교육프로그램 작성법

청소년기 교수설계

1. 청소년기 학습자 특징

청소년기 학습자의 특성

영유아, 아동기 (0~12세)	청소년기 (13~18세)	청년기, 성인기 (19세~64세)	노인기 (65세)

청소년기 교수기법

■ **과일**

ㅋㅇ – ㅂㄴㄴ – ㄱ – ㅊㅇ – ㅅㅂ

ㅅㄱ – ㅁㄱ – ㄹㅊ – ㅁㄱㅅㅌ

키위 – 바나나 – 귤 – 참외 – 수박

사과 – 망고 – 리치 – 망고스틴

■ **동물**

ㅋㄲㄹ – ㄱ – ㅎㅁ – ㅅㅈ – ㄱㅇㅇ –

ㄴㅁㄴㅂ – ㄴㄱㄹ – ㅇㅅㅇ – ㅍㄷ

코끼리 – 개 – 하마 – 사자 – 고양이 –

나무늘보 – 너구리 – 원숭이 – 판다

■ 나라

ㄷㅎㅁㄱ – ㅇㅂ – ㅈㄱ – ㅂㄹㅈ –
ㅋㄴㄷ – ㅁㅅㅋ – ㅇㅌㄹㅇ – ㅌㅋ – ㄱㄹㅅ

대한민국 – 일본 – 중국 – 브라질 –
캐나다 – 멕시코 – 이탈리아 – 터키 – 그리스

■ 꽃

ㅎㅂㄹㄱ – ㅈㅁ – ㅌㄹ – ㅋㅅㅁㅅ –
ㅁㄱㅎ – ㄴㅍㄲ – ㄱㄴㄹ – ㅂㅎ – ㅍㄹㅈㅇ

해바라기 – 장미 – 튤립 – 코스모스 –
무궁화 – 나팔꽃 – 개나리 – 백합 – 프리지아

■ 가전제품

ㄴㅈㄱ – ㅇㅇㅋ – ㅈㄱㅂㅅ – ㅌㄹㅂㅈ –
ㅊㅅㄱ – ㄱㄱㅊㅈㄱ – ㄱㅅㄱ – ㅈㄱㅈㅍ – ㅅㅌㅇㄹ

냉장고 – 에어컨 – 전기밥솥 – 텔레비전 –
청소기 – 공기청정기 – 가습기 – 전기장판 – 스타일러

안전 교육을 위한 청소년기 학습자의 특성

청소년기(13~18세): 안전교육 성숙기

구분	신체변화	인지변화	사회심리변화
청소년기 (13~18세)	• 전환기 • 성숙기 • 가임기	• 독립적 의사결정 • 미래설계 • 결과예측 • 가치결정력	• 존재감 확인 • 관계형성 • 외모 중시 • 권위에 대한 도전 • 미래결정

청소년기(13~18세)발달 특성 4가지

- 소속집단의 규범을 이해하고 자신의 가치관에 대해 신념을 갖고 행동할 수 있는 아동기 안전개념이 더 성숙될 수 있다.
- 뇌의 발달이 급진적으로 이뤄진다(전두엽–조절 이성적 사고).
- 브레이크가 형성이 안 되어 있다.
- 이성보다는 감성적으로 반응(감정 중추가 먼저 자극을 한다.)

안전교육 성숙기

- 사건의 시작과 결과의 연관성을 생각하는 과학적 사고와 논리적 사고 역량이 증가하는 시기
- 집중력을 유지 시켜 주기 위해 게임, 퀴즈 등의 흥미유발 요소를 교수기법에 포함 시켜 주는 것이 필요

청소년 학습자의 학습 특징

- 교육의 가치관이 자신과 일치할 때 잘 학습한다.
- 당면문제와 관련된 경험을 학습하고자 한다.
- 자신의 기대치와 부합되지 않으면 즉각 잠을 청한다.
- 현실적용이 가능한 경험을 학습하고자 한다.
- 육체적, 정신적 안정이 됐을 때 잘 학습한다.
- 자신의 경험과 관련이 적은 사항은 학습속도가 느리다.
- 자기가 필요한 분야가 아니면 곧 망각한다.
- 자기 나름대로 기준을 갖고 있다.
- 강사뿐만 아니라 학습자 상호 간에 학습한다.
- 실제 생활과 밀착된 경험을 학습하고자 한다.
- 가능하면 빨리 적용하고 싶어 한다.
- 어디 한번 해보라! 내가 들어 볼 테니까!
- 민방위 교육과 같은 방식의 교육을 싫어한다.
- 자신의 경험을 표현하고 참여하고 싶어 한다.

공감(共感) 또는 동감(同感)

2. 청소년기 학습자 특성에 맞는 교수기법 적용과 활용

청소년기 교수기법

- 학습이란?
  - 새로운 것들, 습관, 언어, 태도 등을 몸에 익숙하게 하여 자연스럽게 행동에 변화를 가져오게 하는 것
  - 변화된 행동이 지속적으로 이루어지는 것
- 교수법의 분류
  - 교수–학습에 대한 철학 기준: 발견학습과 수용학습
  - 주도적 학습의 활동 기준: 개인학습과 집단 학습

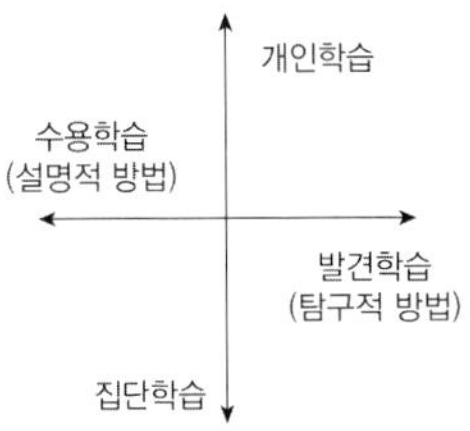

사이버 언어폭력이란?

인터넷과 휴대전화를 통하여 욕설을 하거나 감정을 상하게 하는 등 약자를 괴롭히거나 따돌리는 모든 행동을 말해요!

오프라인에서의 폭력 대비, 사이버 폭력의 심각성

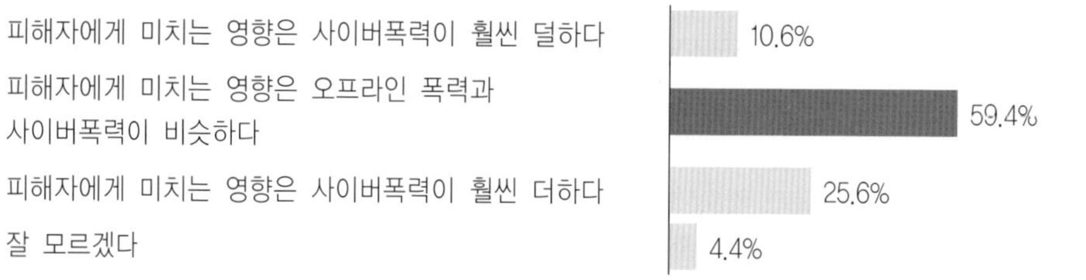

사이버 폭력 전화상담

1388 청소년 전화 접수 현황

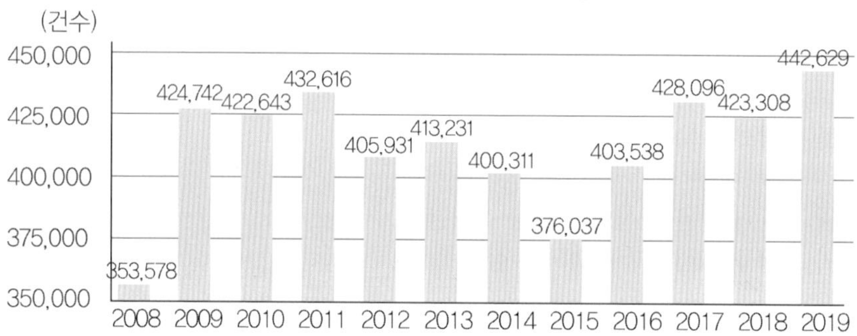

자료: 여성가족부 청소년백서 및 한국청소년상담복지개발원상담통계

사이버 폭력이 뭐죠?

사이버 폭력(Cyberbullying)이란 메일, 메신저, SNS, 휴대전화, 인터넷 게시판 등에서 개인이나 집단이 특정인을 의도적이고 지속적으로 괴롭히는 행위로, 이것은 모두 '폭력'입니다.

사이버 언어폭력	욕설, 비하, 거짓 및 비방글 유포
사이버 명예훼손	사실 또는 거짓말로 인격 훼손
사이버 성폭력	성적 묘사, 성적 비하, 성차별적인 내용의 글/그림을 업로드 유포
사이버 스토킹	원치 않는 문자, 사진, 영상 반복 전송
신상정보 유출	동의없이 타인의 개인정보 유출
사이버 따돌림	SNS, 채팅방에서 타인을 욕하고 놀리고 참여 훼방

사이버 폭력 유형 정의

언어폭력	인터넷에서 누군가에게 욕설을 하거나 감정을 상하게 하는 행위
명예훼손	인터넷에서 다른 사람에 대한 거짓된 이야기나 잘못된 이야기를 퍼뜨리는 행위
스토킹	싫어하는데도 인터넷에서 e메일이나 쪽지를 계속 보내거나, 블로그, SNS에 글, 사진을 남기는 행위
성폭력	상대방이 싫어할 줄 알면서도 인터넷에서 야한 글, 사진, 동영상을 보내는 경우
신상정보유출	인터넷에서 누군가의 신상정보(아름, 사는 곳, 학교, 사진 등)를 퍼뜨리는 행위
따돌림	인터넷 대화방, 스마트폰 SNS 등에서 상대방을 퇴장하지 못하게 막고, 놀림, 욕, 대화참여 방해 등의 행위

소리없는 폭력도 폭력입니다.

학교폭력 피해 유형별 비율

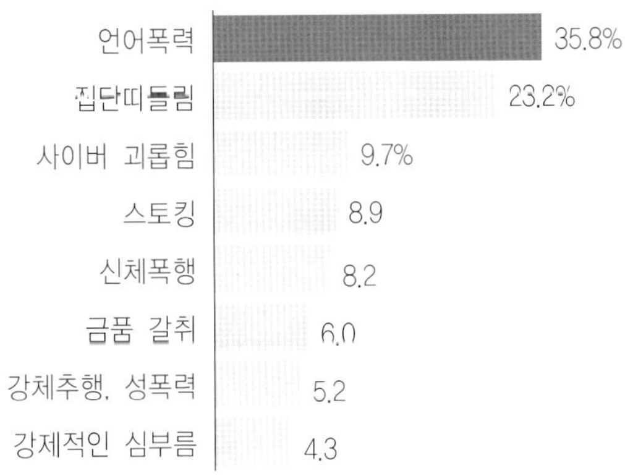

자료: 경기도교육청

청원 진행중인 사이버 언어 폭력

– 청원진행중 –

청소년들에게 사이버 공간의 세상은 현실보다 더 현실같은 공간입니다. 선배가 16세 소녀 후배에게 메신저로 '얼굴 못들고 다니게 해주겠다.'의 글은 협박입니다.

참여인원: 962명

온라인 폭력 피해자의 온오프라인 전이 비율

온라인에서만 71.7%

오프라인 폭력 후 온라인에서도 당함 20.7%

온라인 폭력 후 오프라인에서 당함 7.6%

자료: 청소년 사이버폭력의 유형분석 및 대응방안 연구

사이버 폭력 가해자는 누구?

초등 5학년~고등 2학년 총 5356명 대상으로 설문

같은 학교 학생 54.6%

전혀 모르는 사람 35.1%

다른 학교 학생 10.3%

자료: 한국형사정책연구원.

영상 시청 후 생각해 보세요

- 친구가 인터넷에 올린 글을 보고 영희의 기분은 어떨까요?
- 친구가 쓴 간단한 글이 학교폭력과 관련이 있을까요?

사이버 폭력 대표적인 괴롭힘(불링)유형

구분	내용
카톡감옥	피해자를 카카오톡 대화방에 초대한 뒤 무시하고, 방을 나가지 못하게 하는 것
방폭	단체 대화방에서 피해자만 남겨놓고 다른 참가자들이 한꺼번에 나가는 행위
데이터 셔틀	피해자 휴대전화를 여러 명의 인터넷 공유기처럼 사용해 데이터를 뺏는 것
떼카	단체 대화방에서 특정 피해자를 향해 단체로 욕설이나 폭언 등을 퍼붓는 행위

사이버 따돌림도 학교폭력이에요
'방관'하지 말고, 친구를 돕거나 신고하세요!

사이버 언어폭력 피해학생이라면!?

삭제하지 말고 저장하여 증거를 확보하고 언제든 주변 어른들이나 선생님께 알려요!

사이버 언어폭력 가해학생은 어떻게 될까요?

심각성, 지속성, 고의성 등을 조사하여 학교폭력예방 법률에 따라 서면사과, 학교봉사, 사회봉사, 특별교육, 출석정지, 전학 등 학교폭력으로 처벌받아요!

사이버 폭력에 대하는 7가지 자세

① 처음에는 무시

② 반복 시 확실하게 거부

③ 반복이 심화되면 증거확보(캡처, 사진, 녹음 등)

④ 대응하지 말고 자리에서 벗어나기

⑤ 부모, 교사께 말씀드리기

⑥ 필요 시 학교, 경찰서 및 사이버수사대 신고

⑦ 신체적, 정서적 안정확보에 힘쓰기

여러분은 카카오톡이나 SNS 메신저, 디엠으로 어떤 말을 자주 하고 있나요?

사이버 공간에서 이것만은 꼭!
언어폭력에 해당하는 말이 있다면 긍정적인 말로 바꾸어 봅시다.

사이버 공간에서 언어 사용 규칙

1. 친구들의 의견을 천천히 읽어보기
2. 상대방의 기분을 생각하여 표현하기
3. 칭찬하는 댓글 달아주기
4. 항상 다른 사람을 배려하는 마음 갖기

QUIZ
친구들 단체 채팅방에 초대하여 모욕적인 말로 괴롭히거나 한 사람을 공격하는 행동은 언어폭력일까요?

○ ×

네! 언어폭력입니다.
뿐만 아니라! 이상한 말이나 문자를 보내면서 상대방을 괴롭히는 행위도 사이버 언어폭력입니다.

짧은 나쁜 말이나 욕이 담긴 댓글도 언어폭력일까요?
거짓말, 명예훼손, 욕설, 성적 욕설 , 도배, 놀리는 말
다 사이버 언어폭력이예요

사이버 공간에서 이것만은 꼭!

3가지를 기억하세요!!
1. 개인정보 최소 공개 원칙을 지켜주세요!
2. 확신할 수 없는 정보는 함부로 공유하지 마세요.
3. 인터넷에서는 항상 신중하게 글을 작성하세요!

젊은이여, 그대 이름을 가치 있게 하라.
그대가 지금 보내는 1분 1초가
그대가 함께 어울리는 사람이
그대가 그들과 나누는 대화가
그대를 가치 있게 하는지 늘 되물어 봐야 한다.

–앤드류 카네기

4. 피드백

청년기 및 성인기 교수설계

1. 성인 학습자 안전교육

생애주기별 안전교육

영유아, 아동기 (0~12세)	청소년기 (13~18세)	청년기, 성인기 (19세~64세)	노인기 (65세)

성인기 창의적 교수기법

- 자율성을 획득하고 심신의 성숙이 안정되는 시기
- 사회적 책임과 수행에 대한 열정이 풍만하여 안전에 대한 스스로의 책임과 의무를 중요하게 생각하는 단계
- 학습자 스스로 생각하고 유추하여 정답을 알아갈 수 있도록 하는 교수설계 필요

청년기와 성인기의 특성

신체적 특성	심리적 특성
• 급격한 신체발달과 인지 발달 • 활발한 신진대사를 나타냄 • 성장에 따른 신체적, 정신적 변화가 끝나는 시기 • 부분적 노화가 서서히 시작 • 사회 활동력이 가장 왕성한 시기	• 자아의식이 강해지면서 자신을 이해해 주지 않은 부분에 대해 반발하는 경향이 있음 • 간섭을 싫어함 • 독특한 개인적 성향을 지님 • 자신의 경험을 진리로 여김 • 인정받고 싶어 함

성인 학습자의 주요 특징

1. 학습 필요에 의해 학습한다.
2. 자아개념이 뚜렷하다.
3. 이전의 경험을 바탕으로 경험 중심적이다.
4. 학습 준비도가 높다.
5. 학습의 방향이 중요하다.
6. 동기부여가 중요하다.

안전교육에 대한 구체적인 성찰과 자기주도적으로 실천할 수 있도록 학습 기회를 제공 및 독려 필요

2. 성인 학습자를 위한 5가지 원칙

성인학습자를 위한 5가지 원칙

1. 성인 학습자들에게 왜 학습을 해야 하는지를 이해시켜라.
2. 학습자들은 각기 다른 학습스타일을 지니고 있음을 인정하라.
3. 성인 학습자들에게 자신들이 배운 것을 경험하도록 만들어라.
4. 스스로 답을 찾아갈 수 있도록 하라.
5. 성인 학습자의 학습을 독려하라.

1. 성인 학습자들에게 왜 학습을 해야 하는지를 이해시켜라.

정보 지식 기술

WHY?

사람들이 많이 모이는 다중이용시설에서는 언제나 안전사고에 대한 위험이 숨어 있습니다.

국내 공연장 안전취약 요소

대형공연장(공연법 적용대상)	소형공연장(공연법 미적용)
• 스피커 등 무대장치 추락 • 공연 중 화새 • 비좁은 출입구 등으로 인한 압사	• 안전보다 수익 추구 • 경찰・소방시 권리 시각지대 • 안전요원・보험가입 미비

하지만, 안전교육과 훈련을 지속한다면 인명피해 등 큰 사고를 막을 수 있습니다.

이번 교육과정은…

안전교육 전문인력 역량강화 과정 개요

구분	내용
교육 목적	• 안전교육 전문인력에게 강의역량의 필요성을 공감하고 강사로 기본 역할을 이해한다. • 전문강사로 갖춰야할 기본적인 역량과 skill을 습득한다. • 강단에 서는 두려움을 없애고 자신만의 강의를 연출할 수 있도록 한다.
교육 대상	• 안전교육 전문인력 대상
기간	• 2일 과정 14시간으로 구성
운영 예시	• 차수당 50명 내외로 구성

Approach

학습대상에 적합한 학습내용 도출 및 설계	• 행안부에서 안전교육 전문인력에게 요구하는 역할과 역량수준에 적합한 과정 설계
체험 및 실습 중심 교수활동설계	• 교육과정에의 몰입과 학습내용의 체화를 위한 활동 설계 실무에서 실제 적용할 수 있는 사례별 실습 위주 교육 설계
내용 및 강의 전문가의 Know-how 기반	• 교육과정 개발 및 강의경험이 풍부한 전문가의 참여
과정 운영 효율성 및 지속적인 활용 고려	• 교안, 교재, 활동 보조교구 등의 총괄적인 개발을 통해 운영의 효율성과 지속적인 활용을 지원

2. 성인 학습자들은 각기 다른 학습 스타일을 지니고 있음을 인정하라.

- 시각적 스타일
- 청각적 스타일
- 운동감각적 스타일

대부분의 성인학습자는 이 세 가지 학습 스타일을 모두 활용하여 학습한다.

2001~2010년 10년간 자연 재난의 원인별 피해액 현황 태풍 발생 건수 多

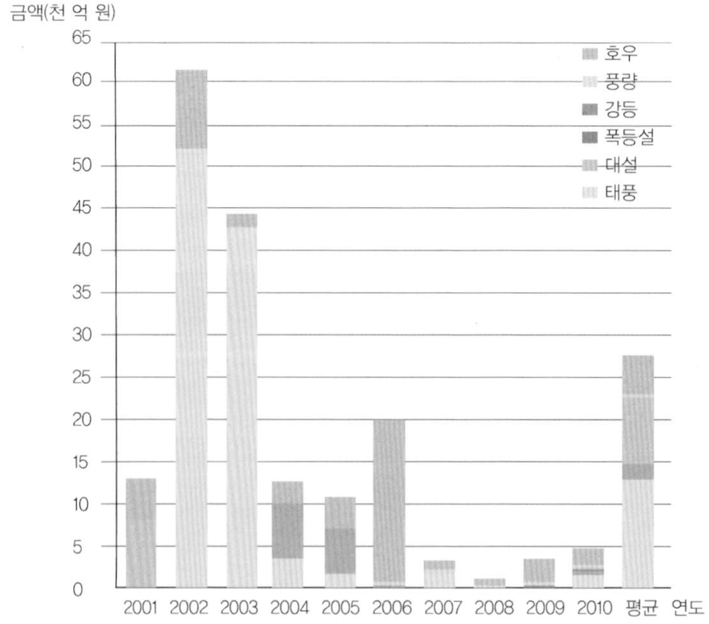

자료: 국민안전처

뉴스 "어머머 지진이다"… 생방송 도중 대피

Two to One Game
① 개인별로 1개의 줄을 받는다.
② 2인 1조로 줄의 고리를 양 손목에 걸고, 상대방과 줄이 서로 꼬이도록 한다.
③ Mission "꼬인 줄을 풀어라!" 단, 손목에 있는 줄을 끊거나 매듭을 풀 수 없다. 훼손하지 않고, 각각 분리가 되도록 풀어보세요!

3. 성인 학습자들에게 자신들이 배운 것을 경험하도록 만들어라.
- 토론, 실험, 역할 연기, 테이블이나 그룹활동, 특정한 사물이나 내용을 쓰거나 그리게 하는 것
- 학습자들을 활기 있게 만드는 데는 학습자들을 일어나 움직이게 하는 것이 효과적

당신은 저주를 받아 동물로 변하게 되었습니다. 다음 동물 중 어떤 동물이 되고 싶은가요?
돼지 말 뱀 하이에나

1. 돼지: 당신은 인생에서 가장 중요하게 생각하는 것은 돈입니다. 이성을 선택할 때에도 경제력이나 재물을 보는 경향이 있으며 계산적인 성향을 가지고 있습니다.
2. 말: 힘과 건강을 의미합니다. 살면서 가장 중요한 것은 건강이라고 생각하는 당신 몸을 챙기기 때문에 운동을 좋아하고 활발한 성격을 가졌습니다.
3. 뱀: 당신은 아름다운 외모와 겉모습에 신경을 많이 쓰는 사람입니다. 다른 사람에게 어떻게 보여 지는지가 중요한 사람으로 자칫 허세가 많은 사람일 수 있습니다.
4. 하이에나: 당신은 삶에 가장 중요한 부분을 사랑으로 생각하는 사람입니다. 이성, 가족, 친구를 누구보다 아끼며 정이 많고 사랑하는 사람으로 사랑만 있다면 뭐든지 극복할 수 있다고 믿는 성향을 가졌습니다.

- 심리검사 제작
  - 제작목적의 설정
  - 검사내용의 정의
  - 검사방법의 결정
  - 문항작성
  - 예비검사
  - 문항분석 및 수정
  - 신뢰도와 타당도 검증

PLAN	제작 목적의 설정, 검사내용의 정의, 검사방법의 결정, 문항 작성
DO	예비검사
SEE	문항분석 및 수정, 신뢰도와 타당도 검증

지진게임

반드시 해야 할 7가지 행동과 불필요하거나 해를 끼칠 5가지 행동을 순서대로 번호로 표기하십시오.

- 1층으로 가는 통로를 만들기 위해 바윗덩어리들을 치운다.
- 샌드위치를 나누어서 다음 며칠간 먹을 수 있도록 남겨둔다.
- 초를 켜서 내부를 밝히고 구조자들이 알아볼 수 있도록 한다.
- 물을 공급할 장소를 정하여서 안전하게 보존한다.
- 저녁이 되면 샌드위치를 적당히 나누어서 먹는다.
- 모두 함께 모여서 장기적인 생존 전략을 짜보도록 한다.
- 망치로 파이프를 강하게 내리친다.
- 라디오를 들으며 계속 소식을 전해줄 사람을 정한다.
- 부상자를 확인하고 응급조치를 한다.
- 전기를 차단한다.
- 밤/낮으로 구조신호를 보낼 방법을 생각한 다음 바로 실시한다.
- 물을 정수한다.

• 지진게임 결과표

구분	1조	2조	3조	4조	5조	6조	7조
팀 점수							
개인 평균							

종류	용도 및 사용장소	사용장소(예시)
출입금지 	출입을 통제해야 할 장소	조립・해체작업장 입구
보행금지 	사람이 걸어 다녀서는 안 될 장소	중장비 운전 작업장소
차량 통행금지 	제반 운반기기 미 차량의 통행을 금지시켜야 할 장소	집단 보행 장소
사용금지 	수리 또는 고장 등으로 만지거나 작동을 금해야 할 기계, 기구, 설비	고장 난 기계

종류	용도 및 사용장소	사용장소(예시)
탑승금지 	엘리베이터 등에 타는 것이나 어떤 장소에 올라가는 것을 금지	고장 난 엘리베이터
금연 	담배를 피워서는 안 될 장소	인하물질 취급장소
화기금지 	화재 발생의 염려가 있는 장소로서 화기 취급을 금하는 장소	화학물질 취급장소
물체이동 금지 	움직여서는 안 될 물체를 보존하기 위하여 필요한 장소	절전 스위치 옆

4. 스스로 답을 찾아갈 수 있도록 하라.

애매한 운전상식 OX 퀴즈

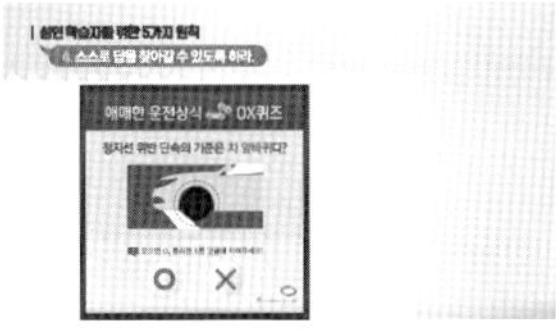

정지선 위반 단속의 기준은 차 앞바퀴다?
맞으면 O, 틀리면 X를 댓글에 적어주세요!

만 10세 이하 어린이를 보호 장비 없이 태우는 건 불법이다.
맞으면 O, 틀리면 X를 댓글에 적어주세요!

위기발생 시 총력 대응

- 위기유형: 화재, 지진, 테러, 침수, 폭설, 붕괴, 가스누출
- 평상시: 안전점검 및 시설을 정비
- 위기상황지휘본부

대피유도반	현장대응반	의료지원반
• 층별 대피유도 실시 • 재해약자 우선대피	• 위기 확산지연 및 위험요소 제거 • 유관기관 도착 시 안내	• 부상자 응급처치 지원 • 응급환자 병원 이송 지원

현장대응반	위기상황지휘본부
방재팀	비상연락망 가동
대피유도반	재해약자 우선 대피
현장대응반	위험요소 제거
의료지원반	부상자 응급처치 지원

- 위기대응 기본절차

위기단계	대응절차
평상시	방재팀 시설관계자 등 예방, 대비활용

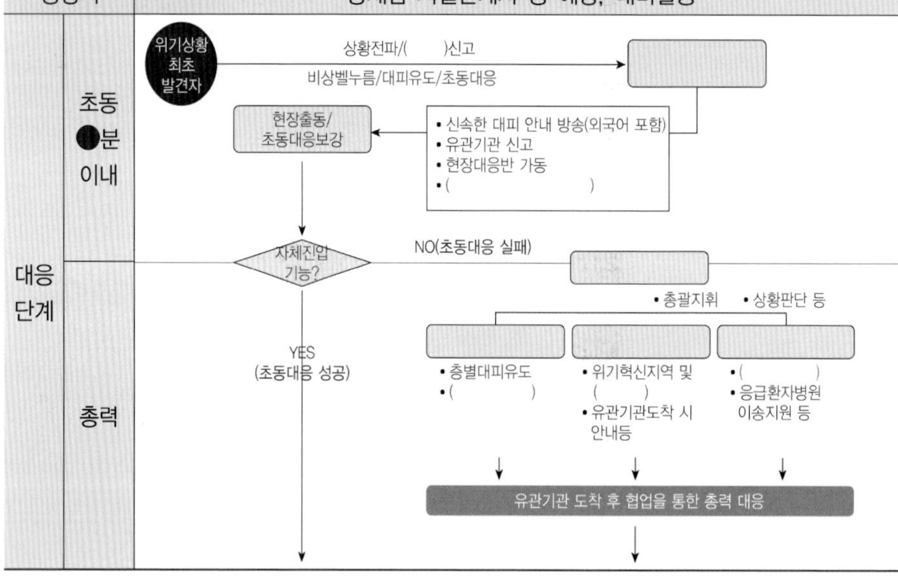

5. 성인 학습자의 학습을 독려하라.

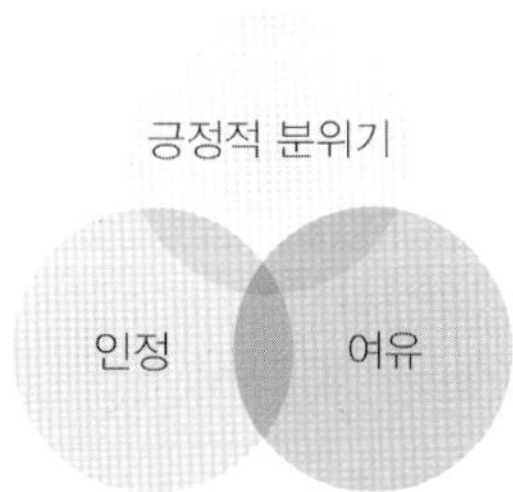

무엇을 기대하는지를 명확하게 설명

그라운드 룰 정하기

우리팀 그라운드 룰

- 시간을 지킨다
- 모든 의견은 소중하다
- 서로에게 인징과 격러를 아끼지 잃는다

강사가 바라는 1가지

[ ]를 부탁드립니다.

성인학습자를 위한 5가지 원칙

1. 성인 학습자들에게 왜 학습을 해야 하는지를 이해시켜라.
2. 학습자들은 각기 다른 학습스타일을 지니고 있음을 인정하라.
3. 성인학습자들에게 자신들이 배운 것을 경험하도록 만들어라.
4. 스스로 답을 찾아갈 수 있도록 하라.
5. 성인 학습자의 학습을 독려하라.

성인기 안전교육은 학습에 대한 동기부여와 다양한 방식의 활동으로 학습내용을 경험하게 하여 학습자가 체득할 수 있도록 해야 한다.

5. 교육 평가

노인기 교수설계

1. 노인 학습자 안전교육

생애주기별 교수기법

영유아, 아동기 (0~12세)	청소년기 (13~18세)	청년기, 성인기 (19세~64세)	**노인기 (65세)**

노년기의 창의적 교수기법

- 인지능력의 변화, 만성질환 등으로 일상생활 활동에 제한을 받고 자신을 보호할 수 있는 능력이 감소하는 단계
- 학습자에게 쉽고 익숙한 용어의 사용과 자신의 삶에서 정답을 유추해볼 수 있는 동시에 다각도로 생각해 볼 수 있도록 설계하는 방법이 필요

노년기의 주요 특징

신체적 특성	심리적 특성
• 전반적 건강 악화 • 각종 질병 유병률 높음 • 골격 및 운동기관 쇠퇴 • 야간 수면시간 단축 • 기동력 저하, 감각기관 쇠퇴 • 순발력 민첩성 감소	• 환경 적응력, 활동영역약화 • 성격 변화 • 지적 능력 감퇴 • 과거에 대한 집착 • 호기심이 많음

노년기의 학습자 특성

- 안전교육 유지기
- 안전에 대한 새로운 교육을 준비하는 것보다 기존의 안전 지식과 실천을 유지할 수 있도록 반복학습 필요

노인학습자를 위한 교육 준비

교육자료	교육방법
시각자료	• 굵은 글씨 사용 • 흑백의 강한 대비 • 밑줄을 긋거나 자료구성을 크게 하고 나이 특성에 맞게 노인의 사진이나 그림을 사용 • 뚜렷한 형태 • 푸른색, 보라색, 녹색 등의 구별능력이 떨어지므로 빨강, 검정, 진회색의 색을 대신 사용
시청각자료	• 나이 특성에 맞게 보여준다. • 느린 속도로 분명하게 말한다. 그러나 너무 끊어서 말하지 않는다(청력장애를 보상하기 위하여 입술을 읽는다). • 교수자가 말할 때 화면에 정면으로 나오도록 한다. • 크고 검은 글씨를 사용한다. • 주위의 소음을 없애고 교수자가 말할 때 배경음악은 줄이거나 생략한다. • 부드럽고 흰 조명, 검은색 슬라이들 사용한다. • 어두운 방을 피한다. • 한 번에 1~3개의 새로운 내용을 제공한다. • 개념과 복습 사이에 시간을 준다. • 잘 알려진 개념으로 새로운 개념을 설명한다. • 노인과 관련된 정보를 만든다(그들의 요구, 문제, 생활방식).

2. 노인 학습자를 위한 5가지 원칙

노인학습자를 위한 5가지 원칙

1. 인생경험을 나누는 장으로 만들어라
2. 자발적으로 참여하게 하라
3. 생활에 연결 짓자
4. 다양한 활동으로 반복 학습시켜라
5. 시청각자료는 최대치로 사용하자

1. 인생경험을 나누는 장으로 만들어라

노인학습자가 인생 경험뿐만 특정 분야에 대한 경험도 더 많다.
자신의 경험을 공유하는 시간을 주어 학습 촉진을 일으키자.

• 경험을 나눠요
안전사고, 어떻게 예방할 수 있을까요?
– 안전사고를 경험한 적 있으신가요?
– 어떻게 대처하셨나요?
– 예방방법은 무엇일까요?

2. 자발적으로 참여하게 하라
강압적, 타율적으로 이루어져서는 안 되며 노인들의 흥미에 입각한 자발성에 그 기초를 두어야 한다.
노인 중심의 발표, 토론, 수강, 평가 등 자발적인 활동방식도 고려해야 한다.

이구동성 게임

게임설명
주어지는 두 개의 제시어를 보고 둘 중 더 선호하는 것을 고른 후 5초 카운트가 끝나는 순간 동시에 말하면 되는 게임입니다.
(커플게임입니다. 꼭 둘일 때 하세요!)

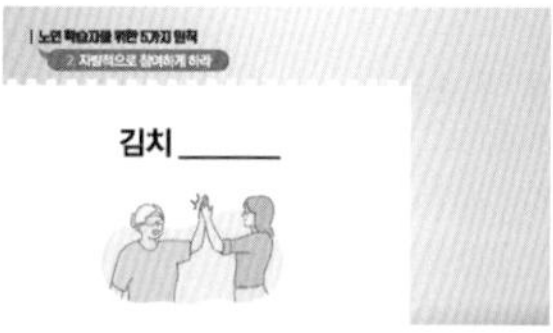

김치 ______________

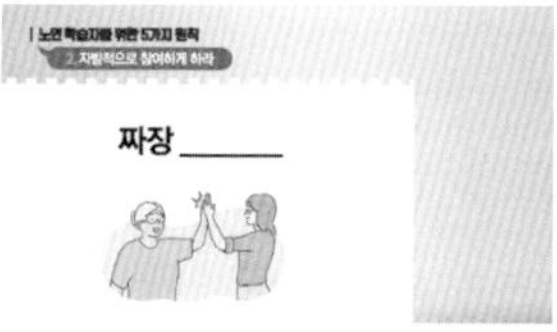

짜장 ______________

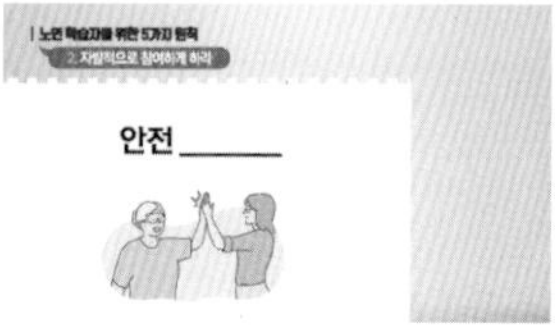

안전 ______________

- 다섯 글자로 말해요

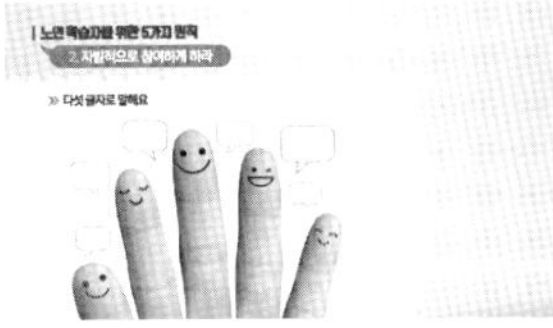

주제 1 나에게 안전이란?

또	다	른	친	구
안	전	은	필	수
나	의	지	킴	이

- 오늘 하루 어떠셨나요?

오늘 느낀 것
오늘 배운 것
앞으로 활용할 것

3. 생활에 연결 짓자

교육 내용이나 방법은 노인들의 생활과 밀접한 관련이 되어 있어야 한다.
일상생활 속에서 나타나는 문제를 중심으로 노인 교육이 이루어져야 할 것이다.
교육을 받는 것이 확실히 낫다는 소리가 노인들에게 나타나도록 가르쳐야 할 것이다.

금연스트레스와 흡연을 하면서 건강을 해치는 일
어떤 것을 선택하시겠습니까?

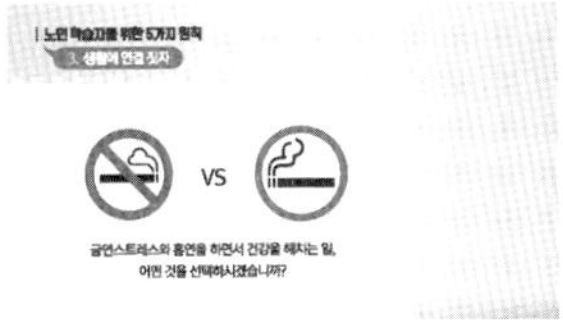

내 자녀라면 무슨 말을 해주시겠습니까?

주량이 어떻게 되세요?

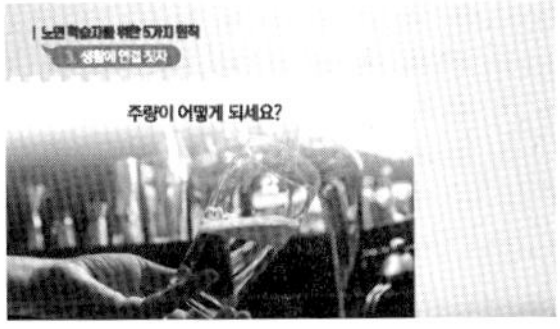

나의 숙취 혹은 주사는 몇 번입니까?

① 혀가 꼬부라짐
② 비틀비틀 걸음
③ 말할 때 단어가 생각이 안 남
④ 감정적으로 흥분함
⑤ 필름이 끊김

자동차 안전운전 용어 및 법적기준

• 음주운전 처벌기준

알코올 농도 결과	0.03%~0.08%미만	0.08%이상
처벌	형사처벌, (　　)간 면허정지	형사처벌, 면허취소
	측정 불응 시에는 형사 처벌, 면허취소	

*형사 처벌 시:()이하의 징역 또는 ( ) 만원 이하의 벌금

• 제동력의 한계

4. 다양한 활동으로 박복 학습 시켜라

여러 가지 활동이 다양하게 전개될 수 있도록 함이 바람직하다.
견학,토론,영화감상,슬라이드,발표하기 등과 같이 다양한 학습 활동이 전개될 수 있도록 계획을 세워야 할 것이다.

OUIZ

다음은 무슨 시설일까요?

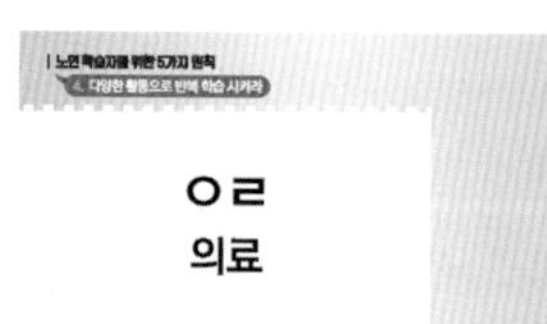

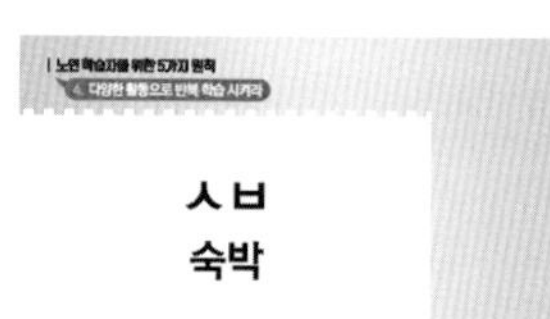

• 다중이용시설 위기사항 대처방법

법적근거	[재난 및 안전관리 기본법] 제34조의 6
대상	[건축법 시행령] 제2조17호 가목에 의한 다중이용거축물 – 문화 및 집회시설, 종교시설, 판매시설, 운수시설 중 여객용시설, 의료시설 중 종합병원, 숙박시설 중 관광숙박시설 등의 용도로 쓰는 바닥면적의 합계가 5천m^2 이상인 건축물

• 진동이 발생한 경우

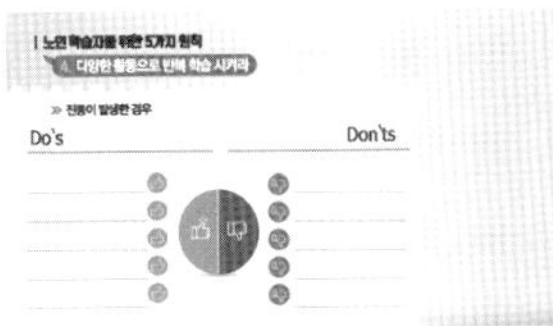

5. 시청각자료는 최대치로 사용하자

• 사진, 그림을 활용

• 그래프나 표 활용

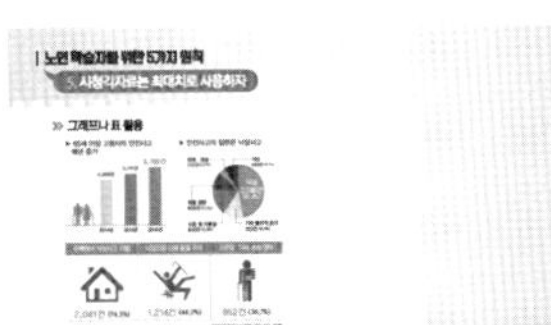

• 동영상 활용

다음뉴스에서 이륜자동차 운전자가 어떤 실수를 했나요?

1. 인생경험을 나누는 장으로 만들어라
2. 자발적으로 참여하게 하라
3. 생활에 연결 짓자
4. 다양한 활동으로 반복 학습시켜라
5. 시청각자료는 최대치로 사용하자

노년기 안전교육은 쉬우면서 흥미로운 시청각 자료와 활동을 통해 학습자들이 반복학습을 할 수 있도록 하여 생활 속에서 안전을 실천하도록 이끌어야한다.

6. 교안 작성법

학생들은 학교에서 많은 가장 많은 시간을 보낸다. 학교가 안전하지 않다면 학생들은 불안감으로 인해 학습 활동에 집중하기 어렵다.

안전교육 교안작성전략1: OBM 모델

1. OBM 강의설계란?

집을 짓기 전에 필요한 것은?
(설계도)

강의교안 설계도의 중요성

1. 전체 흐름을 한 눈에 파악
2. 구조의 논리성 확인
3. 교수방법의 적절성 확인

명강의를 위한 강의 교안 설계 O.B.M. 시스템

Open	• 강의의 포문을 열다. • 강사소개/ 라포형성/ 학습기대감
Belibve	• 강의내용의 신뢰를 높이다. • 핵심선정/ 핵심제시/ 방법풀이/ 강조
Move	• 행동으로 실천하게 하다. • 핵심정리/ 동기부여

2. Open단계의 필수 구조

Open의 중요성

Open: 강의의 서론 부분에 해당하는 것으로서 강의 도입 시 학습자에게 습의 준비를 시키는 단계

- 강사에 대란 신뢰간 증진
- 강사와 학습자, 학습자와 학습자간의 공감대 형성
- 학습에 대한 동기부여로 학습 집중도 향상

- 라포 형성하기
- 강사 소개 만들기
- 학습 기대감 높이기

1. 라포 형성하기

- 라포(Rapport)란?
  - 친밀한 관계
  - 강사와 교육참가자와의 관계
  - 교육 참가자간의 관계
- 첫 인사
  - 공감: 시의성, 학습자의 관심 소재
  - 칭찬: 진정성 있게 감사를 표현
  - 유머: 친숙한 소재, 반전, 교훈
- 강사와 학습자의 라포 형성
  - 첫 인사, 복장, 표정 등
  - 강사 소개
- 학습자와 학습자간 라포 형성
  - 단계별 접근: 눈맞춤, 가벼운 인사, 간단한 스킨십, 자기소개
  - 가벼운 눈 맞춤과 인사: 편안한 분위기로 진행
  - 간단한 스킨십: 게임 등과 같은 장치를 통해 자연스럽게 유도

- 강사와 학습자의 라포 형성
  - 첫 인사, 복장, 표정 등
  - 강사 소개
- 학습자와 학습자간 라포 형성
  - 단계별 접근: 눈맞춤, 가벼운 인사, 간단한 스킨십, 자기소개
  - 가벼운 눈 맞춤과 인사: 편안한 분위기로 진행
  - 간단한 스킨십: 게임 등과 같은 장치를 통해 자연스럽게 유도
  - 자기소개: 질문을 미리 준비하고 가벼운 질문으로 시작하여 주제와 관련된 의견을 낼 수 있도록 구성

파트너 인터뷰

1. 사는 곳은?
2. 혈액형은?
3. 안전강사 유무?(Yes/ No)
4. 교육 주제는? 생활안전, 보건안전, 재난안전
5. 교육 대상은? 생애주기별 대상 구분(아동/청소년/성인/노인)
6. 좋아하는 강사 스타일? 싫어하는 강사 스타일?

2. 강사 소대 만들기

- 강사의 전문성
  - 경력, 업적, 수상실적 등
- 교수자-학습자간 라포형성 강사 소개
  - 진진진가 강사소개
  - 4가지 강사소개를 준비
  - 4가지 중 하나의 거짓 소개를 포함하여 퀴즈 형태로 제시
  - 작은 선물을 준비하여 학습자의 참여를 유도
- 사진 및 동영상 활용

강사 소개(진진진가 소개)

선한 영향력으로 행복한 세상

홍길동

1. 저의 직업은 3개 이상입니다.
2. TV출연 경험이 있습니다.
3. 떡과 김치를 좋아 합니다.
4. 8세~87세 교육생들을 만납니다. (×)

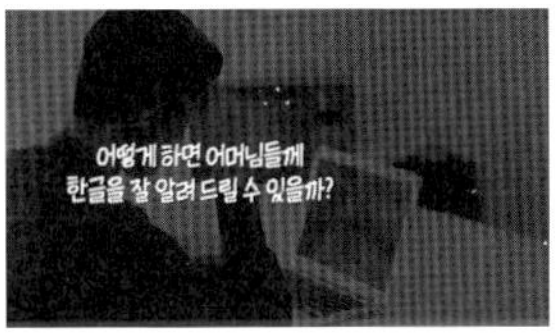

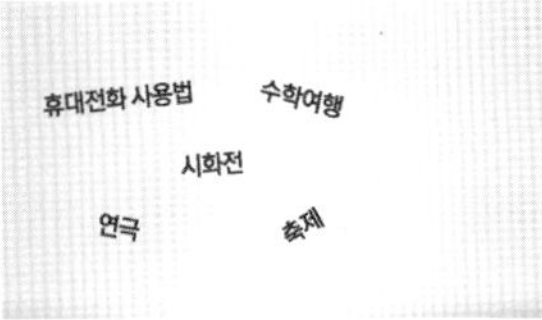

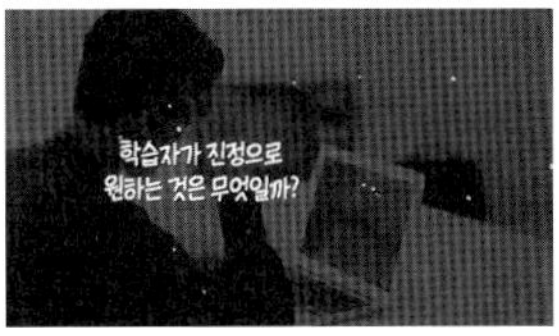

안전교육 교안작성법

구분	Module	학습목표	학습주제(세부내용)	강사
18차시	안전교육 교안 작성법(1)	1. 강의초기 학습자와의 라포형성을 위한 교안작성을 할 수 있나. 2. 강사의 신뢰감을 높일 수 있는 강사소개를 작성할 수 있다. 3. 본론으로 연결되는 학습내용의 기대감을 높이는 교안을 작성할 수 있다.	1. OBM 강의설계란? 2. Open단계의 필수구조 3. Open단계의 설계 예시	김상우
19차시	안전교육 교안 작성법(2)	1. 본론 Believe단계의 교안자성 구성요소를 파악할 수 있다. 2. 강의목적(Why)과 핵심메시지(What)를 명확히 전달하는 교안을 작성할 수 있다.	1. Bclicvc단계의의미와구조 (Why-What-How-Vision) 2. Why:강의의 존재이유 3. What:핵심메시지 설정	
20차시	안전교육 교안 작성법(3)	1. 핵심 메시지의 다양한 전달 방법을 알 수 있다. 2. 핵심 메시지를 효과적으로 전달 할수 있다. 3. 핵심 메시지를 정리하고 요약할 수 있다.	1. How: 핵심메시지 풀이 방법 2. Vision:본론의 요약 및 정리 3. Believe: 단계의 Check List	
21차시	안전교육 교안 작성법(3)	1. 결론 단계의 의미와 필요성을 이해할 수 있다. 2. 다양한 강의 마무리 기법을 적용할 수 있다. 3. 효과적인 엔딩을 통해 강의의 전체 균형을 확인할 수 있다.	1. Move단계의 의미와 구조 2. 가의 마무리 기법 3. 상황별 활용법	

학습목표	학습내용
• 강의 초기 학습자와의 라포형성을 위한 교안작성을 할 수 있다. • 강사의 신뢰감을 높일 수 있는 강사소개를 작성할 수 있다. • 본론으로 연결되는 학습내용의 기대감을 높이는 교안을 작성할 수 있다.	• OBM 강의 설계란? • Open단계의 필수 구조 • Open단계의 설계 예시

3. 학습 기대감 높이기
• 강의의 제목 제시 강사 소개와 연결고리를 찾아 자연스럽게 제시 • 학습목표 제시 강의의 목적과 방향성 제시 • 목차 제시 강의 흐름과 전체 구조를 제시

Open: 강의를 여는 기법

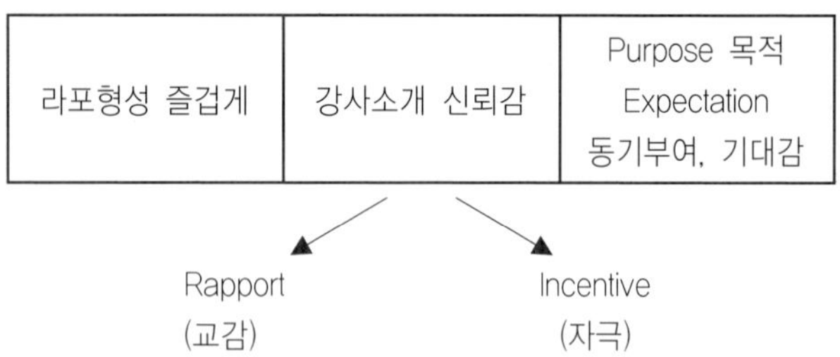

Open: 흥미로운 오프닝

표준교안	개발교안
라포형성	
첫인사	
교수-학습자 간 라포형성	
학습자-학습자 간 라포형성	
강사소개	
신뢰감 형성	
진진진가 강사소개	
다양한 매체 활용	
학습 기대감	
강의 제목	
학습 목표	
목차	

안전교육 교안작성전략2: OBM 모델

1. Believe단계의 의미와 구조

Believe: 강의 전달 기법
Beileve의 중요성 강의 본론에 해당하는 부분으로 주제에 대한 학습자의 충분한 이해를 돕기 위한 단계 • 학습 대상자에 맞는 내용으로 선정 • 강의 주제에 부합되는 내용으로 구성 • 강의 시간에 맞추어 내용 구성 • 학습자들의 실행력을 높일 수 있는 방법 제시

Believe: 강의 전달

핵심선정	핵심제시	핵심풀이	핵심강조
Why? • 강의 목적 • 고려사항	What? • 핵심내용 • 사례제시	How? • 노하우 • 방법론	Vision? • 반복정리 • 비전제시

Believe: 구성요소

Why?	What?	How?	Vision?
전달하고자 하는 핵심내용 제시	강의의 명확한 목적 설명	강의 핵심에 맞는 실행방법 제시	핵심내용의 반복 정리

2. Why: 강의의 존재 이유

'소화기 사용방법'에 대한 안전교육

Why?(강의의 목적)
1. 왜 소화기 안전교육을 실시하는가? 2. 소화기 안전교육을 하고 나면 무엇이 달라지는가?

화재발생 시 초기 대응책으로써의 소화기 사용

건물관리인을 위한 소화기 관리 지침 숙지

소화기에 대한 친밀도 높이기

3. What: 핵심메시지 설정

What?(핵심메시기)
1. 강의시강? 1시간 기준 3개의 핵심 메시지
2. 교육 대상자? 아동? 청소년? 성인? 노인?
3. 핵심메시지 간 흐름 및 논리구조 설정

1. 마인드맵

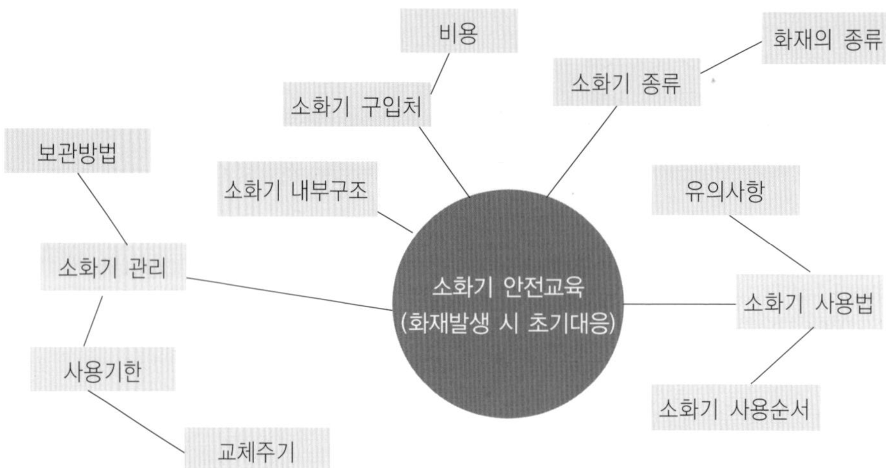

2. KJ 기법

전 도쿄공업대학 교수인 가와기타 지로(Kawakita Jiro)의 영문 성명의 머리 글자를 따서 만든 정보 정리법

- 진행방법
  1. 데이터 작성: 포스트잇 등을 활용하여 한 장에 하나의 데이터를 작성
  2. 그룹편성: 비슷하거나 연관성이 있는 정보끼리 그룹핑
  3. 관계성을 도식화
  4. 도해를 바탕으로 문장화

1그룹	3그룹
• 소화기 사용법 • 주의사항 • 사용 순서	• 소화기 관리 • 보관 방법 • 사용기한 • 교체 주기

2그룹	4그룹
• 소화기 종류 • 화재의 종류	• 소화기 구조 • 소화기 구입처 • 비용

소화기 사용법
사용 순서 / 주의 사항

▶ 핵심메시지
1. 소화기 사용법
  1) 소화기 사용 순서
  2) 사용시 주의 사항

소화기 종류
화재의 종류

▶ 핵심메시지
2. 화재별 소화기 사용
  1) 화재의 종류
  2) 소화기 종류

소화기 관리
보관 방법 / 사용 기한 / 교체 주기

▶ 핵심메시지
3. 소화기 관리 방법
  1) 보관방법
  2) 사용기한
  3) 교체주기

소화기 구조 / 소화기 구입처 / 비용

▶ 핵심메시지
보류

핵심메시지
1. 소화기 사용법
2. 화재별 소화기종류
3. 소화기 관리 방법

What?(핵심메시지)

1. 소화기 사용법
  1) 소화기 사용 순서
  2) 사용시 주의사항

4단계 소화기 사용 순서
1. 소화기를 비닥에 내려 놓고 안전핀을 힘껏 잡이 당겨 뽑음
2. 손잡이 아랫부분을 잡고 불이 난 곳으로 각까지 업근해 손잡이를 움켜 잡음
3. 바람을 등지고 호스를 뽑아 불이 난 곳을 향함
4. 불길 주위에서 빗자루로 쓸 듯이 골고루 분사함

소화기 사용시 4가지 주의사항
1. 소화기 호스는 내 몸이 아닌 바깥쪽을 향하게 들어야 함
2. 소화기를 들고 바람이 마주보고 서면 안 됨
3. 소화기호스는 절대 얼굴 쪽으로 향하게 하지 않음
4. 소화기 몸통이 아닌 손잡이를 잡아야 함

2. 화재별 소화기 사용

1) 화재의 종류(가연물 종류)
   - 일반화재, 유류 및 가스화재, 전기화재, 금속화재

2) 소화기의 종류(화재 종류별)
   - A급, B급, C급, D급

3. 소화기 관리 방법

1) 소화기는 잘 보이고 통행에 지장이 없는 곳에 비치합니다.
2) 반드시 세워서 보관해야 합니다.
3) 직사광선이 없고 습기가 적으며 서늘한 곳에 둡니다.
4) 화재시 빨리 사용할 수 있도록 다른 물건을 올려놓지 말아야 합니다.
5) 1달데 1회 정도 소화기를 거꾸로 뒤집거나 흔들어 주어 분말약재가 굳지 않도록 합니다.
6) "압력 게이지"화살표가 녹색지점을 가리켜야합니다.
7) 교체주기를 확인하여 사용하기 점에 교체를 해줘야 합니다.
8) "안전핀"이 빠지지 않도록 주의 하시기 바랍니다.

Believe : 신뢰를 주는 본론구성(1)

표준교안	개발교안
Why	
강의 목적	
왜 강의가 존재하여야 하는가?	
강의가 끝나면 무엇이 달라지는가?	
What	
핵심메시지	
강의시간?	
교육대상자?	
논리구조?	

안전교육 교안작성전략3: OBM 모델

1. How: 핵심메시지 풀이 방법

Believe: 구성요소

What ②	Why ①
전달하고자 하는 핵심 내용 제시	강의의 명확한 목적 설명
How ③	**Vision ④**
강의 핵심에 맞는 실행 방법 제시	핵심내용의 반복 정리

'소화기 사용방법'에 대한 안전교육

- Why?

  화재 발생 시 초기 대응책으로써의 소화기 사용

- What?

  1) 소화기 사용법
  2) 화재별 소화기 사용
  3) 소화기 관리 방법

How?(풀이방법)

1. 소화기 사용법

1) 소화기 사용 세부 순서
2) 사용 시 주의사항
   - 실제 소화기를 활용하여 학습자가 체험해 보기
   - 강사가 대표로 시범
   - 영상>사진>Text

2. 화재별 소화기 사용

1) 화재의 종류(가연물 종류): 일반화재, 유류 및 가스 화재, 전기화재, 금속화재
2) 소화기의 종류(화재 종류별): A급, B급, C급, D급

가	나	다	라
A, B, C소화기	A, B 소화기	B, C 소화기	D 소화기

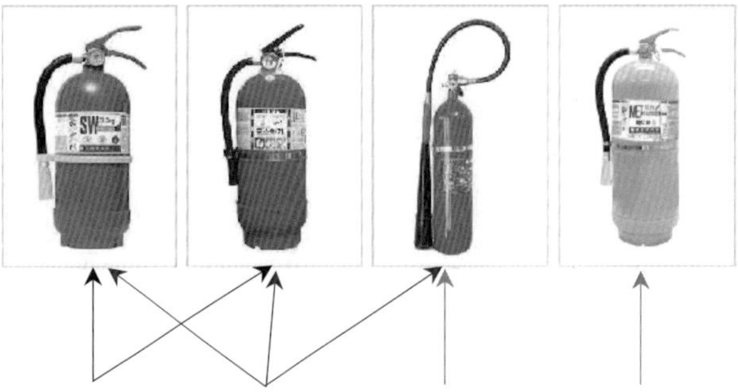

1. 일반화재	2. 유류 및 가스화재	3. 전기화재	4. 금속화재
A급	B급	C급	D급

QUIZ

이 소화기의 이름은 무엇일까요? ABC 소화기
이름의 뜻은 무엇일까요?

3. 소화기 관리 방법

화재가 발생했고 소화기가 있지만 소용없는 경우는 언제 일까요?
그렇다면 어떻게 관리해야 할까요?

3. 소화기 관리 방법

1) 소화기는 잘 보이고 통행에 지장이 없는 곳에 비치합니다.
2) 반드시 세워서 보관해야 합니다.
3) 햇빛이 잘 드는 곳에 보관해야 합니다.
4) 화재 시 빨리 사용할 수 있도록 다른 물건을 올려놓지 말아야 합니다.
5) 소화기를 흔들지 않고 그대로 두어야 합니다.
6) “압력 게이지” 화살표가 0을 가리켜야 합니다.
7) 교사용기한이 지난 후 1년 안에 교체해야 합니다.
8) “안전핀”이 빠지지 않도록 주의 하시기 바랍니다.

3. 소화기 관리 방법
1) 소화기는 잘 보이고 통행에 지장이 없는 곳에 비치합니다.
2) 반드시 세워서 보관해야 합니다.
3) 직사광선이 없고 습기가 적으며 서늘한 곳에 둡니다.
4) 화재 시 빨리 사용할 수 있도록 다른 물건을 올려놓지 말아야 합니다.
5) 1달에 1회 정도 소화기를 뒤집거나 흔들어 주어 분말 약재가 굳지 않도록 합니다.
6) "압력 게이지" 화살표가 녹생지점을 가리켜야 합니다.
7) 교체주기를 확인하여 사용기한 전에 교체를 해줘야 합니다.
8) "안전핀"이 빠지지 않도록 주의 하시기 바랍니다.

2. Vision: 본론의 요약 및 정리

Vision?(반복정리)
1. Why?(강의의 목적)
2. What?(핵심메시지)
3. How?(풀이방법)
4. Vision(반복정리)

3. 소화기 관리 방법
1) 소화기는 잘 보이고 ㅌㅎ에 지장이 없는 곳에 비치합니다.
2) 반드시 세워서 보관해야 합니다.
3) 직사광선이 없고 ㅅㄱ가 적으며 ㅅㄴㅎ 곳에 둡니다.
4) 화재 시 빨리 사용할 수 있도록 다른 물건을 올려놓지 말아야 합니다.
5) 1달에 1회 정도 소화기를 뒤집거나 흔들어 주어 분말 약재가 ㄱㅈ 않도록 합니다.
6) "압력 게이지" 화살표가 ㄴㅅ 지점을 가리켜야 합니다.
7) 교체주기를 확인하여 ㅅㅇㄱㅎ전에 교체를 해줘야 합니다.
8) "ㅇㅈㅍ"이 빠지지 않도록 주의 하시기 바랍니다.

3. 소화기 관리 방법

1) 소화기는 잘 보이고 통행에 지장이 없는 곳에 비치합니다.
2) 반드시 세워서 보관해야 합니다.
3) 직사광선이 없고 습기가 적으며 서늘한 곳에 둡니다.
4) 화재 시 빨리 사용할 수 있도록 다른 물건을 올려놓지 말아야 합니다.
5) 1달에 1회 정도 소화기를 뒤집거나 흔들어 주어 분말 약재가 굳지 않도록 합니다.
6) "압력 게이지" 화살표가 녹생지점을 가리켜야 합니다.
7) 교체주기를 확인하여 사용기한 전에 교체를 해줘야 합니다.
8) "안전핀"이 빠지지 않도록 주의하시기 바랍니다.

Believe: 신뢰를 주는 본론 구성(2)

표준교안	개발교안
How	
풀이방법	
학습자의 참여	
핵심메시지의 포함	
Vision	
Why?(강의목적)	
What(핵심메시지)	
How(풀이방법)	

Believe: 구성요소

Why	What	How	Vision
전달하고자 하는 핵심내용 제시	강의의 명확한 목적 설명	강의 핵심에 맞는 실행방법 제시	핵심내용의 반복정리

안전교육 교안작성전략4: OBM 모델

1. MOVE: 강의 마무리 기법

Move의 중요성

강의의 결론에 해당하는 부분으로 핵심에 대한 요약, 정리와 더불어 재 동기 부여로 학습자들의 실행력을 높이는 단계

- 강의 전체 핵심에 대한 요약, 정리
- 강의 핵심에 대한 요점만 정리(길게 설명하지 말 것)
- 강의 주제에 대한 재동기 부여
- 강의 주제에 맞는 시, 글, 명언, 음악과 함께 활용

MOVE

1. 내용요약
2. 동기부여
3. Q&A 활용

1. 내용요약
   1) 강의 전체를 마무리
   2) 키워드 중심의 리마인드
   3) 한 장표로 전체 정리

2. 동기부여 하기
   1) 인상적인 문구 활용(명언, 시, 고사성어 등)

인생에서 원하는 것을 얻기 위한 첫 번째 단계는 내가 무엇을 원하는지 결정하는 것이다

—벤 스타인

2. 동기부여 하기
   1) 인상적인 문구 활용(명언, 시, 고사성어 등)
   2) 긍정적 미래를 그려보게 하기

“우리가 함께한 내용들이 소중한 내 가족을 지켜줍니다.”

2. 동기부여 하기
   1) 인상적인 문구 활용(명언, 시, 고사성어 등)
   2) 긍정적 미래를 그려보게 하기
   3) 구체적 행동을 제시하기

3. Q&A 활용하기
   1) 질문자와 Eye-Contact
   2) 질문에 감사와 칭찬
   3) 질문을 반복하여 전체와 공유
   4) 답을 하기 전 학습자에게 다시 질문
   5) 답변 후 질문자의 이해도 점검

표준교안	개발교안
내용요약	
전체내용정리	
키워드중심요약	
한 장표로 표현	
동기부여	
인상적인 문구	
긍정적인 미래	
구체적 행동	
Q&A 활용	
Eye-Contant	
질문에 감사와 칭찬	
질문을 반복하여 전체와 공유	
답을하기 전 학습자에게 다시 질문	
답변 후 질문자의 이해도 점검	

2. O.B.M. 모델 마무리

Open	Believe	Move
라포형성	Why	**내용요약**
첫 인사	강의 목적	전체 내용 정리
교수자-학습지간 라포형성	왜 강의가 존재하여야 하는가?	키워드 중심 요약
학습자-학습자간 라포형성	강의가 끝나면 무엇이 달라지는가?	한 장표로 표현
강사 소개	What	**동기부여**
신뢰감 형성	핵심메시지	인상적인 문구
진진진가 강사소개	강의시간?	긍정적 미래
다양한 매체 활용	교육대상자? / 논리구조	구체적 행동
학습 기대감	How	**Q&A 활용**
강의 세목	풀이방법	Eye-Contact
학습 목표	학습자의 참여	질문에 감사와 칭찬
목차	핵심메시지의 포함	질문을 반복하여 전체와 공유
	Vision	답을 하기 전에 학습자에게 다시 질문
	Why/ What / How	답변 후 질문자의 이해도 점검

Open	• 강의의 포문을 열다. • 강사소개 / 라포형성 / 학습기대감
Belibve	• 강의내용의 신뢰를 높이다. • 핵심선정 / 핵심제시 / 방법풀이 / 강조
Move	• 행동으로 실천하게 하다. • 핵심정리 / 동기부여

안전전문인력의 전달력을 높이는 전략스피치1: 기본발성법

1. 스피치의 중요성

스피치의 중요성

스피치 능력은 중요한 경쟁력이다.
지식을 습득하는게 아니라 교육생에게 얼마나 잘 전달하고 공유하는가

전달력을 높이는 방법

강사의 청각 이미지	강사의 시각 이미지	강의 콘텐츠 완성도
• 발음 • 억양 • 톤 • 발성 • 호흡 등	• 자세 • 제스처 • 표정 • 움직임 등	• 적절한 시각자료 • 내용충실성 등

2. 강사의 청각 이미지: 발성법

목소리는 타고 나는 걸까요?

목소리 진단

안녕하십니까?(안녕하세요)000입니다.
어제 충북 지역에 기록적인 폭우가 발생하여 곳곳에서 비 피해가 발생했습니다.
철도역이 물에 잠겨 기차 운행이 중단 됐고, 사망과 실종 사고도 잇따랐습니다.
모두 안전에 각별히 유의하시기 바랍니다.

목소리의 3대 기술

발음 말의 소리값 ─ 자음: 혀 근육 / 모음: 입 근육

발성 소리의 울림

호흡 숨 ─ 복식 / 흉식

기본 발성법

- 숨 관찰하기
- 목소리 이해하기
- 호흡법 / 호흡량
- 키톤 찾기

준비운동

아~~~~~~~~~~~~~~~~~~~~~~~~~~~~~~~~~~~

음~~~~~~~~~~~~~~~~~~~~~~~~~~~~~~~~~~~

와~~~~~~~~~~~~~~~~~~~~~~~~~~~~~~~~~~~

오~~~~~~~~~~~~~~~~~~~~~~~~~~~~~~~~~~~

우~~~~~~~~~~~~~~~~~~~~~~~~~~~~~~~~~~~

목소리 이해하기

- 목소리: 폐에서 나오는 공기가 성대를 진동시켜 생기는 것

호흡할 때 / 발성할 때

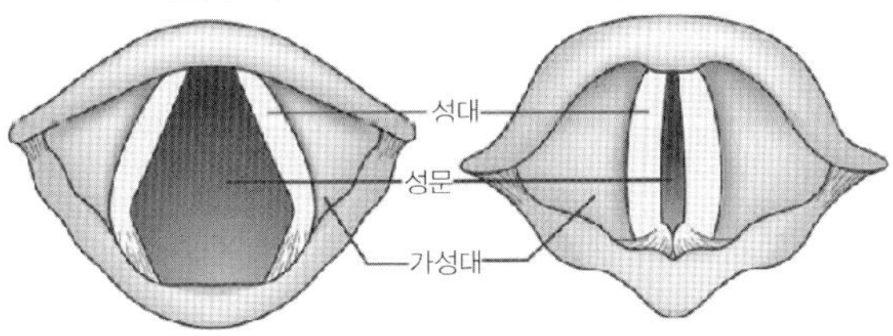

후두의 하부에서 섬유조직으로 만들어진 두 개의 성대가 있다. 호흡할 때는 성문이 삼각 모양으로 열린다.

공기를 밖으로 내보낼 때는 닫힌 성대가 진동해서 소리를 낸다. 가성대는 발성과는 상관이 없고 음식물을 삼킬 때는 후두를 닫는다.

목소리를 바꾸려면 호흡부터 바꿔야 한다!

호흡종류

복식호흡 ▶ '힘점'을 내려라

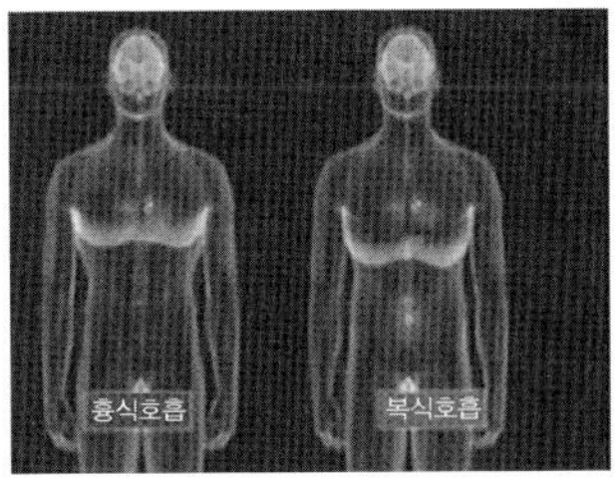

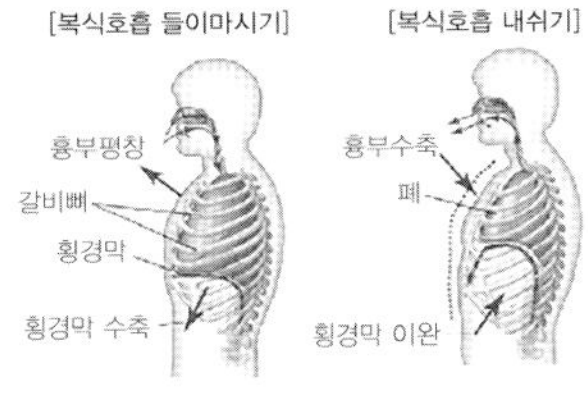

호흡법/호흡량

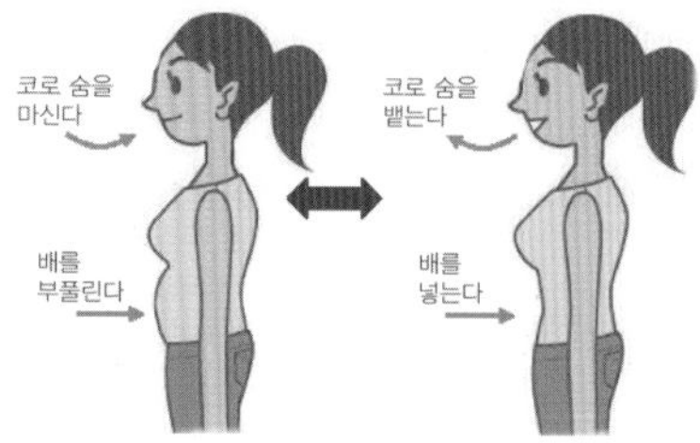

호흡법: 복식호흡

호흡량

호흡법/호흡량

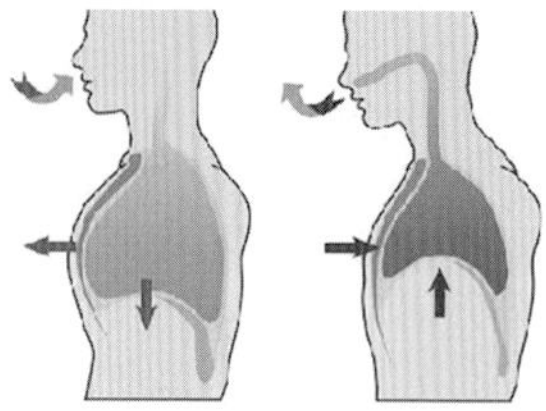
들숨 날숨

복식호흡의 효과

- 흉식호흡보다 30% 많은 폐활량확보
- 호흡을 뱉을 수 있게 됨
- 자율신경을 안정시켜 심리적 안정감을 줌
- 뇌를 활성화 시켜 집중력이 높아짐

복식호흡이 되는데 목소리가 안 좋은 이유는?

- 소리를 안 뱉기 때문!
- 공기의 양이 많을수록 힘차고 안정적인 소리가 난다.

말 끝까지 힘 있게 말하기

- 글자를 점진적으로 크고 멀리 소리 내는 훈련

  예 안녕하십니까

연습하기

안
안녕
안녕하
안녕하십
안녕하십니
안녕하십니까

3. 키 톤 찾기

나의 '키톤'을 활용하라

• 키톤: 태어날 때부터 가지고 있는 자기의 톤

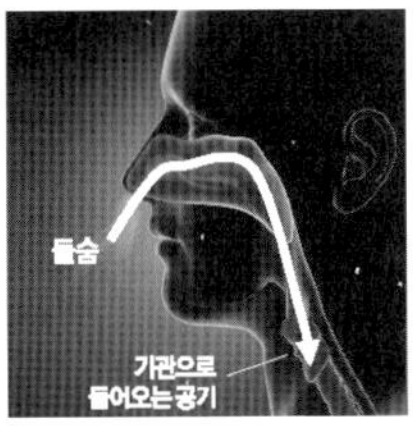

'아': 고음
'에': 중간음
'어': 저음

▶ 울림이 큰 것이
나의 베스트 톤

목을 열어보자

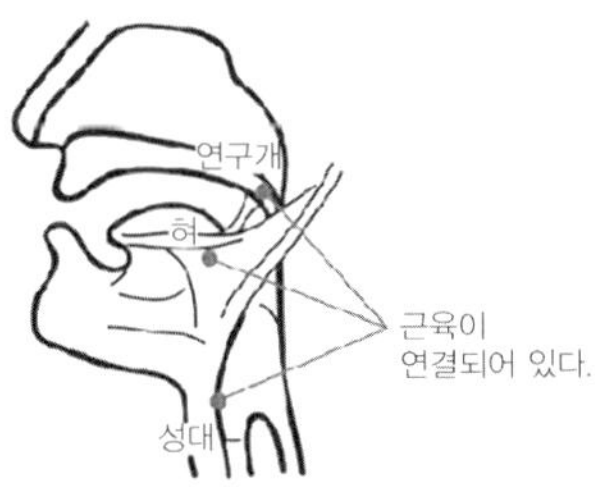

• 연구개: 입천장에서 비교적 연한 뒤쪽 부분

입 근육 스트레칭

• 양손을 펴서 볼을 동그라미 그리며 문지르기(10초)
• 볼에 바람을 넣어 빵빵하게 만들어 부풀리기(10초)
• '푸르르르'하고 입술털기(10초)
• 입술을 모아 앞쪽으로 내밀고, 시계방향–반시계 방향으로 돌리기
• '아에이오우'를 자극이 느껴질 만큼 최대한 입을 크게 벌려 발음하기(5번씩)
• 가로, 세로 입 근육 운동(하나당 5번 이상씩 반복)
'으아' – '아으' / '오아' – '아오'
'어으' – '으어'/ '오어' – '어오'

발음

아 야 어 여 오 요 우 유 으 이
가 갸 거 겨 고 교 구 구 그 기
나 냐 너 녀 노 뇨 누 뉴 느 니
다 댜 더 뎌 도 됴 두 듀 드 디

발음 연습	
	조달청 청사 창살은 쇠창살, 항만청 청사 창살도 쇠창살
똠양꿍 대한관광공사	저기 계신 저 분이 박 법학박사이고, 여기 계신 이 분이 백 법학박사이시다
	앞 집 팥죽은 붉은 팥 풋팥죽이고, 뒷 집 콩죽은 해콩단콩 콩죽

빨리 읽기 연습

안촉촉한 초코칩 나라에 살던 안촉촉한 초코칩이
촉촉한 초코칩 나라의 촉촉한 초코칩을 보고
촉촉한 초코칩이 되고 싶어서 촉촉한 초코칩 나라에 갔는데
촉촉한 초코칩 나라의 문지기가
"넌 촉촉한 초코칩이 아니고 안촉촉한 초코칩이니까
안촉촉한 초코칩 나라에 살아라" 라고 해서
안촉촉한 초코칩은 촉촉한 초코칩이 되는 것을 포기하고 안촉촉한 초코칩 나라로 돌아갔다.

빨리 읽기 연습

너와 헤어진 후 힘들어하는 내게 박 법학박사님과 백 법학박사님께서
차라리 상담담당 선생님 성 선생님을 추천해주셨어.
그렇게 찾은 러브코치 상담담당 선생님 성 선생님이 내게 말했어

자기는 참치 꽁치낌을 좋아한다고
이게 무슨 헛소린가 싶어 안 청송콩찰떡이 좋다고 했지
시답잖은 농담 속에 서울 찹쌀 촌 찹쌀같이 나눠져 있던 마음이
쿵더더덕 덩기더더덕 녹아버렸어.

너랑 헤어진 후 난 편판선 군의 소개로 판편숙 양을 만났어.
그녀는 간장공장 공장장의 친구
중앙청 창살 외창살 시청 창살 쌍창살 관리했어.
〈형돈이와 대준이 한번도 안 틀리고 누구도 따라 부르기 어려운 노래 가사 중〉

안전전문인력의 전달력을 높이는 전략스피치2: 임팩트발성법

1. 신뢰감 있는 목소리 연출법

최악의 강의 3가지

요정 無	교육생과의 상호작용 無	완급조절 無
• 짜임새 있는 구조가 아님 • 단순히 정보만 나열 • 스토리 텔링, 핵심 메시지 부족	• 내용만 단순 설명 • 슬라이드만 읽는 일방적 강의	• 음성, 콘텐츠 변화가 없는 지루한 강의

음성전달의 3포인트

- 소리의 직진성: 우물거리지 말고, 자신있게 목소리를 앞으로 냅니다.
- 발음의 명료도: 말끝을 흐리지 말고 정확히 발음합니다.
- 역동감 있는 억양: 앞쪽에 강세를 두거나, 부드러운 파도 모양의 억양을 유지합니다.

목소리 연출법

- 모음만 발음하기
- 빨리 읽기
- 젓가락 연습법

모음만 발음하기

강원 영동선 철로에서 승용차와 열차가 충돌해 2명이 숨졌습니다.	아워 여오어 어오에어 으요아와 여아아 우오애 우여이 우여으이아.
오늘 오전 강원도 동해시 망상동의 캠핑장 인근 철길에서 아반떼 승용차가 영동선 청량리행 무궁화호 열차와 부딪혔습니다.	오으 오어 아워오 오애이 아아오의 애이아 이으 이이에어 아아에 으요아아 여오어 어야이애 우우아오 여아와 우이여으이아.
이 사고로 30대 운전자와 70대 여성 등 2명이 다쳐 병원으로 옮겨졌지만 결국 숨졌습니다.	이 아오오 아이애 우어아와 이이애 여어 으 우여이 아여 여워으오 오여여이아 여우 우여으이아.
경찰은 사고 당시 차단기가 내려져 있던 것으로 파악한다는 코레일측 발언을 토대로 정확한 사고 원인을 조사하고 있습니다.	여아으 아오 아이 아아이아 애여여 이어 어으오 아아아아으 오에이으 아어으 오애오 어아아 아오 워이으 오아아오 이으이아.

빨리 읽기

가정에서의 홈 트레이닝에서 사용 되는 런닝머신, 바이크, 짐볼, 아령과 같은 운동기구로 인해 어린이 안전사고 발생률이 높아지고 있습니다.
런닝머신과 바이크에 어린이 손가락 및 발가락이 끼거나 짐볼에서 미끄러져 타박상을 입는 상황이 발생합니다.
가정 내 운동기구 사용 시 주의 사항을 말씀 드리겠습니다.
첫째 운동기구 구입 즉시 부품이 헐겁거나 날카로운 부분이 없는지 확인합니다.

젓가락 연습법

1. 젓가락을 송곳니까지 깊게 낀다.
2. 윗니와 아랫니가 벌어져 소리가 나올 수 있는 공간을 만든다.
3. 입안이 열린다는 느낌으로 소리를 꺼내 울림을 만든다.
4. 소리를 무조건 앞으로 꺼낸다(숨 밀어내기).

젓가락 연습법 발음 연습

안녕하세요? 000입니다. 오늘은 선생님과 어린이 심폐소생술을 체험해보겠습니다.
계단을 빨리 오르거나 달리기를 할 때 내 몸에서는 심장이 일하는 소리가 들립니다.
이렇게 심장이 뛰는 것을 '박동' 이라고 합니다.
심장은 우리가 자고 있을 때나 가만히 앉아 있을 때도 열심히 일하고 있어요.

2. 임팩트를 주는 목소리 연출법

Q 청중이 듣기 쉬운 말의 속도는?

말의 속도

느림	빠름
답답함 두뇌 회전이 느려 보임	전달이 어려움 성격이 급해 보임

"청중이 가장 듣기 쉬운 말의 속도 분당 270~280"

뉴스 시간에 아나운서가 하는 말: 분당 300자 정도
스포츠 중계 때 아나운서의 말: 분당 350~500자 정도

매력적인 보이스 연출법 6종 세트

발음 발성 호흡 강조 어미 장, 단음

강조

속도 강조 기법

1. 느린 강조 기법

저희는 그래서 직원들의 출근, 직장 안에서의 생활, 퇴근 그리고 퇴근 후 모습까지 꼼꼼히 살펴보았습니다.

2. 멈춤 기법(포즈 강조)

그 새끼 양을 잘 키워야 할텐데~
나는 민수와 미경이를 때렸다.
철이가 울면서 떠나는 순이를 배웅했다.
아줌마 파마돼요?

끊어 읽기 연습

화재가 나면 119에 신고할 수도 있고 직접 불을 끌 수도 있지만 우리 어린이들은 가장 먼저, /
대피해야 해요.
대피하는 방법은 첫 번째, / 불을 처음 발견한 사람이 '불이야!'하고 큰 소리로 주위 사람들에게 알려요.
두 번째, 젖은 수건으로 코랑 입을 막고 낮은 자세로 대피해요.
젖은 수건이 없다면 / 입고 있는 옷으로 코와 입을 막고 입안의 물인 '침'을 통해 축축하게 적셔요.
세 번째, 낮은 자세로 / 벽을 짚으며 대피해요. 화재 연기는 위로 올라가기 때문에 / 최대한 낮은 자세로 대피해야 해요.

강약 강조 기법

톤 활용

이 현상이 지속된다면 앞으로 어떤 피해가 발생할까요?

강조법1 : 강조단어를 아래로 꾹꾹 눌러 발음한다.

바로 이것이 문제입니다.

강조법2 : 작은 강조법을 활용한다.

준비된 안전 의식이 사고를 예방할 수 있습니다.
→ 준비된 안전 의식이 사고를 예방할 수 있습니다.

사후 대처보다는 사전 예방이 중요합니다.
→ 사후 대처보다는 이 중요합니다.

강조 부분에 따른 의미 차이
저는 안전교육의 중요도가 낮다고 말하지 않았어요
→ 다른 사람이 말한 것이라는 뜻
저는 안전교육의 중요도가 낮다고 말하지 않았어요
→ 절대 내가 말한 것이 아니다라는 뜻
저는 안전교육의 중요도가 낮다고 말하지 않았어요
→ 다른 것이 나빴다고 말했다라는 뜻

포즈(Pause)기법: "그런데 말입니다"

어미
주어 뒤~
연결 부분~
문장 끝

어미를 잘 처리하면
전문성 신뢰도 재미가 업

1. 끌기: ~했는데
2. 끊기: 했습니다.
3. 올리기: 해서~

종결어미를 1톤 올려라
상냥한 말투: 안녕하십니까(끝을 올리기) 감사합니다
신뢰감 말투: 안녕하십니까(끝을 내리기) 감사합니다

문단 또는 전체 스피치의 마지막까지 힘있는 톤을 유지하자

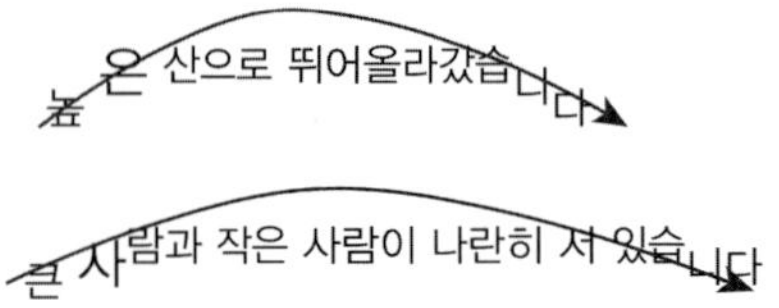

끊어 읽기 연습

안녕하십니까./ 000입니다./
식사 맛있게 하셨습니까.(하셨나요)/
나른하기셨지만,/
좋은 정보 많이 준비했으니
조금만 집중해주시면 감사하겠습니다./
그럼 지금부터/프레젠테이션을 시작하겠습니다./

상냥한 말투(끌기, 올리기)	신뢰감 말투(끊기)
오늘은/ 상냥한 말투에 대해/ 훈련해 볼게요/ 상냥한 말투는/ 말 끝을 부드럽게,/ 중요한 단어는/ 천천히 표현하면 됩니다./ 오늘부터/ 상냥한 말투로/ 부드러운 카리스마를/ 표현해 보세요./	오늘은/ 신뢰감 말투에 대해/ 훈련해 볼게요./ 신뢰감 말투는/ 말끝을 단호하게,/ 중요한 단어는/ 힘있게 표현하면 됩니다./ 오늘부터/ 신뢰감 말투로/ 멋진 카리스마를/ 표현해 보세요./

장, 단음

- 숫자 장음 : 2, 4, 5, 두(둘), 세(셋), 네(넷), 열, 쉰
- 자주 쓰이는 장음

  방 : 송 / 보 : 도 / 취 : 재 / 현 : 재 / 현 : 황 / 계 :획 / 예 : 정 / 오 : 전 / 오 : 후/

  말 : 씀 / 사 : 람 / 대 : 통령 / 장 : 관 / 이 : 하 / 이 : 상 / 말 : 했다 / 위 : 하다 / 없 : 다

장, 단음

- 245(이 : 백사 : 십오)
- 두 명(두 : 명)
- 천 다음의 숫자 단위는 만 : 이다
- 이 : 는 그 수량이 둘 : 임을 나타낸다
- 말이 말 : 을 한다
- 밤에 밤 : 을 먹는다
- 눈으로 눈 : 을 본다
- 돌잔치에 가다가 돌 : 을 수웠다
- 자기 손으로 일을 하다가 오히려 큰 손 : 해를 봤다.

안전전문인력의 전달력을 높이는 전략스피치3: 바디랭귀지발성법

1. 강사 시각 이미지의 중요성과 동선 활용법

메러비언의 법칙

시각적 요소(용모, 표정, 제스처)	55%
청각적 요소(발음, 억양, 톤)	38%
말의내용(메시지)	7%

- 첫 인상은 2~3초 안에 결정
- 늦어도 7초안에 결정
- 첫인상 복구는 무려 40시간

비언어적 표현 93%	Body	표정, 눈빛, 자세, 제스처
	Mood	음정, 음색, 말의 빠르기
언어적 표현 7%	Word	말의 내용

시각이미지

- 上의 정보: 얼굴(표정)머리방향
- 中의 정보: 어깨, 손의 위치
- 下의 정보: 발의 위치와 방향

자세

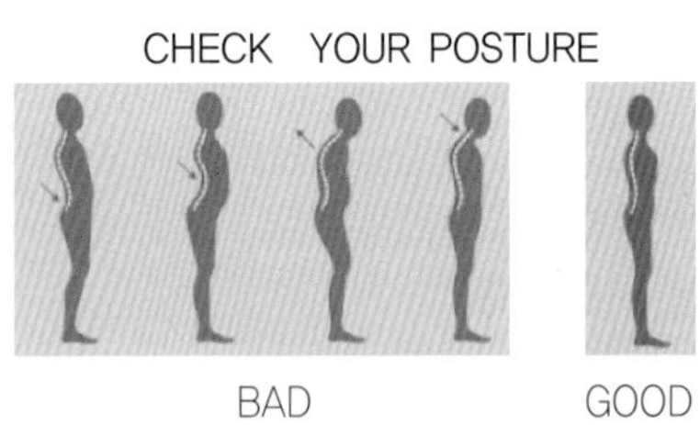

기본자세

엉덩이	엉덩이가 쳐지면 행동이 느려지고 긴장이 풀리게 됨
배	배에 힘을 주고 복근을 활용해 뚜렷한 목소리로 전달력을 높임
턱	턱을 위로 치켜 세우면 깔보거나 거만해 보일 수 있음
입꼬리	입꼬리를 올리면 웃는 표정이 되어 따뜻한 인상이 됨
눈꼬리	웃을 때 눈이 같이 웃어야 하고 눈꺼풀에 힘을 줘서 생기는 표정을 유지함

시각 이미지 메이킹

• 눈, 표정, 어깨: 시선 처리
• 손: 제스처
• 발: 발 움직임

시선처리

Good? Bad?

GOOD	Bad
• 교육생의 얼굴을 보면서 선을 정확히 맞춘다. • 전후좌우로 시선을 적절히 안배하면서 강의를 진행한다.	• 시선을 바닥으로 떨어뜨린다. • 시선을 고정하지 않고 짧게 돌린다. • 스크린이나 교재만 본다.

제스처

GOOD	Bad
• 상황과 내용에 맞는 제스처를 사용한다. • 강의 내용에 맞추어 자연스럽게 움직인다. • 의도적으로 주어진 공간으로 이동한다.	• 과도하게 많은 제스처를 사용한다. • 한 손가락으로 교육생이나 화면을 가리킨다. • 한 손을 허리에 짚거나, 주머니에 손을 넣는다. • 등을 보이거나 빔 프로젝트 화면을 기린다.

동선활용

인사

1. 다리를 붙이고 어깨를 펴고 선다.
2. 손은 '남좌여우'를 한다.
3. 청중을 한번 오른쪽에서 왼쪽으로 둘러본다.
4. 말을 한후에 행동을 한다.
5. 단상 옆으로 나와서 보통례(또는 목례)를 한다.
6. 머리, 등, 허리가 일직선으로 숙여진다.
7. 시선은 바닥을 향한다.

손

1. 말을 시삭함과 동시에 손을 움직인다.
2. 손끝은 위를 향한다.
3. 손 끝에 힘을 주고 안에서 밖으로 동선을 취한다.
4. 팔모양은 'ㄴ'자가 되도록 한다.
5. 네 손가락은 붙이고 엄지는 자연스럽게 떨어뜨린다.
6. 팔을 벌릴 때는 농구공을 집는 정도의 공간을 유지한다.

발
1. 말을 시작하면서 너무 많이 움직이면 '산만함,긴장감' 의 느낌을 줄 수 있다.
2. 편하게 양쪽으로 어깨 넓이만큼 벌리고 시작한다.
3. 인사를 할 때는 발을 모은다.
4. 발이 움직이는 범위는 두 걸음 정도가 좋다.
5. '시작점–우측으로 두 걸음–다시 시작점– 좌측으로 두 걸음' 이 안정적이다.
6. 동선은 직선 말고 사선으로 움직여야 한다.

2. 안전교육 상황에 맞는 바디랭귀지 연출법

바디랭귀지 활용 기법

• 자연스러운 시선
• 움직임 따뜻한 인상, 미소
• 자신감있는 자세, 태도

스타강사는 어떤 특징이 있을까?

감정 + 목소리 + 표정

감정톤 연습하기

감정톤 연습(1): 목소리에 다양한 감정을 싣는 연습

안녕하세요?	상냥하게/당차게/활기차게/시큰둥하게
저를 좋아하세요?	놀라서/느끼하게/못마땅하게
무슨 일이야 있겠어?	아무렇지 않게/울먹이며/힘차고 밝게/숨죽이며
이게 만원이야?	기뻐하며/실망하며/놀라서/분노하며

감정톤 연습(2)
기쁨: 와~~ 너무 좋아, 날씨도 너무 좋고 여기 너무 좋다.
노여움: 믿는게 아니었어…은혜를 원수로 갚다니…배은망덕한 놈
걱정: 휴…별일 없어야 할 텐데…하아…걱정되네…
명령: 움직이지마. 내가 얘기하지 전까지 거기서 꼼짝하지말고 있어.
놀람: 그게 진짜야? 그게 정말 가능한 거야?
사과: 내가 잘못 했어. 생각이 짧았어. 다신 안 그럴게. 한 번만 용서해줘.

Q 연습처럼 실전에서도 될까?

안녕하세요. 반갑습니다.
두 가지 특징에 대해서 알려드리겠습니다.

목소리 점검하기

1. 오프닝: 기상캐스터
안녕하십니까?(안녕하세요) 000입니다.
며칠 전 경북 포항에서 규모 2.3의 지진이 발생해 시민들이 공포에 떨었습니다.

9월 한 달간 우리나라에서
5건의 지진이 발생한 것입니다(것인데요).

그래서 오늘은 강의를 총해 지진 발생 시 대처법에 대해 알아보도록 하겠습니다.

2. 핵심내용: 뉴스앵커
위기 대응 취약시설에서의 평상 시 행도 지침은 3기집니다.
첫째, 신규 인원이 들어오면 가까운 비상구 위치를 확인하고, 대피 방법과 위기 상황 시 어떻게 조치하는지 등에 대한 교육을 철저히 합니다.

3. 마무리: 라디오DJ
현명한 사람은 미리 준비하는 사람이고,
우둔한 사람은 겪고 후회하는 사람이라고 합니다.
준비된 안전의식과 생활화가 예상치 못한 위기상황이 발생했을 때 피해를 최소화 할 수 있습니다.
감사합니다.

습관을 만드는 데 걸리는 시간 66
새로운 스피치 습관 66일 도전

당신의 목소리가 무기입니다.

참고문헌

박두용, 21C 노동환경권 변화에 따른 산재예방 실효성 확보방안에 관한 연구 —산재사고처리 절차 및 처벌 특별법 중심으로-, 산업안전보건연구원, 2003.

박두용, 21세기 노동환경권변화에 따른 산재예방 실효성확보방안에 관한 연구, 산업안전보건연구원, 2003.

박두용, 위험성평가제도의 구체적인 도입방안연구, 산업안전보건연구원, 2009.

박두용, 주요 선진국의 사업장 안전관리 일원화제도 및 운영실태에 관한 연구, 노동부, 2003.

박두용, 주요선진국의 사업장 안전관리 일원화 제도 및 운영실태에 관한 연구, 노동부, 2003.

박두용외, 위험성 평가제도의 도입방안에 대한 연구, 노동부, 2004.

송강직 · 이진국, 산업재해 은폐에 대한 처벌방안, 산업안전보건연구원, 2015.

정진우, 안전관리론, 청문각, 2020.

조영수, 전부개정 산업안전보건법 업무 편람, 메이킹북스, 2020.

조흠학, 산업안전보건법, 신광문화사, 2020.

조흠학외, 산재발생보고제도 개편방안에 관한 연구, 산업안전보건연구원, 2016.

노동부, 「노동백서」, 2008.

노동부, 「산업안전보건법 제 · 개정 발자취」, 노동부산업안전국, 2003.

산업안전공단, 한 · 일 산업안전위반 판례집, 1995.

산업안전보건공단, 재해조사 분석.

김성돈, "가칭 질서위반법의 체계와 이른바 질서위반행위의 구조", 법조 2004 · 10(Vol.577).

김승년, 노동법 발달에 관한 비교법제사적 고찰, 단국대 박사학위논문, 1997.

김원주, "집행벌", 월간고시, 1988.

김유성, 사업자의 안전배려의무, 한국사법행정학회, 1992.

김형배, 미국노동입법의 전개과정, 고시연구 제8권7호 1987.

김희성, 미국의 노동쟁의조정제도, 노동법에 있어서 권리와 책임, 김형배교수화갑기념논문집, 박영사 1994.

민경식, 노사분쟁의 소송외적 방법에 의한 해결, 중앙대 법학논문집 제13집, 김이열교수화갑기념논문집 1988.

박 준, 동남아제국의 노동쟁의조정제도, 노동 제113호 1984.

이상국, 산업안전보건법, 대명출판사, 2019.

박두용, "외국의 위험성 평가제도-EU Directive 89/391/EEC)", 「산업보건」 통권 제228호, 대한산업보건협회, 2007.

국가법령정보센터, https://www.law.go.kr/

교육부. 사이버폭력예방 리플렛, 2015.

경상남도 진주교육청. 학교폭력 및 성폭력 예방을 위한 직무연수, 2007.

교육인적자원부. 유아를 위한 성교육프로그램, 2006.

교육인적자원부 · 부산광역시교육청. 성교육 및 성폭력 예방자료개발연구, 2007.

교육인적자원부. 함께 풀어가는 성 이야기(고등학교), 2001.

구니자키 노부에 저, 윤나영 역. 우리 아이는 내가 지킨다, 2009.

김준호, 김선해. 학교폭력에 대한 종단적 연구, 한국청소년연수 제14권 2호, 2003;pp.5-47.

대검찰청. 범죄 분석 자료, 2010.

대덕구청.“아이사랑프로젝트” 리플릿.

대법원. 집단따돌림 자살 사건, 2007.11.15.

여성가족부. 성희롱의 예방과 대처요령, 2007.

여성부. 아동성폭력 대응 매뉴얼(학부모용), 2009.

여성부. 아동성폭력 대응 매뉴얼(학교용), 2009.

유형근 외 3인. 집단따돌림에 갇힌 아이들, 학지사, 2010.

채혜선, 임미혜. 영유아 안전교육, 양서원, 2011.

청소년폭력예방재단. 1998년 조사 결과, 1998.

쿠키뉴스. 2011.7.10.

한국교육문제탐구. 바람 든 한국교육, 문음사, 2009.

강윤현(2016). **학교폭력 치유프로그램 참여 청소년의 임상적_신경심리학적_뇌구조적 변화**. 서울대학교 대학원 박사학위논문.

강지숙(2016). **초등학생의 불안수준에 따른 인터넷 중독**. 한양대학교 임상간호정보대학원 석사학위논문.

고영택(1991). **학교안전사고에 대한 교원의 법적 책임에 관한 연구**. 한국외국어대학교 교육대학원 석사학위논문.

교육부(2016). **교육 분야 안전 종합 대책**.

구현자(2005). **학교안전사고의 실태와 교사 인식 분석**. 부산교육대학교 교육대학원 석사학위논문.

권미수(2015). 2015년 인터넷 과의존 실태조사. **한국정보화진흥원**.

권정관(2012). **학교폭력실태에 대한 학생들의 인식분석에 관한 연구**. 영남대학교 행정대학원 석사학위논문.

김민아(2000). **서울시 고등학생의 안전교육 실태 및 요구도 조사**. 이화여대학교 대학원 석사학위논문.

김시연(2016). **청소년의 스마트폰 사용기간 및 이용 동기와 스마트폰 중독과의 관계분석**. 고려대학교 교육대학원 석사학위논문.

김지영(2009). **한국과 일본의 초등학교 안전교육 실태 비교**. 서울교육대학교 교육대학원 석사학위논문.

김현기(2014). **초등학생들의 안전사고 발생요인 분석에 관한 연구**. 한국교원대학교 교원정책전문대학원 석사학위논문.

남상길(2004). **서울초등학교의 안전교육현황과 교내안전사고 실태조사**. 한국교원대학교 교육대학원 석사학위논문.

남윤신(2014). 학교안전사고 통계분석 및 예방정책수립방안연구. **덕성여자대학교 스포츠과학연구원 정책연구과제**.

노연순(2014). **학교폭력 실태 및 예방에 관한 연구**. 배제대학교 교육대학원 석사학위논문.

노정해(2015). **학교안전사고에 대한 법적책임**. 강릉원주대학교 대학원 석사학위논문.

박세철(2015). **학교안전사고의 민사책임에 관한 연구**. 경기대학교 대학원 박사학위논문.

박재향(2002). **학교안전사고와 교사의 책임한계**. 동아대학교 교육대학원 석사학위논문.

박재희(2013). **교사와 학생의 인식에 터한 대전광역시 초등학교의 안전교육 실태 및 요구조사**. 충남대학교 교육대학원 석사학위논문.

박현근(2007). **학교안전사고에 관한 조사연구**. 춘천교육대학교 교육대학원 석사학위논문.

백동현(2007). **학교폭력 피해청소년의 학교적응을 위한 대처방안에 관한 연구**. 경희대학교 행정대학원 석사학위논문.

배지연(2013). **학교폭력 및 배움터지킴이의 활동에 대한 교사 · 학생의 인식**. 군산대학교 대학원 석사학위논문.

오승연(2015). **괴롭힘 상황에서 자기 주장성과 주변인의 행동유형의 관계**. 이화여자대학교 교육대학원 석사학위논문.

이정춘(1999). **학교안전사고에 대한 교원의 태도에 관한 연구**. 순천향대학교 교육대학원 석사학위논문.

이창희(2010). **초 · 중 · 고등학교 안전교육이 안전의식에 미치는 영향**. 아주대학교 대학원 박사학위논문.

이은혜(2014). **유아교육기관의 안전교육 및 안전사고에 대한 교사와 학부모의 인식**. 한양대학교 교육대학원 석사학위논문.

이소라(2016). **학교폭력의 실태, 예방 방안에 대한 초 · 중 · 고등학교 학생, 학부모, 교사 인식의 비교분석**. 서강대학교 교육대학원 석사학위논문.

이진호(2016). **관리자의 안전의식이 조직의 안전문화에 미치는 영향**. 인천대학교 공학대학원 석사학위논문.

전연경(2016). **유치원에서의 안전교육 및 관리에 대한 교사들의 어려움**. 중앙대학교 대학원 석사학위논문.

정은주(2013). **초등학교 학교폭력에 영향을 미치는 요인에 관한 연구**. 대구대학교 사회복지대학원 석사학위논문.

정지혜(2013). **초등학교 남아의 인터넷 폭력게임 사용시간과 게임중독정도가 공격적 행동에 미치는 영향**. 연세대학교 대학원 석사학위논문.

태백장성초등학교(2016). 위기대응 능력신장. **안전교육연구시범학교 운영보고서**.

최기영(2014). **학교사고 발생에 대한 교원의 법적 책임 판단 기준**. 경인교육대학교 교육전문대학원 석사학위논문.

최은(2016). **학교안전 행정법제에 관한 연구**. 한국교원대학교 교육정책전문대학원 석사학위논문.

최송우(2007). **초등학교 학교폭력 실태와 예방 방안**. 전북대학교 교육대학원 석사학위논문.

학교안전공제회(2011). **학교안전사고 통계 체계 개선 및 학교안전교육 활성화 방안 연구**.

한승희(1999). **학교안전사고에 대한 교사의 책임범위**. 고려대학교 대학원 박사학위논문.

홍정수(2006) **학교안전사고에 대한 교사와 학부모의 인식연구**. 강릉대학교 교육대학원 석사학위논문.

Development of Health(1992). The Health of the Nation, pp. 134-135.

Development of Health and Human Services(1991). Health United States DHHS Pub, No.(PHS) 92-1232: pp. 161-162.

건강샘 www.healthkorea.net

대검찰청 www.spo.go.kr

보건복지부 국가건강정보포털 http://health.mv.go.kr

사이버 경찰청 www.police.go.kr

서울시 자살예방센터 www.suicide.or.kr

성폭력・유괴납치예방운동본부 www.cw112.or.kr

국민안전처 http://www.mpss.go.kr

한국성폭력상담소 www.sisters.or.kr

한국심리교육연구소 www.mindnlp.com

아동안전사이버교육센터 www.childsafedu.go.k

도로교통공단. 신호등지, 2010~2011.

안전생활실천시민연합. 어린이 놀이시설의 안전성 확보 방안, 1999.

여성부. 아동성폭력 대응 매뉴얼(학부모용), 2009.

여성부. 아동성폭력 대응 매뉴얼(학교용), 2009.

윤선화. 안전한 학교, 행복한 아이들 I, 한국생활안전연합, 2004.

윤선화. 안전한 학교, 행복한 아이들 II, 한국생활안전연합, 2004.
윤선화. 영유아를 위한 안전관리, 한국생활안전연합, 2010.
유형근 외 3인. 집단따돌림에 갇힌 아이들, 학지사, 2010.
장희주. 유아의 사고위험 지각과 가정안전 환경과의 관계, 연세대학교, 2006.
채혜선, 임미혜. 영유아 안전교육, 양서원, 2011.

청소년폭력예방재단. 1998년 조사 결과. 1998.
한국소비자보호원. 가정 내 어린이 중독사고 실태조사, 2003.04.
한국소비자원. 어린이 놀이시설(놀이터) 안전 실태조사, 2011.
행정안전부. 엄마, 아빠와 함께하는 어린이 안전 365일, 2009.
허 억. 엄마는 교통안전 선생님, 1995.
Hendricks,C.M., & Reichert, A. Parents self reported behaviors related to health and safety of very young children. Journal of School Health, 1996; 66 : 247-251.
국민권익위원회. 아동청소년 성폭력 피해근절을 위한 국민신문고 전자공공토론 분석결과, 2013.

어린이안전학교 www.go119.org
현대자동차 www.happyway-drive.com
성폭력・유괴납치예방운동본부 www.cw112.or.kr
세이프키즈코리아 http://www.safekids.or.kr/
한국생활안전연합 http://www.safia.org/
한국소비자원 어린이안전넷 http://www.isafe.go.kr

가리키 히데아키. 생활 속의 음식독물 60, 국일미디어.
강성희. 가정 내 영・유아 안전사고 분석을 통한 부모안전교육 프로그램 개발 연구, 숙명여자대학교, 2003.
교육과학기술부. 고등학교 안전과 건강, 2010.
이명선. 안전보건학, 계축문화사, 2001.
이의평. 가정 내 사고의 발생실태 분석. 한국화재소방학회논문지, 2005;19(4):7-17.
장희주. 유아의 사고위험과 지각과 가정안전 환경과의 관계, 연세대학교, 2006.
한국산업안전공단. 가정생활의 안전실천은 이렇게, 2002.
한국소비자원. 주방내 안전사고 실태조사, 2010.08.
한국소비자원. 노인 생활안전 사고 실태조사, 2007.08.
한국소비자원. 가정 내 전기제품 안전실태 조사, 2004.12.

한국소비자보호원. 가정 내 어린이 중독사고 실태조사, 2003.04.
한국음식업중앙회. 위생교육교재, 2009.
Hendricks,C.M., & Reichert, A. Parents self reported behaviors related to health and safety of very young children. Journal of School Health, 1996 ; 66 : 247-251.
CPSC Final Rule: Requirements for Child-Resistant Packaging.

세이프키즈코리아 http://www.safekids.or.kr
국민안전처 http://www.mpss.go.kr
식품의약품안전처 http://www.mfds.go.kr
한국가스안전공사 http://www.kgs.or.kr
한국생활안전연합 http://www.safia.org
안전보건공단 http://www.kosha.or.kr
한국소비자원 소비자안전넷 http://www.ciss.or.kr/index.jsp
한국소비자원 어린이안전넷 http://www.isafe.go.kr
한국전기안전공사 http://www.kesco.or.kr

충청북도교육청보건교과연구회중등연구분과. 질병예방 관리를 위한 학습자료, 2011.
교육과학기술부. 학교감염병예방관리매뉴얼, 2011.
교육부, 보건복지부. 메르스 학교대응 매뉴얼, 2015.
교육부, 보건복지부, 질병관리본부. 2015년 청소년결핵 집중관리사업안내(교육청 및 학교용), 2015.
보건복지부. 감염병 위기관리표준매뉴얼. 2014.
질병관리본부, 감염병 관리사업 지침, 2015.
질병관리본부, 대한의학회, 예방접종전문위원회, 예방접종감염병의 역학과 관리, 2013.
질병관리본부, 검역업무 지침, 2015.
질병관리본부, 동물인플루엔자 인체감염예방 홍보리플릿, 2015.
질병관리본부, 에볼라바이러스병 바로알기 홍보리플릿, 2015.
보건복지부, 질병관리본부, 중동호흡기즈후군(MERS) 예방 및 신고안내 홍보리플릿, 2015.
질병관리본부, 홍콩독감예방안내 홍보리플릿, 2015.

심폐소생술 및 심혈관 응급처치에 관한 2010 미국심장학회(AHA) 지침의 주요 내용.
미국심장학회(American Heart Association). 2010.
생활응급처치. 대한응급의학회, 보건복지부. 1999.
응급처치와 심폐소생술. 대한응급구조사협회 역. 한미의학. 2010.

구급 및 응급처치론. 이희순. 정훈사. 2010.

기본응급처치학. 전국응급구조학과교수협의회. 한미의학. 2010.

생명을 살리는 심폐소생술, 대한심폐소생협회, 2011.

응급처치법, 대한적십자사, 2011.

대한응급의학회. http://www.emergency.or.kr

대한심폐소생협회. http://kacpr.org

중앙응급의료센터. http://www.nemc.go.kr

대한응급구조사협회. http://www.emt.or.kr

심폐소생술 및 심혈관 응급처치에 관한 2010 미국심장학회(AHA) 지침의 주요 내용.

미국심장학회(American Heart Association). 2010.

생활응급처치. 대한응급의학회, 보건복지부. 1999.

응급처치와 심폐소생술. 대한응급구조사협회 역. 한미의학. 2010.

구급 및 응급처치론. 이희순. 정훈사. 2010.

기본응급처치학. 전국응급구조학과교수협의회. 한미의학. 2010.

생명을 살리는 심폐소생술, 대한심폐소생협회, 2011.

응급처치법, 대한적십자사, 2011.

서울특별시 소방재난본부, "소방활동 위험예지훈련 도해집", 2012.

학교안전공제중앙회, "학교안전교육전문강사인력풀 사전연수 자료집", 2022.

한국산업안전공단, "위험예지훈련 도해자료".

Adler, A. and Ansbacher H. L. "*Superiority and social interest.*" Northwestern University Press, (1964)

Ajzen., I. "*Belief, attitude, intention, and behavior.*" Chicago: Dorsey Press, (1988)

Ajzen, I. "*Attitudes, personality, and behavior.*" Milton-Keynes, England: Open University Press/McGraw-Hill, 2(2005)

Ajzen, I., and Fishbein, M. "*The influence of attitudes on behavior.*" In D. Albarracin, B. T. Johnson and M. P. Zanna (eds), Handbook of Attitudes and Attitude Change : Basic Principles. Mahwah, NJ: Lawrence Erlbaum Associates, (2005)

Bass, B. M. "*Leadership and performance beyond expectations.*" Free Press, (1985)

Bass, B. M. "*Bass and Stogdill's handbook of leadership: theory, research, and managerial applications.*" Free Press, (1990): 92-112.

Brock, V. G. "*Grounded Theory of The Roots And Emergence of Coaching.*" International

University of Professional Studies, (2008): 1-71.

Burns, J. M. "*Leadership.*" New York: Harper & Row, (1978)

Csikszentmihalyi, M. "*The Contribution of Flow to Positive Psychology.*" Laws of Life Symposia Series Templet on Foundation Press, (2000): 387-398.

Ellinger, A. D., Ellinger, A. E., Hanmlin, R. G., and Beattie, R. S. "Achieving improved performance through managerial coaching. In R. Watkins and D. Leigh(Eds.), Handbook of improving performance in the workplace Volume 2: Selecting and implementing performance interventions." San Francisco, CA: Co-published by The International Society for Performace Improvement and Pfeiffer, (2010): 275-296.

Fishbein, M., and Ajzen, I. "*Predicting and changing behavior: The reasoned action approach.*" New York, Hove: Taylor and Francis Group, (2010)

Gary, A. Y. "*Leadership in organizations.*" Englewood Cliffs, N. J.: Prentice Hall, (1989)

Greene, J. and Grant, A. M. "*Solution-focused Coaching: A Manager's Guide to Getting the Best from People.*" London: Peason Education Limited, (2003)

Hannaford, E. "*Supervisors Guide to Human Relations.*" National Safety Council Chicago, (1976)

HSE, "*Successful Health and Safety Management.*" Health and Safety Executive, HSE Book, (2002)

Hunt, J. M. and Weintraub, J. R. "*The coaching organization: a strategy for developing leaders.*" Thousand Oaks: Sage Publications, (2007)

Hunter, J. E. and Schmidt, F. L. "*Methods of meta-analysis.*" CA: Sage Publications, (2004)

Kilburg, R. R. "*Executive coaching: Developing Managerial Wisdom in a World of Chaos.*" Washington, DC, US: American Psychological Association, (2002)

Kubicek, M. "*Is coaching being abused?*" Training, (2002) : 12-14.

Lussier, R. N. and Achua, C. F. "*Leadership: theory, application, skill development.*" Mason: Thomson/South-Western, (2004)

McCauley, C. D. and Hezlett, S. A. "*Individual development in the workplace.*" Handbook of industrial, work and organizational psychology, (2002): 313−335.

McSween, T. E. "*The Value-based Safety process: Improving your safety culture with a behavioral approach.*" Hoboken, NJ: Wiley, (2003)

Mosak, H. and Michael Maniacci. "*A Primer of Adlerian Psychology: The Analytic-behavioral -cognitive Psychology of Alfred Adler.*" Psychology Press, (1999): 12-29.

NSWMC, "*Submission to the 2005 NSW Mines Safety Review*" NSW Minerals Council, (2005)

Park, Y-S. "*Development of Safety Psychology Coaching Program.*" Research Report,

KOSHA. (2017)

Peters, T. J. and Dorling, K. "*Leadership.*" New York: Dorling Kindersley, (2005)

Reason, J. "*Human Error.*" New York: Cambridge University Press, (1990)

Robinson, P. S. "*Organization behavior.*" New Jersey: Pearson Education: Pretice Hall, 11(2011)

Schein, E. H. "*Organizational culture and leadership.*" San Francisco: Jossey - Bass, (1992): 121-122.

Stogdill, R. M. "*Handbook of leadership; a survey of theory and research.*" Free Press, (1974): 430-581.

Whitmore, J. "*Coaching for performance: GROWing human potential and purpose : the principles and practice of coaching and leadership.*" Boston: Nicholas Brealey, (2009)

Whitworth, L., Kimsey-House, H. and Sandahl, P. "*Co-active Coaching.*" Davies-Black, (1998)

국외논문

Ajzen, I. and Madden, T. J. "Prediction of goal-directed behavior: Attitudes, intentions, and perceived behavioral control." *Journal of Experimental Social Psychology* 22(1986) : 74-453.

Ajzen, I. "The Theory of planned behavior." *Organizational Behavior and Human Descision Processes* 50(1991): 179-211.

Ajzen, I. and Driver, B. L. "Application of the Theory of planned behavior to lesisure choice." *Joumal of Leisure Research* 24(1992): 24-207.

Ajzen, I. "Residual effects of past on later behavior: Habituation and reasoned action perspectives." *Personality and Social Psychology Review* 6(2002) : 22-107.

Anthony, M. G. and Richard-Zackon M. S. "Executive, Workplace and Life Coaching: Findings from a Large-Scale Survey of International Coach Federation Members." *International Journal of Evidence Based Coaching and Mentoring* 2(2) (2004): 1-15

Armitage, C. J. and Conner, M. "Efficacy of the theory of planned behaviour: A meta-analytic review." *British Journal of Social Psychology* 40(4) (2001): 471-499.

Arvey, R. D., Zhang, Z., Avolio, B. J., and Kruger, R. "Understanding the developmental and genetic determinants of leadership among females." *Journal of Applied Psychology* 92(2007): 693-706.

Barling, J., Loughlin, C. and Kelloway, E. K. "Development and Test of a Model Linking Safety-Specific Transformational Leadership and Occupational Safety." *Journal of applied psychology* 87(3) (2002): 488-496.

Bettencourt, L. A. "Customer voluntary performance: Customers as partners in service delivery." *Journal of Retailing* 73(3) (1997): 383−406.

Biswas-Diener, R., Vitters, J. and Diener, E. "The Danish Effect: Beginning to Explain High Well-Being in Denmark." *Social indicators research* 97(2) (2010): 229-246.

Bob E. H., Jill P., Tara S. and Jennifer T. "Measuring Perceptions of Workplace Safety: Development and Validation of the Work Safety Scale." *Journal of Safety Research* 29(3) (1998): 145−161.

Forcier, B. H., Walters, A. E., Brasher, E. E. and Jones, J. W. "Creating a safer working environment through psychological assessment: A review of a measure of safety consciousness." *Journal of Prevention and Intervention in the Community* 22(1) (2001): 53-65.

Browne, M. W. and Cudeck, R. "Alternative Ways of Assessing Model Fit." *Sage focus editions* 154(1993): 136.

Burke, M. J., Sapry, S. A., Tesluk, P. K. and Smith-Crowe, K. "General safety performance: a test of a grounded theoretical model." *Pers. Pstchol* 55(2002): 429-457.

Fugas, C. S., Silva, S. A. and Melia, J. L. "Another look at safety climate and safety behavior: Deepening the cognitive and social mediator mechanisms." *Accident Analysis and Prevention* 45(2012): 468-477.

Carrillo, R.-A. S. "Expanding Managers' Leadership Role in Safety." *Professional safety* 43(6) (1998): 38-41.

Clarke, N. "Valuating Leadership Training and Development: A Levels-of-Analysis Perspective." *Human resource development quarterly* 23(4) (2012) : 441-460.

Cohen, J. B. and Reed II, A. "A multiple pathway anchoring and adjustment(MPAA) model of attitude generation and recruitment." *Journal of Consumer Research* 33(1) (2006): 1-15.

Compeau, D. R. and Higgins, C. A. "Computer self-efficacy: Development of a measure and initial test." *MIS Quarterly* 19(1995): 189-212.

Cooke, R. and French, D. P. "How well do the theory of reasoned action and theory of planned behavior predict intentions and attendance at screening programmes? A meta-analysis." *Psychology and Health* 23(7) (2008): 745-765.

Cooper, M. D. and Phillips, R. A. "Exploratory Analysis of the Safety Climate and Safety Behavior Relationship." *Journal of Safety Research* 35 (2002): 497-512.

Coutu, D. and Kauffman, C. "What Can Coaches Do for You?: Executive coaches are increasingly in demand." *Harvard business review* 87(1) (2009): 91-98.

Parker, D., Manstead, A. S. R. and Stradling, S. G. "Extending the theory of planned behaviour: The role of personal norm." *British Journal of Social Psychology First published* 34(2) (1995): 127-138.

Davis, P. "Coaching performance: What sort of job are you dong?" *Sprts Coach* 27(1) (2004): 6-8.

Ellinger, E. A., Ellinger, A. B. and Keller, S. "Supervisory coaching in a logistics context" *Emerald Group Publishing Limited* 35(9) (2005): 620-636.

Ellinger, A. D., Hamlin, R. G. and Beattie, R. S. "Behavioural indicators of ineffective managerial coaching: A cross-national study." *Journal of European industrial training* 32(4) (2008): 240-257.

English, D. and Branaghan, R. j. "An empirically derived taxonomy of pilot violation behaviour, " *Safety Science* 50(2012): 199-209.

Erwin, P. "Attitude and persuasion." Contemporary Psychology 49(1) (2004): 73.

Fishbein, M. and Ajzen, I "Belief, attitude, intention and behavior." *Richard J. Hill Contemporary Sociology* 6(2) (1977): 244-245.

Fitch, H. G., Hermann, J. and Hopkins, B. L. "Safe and unsafe behavior and its modification." *Journal of Occupational Medicine* 18(1976): 618-622.

Flin R., O Dea A. and Yule S. "HSE Horizons: Leadership Behaviors for Maximizing Safety." *Journal of Petroleum Technology Society of Petroleum Engineers of AIME* 54(11) (2002): 28-32.

Fugas, C. S., Melia, J. L. and Silva, S. A. "The 'is' and The 'Ought': How do perceived social norms influence safety behaviors at work?" *Journal of Occupational Health Psychology* 16(1) (2011): 67-79.

Fugas, C. S., Silva, S. A. and Melia, J. L. "Another look at safety climate and safety behavior: Deepening the cognitive and social mediator mechanisms." *Accident Analysis Prevention* 45(2012) : 77-468.

Garavan, T. N. and O Brien, F. "An Investigation into the Relationship between Safety Climate and Safety Behaviours in Irish Organisations." *The Irish journal of management*: the journal of the Irish Academy of Management 22(1) (2001): 141-170.

Latham, G. P., Almost, J, Mann, J. and Moore, C. "New Developments in Performance Management." *Organizational Dynamics* 34(1) (2005): 77—87.

Gautam, K., Campbell, C. and Arrington, B. "Financial performance of safety-net hospitals in a changing health care environment." *Health services management research* : an official journal of the Association of University Programs in Health Administration 9(3) (1996): 156-171.

Gordon W. A. "The functional autonomy of motives." *First published in American Journal of Psychology* (1937): 141-156.

Grant, M. "smart leadership in tough times." *Supervision* 64(6) (2003): 3-6.

Grant, A. M. "A personal perspective on professional coaching and the development of coaching psychology." *International Coaching P sychology Review* 1(1) (2006): 12-22.

Grant, A. M. "Enhancing Coaching Skills and Emotional Intelligence Through Training." *Industrial and Commercial Training* 39(5) (2007): 257-266.

Grant, M. M. "Performance Management: Use quality principles to manage people." *Leadership Excellence* 24(3) (2007): 9.

Heather A. Hausenblas, A. C. and Carron, D. E. M. "Application of the Theories of Reasoned Action and Planned Behavior to Exercise Behavior: A Meta Analysis." *Journal of Sport and Exercise Psychology* 19(1997): 36-51.

Heslin, P. A., Latham, G. P. and Vande Walle, D. "The effect of implicit person theory on performance appraisals." *Journal of Applied Psychology* 90(5) (2005): 842-856.

Hofmann, D. A. and Mark, B. "An investigation of the relationship between climate safety and medication errors as well as other nurse and patient outcomes." *Personnel Psychology* 59(2006): 547-869.

Hunt, J. M. and Weintraub, J. "How coaching can enhance your brand as a manager." *Journal of organizational excellence* 21(4) (2002): 39-44.

Julian, Turner, Nick, Barling, Epitropaki, Olga, Butcher, Vicki, and Milner, Caroline, "Transfromational Leadership and Moral Reasoning." *Journal of Applied Psychology* 87(2002): 11-304.

Kets, d. and Vries, M. F. "Star Performers." *Organizational dynamics* 41(3) (2012): 173-182.

Killburg, R. R. "Toward a conceptual understanding and definition of executive coaching." *Consulting Psychology Journal: Practice and Research* 48(1) (1996): 134-144.

Kraft, P., Rise, J., Sutton, S. and Rosamb, E. "Perceived difficulty in the theory of planned behaviour: perceived behavioural control or affective attitude?" *British Journal of Social Psychology* 44 (2005): 96-479.

Kramer, C. S. and Karen P. P. "Food Safety: consumers Report Their Concerns." *National Food Review* 33(1986): 21-24.

Latham, G. P., Almost, J., Mann, S. and Moore, C., "New Developments in Performance Management." *Organizational dynamics* 34(1) (2005): 77-87.

Lutz, R. J. “Affective and cognitive antecedents of attitude twoard the Ad.” *Information Processing Research in Ad* 46(1983): 1-16.

McLean, G. N., Yang, B., Kuo, M. C., Tolbert, A. S., and Larkin, C. “Development and initial validation of an instrument Measuring managerial coaching skill.” *Human Resource Development Quarterly* 12(2) (2005): 157-178.

Michael J., Burke, W. and Dunlap, P. “Estimating Interrater Agreement with the Average Deviation Index: A User's Guide.” *Organizational Research* 5(2) (2002): 159-172.

Muhammad Owais Munir, Rabia Furqan, Saba Shahzad and Abdul Basit. “Examining The Role of Leadership of Portfolio Managers In Project Performance.” *Journal of Strategy and Performance Management* 5(1) (2017): 23-41.

McLean, G. N., Yang, B., Kuo, M. C., Tolbert, A. S., and Larkin, C. “Development and initial validation of an instrument Measuring managerial coaching skill.” *Human Resource Development Quarterly* 12(2) (2005): 157-178.

Neal, A., Griffin, M. A., and Hart, P. M. “The impact of organizational climate on safety climate and individual behavior.” *Safety Science* 34 (2000): 99—109.

O&apos, Dea, A. and Flin, R. “Site managers and safety leadership in the offshore oil and gas industry.” *Safety Science* 37(1) (2001): 39-57.

O'Dea A and Flin R. “Site managers and safety leadership in the offshore oil and gas industry.” *Safety Science* 37(1) (2001): 39-57.

Peter G. N. “Book Review, Leadership: Theory and Practice.” *Journal of education for business* 83(2) (2007): 116-117.

Peterson, David B. and Little, B. “Invited reaction: Development and initial validation of an instrument measuring managerial coaching skill.” *Human resource development quarterly* 16(2) (2005): 179-184.

Peterson, S. J., Luthans, F., Avolio, B. J., Walumbwa, F. O. and Zhang, Z. “Psychological capital and employee performance: A latent growth modeling approach.” *Personnel Psychology* 64(2011): 427-450.

Petraitis, J., Flay, B. R. and Miller, T. Q. “Reviewing theories of adolescent substance use: Organizing pieces in the puzzle.” *Psychological Bulletin* 117(1) (1995): 67-86.

Phipps M., Ozanne, L. Luchs, M. Subrahmanyan, S. et al. “Understanding the inherent complexity of sustainable consumption: A social cognitive framework.” *Journal of Business Research* 66(3) (2013): 1227-1234.

Quinn, J. B. “Team Innovation: Innovative teams share some common patterns of behavior in the workplace.” *Executive Excellence* 13(7) (1996): 13-14.

Richard M., Dienesch, R. and Liden, C "Leader -Member exchange model of leadership: a critique and further development." *The Academy of Management Review* 1(3) (1986): 618-634.

Stowell, S. J. "Coaching: A Commitment to Leadership." *Training and Development Journal* 42(6) (1988): 34-38.

Tobias, L. L. "Coaching executives." *Consulting Psychology Journal: Practice and Research* 48(2) (1996): 87—95.

Trafimow, D. and Finlay, K. A. "An investigation of three models of multitrait representations." *Personality and Social Psychology Bulletin* 27(2) (2001): 226—241.

Trafimow, D., Sheeran, P., Conner, M. and Finlay, K. A. "Evidence that perceived behaviorsal control is a multidimensional construct: perceived control and perceived difficulty." *British Journal of Social Psychology* 41(2002): 21-101.

Whitmore, S., Marks, J. and Djobadze, M. "Mechanical Properties of Co Cured Non-Metallic Sandwich Structures." *International Sampe Symposium and Exhibition* 1(39) (1994): 441-456.

Wu, J. B. "The Dual Processes of Team Leadership: A Multilevel Perspective." *Conference Proceedings - Academy of Management* 1(1) (2007): 190.

Wu, T.-C., Lin, C.-H. and Shiau, S.-Y. "Predicting safety culture: The roles of employer, operations manager and safety professional." *Journal of Safety Research* 41(5) (2010): 423-431.

Yule S., Flin R. and Murdy A. "The role of management and safety climate in preventing risk-taking at work." *International Journal of Risk Assessment and Management* 7(2007): 137-151.

Allen, N. and Meyer, J., "Testing the 'Side-Bet theory' of Organizational Commitment: Some Methodological Considerations." Journal of Applied Psychology 69 (1984).

Amold, J., Arad, S., Rhoades, J. A., and Drasgow, F., "The Empowering Leadership Questionnaire: The construction and Validation of a New Scale for Measuring Leader Behaviors." Journal of Organizational Behaviors 21 (2000).

Angle, H. and Perry, J., "Organizational Commitment." Work and Occupation 10 (1983).

Bacon, T. R. and Spear, K. I., "Adaptive coaching; The Art and Practice of a Client- centered Approach to Performance Improvement." Palo Alto, CA: Davis-Black, 2003.

Bae, Soo Hyun. and Park, Jung Sook. "Developing and Verifying the Effectiveness of Extracurricular Coaching Programs to Improve the Communication Skills and

Leadership of Nursing College Students." Korea Nursing Education Institute 21(2) (2015).

Bae, Yong Kwan, "A Case of 'Happy Coaching' Methodology and Application Based on Happiness Numbers." Coaching Research 3(2) (2010).

Baek, Myung Sung, and Jang Geum Sung, "Developing Coaching Programs for Nurses and Validation of Effectiveness." Korea Institute of Health Information Statistics 41(1) (2016).

Bagozzi, and Richard P., "Salesforce Performance and Satisfaction as a Function of Individual Difference, Interpersonal and Satisfactional Factors." Journal of Marketing Research 15 (1978).

Bandura, A., "Self-efficacy: The Exercise of Control." NY: W. H. Freeman, 1997.

Baron, L. and Morin, L., "The Coach-Coachee Relationship in Executive Coaching: A Field Study." Human Resources Development Quarterly 20(1) (2009).

Barrett P. T., "The Effects of Group Coaching on Executive Health and Team Effectiveness: Quasi- Experimental Field Study." Regent University Doctoral dissertation, 2006.

Bergmann, J., and Sams, A., "Flip Your Classroom: Reach Every Student in Every Class Every Day." Washington DC: International Society for Technology in Education, 2012.

Blattner, J., "Coaching: the Successful Adventure of a Downwardly Mobile Executive." Consulting Psychology Journal: Practice and Research 57(2005).

Bonwell, C. C. and Eison, J. A., "Active Learning: Creating Excitement in the Classroom. ASHE- ERIC Higher Education Report No.1." Washington, D.C. George Washington University, 1991.

Bourgeois et al., "The Adult University." Buckingham: The Society for Research into Higher Education & Open University Press, 1999.

Boyatzis, R. E. Smith, M. L. and Blaize, N., "Developing Sustainable Leaders through Coaching and Compassion." The Academy of Management Learning and Education 5 (2006).

Carstensen, S. S., Kjaer, C., Möller, S., and Bloksgaard, M., Implementing Collaborative, Active Learning Using Peer Instructions in Pharmacology Teaching Increases Students.' Learning and Thereby Exam Performance. European journal of pharmacology, 867 (2020) 5.

Cavanagh, M. J. and Grant, A. M., "Executive Coaching in Organizations: The Personal is the Professonnal." International Journal of Coaching in Organizations 2(1) (2004).

Central Education Committee "For the Qualitative Transformation of University Education to

Build a New Future ~ Learn for Life" To a University that Fosters the Power to Think Subjectively ~" (Reply) (2012).

Chang, Jeong Aae. "A Study on Factors Affecting Caregiver's Job Satisfaction." Inha University Graduate School of Policy Studies Master's thesis, 2011.

Chang, Kyung Won. et al., "A Study on the Trends of Research on Action Learning in Schools" A Study on the Education Methods 27(3) (2015).

Chang, Taek Kwan. "A Study on the Improvement of Leadership through Coaching." a thesis on the Master's Degree from the Graduate School of Industrial Management, Chung-Ang University Master's thesis, 2005.

Chickering, W. and Gibbs, Zealda F., "Seven Principles for Good Practice in Undergraduate Education." AAHE Bulletin 3(39) (1987).

Cho, Dae yeon. et al., "A Study on the Restructuring and Revitalization of the Lifelong Education College and the Lifelong Education System for University-oriented Lifelong Education." Ministry of Education, 2015.

Cho, Hyun Wook. "Safiens" (Seoul: KimYoung-sa, 2015).

Cho, Seong Jin. "A Study on the Effect of Coaching on Self-Effectiveness, Self-Effectiveness and Path Preparation Behavior." Coaching Skills Development Site 19(3) Korea Institute of Coaching Skills Development (2017).

Cho, Seong Jin. "Human Resources Development Using Coaching- Focused on the Western Life Coaches Training Case in Daejeon City." Research on Human Resources Development 20 (2017).

Cho, Sung Jin. "Journal Design and Coaching Leadership." (Seoul: Jungmin-sa, 2015).

Cho, Sung Jin. "The Effect of Coaching on Self-Effectiveness, Family Relations and Performance of University Students." Study on Culture Education 74 (2013b).

Cho, Sung Jin. "The Effects of Coaching on Self-Efficiency, Career Preparation Behavior and Career Accommodation among University Students." Coaching Capacity Development Site 16(1) (2014).

Cho, Sung Jin and Jeong, Jeong Soo. "Standards of Domestic Coaching Research and Future Research." Research on Human Resources Development 21(3) (2018).

Cho, Yoon Hee, Cho Sung Yong and Hong Gye Hoon. "Effects of Authentic Leadership and Team Empowerment on Team Commitment and Team-Level Organizational Citizenship Behavior: Coaching as a Moderator." Korean Journal of Business Administration 30(4) (2017).

Cho, Yoon Kung. "Basic Study of Parent Emotion Coaching Programs to Participate in

Caring for Fathers in Korean Society." Coaching Research 2(2009).

Cho, Young Ah. "Structural Relationship between Career Management Behavior and Core Self- Assessment, Perceived norms, Outcome Expectations and Will to Execute of Office Workers in Large Enterprises." Seoul National University Graduate School Doctoral dissertation, 2015.

Choi, Chi Young. "A Study on the Influence of Coaching the Boss on Employee and Customer Satisfaction: Focused on Nurses at University Hospital in Korea." Education and Culture Research 11(2005).

Choi, In Sook. "The Effect of Coaching-Based Personality Education Program on the Personality Improvement of Elementary School Students." Seoul: The Journal of the Korean Convergence Society 9(9) (2018).

Choi, Jeong Bin and Kim, Eun Kyung. "Developing a Flipped Learning Model and Curriculum Operation" Journal of Engineering Education Research 18(2) (2015).

Choi, Kyung Hwa and Tak, Jin Guk. "The Impact of the Career-Saving Group Coaching Program on Self-esteem, Job-seeking Effectiveness and Resilience." Korea Psychological Association: Coaching 1 (2017).

Choi, Sang Deok. et al., "Research on Model Development and Support Strategies of University Lifelong Learning." Korea Educational Development Institute (2009).

Choi Sang Duk, and Han Hyo Jung, "Tasks and Policy Implications for University Lifelong Education: A Needs Analysis Study on Adults." Journal of Lifelong Learning Society 15(4) (2019).

Choi Yu Seon. et al., "Experiences of Pre-Service Teacher's Self-Directed Learning Coaching." The Korean Journal of the Human Development 23(3) (2016).

Chung Tae Youn, "The Structural Relationship between Corporate Managers Life-Long Education Coaching Leadership and Its Member's Problem Solving Ability and Interpersonal Ability." Ajou University Graduate School Department of Education Doctoral dissertation, 2011.

Chung Tae Youn, "The Stuctural Relationship between Corporate Managers' Life-Long Education Coaching Leadership and Its Member's Problem Solving Ability and Interpersonal Ability." The Ajou University Graduate School, Department of Education a Doctoral dissertation, 2011.

Clark, S., "Work Cultures and Work/Family Balance." Journal of Vocational Behavior 59 (2001).

Collins, G. R., "Christian Coaching." Colorado Spring, (CO: Nav Press, 2001).

Cox, E., Bachkirova, T., and Clutterbuck, D., "The Complete Handbook of Coaching." (London: Sage, 2010).

Deci E. L., "Intrinsic Motivation." (New York: Plenum, 1975).

Do, Mi Hyang. "The Effect of Family Leadership Coaching Program on Teacher Efficacy and Job Satisfaction of Child Care Teachers." Korean Family Welfare 13(3) (2007).

Kim, Do Yeon. "Design and Implementation of Integrated E-Coaching system Based on Synchronous and Asynchronous." The Journal of the Institute of Internet, Broadcasting and Communication (IIBC) 15(4) (2015).

Choi, Don Min. "The Ways to Improve the Function and Role of Universities for Adult Learners." Journal of Lifelong Learning Society 9(3) (2013).

Drucker, P. F., "Post-capitalist society." (New York: Harper Collins Publishers, 1994).

Edwards. L., "Coaching-the Latest Buzzword or a Truly Effective Management Tool?" Industrial and Commercial Training 35(7) (2013).

Ellinger, A. D., Ellinger, A. E., and Keller, S. B., "Supervisory Coaching Behavior, Employee Satisfaction, and Warehouse Employee Performance: a Dynamic Perspective in the Distribution Industry." Human Resources Development Quarterly 14(4) (2003).

Kim, Eung Ja. "The Construction and Effect of Parents Coaching Program for Childhood Career Guidance." Korean Journal of Family Welfare 19(4) (2014).

Evered, R. D., and Sclman, J. E., "Coaching and the Art of Management." Organizational Dynamics Autumn 15(1989).

Fink, L. D., "Creating Significant Learning Experiences: An Integrated Approach to Designing College Courses." (San Francisco, CA: Jossey-Bass, 2003).

Fink, L. D., "Designing Our Course for Greater Student Engagement and Better Student Learning." Perspectives on Issues in Higher Education 13(1) (2010).

Foray, D. and Lundvall, B., "The Knowledge-based Economy: From the Economics of Knowledge to the Learning Economy. In OECD, Employment and Growth in the Knowledge-based Economy." Paris: Author (1996).

Gamson, Z., "A Brief History of the Seven Principles for Good Practice in Undergraduate Education." New Directions for Teaching and Learning No.47 (1991).

Go Eun Hyun, et al., "Development of Hybrid Career Coaching Model and Effect Analysis."The Journal of Korean Association of Computer Education 18(6) (2015).

Grant, A. M., "Keeping up with Cheese Research as a Foundation for Professional Coaching of the Future. International Coach Federation Conference Symposium." (Denver, Colorado, 2003).

Grant, A. M., and Stober, D., "Introduction. In D. Stober & A. Grant (Eds.)." (New Jersey: Wiley and Sons. Evidence based coaching: Putting best practices to work for your clients, 2006).

Gregory, J. M, "Employee coaching: The important of the supervisor/subordinate relationship and related constructs." Akron University Doctoral dissertation, 2010).

Haberleither. E., "Fuehren, Foerdern, Coachen: So entwickeln Sie die Potenziale Ihrer Mitarbeiter." (Seoul: Korea Securities Research Institute, 2002).

Hahn, Yong Jin. "Educational Paradigm Changes in Japan during the Fourth Industrial Revolution: focusing on the Haksu concept of active learning." Korean Journal of the Japan Education 22(3) (2018).

Hall, D. T., "Human Resource Development and Organizational Effectiveness. In C Fombrun, N. M. Tichy, & M. A. Devanna(Eds.), Strategic Human Resource Management." New York: John Wiley & Sons (1984).

Hamlin, R. G., Ellinger, A. D., and Beattie, R. S., "Toward a Profession of Coaching? A Definitional Examination of 'Coaching', 'Organization Development', and 'Human' Resource Development." International Journal of Evidence Based Coaching and Mentoring 7(1) (2009).

Han, Byung Chul. "The Fatigue Society." (Seoul: Munhak & Jisung-sa, 2012), Kageyama noboru (1998).

Han, Huh Jung. "A Study on the Coaching Skills of the Organization's Intermediate Managers" Seoul National University Graduate School Master's thesis, 2007).

Han, Ki Eon. "Open Education: Understanding Modern Education," Seoul: Park Young-sa (1984). Han Sook Jung, and Jung Hyun Chul, "Study on Flip Learning Effect and Experience." Asia-Pacific Journal of Multimedia Services Convert with Art, Humanities, and Sociology 6(1) (2016).

Han Sung Hee, and Lee Eun Jung, "Commonization of Higher Education and Systematic Complexity: Chemical Combination of Higher Education with Lifelong Learning." Lifelong Learning Society 12(1) (2016).

Han, Young Soo and Park, Yoon Hee. "The Effect of Coaching Leadership on the Organizational Immersion of Small and Medium Business CEOs." Coaching Capacity Development Zones 17(4) (2015).

Heo, J. E. et al., "A Study on the Relationships among Coaching Leadership, Directive Leadership, Self-efficacy and Cohesion-focused on the Marine Corps Soldiers." Journal of Convergence security 16(3) (2016).

Hiroki Sanji "What is Active Learning." University Education and Information 1 (2-7) (2014).

Hodgetts, W and Knutson, M J., "Maximizing Coaching Effectiveness: Coaching Internally VS.

Externally." Paper Presented at The Coaching and Mentoring Conference, Linkage, Inc., Washington, D.C , 1988.

Hong, Song Yi and Lim, Sung Taek. "The Effect of Learning Consulting Support Torturing Programs on Learning Motives and Academic Achievements of University Students." Educational Studies 54(4) (2016).

Hwang, Sung Won. "A Plan to Introduce Effective Action Learning to the Public Sector." Korea Institute of Public Administration, 2005.

Hyun, Young Sup and Kim, Woo Cheol. "Research Trends on Meta Research in Lifelong Education: Centered on the Articles Published in Korean." Journal of Comprehensive Study on Education 15(4) (2017).

International Coaching Federation ICF Korea. Coaching philosoph, http://icfkorea.or.kr, (2018).

International Coaching Federation, Consumers consider coach certifications/credentials very important, according to new ICF study, (2011).

Ives, Y., "What is 'Coaching?' An Exploration of Conflicting Paradigms." International Journal of Evidence Based Coaching and Mentoring 6(2) (2008).

Jarvis, P., "Toward a Comprehensive Theory of Human Learning" (London: Routledge, 2006).

Jeong Chan Pil, "Training from the View of Journalists, Reverse Classroom and Argument Cartel." Seoul: Education Plaza 52 (2014).

Jeong, Dong Ryeol. "The Hierarchical Relationship between the Career Immersion of Early Graduates of Specialized High Schools in Small and Medium Enterprises and Their Personal and Organizational Characteristics," Seoul National University Graduate School Doctoral dissertation, 2014).

Jeong, Gyeong Sook and Jeong, Bong Kyo. "The Effect of Positive Self-expression Coaching Program on the Self-esteem, Emotional Well-being and Interpersonal Relations of the Elderly" Psympathy and Behavior Disorder Studies 32(2) (2016).

Jeong, Im Eun. "An Integrative Coaching Model of Development: The Implications for Research and Professional Training in Coaching Psychology." The Korean Journal of Coaching Psychology 1(1) (2017).

Jin, Sung Hee. et al., "Plip-learning Professor Design Guidebook for Engineering

Professionals," Study Report of Engineering Education Innovation Center, 2016).

Joh, Seong Jhin. "Development of Human Resources Using Coaching: A Case Study of Life Coach Training Project in Daejeon." Korean Journal of Resources Development 20(4) (2017).

Joh, Seong Jhin. "The Effect of Communication Ability and Life on University Students through Coaching Curriculum." Korean Journal of General Education 10(3) (2016).

Joh, Seong Jhin and Jung, Yi Su. "Review of Research Trends on Coaching Studies and Recommendations for Future Research Direction in Korea: Progress from 1995 to 2017 and Challenges." Human Resource Development Study 21(3) (2018).

Joh, Seong Jhi. "A Study on the Effects of Coaching on Self-efficacy, Career Decision-Making Self-Efficacy, and Career Preparation Behavior." Journal of Coaching Development 19(3) (2017).

Jung, Hyo Jung. "The Development of a Career Education Program Based on Group Coaching Model for College Students." Journal of Learner-Centered Curriculum and Instruction 16(2) (2016).

Junichi Kanbe "The Challenge for Realization of a Circular Society of Knowledge" Annual Report of the Japan Society for Continuing Education 32 (2011).

Kang, Hee Sun. "The Influences of College Students Sex, Grade, and Career Consciousness on Career Development Preparation and Career Decision Self-Efficacy." Journal of Educational Research & Implementation 9(3) (2010).

Kang, Jae Hoon. "A Case Study on Industrial-Academic Cooperation Model, a Small Businessman Using Action Learning." Kyungnam Science and Technology University master's thesis, 2013.

Kang, Ki Jung. "A Study on Parent Coaching Experiences for Strengthening Parent Skills of Muticuitural Family Women." Korea Journal of Family Welfare 14(3) (2009).

Kang, Yeon Jeong and Yang, Eun Kyeong. "Christian Coaching Program for self-management and leadership development of adolescent." Korean Journal of Christian Counseling 22 (2011).

Kets de Veris, M. F. R, "Leadership Group Coaching in Action: The Zen of Creating High Performance Team." Academy of Management 19(1) (2005).

Kilburg, R. R., "Toward a Conceptual Understanding and Definition of Executive Coaching." Consulting Psychology Journal: Practice and Research 48(2) (1996).

Kim, Bo Gyeong. "The Influences of Director's Coaching Leadership and Early Childhood Teacher's Emotional Intelligence on Teacher-child Interactions." The Journal of Eco

Early Childhood Education & Care 15(1) (2016).

Kim, Guk Gun. "The Influence of Transformational Leader and Human Resource Promotion Behavior in the Intermediate Executive of Naval Ships on the Organizational Immersion of Underlings." Korea University Graduate School Doctoral dissertation, 2012.

Kim, Ha Na and Kim, Hye Yeon, "The Effect of Career Coaching Program on Self-Efficiency and Career Accommodation: For Middle School Students in Jeju Regional Children's Center." Coaching Study 8(1) (2015).

Kim, Hae Ryong. "A Study on the Effect of Self-Efficiency on the Relationship between Job Self- Protection and Organizational Member Attitude." Organization and Personnel Management Research 30(3) Korean Society for Historical Management (2006).

Kim Hee Jung, "A Preliminary Study for a Academic Probation Target Individual Learning Coaching Program Development." Fisheries and Oceanographic Education Research 28(4) (2016).

Kim, Heung Kuk. "The Theory and Practice of Career Development." (Seoul: Dasan Publishing Co, 2000).

Kim, Hyun Jung. "Case of Organizational Development of Small and Medium Businesses after Acquisition." HRD Study 16(2) (2014).

Kim, Hyung Sook. "A Study on the Development of a Capability Model for Action Learning Coaches." Chonbuk National University Graduate School Doctoral dissertation, 2010).

Kim, Il Bu. "The Effects of the Interaction Training of Early Childhood Parents Using the Method of Mentor Coaching and the TREASURE Talk Coaching Model." Korean Journal of Family Welfare 21(3) (2016).

Kim, Il Park. "A Study of Coaching Leadership Influence on the Job Autonomy and Organizational Citizenship Behavior -Multicultural Family Support Center-." Human Resource Management Study 24(5) (2017).

Kim, Ju Seob. "Linkage of the Principle of Andragogy and Major Adults Learning Theories to Mentoring and Coaching Process." Andragogy Today Interdisciplinary Journal of Adult & Continuing Education 15(4) (2012).

Kim, Kyu Soo and Lee, Jong Soon. "The Effect of Art activity Coaching Method on Young Childrens Drawing and Appreciation ability." Korean Journal of Children's Media 9(3) (2010).

Kim, Kyung Sup, "Coaching Conversation Technology." (Seoul: KimYoung-sa, 2015).

Kim, Mi Ok. "A Study on Exploring Key Success Factors in Action Learning Program for Small and Medium Businesses." Jeonbuk University Master's thesis, 2013.

Kim, Mi Ok. "A Study on the Key Success Factors in Action Learning College Classes." Chonbuk National University Doctoral dissertation, 2017.

Kim, Mi Soo. "The Study of Narrative Coaching Usefulness for Mature Leadership." Yon Sei Journal of Counseling and Coaching 4 (2015).

Kim, Mi Wha. "The Development of Enneagram Personality Type Inventory of the Coaching for Young People." Journal of the Korea Institute of Safety Management 13(4) (2011).

Kim, Na Mi. et al., "The Effect of Restoration Elasticity Program and Fellow Mentoring for College Students." Open Education Study 22(1) (2014).

Kim, Pan Soo and Baek, Hyun Ki "The Absolute Period of Studying: Self-directed Learning." (Seoul: Education and Science History, 2007).

Kim, Sang Bum. "A Case Study on Differences between High- and Low-Sales Organizations-With a Focus on the Coaching Behavioral of Sales Managers at K-." CRM Research 3(1) (2010).

Kim, Sang Bum. "Conceptualizing Sales Manager's Coaching and its Effect – Moderating effect of Salesperson's motivation and ability." A Study on Consumption and Culture 13(3) (2010).

Kim, Sarah Hyoung Sun. "The Development and the Effectiveness of a Parenting Coaching Program for Parenting Competence, Empathy, and Parenting Stress in Mothers." Journal of Korean Home Management Association 29(5) (2011).

Kim, Seon Young. "The Changes in Identity through Narrative Coaching: Based on the Stories of Esther and Mordecai." Korean Journal of Christian Counseling 26(4) (2015).

Kim, So Yoon. "Development of a Measurement Scale for the Career Coaching Competencies of Team Leaders in Corporations." Interdisciplinary Journal of Adult & Continuing Education 20(3) (2017).

Kim, Soon Chun and Do, mi Hyang. "The Effect of the Family Leadership Coaching Program on the Teaching Efficacy and Job Satisfaction of Child Care Teachers." Korea National Ethnic Welfare 13(2008).

Kim, Yang Hee and Shin, Mi Nyeo. "A Case Study of Coaching Program for Social Adaptation of North Korean Refugees to South Korea." North Korean Studies 39(1) (2014).

Kim, Yun Min. "Evaluation of Design and Operation of Action Learning based Nursing Professionalism Course for Nursing Students Chonnam National University Graduate

School, Doctoral dissertation, 2012.

Kim, Jae Kyung. "Learner Perception and Attitude toward Three Types of Coaching Instruction in Liberal Arts English Education." Korean Journal of General Education 10(3) (2016).

Kim, Jae Kyung and Moon, Eun Joo. "Learner Perception and Attitude toward Three Types of Coaching Instruction in Liberal Arts English Education." Korean Journal of General Education 10(3) (2016).

Kim, Jeong Sik. "Impact of Leader's Coaching on Employees' Job Satisfaction and Job Involvement: Focusing on Mediating Effect of Self-efficacy." Journal of the Korean Content Society 11(7) (2011).

Kim, Jeong Sik. "Linking Leader's Coaching and Employees' Performance: The Influence of Intrinsic Motivation, Job Satisfaction, and Job Involvement." Journal of the Korean Management Association 125, 12 (91) (2012).

Kim, Jong Un. "The Effect of Coaching Program focused on Vision Establishment on Self-Efficacy and Career Maturity of Children." The Journal of Career Education Research 24(4) (2011).

Kim, Jong Un and Jung, Bo Hyun. "The Effect of Learning Coaching Program on Self-Efficacy and Self-Directed Learning Ability of Youth-After-School-Academy Children." Journal of Fishries and Marine Sciences Education 24(2) (2012).

Kim, Jong Un, and Jung, Bo Hyun, "The Effect of Coaching Program Focused on Vision Establishment on Self-Efficacy, Career Maturity and Achievement Motivation of After-School-Academy Children." Journal of Learner-Centered Curriculum and Instruction 15(6) (2015).

Kim, Young Joo. "The Changes in the Leadership of Child Care Center Middle Manager Based on Coaching Leadership Program." Early Childhood Education Research & Review 19(5) (2015).

Kim, Joo Yun. "A Study of Coaching Model for English Speaking Ability." Foreign Languages Education 17(3) (2010).

Ko, Eun Hyun. "A Study on University professor's Experience in Developing Action Learning Classes." A Study on the Education Methods 25(1) (2013).

Ko, Hyon Sook. "Comparison of Coaching Models and Process." Leadership Research 5(2) (2014). Kohli and Ajay K., "Some Unexplored Supervisory Behaviors and Their Influence on Salespeople's Role Clarity, Specific Self-Esteem, Job Satisfaction, and Motivation." Journal of Marketing Research 22 (1985).

Korea Coach Association, Coaching Gide,-Coaching Philosophy. http://www.kcoach.or, (2018).

Korea Ministry of Education, "Opening of Lifelong Education Institutions by Year." Korea Educational Development Institute 2018 National Institute of Lifelong Education Statistics (2019).

Korean Journal of the Japan Education, "The 4th Industrial Revolution and the Transformation of the Teaching and Learning Paradigm- Focused on Active Running in Japan." Korean Journal of the Japan Education Annual Conference Data Sheet (2017).

Kwon, Mi Kyung. "A Study on Airlines Employee's Coaching Leadership, Service Attitude, and Innovation Behavior-Focusing on Moderation Effects from Job Autonomy-." Journal of the Korean Aviation Management Association 13(1) (2015).

Kwon, Soon Chul. "Analysis on the Effect of Action-Running-Based Core Competency Curriculum." A Study on the Education Methods 7(6) (2013).

Kwon Soon Chul, "The Effects Analysis of General Arts Class of Core Competencies based on Action Learning." Korean Journal of General Education 7(6) (2013).

Kwon, Jeong Ok and Lim, Sun Young. "A Convergence Study about Influences of Coaching Behavior Level and Emotional Intelligence on Organizational Effectiveness of Nurse." Journal of the Korea Convergence Society 8(7) (2017).

Lawrence Lyman and Harvey C. Foyle, "Cooperative Grouping for Interactive Learning: Students, Teachers, and Administrators." (Washington, DC: National Education Association, 1990).

Lee, Dong Yup. "Explore the design model of Flipped Learning teaching." Digital Fusion Study 11(12) (2013).

Lee, H. K. "Coaching Psychology Workbook." (Seoul: Hakji-sa ,2014).

Lee, Hee Soo. et al., "A Study on Mid- and Long-term Development of the University-centered Lifelong Learning Enablement Project." National Institute for the Promotion of National Lifelong Education, 2014.

Lee, Ji Hye and Oh, Sang Jin. "Effects of Managerial Coaching Behaviors of Corporation on Career Planning Practical Behaviors for Employees: Focused on the Moderating Effect of Organizational Climate." Korean Association for Management Education 32(2) (2017).

Lee, Jung Hee. "The Education of the Sovereign through Active Running of Japan." Korea-Japan Education Study 22(3) (2018).

Lee, Jung Hi. "Japanese Citizenship Education through Active Learning" Korean Journal of the Japan Education 22(3) (2018).

Lee, Min Kyung. et al., "A Study on the Micro-education Reform through the Innovation of Classroom Education." Korea Society of Social Sciences 95 (2015).

Lee, Myung Sil. "Japan Reforms Public Education and Develops Learner-Oriented Education." Korean Journal of the Japan Education 20(2) (2016).

Lee, Myung Sil. "Table of Japan's Active Running Policy." Korea Japan Education Research 22(3) (2018).

Lee, Myung Sil. "Both Sides of 'Active Learning' in Japan." Korean Journal of the Japan Lim Jung sup, Choi Young Lm and Kim Kyo Heon, "The effect of the coaching program on the college students' dysfunctional career accidents, career maturity and self-efficiency in career decisions." Korea Psychological Association: General 32(2) (2013).

Lee, Si Kyun. et al., "The Mid- and Long-term Manpower Demand Forecast Reflecting Technological Innovation (2016-2030)." Korea Employment Information Service (2017).

Lee, Soon Kyu. "The Effect of Group Coaching Program on the Emotional Intelligence and Self- Efficiency of Nurses." Coaching Study 1(2008).

Lee, Yoon Ho and Seo, Young Kyu. "According to the Influence of Post-Occupancy (POS) of Hotel Staff on Organizational Immersion and turnover." Tourism Research Journal 24(3) (2010).

Lee, Hee Sook. et al., "Research on the Effect of Flip Learning on Learning Motives and Academic Achievements." Journal of the Korean Academy of Computer Education 18(2) (2015).

Lee, Sook Jeong and Kyeung, Ae Jang. "The Relationship between the Leadership and the Organizational Effectiveness of the Dental Hygienists." Journal of the Korea Convergence Society 8(3) (2017).

Lim, Kyung Wha and Kim, Tae Hyun. "Explore the Design Model for the Application of Flipped Learning in Engineering and Engineering Education." Silience Journal 6(2) (2014).

Lim, Seung Ok. "Analysis on the Relationship between Corporate Organizers' Perception of Human Resources Strategy and Organizational Immersion and Career Immersion." Korea University Graduate School Doctoral dissertation (2007).

Lim, Young Kyu. et al., "Experimental Study on the Utility of Active Learning." A Study on the Education Methods 11(1) (2017).

Lim, Young Kyu, et al., "An Empirical Study on the Effectiveness of Active Learning." Korean Journal of General Education 11(1) (2017).

Mackie, D., "Evaluating the Effectiveness of Executive Coaching: Where are We Now and Where Do We Need to Be?" Australian Psychologist 42(4) (2017).

Marsh H. W., "Age and Gender Effects in Physical Self-concepts for Adolescent Elite Athletes and Nonathletic." Journal of Sport and Exercise Psychology 20(1998).

Masaaki Ogasawara, "The Trap and Structural Problems of Active Learning" IDE Modern Higher Education 582 (2016).

Maslow A. H., "Motivation and Personality." (New York: Harper & Row, 1954).

Mckeachie W. J. and Gibbs Graham, "Mckeachie's teaching tips: (A Guidebook for the Beginning CollegeTteacher 7th ed. Lexington." ass: Heath, 1978).

Miho Kiyu "The Preliminary Method of Reversal Class and Active Learning" The Journal of the Japanese Society of Educational Engineering 40 (2016).

Ministry of Education, Culture, Sports, Science and Technology Japan's Glossary, 2012. Ministry of Education, Culture, Sports, Science and Technology Japan, "Active Learning.", 2012.

Ministry of Education, Culture, Sports, Science and Technology Japan "To Build Undergraduate Education (Reply)." Ministry of Education, Culture, Sports, Science and Technology Japan (2008).

Ministry of Education, Culture, Sports, Science and Technology Japan, "To Build Undergraduate Education (Reply)" (2012).

Ministry of Education, Culture, Sports, Science and Technology Japan, "Toward a Qualitative Transition in University Education to Build a New Future." Ministry of Education, Culture, Sports, Science and Technology Japan (2012).

Ministry of Education, Culture, Sports, Science and Technology Japan, "What should be the Curriculum Standards for Elementary and Secondary Education: Ap pendix 1-2 (Reply)."

Ministry of Education, Culture, Sports, Science and Technology Japan (2015).

Ministry of Education, Culture, Sports, Science and Technology Japan, "To Build Undergraduate Education (Reply)" (2008).

Moon, J. Y. "An Empirical Study of the Strategy Development and Deployment Effects on the Hospital Management and Hospital Performance." Journal of the Korea Convergence Society 6(6) (2015).

Na, Il Joo. et al., "Business Education Theory." (Seoul: Hakji-sa, 2010).

Nam, Joong Soo. "The Hierarchical Relationship between Subjective Career Success and Individual and Organizational Characteristics of Office Workers in Large Companies." Seoul National University Graduate School Doctoral dissertation, 2014).

Nam, Sang Eun and Ryu, Ki Ung. "An Action Research Study of Development and Implementation of Coaching Program for College Students on Academic Probation (Action Research)." Korean Journal of General Education 11(1) (2017).

National Commission on Excellence in Education, "A Nation at Risk: The Imperative for Educational Reform." The Elementary School Journal 84(2) (1983).

National Statistical Office, "Special Estimation of Future Population: 2017-2067." Press Release , 2019.

Nielsen, K. and Munir, F., "How Do Transformational Leaders Influence Followers' Affective Well-being? Exploring the Mediating Role of Self-efficacy." Work & Stress 23(4) (2009).

Nishi Shun. "Introduction to Active Tea Learning" (Meiji Book, 2015).

Noh, Yoon Shin and Jung, Chul Young. "Experimental Study on the Effectiveness of Coaching in Developing Leadership for University Students." Professional Education Study 34(1) (2008).

Noh, Yun Shin and Jyung, Chyul Young. "A Experimental Study of the Effects of Coaching for University Students on Leadership Development." The Journal of Vocational Education Research 34(1) (2015).

O, Min Suk and Lee, Ji Yeon. "Implications of Japan's Active Learning in terms of Continuing Education." Korean Journal of the Japan Education 23(1) (2018).

O'Neil D. A. and Hopkins M. M, "The Teacher as Coach Approach: Pedagogical Choices for Management Educators." Journal of Management Education 26 (2002).

Oh, Min Seok. "The Lifelong Educational Implications of Active Learning in Japan." Korean Journal of the Japan Education (2018).

Oh, Min Seok and Jang, Ji Eun. "Introduction and Development of Active Learning in Japan." An Annual Academic Conference of the Korean Association of Japanese Education (2017).

Palmer, S. and Whybrow, A., "Coaching Psychology: An Introduction. In S. Palmer & A, Why brow (Eds.), Handbook of Coaching psychology: A guide for practioners." (London: Routledge, 2007).

Park, So Hee. "The Effect of the Leader's Coaching Behavior on the Learning and

Organizational Immersion and Turnover of His Subordinates." Research on Vocational Ability Development 13(3) (2010).

Park, Soon Yong and Hong Hyun, "A Study on the Participation and Transitional Experience of University Students Returning from North Korea." Korea HRD Study 10(3) (2015).

Park, Sun Hee. et al., "The Effects of Learning Coaching on Self-Directed Learning Ability and Academic Achievement in College Students." The Korean Journal of Growth and Development 25(3) (2017).

Park. Sun Young. "The Influence of Leader's Coaching Leadership on Organizational Immersion and Career Immersion." Korea University's Graduate School Master's thesis, 2009.

Park. Tae Soo, "The Impact of the Hotel Employee's Self-esteem and Job Satisfaction on the Service Level." Tourism Research Journal 19(3) (2005).

Park. Yun Hee. "The Theory and Practice of Career Coaching." (Seoul: Sigma Press 2015). Park, C. G., "Empowering Coaching." (Seoul: Leadership Coaching Center, 2009).

Park, J. J., "An Analysis on the Trend of Theses Regarding Coaching Leadership and the Performance Variables of Organizational Members." The Journal of Lifelong Education and HRD 8(1) (2012).

Passmore, J. and Fillery-Travis, A., "A critical review of executive coaching research: A decade of progress and what's to come." Coaching: An International journal of Theory, Practice, and Research 4(2) (2011).

Peltier, B., "The Psychology of Executive Coaching: Theory and Application" (New York: Brunner-Routledge, 2001).

Peterson D. B. and Little B., "Invited Reaction: Development and Initial Validation of an Instrument Measuring Managerial Coaching Skill." Human Resource Development Quarterly 16(2) (2005).

Peterson, D. B. and Hicks, M. D., "The Art and Practice of Executive Coaching." Phoenix Arizona: Society of Consulting Psychology Conference, 1999.

Peterson. D. B, and Hicks. M. D., "Leader as Coach: Strategies for Coaching and Developing Others. Minneapolis." (MN: Personal Decisions International, 1996).

Phillips. R., Richard. T., "Coaching for Higher Performance." Management Development Review 7(5) (1994).

Ri, Sang Sub. "A Case Study on the Coaching Program of the Director of Korean Global Companies." HRD Study 12(4) (2010).

Robert B. Barr and John Tagg, "From Teaching to Learning: A New Paradigm for

Undergraduate Education." Change 27(6) (1995).

Rohfeld R. W., "Expanding Access to Knowledge: Continuing Higher Education." NUCEA 1915- 1990 (1990).

Seo, Ja I and Hyun, Dai Hao. "The Influence of Leader's Coaching on Surface Acting And Deep Acting of Emotional Worker: The Role of Resilience." Leadership Research 9(1) (2017).

Seo, Young Sook and Chung, Chu Young. "The Effect of Jinro Coaching Program on the Self- Effectiveness, Self-Preduction and Employment Stress of Nursing University Students." A Thesis from the Korean Academy of Industrial Science and Technology 17(12) (2016).

Seon, Hyae Yeong. et al., "The Effects of Strengths Coaching Program on Strengths Self Efficacy, Positive Affect, Self-Efficacy, Job Engagement and Organizational Commitment Based on Korean employees." Korean Journal of Industrial and Organizational Psychology 30(2) (2017).

Seong, Jhin Joh. "A Field Experimental Study on the Effects of Coaching on Emotional Intelligence and Communication Competence." Journal of the Korea Convergence Society 8(6) (2017).

Seong, Nak Chung. et al., "The Effect of Distribution Enterprise Leader's Coaching Behavior on Organizational Citizenship Behavior and Turnover Intention: Mediating Role of Authentic Leadership and Moderating Role of Emotional Intelligence." Journal of Distribution Science 14(1) (2016).

Shim, Hee Ah and Song, Hae Duk. "The Effect of the Problem-Based Learning on the Problem- Solving and Satisfaction of the Tudor by the Cognitive Role Type." Educational Engineering Research 27(4) (2011).

Shim, Mi Young. "Frontier Career Orientation and Career Success: Role of Career Development." Korea University Graduate School Doctoral dissertation 2012.

Shin, Hyun Jung. "Policy Factors Affecting Freshmen Education in Japan." Korean Journal of the Japan Education 22(3) (2018).

Shinichi Mizogami, "Active Learning Background and Development" IDE 582 (2016).

Shinichi, Mizokami. "The Transformation of the Active Learning and Teaching-Learning Paradigm" (2014).

Shinichi, Mizokami. "The Background and Development of Active Learning." IDE Modern Higher Education 582, IDE University Association (2016).

Showers. B. and Joyee. B., "The Evolution of Peer Coaching." Educational Leadership 3

(1996).

Soo, Young Kwon. "Interface between Counseling and Coaching for Couple`s Interpersonal Desires: On the Clinical Use of the FIRO-B Instrument." Korean Journal of Christian Counseling 24(1) (2013).

Soo, Young Kwon. "The Integration of Coaching and Counseling in Early Sessions: Based on Short-Term Question-Centered Therapy." Korean Journal of Christian Counseling 20 (2010).

Standing in New Power. Promoting Education:http://www.mext.go.jp

Seo Young sook and Chu yeong Jeong, "Effect of Career Coaching Program for Career Decision Making Self-efficacy, Self-leadership, and Employment-stress of Nursing Students." Journal of the Korea Academia-Industrial cooperation Society 17(12) (2016).

Steers R. M., "Antecedents and Outcomes of Organizational commitment." Administrative Science Quarterly 22 (1977).

Stowell S., "Coaching: A Commitment to Leadership." Training and Development Journal 42(6) (1988).

Stowell, S. J., "Leadership and the Coaching Process in Organizations." Doctoral dissertation, ProQuest Information & Learning (1987).

Sun ,Hye Young. et al., "The Effect of Strong Coaching Programs on the Worker's Strong Self- Effectiveness, Positive Emotion, Self-Effectiveness, Job Intensity and Organizational Immersion." Korea Psychological Society: Industry and Organization 30(2) (2017).

Tak, Jin Kook. "Coaching Psychology." (Seoul: Hakji-sa, 2018).

Talarico M., "Manager as Coach in a Pharmacy Benefit Management Organization: A Critical Incidents Analysis." University of Minnesota Doctoral dissertation, 2002.

The Japanese Society of Cognitive Sciences, The Cognitive Science Dictionary, Tokyo: Kyoritsu Publishing, 2002.

Tobias L. L., "Coaching Executive." Consulting Psychology Journal: Practice & Research 48(2) (1996).

Toshiki, Nakai and Hidehiro, Nakajima. "Seven Principles and Practice Techniques for Good Class Practice" Nagoya Higher Education Research 5 (2005).

Toshio, Umehara. "Cultivating Education and Living Power: through the Drama of Imagination of Human Beings" Bulletin Board of Modern Human Faculty at Wako University, 2011.

Toshio, Umehara. "Cultivating Education and Living Power: through the Drama of Imagination of Human Beings", 2011.

Turnbull. J., "Coaching for Learning: A Practical Guide for Encouraging Learning." (Translation of Y. M. Lee, Seoul: Hakji-sa, 2014).

Weltman D., "A Comparison of Traditional and Active Learning Methods: An Empirical Investigation Utilizing a Linear Mixed Model." The University of Texas at Arlington, 2007.

Wen, Quan JIN. "Design and Implementation of Hybrid Coaching System Based on Web Service for College Career Guidance." The Journal of the Institute of Internet, Broadcasting and Communication (IIBC) 15(5) (2015).

Werner. J. M., and Desimone. R. L., "Human Resource Development." Cengage Learning (2011). Whitmore J., "Coaching for Performance, 3rd Eds. London: Nicholas Brealey Publishment." International Coach Federation (2002).

Whitmore J., "Coaching for Performance: A Practical Guide to Growing Your Own Skills." (London, UK: Nicholas Brealey Publishing, 1992.

Whitrmre, J., "Coaching Performance." (San Diege, CA: Pfeiffer, 2004).

Xiao Y. Chang Z. and Liu B., "An Efficient Active Learning Method for Multi-task Learning."
Knowledge-Based Systems 190 (2020).

Yates, J., "The Career Coaching Handbook." (London & New York, Routledge, 2014).

Abfall wirts chafts plan. Abfälle aus Einrichtungen des Gesundheitsdienstes. Brown, R. S. et al., 1992.

AHRQ, Hospital survey on patient culture (No. 04-0041). Rockville: AHRQ Publication, 2004.

Benge H, Csako G, Parl FF. A 10-year analysis of "revenues,"costs, staffing, and workload in an academic medical center clinical chemistry laboratory. Clin Chem, 1993.

Berwick DM, James B, Coye MJ. Connection Between Quality Measurement and Improvement. Medical Care 41(suppl): 2003,

Beck, Ulich. 저(1997) • 홍성태 역. 위험사회-새로운 근대(성)를 향하여, 새물결, 2006.

Levine, M. 저(2005) • 김민주 • 이영숙 역, 깨진유리창 법칙, 흐름출판, 2014.

Perrow C. 저(1984) • 김태훈 역. 무엇이 재앙을 만드는가?, 알에이치코리아, 2013.

독일문헌

A. Weill & F. Terré Droit civil : les obligations, 3e ed., Paris, Dalloz, 1980.

C. W. Canaris, Schutzgesetze-Verkehrspflichten-Schutzpflichten, Festsc hrift für K. Larenz zum 80 Geburtstag, 1983.

Christian BÜhring-Uhle, Arbitration and Mediation in International Business(Second Edition), Kluwer Law International, 2006.

Dieter Medicus, Schuldrecht Ⅰ : Allgemeiner Teil, 6. Aufl., 1992.

Esser-Schmidt, Schuldrecht Bd Ⅰ Allgemeiner Teil 2, 8. Aufl., 2000.

G. Viney, Traité de droit civil, les obligations, la responsabilité conditions, Paris, LGDJ, 1982.

H L, et J. Mazeaud, Leçons de droit civil, t. Ⅱ ler vol Obligation, 8e éd, Montchrstien, 1991.

MünchKommBGB/Gottwald, 7. Aufl., 2015, § 328.

MünchKommBGB/Schwab, 6. Aufl., 2013, § 812.

MünchKommBGB/Wagner, 6. Aufl., 2013, § 828.

Musielak, GrundKurs BGM, 5. Aufl., 1997.

Palandt-Sprau, Bürgerliches Gesetzbuch, 71. Aufl., 2012.

Schwintowski, Hans-Peter, "Pflicht einer Privathaftpflichtversicherung für Schäden durch Kinder", ZRP, 2003.

V. Bar, Empfehlen sich gesetzgeberische Maβnahme zur rechtlichen Bewältigung der Haftung für Massenschäden?, Gutachten für den 62. Deutschen Juristentag, 1998.

V. Bar, Gemeineuropäisches Deliktsrecht I, 1996.

Zweigert-Kötz, Einführung in die Rechtsvergleichung, 3. Aufl., 1996.

일본문헌

工呼吸器・血液浄化装置・人工心肺装置, 2005.

国会議案民主党, 学校安全対策基本法案, 2008.

堀井雅道, 学校保健安全法における学校現場の役割と課題 季刊教育法(160) 2009, pp. 29-35.

吉田清, 新安全教育 逍遙書院(原稿受領日 : 2011年 2月 21日), 1978.

内閣府, 平成 22 年版防災白書, 2010.

文部科学省,「生きる力」をはぐくむ学校での安全教育日本体育・学校健康センター, 2001.

文部科學省, http://www.mext.go.jp, 2015.

文部科學省, 高等學校學習指導要領, 2015.

文部科學省, 今 `求められる力を高める総合的な学習の時間の展開, 2010.

文部科学省, 文部科学省 防災業務計画, 2008.

文部科学省, 防災教育支援に関する懇談会 中間とりまとめにいて —「生きる力」を育む防災教育を支援する, 2007.
文部科學省, 小学校學習指導要領, 2015.
文部科学省, 新学習指導要領「生きる力」・保護者用パンフレット(平成 22 年作成), 2010.
文部科學省, 中學校學習指導要領, 2015.
文部科學省, 特別支援學校小學部・中學部學習指導要領, 2015.
文部科学省, 学校基本調査 平成 21年版, 2009.
文部科學省, 學校安全の推進に関する計劃, 2012.
文部科学省, 学習指導要領 総合的な学習の時間 東洋館出版社, 2008.
文部科學省,"いきる力"をはぐくむ学校での安全教育, 2015.
文部科學省,"いきる力"を育む防災教育の展開, 2015.
文部科學省大臣官房文教施設企劃部, 學校施設における事故防止の留意点, 2009.
文部科學省大臣官房文教施設企劃部國立教育政策研究所文教施設研究センター, 学校施設における防犯対策の点検・改善のために, 2009.
福和伸夫, 原徹夫, 小出栄治他, 建物耐震化促進のための振動 実験教材の開発地域安全学会論文集 No.7, 2005, pp.23-34.
社団法人日本{画像医療システム工業会, JIRA 第 4 回画像医療システム等の導入状況と安全確保状
山本道隆, 学校安全の歴史に関する研究 北海道教育大学紀要第一部 c 教育科学編 29(1), 1978, pp.157-161.
城下英行, 防災教育の推進に関する制度論的研究 京都大学修士論文, 2006.
城下英行, 総合防災実現のための参加型防災学習に関する研究京都大学 博士論文, 2009.
城下英行, 河田惠昭, 学習指導要領の変遷過程に見る防災教育展 開の課題 自然災害科学 J. JSNDS 26(2) 2007, pp.163-176.
秀潤社 どう防ぐ 医療機器使用中のヒューマンエラー(クリニカル・エンジニアリング別册)人
矢守克也・吉川肇子・網代剛, 防災ゲ ームで学ぶリスク・コミュニケーション — クロスロードへの招待 ナカニシヤ出版, 2005.
渥美公秀, 防災教育をデザインする 自然災害科学 J. JSNDS 24(4), 2006, pp.350-356.
熊谷一乗, 現代教育制度論 学文社, 2007.
原洋子, 渡邉正樹, 小学生を対象とした危険予測能力・危険回避能力の評価法の開発 安全教育学研究 10(1), 2010. pp.47-55.
日本體育・學校健康センター, 學校における死亡・障害事例と事故防止の留意点, 2002.
赤田信一外11名, 新.みんなの保健3.4年/ 教師用指導書『朱書き編』. 東京: 學習研究社, 2005.
赤田信一外11名, 新.みんなの保健5.6年/ 教師用指導書『朱書き編』. 東京: 學習研究社, 2005.

中央教育審議会, 子どもの心身の健康を守り, 安全・安心を確保するために学校全体としての取組を進めるための方策について, 2008.

中央防災会議 防災に関する人材の育成・活用専門調査会(2003), 防災に関する人材の育成・活用について報告

参議院, 学校保健法等の一部を改正する法律についての関連資料, 2008.

學校施設の安全管理に關する調査研究協力者協會, 學校施設の防犯對策について, 2002.

況に関する調査報告書, 2004.

喜多明人, 橋本恭宏, 船木正文 他, 解説 学校安全基準不磨書房, 2008.

하타무라 요타로 저・정택상 역, 실패를 감추는 사람 실패를 살리는 사람, 세종서적(주), 2001.

하타무라 요타로 저・윤정원 역, 나와 조직을 살리는 실패학의 법칙, 들녘미디어, 2004.

중국문헌

陈 亮. 论义务教育学校校园安全管理中校长角色作用的发挥. 教育科学研究, 10, 2016.

陈 彪. 关于"学生伤害事故处理办法"的法律思考. 神州旬刊, 15, 2013.

陈俊峰. 学生伤害事故及其法律责任探究. 河北工程大学学报, 23, 2016.

方益权. 论学校安全事故社会救助基金制度的构建. 温州大学学报. 28, 2015.

高 岩. 中国不适合实行判例法的原因. 中国法学, 3, 1991.

侯春平. 依法治理 "校闹" 环校园安静教学环境. 治理, 2, 2016.

胡林龙. 论学校伤害事故责任的性质. 比较教育研究, 8, 2002.

胡乐乐. 对完善校园伤害事故风险管理机制的思考. 人民教育, 2008.

李 丹. 试论建立校园伤害事故的社会赔偿机制. 商, 7, 2015.

李永军. 论监护人对被监护人侵权行为的 "替代责任". 当代法学, 3, 2013.

刘 俊. 关于学校安全事故责任主体的法理学视角解读. 法治与社会, 1, 2015.

卢进伟. 论学生伤害事故的责任认定. 视点, 377, 2012.

彭智勇. 学生安全事故案例编选. 重庆: 重庆大学出版社. 2008.

谭小勇. 学校体育伤害事故法律问题研究. 北京: 法律出版社. 2014.

王 晶. 学生伤害事故学校应承担的民事责任. 法制博览, 9, 2016.

杨秀朝. 学生伤害事故民事责任制度研究. 北京: 中国法律出版社. 2009.

杨子龙. 论学生伤害事故的民事责任. 江西社会科学, 11, 2002.

杨小明. 对 "学生伤害事故处理办法法"的思考. 魅力中国, 6, 2010.

叶名怡. 侵权法上故意与过失的区分及其意义. 法律科学, 4, 2010.

张铁微. 共同侵权行为的法理基础类型化分析. 北方论丛, 4, 2004.

张维平. 学校安全事故处理与预防的66个经典案例. 吉林: 东北师范大学出版社. 2011.

张延利. "学生伤害事故处理办法" 在高校处理学生伤害事故中的作用与不足. 自然, 科学与工程技术, 23, 2010.
郑 玲. 从学生伤害事故司法判例看学校体育管理. 教学与管理, 12, 2016.

기타자료

Center for Disease Control and Prevention, About CDC 24-7. Retrieved from http://www.cdc.gov/features/safeschools/

Center for Disease Control and Prevention. Injury Prevention & Control. Retrieved from http://www.cdc.gov/injury/colormesafe/index.html

Federal Emergency Management Agency(2014). About FEMA. Retrieved from http://www.fema.gov/media-library/assets/documents/7877

Ministry of Education(2007). Health education syllabus for primary level 2007.

Ministry of Education(2010). Committee on safety in school sports (CSSS) Report on school sports. Retrieved from safety. http://www.moe.gov.sg/media/press/files/2010/12/csss-school-sports-safety-report.pdf

Ministry of Education(2012). Media Center. Retrieved from http://www.moe.gov.sg/media/parliamentary-replies/2012/02/road-safety-in-schools.php

Ng, A.(2015). February 2) Road safety programme for pre-school pupils launched. Retrieved from http://www.straitstimes.com/news/singa pore/more-singaporestories/story/road-safety-programme-pre-school-pupils-launched-2015020

Ng, J. Y.(2014, January 20). MOE reminds schools to be vigilant about student safety after PE deaths. Retrieved from http://www. todayonline.com/singapore/moe-reminds-schools-be-vigilant-about-student-safety-after-pe-deaths

Tay, T. K. & Lee, S. G.(2014). Safety in PE. Parliamentary Replies. http://www.moe.gov.sg/media/parliamentary-replies/2014/02/safety-in-pe.php

U. S. Department of Education(2014, Sep. 23). Archived information. Retrieved from http://www.ed.gov/news/press-releases/us-depart ment-education-investsmore-70-million-improve-school-climate-and-keep-students-safe

http://www.bayern. de/politik/just iz-2/

http://www.boarddocs.com/vsba/fairfax/Board.nsf/files/8N2GXW45FF42/$f ile/R8625.pdf

http://www.cdc.gov/featu res/safeschools

http://www.cdc.gov/injury/colormesafe/index.html

http://www.doe.virginia.gov/teaching/licensure/emergency_first_aid_cpr_ae

d/index.shtml

http://www.fema.gov/media-library/assets/documents/7877

http://www.fcps.edu/is/hpe/index.shtml

http://law.lis.virginia.gov/vacode/title22.1/chapter14/section22.1279.8/

https://leg1.state.va.us/cgi-bin/legp504.exe?000+code+22.1-1373

http://leg1.state.va.us/cgi-bin/legp504.exe?000+reg+8VAC20-131-80

http://leg1.state.va.us/c gi-bin/legp504.exe?000+reg+8VAC20-131-50

http://lis.virginia.gov/cgi-bin/legp604.exe?000+cod+22.1-137.1

저자소개

■ **위국환(공학박사, 법학박사, 상담학박사)**

현, 한국해양대학교 재난안전정책법전공 교수

■ **지상규(법학박사)**

현, 한국해양대학교 법무비즈니스학부 교수

■ **김선화(상담학박사)**

현, 한국해양대학교 재난안전정책법전공 교수

■ **장소은(교육학박사)**

현, 경성대학교 교육학 교수

■ **최현미(법학박사)**

현, 대학주도방과후학교협동조합 이사장

■ **정찬효(교육학박사수료)**

현, 부산평생교육사협회 회장

■ **고희윤(교육공학박사재학)**

현, 부산대학교 박사과정

■ **김희영(상담학석사)**

현, 한국인재뱅크 학교안전 수석연구원

■ **신미애(행정학박사)**

현, 대진대학교 공공인재대학 미래평생학습부 교수

■ **이경수(교육학박사)**

현, 대한신학대학원대학교 사회복지학과 학과장

학교안전교육론

초판 1쇄 인쇄 / 2022년 8월 25일
초판 1쇄 발행 / 2022년 8월 30일

●

저 자 / 위국환 · 지상규 · 김선화
장소은 · 최현미 · 장찬효
고희윤 · 김희영 · 신미애
이경수
발행인 / 이 중 수
발행처 / 동 문 사

●

서울특별시 서대문구 홍제원 1길 12
(홍제동 137-8)
Tel: 02)736-3718(대), 736-3710, 3720
Fax: 02)736-3719
등록번호: 1974.04.27 제9-17호
가격: 22,000원

●

ISBN: 979-11-6328-390-4(93530)
E-mail: dong736@naver.com
www.dongmunsa.com